15,-

In der gleichen Reihe erschienen:

Der Testamentsvollstrecker
ISBN 3-8029-7454-9

**Profi-Handbuch
für Wohnungseigentümer**
ISBN 3-8029-3311-7

**Vorteilhafte Abfindung
für Führungskräfte**
ISBN 3-8029-3667-1

Früher in Rente
ISBN 3-8029-3605-1

**Vermögensverwaltung
durch Vormund und Betreuer**
ISBN 3-8029-7448-4

**Profi-Handbuch
Wertermittlung von Immobilien**
ISBN 3-8029-3309-5

Personalkosten optimieren
ISBN 3-8029-3666-3

Arbeitsunfall, Berufskrankheit
ISBN 3-8029-3639-6

**Eingruppierungsrecht
Arbeiterwohlfahrt**
Kommentar mit Arbeitshilfen
ISBN 3-8029-1531-3

**Leistungsbezogene
Entgeltsysteme**
Kommentar mit Arbeitshilfen
zum Bundesangestelltentarif (BAT)
ISBN 3-8029-7426-3

**Eingruppierungsrecht
Pflegepersonal**
Für Wohlfahrtsverbände und
Non-Profit-Organisationen
ISBN 3-8029-1535-6

BAT-Jahrbuch / Bund, Länder
BAT-Jahrbuch mit Erläuterungen
und Bearbeitungshinweisen,
Eingruppierung und ergänzenden
Tarifverträgen
ISBN 3-8029-7676-1

**BAT-Jahrbuch / Kommunaler
Bereich**
BAT-Jahrbuch mit Erläuterungen und
Bearbeitungshinweisen,
Eingruppierung und ergänzenden
Tarifverträgen
ISBN 3-8029-7956-7

**Eingruppierungsrecht
Sozial- und Erziehungsdienst**
Kommentar mit Arbeitshilfen zum
Bundesangestelltentarif (BAT)
ISBN 3-8029-1540-2

Wir freuen uns über Ihr Interesse an diesem Buch. Gerne stellen wir Ihnen kostenlos zusätzliche Informationen zu diesem Programmsegment zur Verfügung.

Bitte sprechen Sie uns an:
E-Mail: walhalla@walhalla.de
http://www.walhalla.de

Walhalla Fachverlag · Haus an der Eisernen Brücke · 93042 Regensburg
Telefon (0941) 5 68 40 · Telefax (0941) 56 84 111

Harald Ihlenfeld/Karl-Heinz Kles

Teilzeitarbeit und befristete Arbeitsverträge

Kommentar zum neuen Gesetz

- Mit Kurzerläuterungen zu ergänzenden Gesetzen
- Musterbausteine für Betriebs- und Dienstvereinbarungen

WALHALLA
FACHVERLAG

Die Deutsche Bibliothek – CIP-Einheitsaufnahme

Ihlenfeld, Harald:
Teilzeitarbeit und befristete Arbeitsverträge : Kommentar zum neuen Gesetz ; mit Kurzerläuterungen zu ergänzenden Gesetzen ; Musterbausteine für Betriebs- und Dienstvereinbarungen / Harald Ihlenfeld/Karl-Heinz Kles. – Regensburg ; Berlin : Walhalla-Fachverl., 2001
(Walhalla-Fachbuch)
ISBN 3-8029-1529-1

Zitiervorschlag:
Ihlenfeld/Kles, Teilzeitarbeit und befristete Arbeitsverträge. Kommentar zum neuen Gesetz
Regensburg, Berlin 2001

Hinweis: Unsere Werke sind stets bemüht, Sie nach bestem Wissen zu informieren. Die vorliegende Ausgabe beruht auf dem Stand von Juni 2001. Verbindliche Auskünfte holen Sie gegebenenfalls bei Ihrem Steuerberater oder Rechtsanwalt ein.

© Walhalla u. Praetoria Verlag GmbH & Co. KG, Regensburg/Berlin
Alle Rechte, insbesondere das Recht der Vervielfältigung und Verbreitung sowie der Übersetzung, vorbehalten. Kein Teil des Werkes darf in irgendeiner Form (durch Fotokopie, Datenübertragung oder ein anderes Verfahren) ohne schriftliche Genehmigung des Verlages reproduziert oder unter Verwendung elektronischer Systeme gespeichert, verarbeitet, vervielfältigt oder verbreitet werden.
Produktion: Walhalla Fachverlag, 93042 Regensburg
Umschlaggestaltung: Gruber & König, Augsburg
Druck und Bindung: Westermann Druck Zwickau GmbH
Printed in Germany
ISBN 3-8029-1529-1

Nutzen Sie das Inhaltsmenü:
Die Schnellübersicht führt Sie zu Ihrem Thema.
Die Kapitelüberschriften führen Sie zur Lösung.

Übersicht der Schaubilder 6

Gesamtinhaltsübersicht 7

Vorwort 15

Abkürzungen 16

1 Teilzeitarbeit 19

2 Befristete Arbeitsverträge 117

3 Gesetze, Richtlinien, Vorschläge 239

4 Musterbausteine für Betriebliche Vereinbarungen . . . 289

Literaturhinweise 301

Stichwortverzeichnis 303

Übersicht der Schaubilder

Teilzeitarbeit
1   Gesetzliche Typen und Regelungen über Teilzeitarbeit   22
2   Allgemeine Vorschriften über Teilzeitarbeit   26
3   Grundvoraussetzungen für den Anspruch auf Arbeitszeitverringerung   28
4   Zustimmung des Arbeitgebers   36
5   Anforderungen für den Anspruch auf bevorzugte Berücksichtigung (§ 9)   46
6   Arbeit auf Abruf (§ 12)   58
7   Diskriminierungsverbot (§ 4 Abs. 1)   71
8   Allgemeines Diskriminierungsverbot (§ 4 Abs. 1 Satz 1)   75
9   Teilnahme an Aus- und Weiterbildung   91

Befristete Arbeitsverträge
10   Gesetzliche Typen und Regelungen über befristete Arbeitsverträge   123
11   Allgemeine Vorschriften über befristete und auflösend bedingte Arbeitsverträge   125
12   Befristete Arbeitsverhältnisse   126
13   Befristungsgründe nach TzBfG und Rechtsprechung   132
14   Befristete Arbeitsverhältnisse (§ 14 Abs. 1 und 2 TzBfG)   161
15   Befristete Arbeitsverhältnisse (§ 14 Abs. 3 TzBfG)   165
16   Beendigung eines kalendermäßig befristeten Arbeitsvertrages   172
17   Beendigung eines zweckbefristeten Arbeitsvertrages   174
18   Beendigung eines Arbeitsvertrages mit auflösender Bedingung   176
19   Beendigung eines Arbeitsverhältnisses auf Lebenszeit einer Person   179
20   Beendigung eines Arbeitsverhältnisses für längere Zeit als fünf Jahre   180
21   Teilnahme an Aus- und Weiterbildung   198
22   Diskriminierungsverbot (§ 4 Abs. 2)   206
23   Allgemeines Diskriminierungsverbot (§ 4 Abs. 2 Satz 1)   210

Gesamtinhaltsübersicht

Vorwort		15
Abkürzungen		16

1. Kapitel: Teilzeitarbeit

1.	Ziele und Inhalte	20
1.1	Zielsetzung des Gesetzgebers	20
1.2	Überblick über Regelungsinhalte	21
2.	Gesetzlich vorgesehene Typen von Teilzeitarbeit	22
3.	Allgemeine Vorschriften über Teilzeitarbeit	23
3.1	Begriff der Teilzeitbeschäftigung	23
3.2	Allgemeine Regelungen zur Umsetzung der Teilzeitarbeit	27
3.2.1	Verringerung der Arbeitszeit (§ 8)	27
3.2.1.1	Grundvoraussetzungen	27
	■ Dauer des Arbeitsverhältnisses (§ 8 Abs. 1)	29
	■ Arbeitgeberklausel (§ 8 Abs. 7)	30
	■ Mitteilung des Wunsches auf Arbeitszeitverringerung (§ 8 Abs. 2)	31
	■ Pflicht zur Erörterung und zur einvernehmlichen Regelung (§ 8 Abs. 3)	33
	■ Zustimmungszwang für den Arbeitgeber (§ 8 Abs. 4 Satz 1)	35
	■ Betriebliche Gründe (§ 8 Abs. 4 Satz 2)	36
	■ Tarifvertragliche Regelungen (§ 8 Abs. 4 Satz 3 und 4)	39
3.2.1.2	Verfahrensablauf bei der Zustimmungsfiktion (§ 8 Abs. 5)	40
3.2.1.3	Erneute Verringerung der Arbeitszeit (§ 8 Abs. 6)	44
3.2.2	Verlängerung der Arbeitszeit (§ 9)	45
3.2.2.1	Allgemeine Grundsätze	45
3.2.2.2	Anforderungen	46
	■ Anzeige des Verlängerungswunsches	47

- Entsprechend freier Arbeitsplatz 47
- Gleiche Eignung 48
- Fehlen von entgegenstehenden dringenden betrieblichen Gründen 50
- Fehlen von entgegenstehenden Arbeitszeitwünschen anderer teilzeitbeschäftigter Arbeitnehmer 51

3.2.2.3 Bevorzugte Berücksichtigung 52
3.2.3 Arbeit auf Abruf (§ 12) 53
3.2.3.1 Allgemeines 53
3.2.3.2 Mindestbedingungen für die Gestaltung der Arbeit auf Abruf 54
3.2.3.3 Arbeitspflicht und Mitteilungsfrist 55
3.2.3.4 Tarifliche Regelungsbefugnis 56
3.2.3.5 Zusammenfassung 57
3.2.4 Arbeitsplatzteilung (§ 13) 59
3.2.4.1 Allgemeines 59
3.2.4.2 Anforderungen an die gegenseitige Vertretungspflicht 59
- Vertretungspflicht im Normalfall einer Verhinderung 60
- Vertretungspflicht bei dringenden betrieblichen Gründen 62

3.2.4.3 Kündigungsvorschriften bei Ausscheiden von Arbeitnehmern aus der Arbeitsplatzteilung 66
3.2.4.4 Arbeitsplatzteilung für Gruppen von Arbeitnehmern 67
3.2.4.5 Tarifliche Regelungsbefugnis 68
3.3 Allgemeines Diskriminierungs- und Benachteiligungsverbot 69
3.3.1 Allgemeine Grundsätze 69
3.3.2 Benachteiligungsverbot (§ 5) 70
3.3.3 Allgemeines Diskriminierungsverbot (§ 4 Abs. 1) 71
3.3.3.1 Allgemeine Vorschriften (§ 4 Abs. 1 Satz 1) 72
3.3.3.2 Diskriminierungsverbot beim Arbeitsentgelt und teilbaren geldwerten Leistungen (§ 4 Abs. 1 Satz 2) 78
3.4 Förderung von Teilzeitarbeit (§ 6) 83
3.5 Ausschreibung; Information über freie Arbeitsplätze (§ 7) 84

3.5.1	Ausschreibung von Teilzeitarbeitsplätzen (Abs. 1)	85
3.5.2	Information über Arbeitsplätze mit veränderter Dauer und Lage der Arbeitszeit (Abs. 2)	87
3.5.3	Information der Arbeitnehmervertretung (Abs. 3)	89
3.6	Aus- und Weiterbildung (§ 10)	90
3.6.1	Allgemeine Grundsätze	90
3.6.2	Förderung der beruflichen Entwicklung und Mobilität	92
3.6.3	Aus- und Weiterbildung	92
3.6.4	Hinderungsgründe für eine Teilnahme	93
3.6.5	Betriebliche Regelungserfordernisse	95
3.7	Kündigungsverbot (§ 11)	96
4.	Besondere gesetzliche Regelungen über Teilzeitarbeit	97
4.1	Altersteilzeitgesetz (ATG)	97
4.1.1	Allgemeine Bemerkungen	97
4.1.2	Festlegung des Umfanges der Altersteilzeit	97
4.1.3	Kündigungsbestimmungen	98
4.1.4	Anzuwendende Vorschriften des Teilzeit- und Befristungsgesetzes	99
4.2	Bundeserziehungsgeldgesetz (BErzGG)	100
4.2.1	Allgemeine Bemerkungen	100
4.2.2	Arbeitszeitverringerung während der Elternzeit	101
4.2.3	Anzuwendende Vorschriften des Teilzeit- und Befristungsgesetzes	102
4.3	Frauenfördergesetz (FFG)	102
4.3.1	Allgemeine Bemerkungen	102
4.3.2	Anzuwendende Vorschriften des Teilzeit- und Befristungsgesetzes	103
5.	Beteiligungsrechte der Arbeitnehmervertretung	104
5.1	Beteiligungsrechte des Betriebsrates nach dem Betriebsverfassungsgesetz (BetrVG)	104
5.1.1	Allgemeine Aufgaben (§ 80 BetrVG)	105
5.1.2	Personalplanung (§ 92 BetrVG)	105
5.1.3	Ausschreibung von Arbeitsplätzen (§ 93 BetrVG)	106
5.1.4	Berufsbildung (§§ 96 bis 98 BetrVG)	107
5.1.5	Personelle Einzelmaßnahmen (§ 99 BetrVG)	109

5.1.6	Beginn und Ende der täglichen Arbeitszeit (§ 87 Abs. 1 Nr. 2 BetrVG) sowie vorübergehende Verkürzung oder Verlängerung der betriebsüblichen Arbeitszeit (§ 87 Abs. 1 Nr. 3 BetrVG)	110
5.2	Beteiligungsrechte der Personalvertretung nach den Personalvertretungsgesetzen (PersVG)	112
5.2.1	Bundespersonalvertretungsgesetz	112
5.2.2	Landespersonalvertretungsgesetze	113
5.3	Beteiligungsrechte der Mitarbeitervertretung nach der Mitarbeitervertretungsordnung (MAVO)	114
5.4	Beteiligungsrechte der Mitarbeitervertretung nach dem Mitarbeitervertretungsgesetz (MVG)	115

2. Kapitel: Befristete Arbeitsverträge

1.	Einleitende Bemerkungen	118
1.1	Zielsetzung des Gesetzgebers	118
1.2	Überblick über Regelungsinhalte	120
2.	Gesetzlich vorgesehene Typen von befristeten Arbeitsverträgen	122
3.	Allgemeine Vorschriften über befristete Arbeitsverträge	125
3.1	Zulässigkeit der Befristung von Arbeitsverträgen (§ 14 Abs. 1 bis 3)	126
3.1.1	Erfordernis des sachlichen Grundes	127
3.1.1.1	Allgemeines	127
3.1.1.2	Beispielkatalog für sachliche Gründe	130
3.1.1.3	Einzelne Befristungstatbestände mit sachlichem Grund	133
	■ Vorübergehender betrieblicher Bedarf	133
	■ Erleichterung beim Übergang für eine Anschlussbeschäftigung	134
	■ Vertretungstätigkeiten	134
	■ Eigenart der Arbeitsleistung	136
	■ Erprobung des Arbeitnehmers	140
	■ Gründe, die in der Person des Arbeitnehmers liegen	142
	■ Haushaltsrechtlich befristete Mittel	146

- Gerichtlicher Vergleich 149
- Zukünftiger Personalbedarf 149
- Freihalten von Arbeitsplätzen für spätere Besetzungen 150
- Arbeitsverträge mit auflösender Bedingung 151

3.1.1.4 Befristungstatbestände ohne sachlichen Grund 151
- Drittinteressen 151
- Eigeninteressen des Arbeitgebers 152
- Unsichere Nachfrage bei dauerhaften Dienstleistungen 152
- Einarbeitungszuschüsse 152
- Bildungsmaßnahmen als Daueraufgabe 153

3.1.1.5 Ablösung eines unbefristeten Arbeitsverhältnisses durch einen befristeten Arbeitsvertrag 153

3.1.2 Ausnahmen vom Erfordernis des sachlichen Grundes 154

3.1.2.1 Kalendermäßige Befristung bis zu einer zweijährigen Gesamtdauer 155
- Voraussetzungen 155
- TzBfG und bestehende Befristungen nach § 1 BeschFG 158
- Tariflich abweichende Regelungen 159
- Sonderregelungen 160
- Zusammenfassung 160

3.1.2.2 Befristete Arbeitsverträge mit älteren Arbeitnehmern 163
- Voraussetzungen 163
- Zusammenfassung 164

3.1.2.3 Nichtanwendung des allgemeinen Kündigungsschutzes 165

3.1.3 Schriftformerfordernis 167
3.1.4 Zulässigkeitsvoraussetzungen und EU-Recht 169
3.2 Beendigungsvorschriften (§ 15) 170
3.2.1 Beendigungsmöglichkeiten bei befristeten Arbeitsverträgen 171
3.2.1.1 Kalendermäßig befristeter Arbeitsvertrag 171
3.2.1.2 Zweckbefristeter Arbeitsvertrag 173
3.2.1.3 Auflösend bedingter Arbeitsvertrag 175

3.2.1.4 Kündigungsmöglichkeit während der Laufzeit 177
3.2.2 Beendigungsmöglichkeit bei Arbeitsverträgen auf
 Lebenszeit einer Person oder für länger als fünf Jahre 178
3.2.3 Beendigungsmöglichkeit bei Fortsetzung des
 befristeten Arbeitsverhältnisses 181
3.2.4 Zusammenfassung 184
3.3 Folgen unwirksamer Befristung (§ 16) 185
3.3.1 Unwirksamkeit der Befristung – unbefristetes
 Arbeitsverhältnis?
 (§ 16 i.V.m. § 14 Abs. 1 bis 3 und § 21) 185
3.3.2 Formmangel der Befristung – unbefristetes
 Arbeitsverhältnis?
 (§ 16 i.V.m. § 14 Abs. 4 und § 21) 188
3.3.3 Zusammenfassung 188
3.4 Anrufung des Arbeitsgerichts (§ 17) 189
3.4.1 Allgemeine Grundsätze 189
3.4.2 Anwendung der §§ 5 bis 7 des Kündigungsschutzgesetzes 190
3.4.3 Befristeter Arbeitsvertrag – Welcher Vertrag
 ist zu prüfen? 191
3.4.4 Zusammenfassung 195
3.5 Information über unbefristete Arbeitsplätze (§ 18) 195
3.6 Aus- und Weiterbildung (§ 19) 197
3.6.1 Allgemeine Grundsätze 197
3.6.2 Förderung der beruflichen Entwicklung und Mobilität 198
3.6.3 Angemessene Aus- und Weiterbildung 199
3.6.4 Hinderungsgründe für eine Teilnahme 200
3.6.5 Betriebliche Regelungserfordernisse 203
3.6.6 Zusammenfassung und EU-Vorgaben 204
3.7 Benachteiligungs- und Diskriminierungsverbot
 (§ 4 Abs. 2, § 5) 204
3.7.1 Allgemeine Grundsätze 204
3.7.2 Benachteiligungsverbot (§ 5) 205
3.7.3 Diskriminierungsverbot (§ 4 Abs. 2) 206
3.7.3.1 Allgemeines Diskriminierungsverbot
 (§ 4 Abs. 2 Satz 1) 207
3.7.3.2 Diskriminierungsverbot bei Arbeitsentgelt
 (§ 4 Abs. 2 Satz 2) 211

3.7.3.3	Sonstige Beschäftigungsbedingungen (§ 4 Abs. 2 Satz 3)	213
3.7.4	Zusammenfassung und EU-Vorgaben	213
3.8	Information der Arbeitnehmervertretung (§ 20)	214
4.	Besondere gesetzliche Regelungen über befristete Arbeitsverträge	214
4.1	Arbeitnehmerüberlassungsgesetz (AÜG)	214
4.2	Bürgerliches Gesetzbuch (BGB)	217
4.3	Beschäftigungsförderungsgesetz (BeschFG)	217
4.4	Bundeserziehungsgeldgesetz (BErzGG)	218
4.5	Hochschulrahmengesetz (HRG)	222
4.5.1	Allgemeine Grundsätze	222
4.5.2	Einzelne Befristungstatbestände (§ 57b Abs. 2)	223
4.5.3	Regelungen über die Befristungsdauer (§ 57c HRG)	227
4.5.4	Beendigungsregelungen (§ 57d HRG)	233
4.5.5	Zusammenfassung	233
4.6	Gesetz über befristete Arbeitsverträge mit wissenschaftlichem Personal in Forschungseinrichtungen	234
4.7	Gesetz über befristete Arbeitsverträge mit Ärzten in der Weiterbildung (ÄArbVtrG)	235
5.	Beteiligungsrechte der Arbeitnehmervertretungen	238

3. Kapitel: Gesetze, Richtlinien, Vorschläge

Befristete Arbeitsverträge und Teilzeitarbeit

1.	Gesetz über Teilzeitarbeit und befristete Arbeitsverträge und zur Änderung und Aufhebung arbeitsrechtlicher Bestimmungen	241

Teilzeitarbeit

2.	Richtlinie des Rates zu der EGB-UNICE-CEEP-Rahmenvereinbarung über Teilzeitarbeit (97/81/EWG)	251
3.	Altersteilzeitgesetz (ATG)	258
4.	Bundeserziehungsgeldgesetz (BErzGG)	261
5.	Frauenfördergesetz (FFG)	264

Befristete Arbeitsverträge

6.	Richtlinie des Rates zu der EGB-UNICE-CEEP-Rahmenvereinbarung über befristete Arbeitsverträge (1999/70/EG)	267
7.	Vorschlag der Kommission für eine Richtlinie des Rates über bestimmte Arbeitsverhältnisse hinsichtlich der Arbeitsbedingungen	275
8.	Vorschlag der Kommission für eine Richtlinie des Rates über bestimmte Arbeitsverhältnisse im Hinblick auf Wettbewerbsverzerrungen	277
9.	Geänderter Vorschlag der Kommission für eine Richtlinie des Rates über bestimmte Arbeitsverhältnisse im Hinblick auf Wettbewerbsverzerrungen	278
10.	Bürgerliches Gesetzbuch (BGB)	279
11.	Bundeserziehungsgeldgesetz (BErzGG)	280
12.	Arbeitnehmerüberlassungsgesetz (AÜG)	282
13.	Hochschulrahmengesetz (HRG)	283
14.	Gesetz über befristete Arbeitsverträge mit Ärzten in der Weiterbildung	286
15.	Gesetz über befristete Arbeitsverträge mit wissenschaftlichem Personal an Forschungseinrichtungen	288

4. Kapitel: Musterbausteine für Betriebliche Vereinbarungen

1.	Einleitung	290
2.	Ausschreibung von Arbeitsplätzen, Information der Arbeitnehmer	291
3.	Information der Arbeitnehmervertretung	294
4.	Regelungen zur betrieblichen Aus- und Weiterbildung	297

Literaturhinweise 301

Stichwortverzeichnis 303

Vorwort

Mit dem Gesetz zur Teilzeitarbeit und befristete Arbeitsverträge (Teilzeit- und Befristungsgesetz – **TzBfG**) und zur Änderung und Aufhebung arbeitsrechtlicher Bestimmungen hat der Gesetzgeber die Rechtsstellung von Teilzeitbeschäftigten und von Arbeitnehmern mit befristeten Arbeitsverträgen grundlegend geregelt. Hierbei hat der Gesetzgeber einerseits neue Rahmenbedingungen gesetzt, andererseits bestehende Regelungen unter Berücksichtigung der europarechtlichen Situation neu systematisiert.

Die neuen Regelungen können in der betrieblichen Praxis eine Reihe von Problemen und Fragen aufwerfen. Zur Unterstützung bei der Bewältigung der Probleme und Fragen haben die Verfasser versucht, entsprechende Erläuterungen vorzunehmen.

Allerdings liegt es in der Natur neuer gesetzlicher Regelungen, dass nicht auf alle Rechtsfragen in Zusammenhang mit der Umsetzung eingegangen werden kann, weil eine Vielzahl von Fragen und Problemen erst mit der praktischen betrieblichen Umsetzung auftreten werden. Zudem wird die Klärung wohl erst durch die Rechtsprechung erfolgen, da zum gegenwärtigen Zeitpunkt noch offen bleibt, wie die Rechtsprechung die Vielzahl von unbestimmten Rechtsbegriffen auslegen und über die eine oder andere in der Literatur strittige Rechtsauslegung urteilen wird.

Das 1. Kapitel beinhaltet die Regelungen zur Teilzeitarbeit unter Ergänzung von besonderen gesetzlichen Bestimmungen. Das 2. Kapitel befasst sich mit den allgemeinen und besonderen Regelungen für befristete Arbeitsverträge.

Im 3. Kapitel sind Auszüge aus den relevanten Rechtsvorschriften wiedergegeben worden. Das 4. Kapitel beinhaltet Vorschläge für betriebliche Umsetzungsregelungen.

Harald Ihlenfeld
Karl-Heinz Kles

Abkürzungen

ÄArbVtrG	Gesetz über befristete Arbeitsverträge mit Ärzten in der Weiterbildung (Ärztearbeitsvertragsgesetz)
Abb.	Abbildung bzw. Schaubild
ABM	Arbeitsbeschaffungsmaßnahme
ABR	Gerichtliches Aktenzeichen (Bundesarbeitsgericht)
AFG	Arbeitsförderungsgesetz
Anm.	Anmerkung
AP	Arbeitsrechtliche Praxis, Loseblattsammlung, Nachschlagewerk zur BAG-Rechtsprechung
ArbG	Arbeitsgericht
ArbN	Arbeitnehmer
ArbZG	Arbeitszeitgesetz
ATG	Altersteilzeitgesetz
Aufl.	Auflage
AÜG	Arbeitnehmerüberlassungsgesetz
AuR	Arbeit und Recht (Zeitschrift)
AZO	Arbeitszeitordnung
AZR	Gerichtliches Aktenzeichen (Bundesarbeitsgericht)
BAG	Bundesarbeitsgericht
BAT	Bundesangestelltentarifvertrag
Bay	Bayern
Bbg	Brandenburg
BGB	Bürgerliches Gesetzbuch
BErzGG	Bundeserziehungsgeldgesetz
BeschFG	Beschäftigungsförderungsgesetz
BetrAVG	Gesetz zur betrieblichen Altersversorgung
BetrVG	Betriebsverfassungsgesetz
BGBl.	Bundesgesetzblatt
BPersVG	Bundespersonalvertretungsgesetz
BR	Betriebsrat
BSHG	Bundessozialhilfegesetz
BW	Baden-Württemberg
Ca	Gerichtliches Aktenzeichen (Arbeitsgericht)
CEEP	Europäischer Zentralverband der öffentlichen Wirtschaft
DIN	Bestimmung des Deutschen Instituts für Normung
Drs.	Drucksache des Deutschen Bundestages
dtv	Deutscher Taschenbuchverlag
d.V.	die Verfasser

EAS	Europäisches Arbeits- und Sozialrecht (Loseblattsammlung)
EG	Europäische Gemeinschaft
EGB	Europäischer Gewerkschaftsbund
Erl.	Erläuterung
EU	Europäische Union
EuGH	Europäischer Gerichtshof
EWG	Europäische Wirtschaftsgemeinschaft
FFG	Frauenfördergesetz
FKHE	Fitting/Kaiser/Heither/Engels
Ges.	Gesetz
GG	Grundgesetz
GK	Gemeinschaftskommentar
HB	Bremen
Hess	Hessen
HH	Hamburg
HRG	Hochschulrahmengesetz
HSA	Hauptschulabschlusskurse
i.d.F.	in der Fassung
i.V.m.	in Verbindung mit
Kom	Kommission
KR	Kündigungsschutzrecht
KSchG	Kündigungsschutzgesetz
LAG	Landesarbeitsgericht
LAGE	Landesarbeitsgerichtsentscheidungen, Loseblattsammlung
MAVO	Mitarbeitervertretungsordnung
MVG	Mitarbeitervertretungsgesetz
MuSchG	Mutterschutzgesetz
M.-V.	Mecklenburg-Vorpommern
Nieders	Niedersachsen
NJW	Neue Juristische Wochenzeitschrift
NRW	Nordrhein-Westfalen
NZA	Neue Zeitschrift für Arbeitsrecht
PersVG	Personalvertretungsgesetz

Abkürzungen

RhPf	Rheinland-Pfalz
rkr	rechtskräftig
Rn.	Randnummer
Rs	Gerichtliches Aktenzeichen (Rechtssache des Europäischen Gerichtshofes)
Sa	Gerichtliches Aktenzeichen (Landesarbeitsgericht)
Saarl	Saarland
Sa.-Anh	Sachsen-Anhalt
Sächs	Sächsisches
SGB	Sozialgesetzbuch
SH	Schleswig-Holstein
Thüring	Thüringen
TV Arb	Tarifvertrag Arbeiter
TVG	Tarifvertragsgesetz
TzBfG	Teilzeit- und Befristungsgesetz
UNICE	Union der Industrie- und Arbeitgeberverbände Europas
Urt.	Urteil
v.	vom
VHS	Volkshochschule

Teilzeitarbeit

1

1. Ziele und Inhalte 20

2. Gesetzlich vorgesehene Typen
   von Teilzeitarbeit 22

3. Allgemeine Vorschriften
   über Teilzeitarbeit 23

4. Besondere gesetzliche Regelungen
   über Teilzeitarbeit 97

5. Beteiligungsrechte
   der Arbeitnehmervertretung 104

1. Ziele und Inhalte

1.1 Zielsetzung des Gesetzgebers

1 Mit den einzelnen Bestimmungen zur Teilzeitarbeit im Gesetz über Teilzeitarbeit und befristete Arbeitsverträge und zur Änderung und Aufhebung arbeitsrechtlicher Bestimmungen (Rn. 400) – Teilzeit- und Befristungsgesetz (TzBfG) verfolgt der Gesetzgeber mehrere Zielsetzungen:

- Umsetzung der Richtlinie des Europäischen Rates 97/81/EG zu der von den europäischen Sozialpartnern geschlossenen Rahmenvereinbarung über Teilzeitarbeit,
- Diskriminierungsschutz für Arbeitnehmer in Teilzeitarbeitsverhältnissen,
- Verbesserung der Teilzeitarbeitswünsche von Arbeitnehmern und
- Verbesserung der Beschäftigungsmöglichkeiten und Förderung der Unternehmen durch Verteilung des Arbeitsvolumens auf mehr Menschen.

Das Teilzeit- und Befristungsgesetz (TzBfG) ist auf alle Arbeitsverhältnisse – sowohl mit privaten als auch mit öffentlichen Arbeitgebern – anzuwenden.

2 Mit der Richtlinie des Rates der Europäischen Union (97/81/EG) vom 15. Dezember 1997 (Rn. 401) wurde die Rahmenvereinbarung der europäischen Sozialpartner zur Teilzeitarbeit für die Mitgliedstaaten erlassen. Der deutsche Gesetzgeber erfüllt mit dem TzBfG seine Verpflichtung zur Umsetzung dieser Richtlinie.

Inhalte der Richtlinie sind:

- Definitionen: „teilzeitbeschäftigte Arbeitnehmer", „vergleichbarer Vollzeitbeschäftigter"
- Grundsätze der Nichtdiskriminierung
- Maßnahmen zur Gleichbehandlung von Teilzeit- und Vollzeitbeschäftigten
- Informationspflichten des Arbeitgebers gegenüber den Teilzeitbeschäftigten und der Arbeitnehmervertretung
- Grundsätze zur Förderung der beruflichen Fertigkeiten, des Fortkommens und der Mobilität von Teilzeitbeschäftigten.

Die Richtlinie ermöglicht es aber auch, dass der nationale Gesetzgeber mit der Umsetzung zugleich Konkretisierungen nach nationalen

Rahmenbedingungen vornehmen kann. Ferner können die Mitgliedstaaten Regelungen treffen, die günstiger sind. Die Umsetzung darf aber nicht als Rechtfertigung für eine Senkung des allgemeinen Niveaus des Arbeitnehmerschutzes dienen. Die Richtlinie stellt Mindestbedingungen auf, die von den jeweiligen nationalen Umsetzungsregelungen nicht unterschritten werden dürfen.

Neben der Umsetzung der maßgeblichen EU-Richtlinie will der Gesetzgeber zur nachhaltigen Beschäftigungssicherung beitragen und erhebliche Entlastungseffekte auf dem Arbeitsmarkt auslösen. Ferner soll dem Wunsch vieler Arbeitnehmer Rechnung getragen werden, aus persönlichen (z.B. Teilnahme an Weiterbildungen, Wahrnehmung von ehrenamtlichen Aufgaben) und familiären Gründen die Arbeitszeit zu verkürzen. Hierbei sollen sie eben nicht benachteiligt werden. Insofern werden auch die Ausräumung von Karrierehindernissen und die Erhöhung der Akzeptanz und Attraktivität von Teilzeitarbeit angestrebt (vgl. Drucksache 14/4374, S. 12). 3

Ausweislich der Gesetzesbegründung (vgl. Drucksache 14/4374, S. 11) strebt der Gesetzgeber bei der Ausweitung von Teilzeitarbeit mit den vorliegenden Regelungen zudem angemessene Berücksichtigung von Arbeitgeber- und Arbeitnehmerinteressen an.

Der Wechsel von einem Vollzeit- in ein Teilzeitarbeitsverhältnis und umgekehrt wird erleichtert. Von den vorstehenden allgemeinen Vorschriften über Teilzeitarbeit bleiben gemäß § 23 aber besondere gesetzliche Regelungen über die Teilzeitarbeit unberührt. Im Rahmen der Gesetzesbegründung (vgl. Drucksache 14/4374, S. 22) wird ausdrücklich auf die folgenden besonderen Regelungen abgestellt:

- Altersteilzeitgesetz (Rn. 402),
- § 15 Bundeserziehungsgeldgesetz (Rn. 403),
- §§ 8, 10 und 12 des Frauenfördergesetzes (Rn. 404).

1.2 Überblick über Regelungsinhalte

Der Gesetzgeber regelt mit dem Teilzeit- und Befristungsgesetz neben der Grundkonstellation einer Teilzeitbeschäftigung (§§ 8 und 9) auch die Teilzeitbeschäftigung in den Sonderformen der *Arbeit auf Abruf* (§ 12) und der *Arbeitsplatzteilung* (§ 13). 4

Ausgehend vom allgemeinen Begriff eines Teilzeitbeschäftigten (§ 2) regelt der Gesetzgeber in § 4 Abs.1 zunächst ein allgemeines Diskriminierungsverbot von Teilzeitbeschäftigten. Dies wird ergänzt um Verfahrensvorschriften bei der Verringerung (§ 8) und der Verlängerung (§ 9) der Arbeitszeit sowie um Bestimmungen, die den

Teilzeitarbeit

Arbeitgeber verpflichten, den Teilzeitbeschäftigten z.B. über freie Vollzeitarbeitsplätze zu informieren (§ 7) und dafür Sorge zu tragen, dass der Teilzeitbeschäftigte an angemessenen Aus- und Weiterbildungsmaßnahmen teilnehmen kann (§ 10).

Schließlich bestimmt der Gesetzgeber ein Kündigungsverbot für den Fall, dass der Arbeitnehmer sich weigert, von einem Vollzeit- in ein Teilzeitarbeitsverhältnis oder umgekehrt zu wechseln.

2. Gesetzlich vorgesehene Typen von Teilzeitarbeit

5 Mit dem Teilzeit- und Befristungsgesetz liegen allgemeine Vorschriften über den Abschluss und die Gestaltung von Teilzeitarbeitsverhältnissen vor.

§ 23 bestimmt, dass besondere Regelungen über gesonderte Formen der Teilzeitarbeit unberührt bleiben, wenn sie gegenüber dem TzBfG speziellere Vorschriften beinhalten. Soweit aber das Altersteilzeitgesetz, § 15 Bundeserziehungsgeldgesetz und die §§ 8, 10 und 12 des Frauenfördergesetzes keine speziellen Regelungen vorsehen, kommen die Vorschriften des Gesetzes über Teilzeitarbeit und befristete Arbeitsverträge ergänzend zur Anwendung.

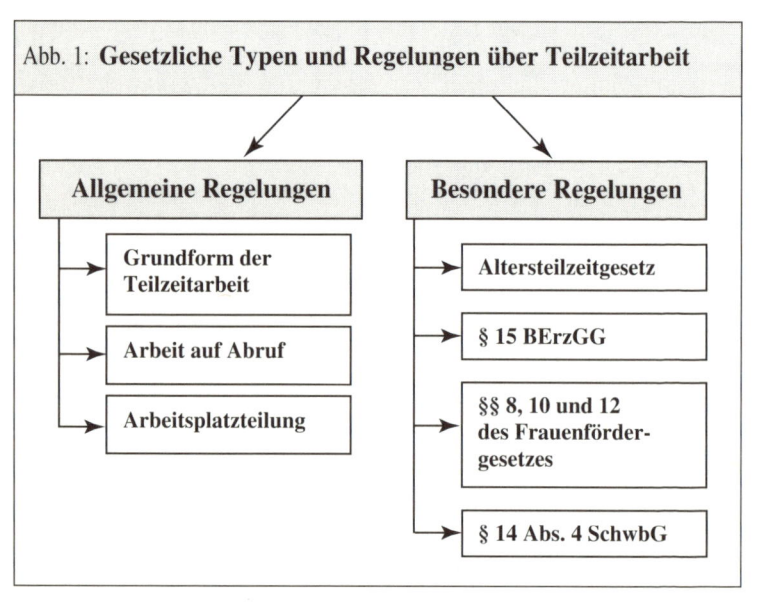

Abb. 1: **Gesetzliche Typen und Regelungen über Teilzeitarbeit**

Allgemeine Regelungen	Besondere Regelungen
Grundform der Teilzeitarbeit	Altersteilzeitgesetz
Arbeit auf Abruf	§ 15 BErzGG
Arbeitsplatzteilung	§§ 8, 10 und 12 des Frauenfördergesetzes
	§ 14 Abs. 4 SchwbG

Mithin geht der Gesetzgeber davon aus, dass alle Teilzeitarbeitsverhältnisse entweder von
a) den allgemeinen Regelungen gemäß des Gesetzes über Teilzeitarbeit und befristete Arbeitsverträge

und/oder von
b) den besonderen gesetzlichen Regelungen erfasst werden.

3. Allgemeine Vorschriften über Teilzeitarbeit

3.1 Begriff der Teilzeitbeschäftigung

Nach § 2 Abs.1 Satz 1 TzBfG ist ein Arbeitnehmer dann als Teilzeitbeschäftigter anzusehen, wenn seine regelmäßige Wochenarbeitszeit kürzer ist als die eines vergleichbaren vollzeitbeschäftigten Arbeitnehmers.

Die Sätze 2–4 regeln weitere Verfahrensschritte für die Prüfung, ob eine Teilzeitbeschäftigung vorliegt.

Ist mit dem Teilzeitbeschäftigten keine regelmäßige Wochenarbeitszeit vereinbart worden, so bestimmt Satz 2, dass ein Arbeitnehmer dann teilzeitbeschäftigt ist, wenn seine regelmäßige Arbeitszeit im Durchschnitt eines bis zu einem Jahr reichenden Beschäftigungszeitraums unter der eines vergleichbaren vollzeitbeschäftigten Arbeitnehmers liegt. Hierbei darf der Berechnungszeitraum von einem Jahr nicht willkürlich vom Arbeitgeber festgelegt werden. Vielmehr hat sich die Festlegung an den Prinzipien der §§ 242 (Treu und Glauben) und 315 BGB (Billiges Ermessen) zu orientieren. Der Berechnungszeitraum von einem Jahr muss hierbei nicht identisch mit dem Kalenderjahr sein.

Für die Festlegung, ob ein Arbeitnehmer teilzeitbeschäftigt ist, stellt der Gesetzgeber auf einen vergleichbaren Vollzeitbeschäftigten ab. Damit bezieht der Gesetzgeber die jeweiligen betrieblichen, tarifvertraglichen oder branchenüblichen Verhältnisse ein und vermeidet eine abstrakte Regelung wie die „regelmäßige wöchentliche Arbeitszeit" als Vergleichskriterium. *Auf der anderen Seite hängt damit aber auch die Feststellung einer Teilzeitbeschäftigung allein vom Vorhandensein eines vergleichbaren Vollzeitbeschäftigten ab.*

Bei der Feststellung, wer ein *vergleichbarer* vollzeitbeschäftigter Arbeitnehmer ist, ist nach § 1 Abs. 1 Satz 3 zunächst auf die betriebliche Ebene abzustellen. Vergleichbar ist danach ein vollzeitbeschäftigter Arbeitnehmer mit derselben Art des Arbeitsverhältnisses und der gleichen oder einer ähnlichen Tätigkeit. Auf der 1. Prüfungsstufe kommt es also auf die Erfüllung der folgenden Vergleichsmerkmale an:

- dieselbe Art des Arbeitsverhältnisses
- gleiche Tätigkeit oder
- ähnliche Tätigkeit.

Mit *Art des Arbeitsverhältnisses* wird der Charakter des Arbeitsverhältnisses umrissen. Es kann sich dabei um ein unbefristetes oder befristetes Arbeitsverhältnis handeln. Da vorliegend nur von Art des Arbeitsverhältnisses gesprochen wird, dürfte ein vollzeitbeschäftigter Beamter kein vergleichbarer Arbeitnehmer sein, da er sich in einem öffentlich-rechtlichen Anstellungsverhältnis befindet.

8 Vergleichbar ist ein vollzeitbeschäftigter Arbeitnehmer mit *gleicher* oder *ähnlicher Tätigkeit*.

Nach allgemeinem Sprachgebrauch wird unter gleich „in allen Merkmalen, in jeder Hinsicht übereinstimmend", „mit einem Vergleichsobjekt in bestimmten Merkmalen, in der Art, im Typ übereinstimmend" (Duden, S. 615, Stichwort „gleich") verstanden.

> **Eine Tätigkeit ist also *gleich*, wenn diese insbesondere in ihren qualitativen Anforderungen (z.B. geforderte Kenntnisse, Fähigkeiten, Ausbildung, usw.), in ihrem Arbeitsablauf und Arbeitsumgebungsgestaltung und ggf. in der Arbeitszeitgestaltung mit der eines Vollzeitbeschäftigten übereinstimmt.**

Fehlt es an einer gleichen Tätigkeit, so genügt nach den gesetzlichen Vorgaben auch eine ähnliche Tätigkeit. Nach allgemeinem Sprachgebrauch liegt eine ähnliche Tätigkeit vor, wenn sie mit dem Vergleichsgegenstand „in wesentlichen Merkmalen übereinstimmt" (Duden, S. 85, Stichwort „ähnlich").

> **Eine Tätigkeit ist mithin *ähnlich*, wenn sie insbesondere bei den qualitativen Anforderungen und der Arbeitsplatz- und Arbeitszeitgestaltung in den Punkten, die arbeitsvertraglich und tarifvertraglich von Bedeutung sind, entsprechende Übereinstimmungen aufweist.**

9 Ist auf der Betriebsebene kein vergleichbarer Vollzeitbeschäftigter vorhanden, so ist die Vergleichbarkeit aufgrund des anwendbaren

3. Allgemeine Vorschriften über Teilzeitarbeit

Tarifvertrages zu prüfen. Eine gleiche Tätigkeit bedeutet hier unter der Berücksichtigung des allgemeinen Sprachgebrauchs, wie die Tätigkeit des Teilzeitbeschäftigten tarifvertraglich im Hinblick auf die Eingruppierung und die sonstigen Arbeitsbedingungen einzuordnen ist. Wenn der Gesetzgeber vorliegend von einem „anwendbaren" Tarifvertrag spricht, so wird damit nicht gefordert, dass der Tarifvertrag unmittelbar und zwingend gemäß § 4 Abs. 1 TVG gelten muss. Vielmehr genügt es, wenn der Tarifvertrag für die betreffende Tätigkeit für den Fall, dass die Arbeitsvertragsparteien Mitglied einer Tarifvertragspartei wären, auf das Arbeitsverhältnis Anwendung finden würde. Verstoßen Ausschlusstatbestände in diesen Tarifverträgen gegen Bestimmungen des Teilzeit- und Befristungsgesetzes, so dürfen diese nicht herangezogen werden.

Kann auch mittels des anwendbaren Tarifvertrages keine Vergleichbarkeit hergestellt werden, so ist zu prüfen, wer im jeweiligen Wirtschaftszweig üblicherweise als vergleichbarer vollzeitbeschäftigter Arbeitnehmer anzusehen ist. Auch hier ist grundsätzlich auf die in Satz 1 formulierten Grundsätze „gleiche oder ähnliche Tätigkeit" zurückzugreifen. Insoweit ist zunächst die Tätigkeit des Teilzeitbeschäftigten einem Wirtschaftszweig zuzuordnen und anschließend die Vergleichbarkeit mit einem vollzeitbeschäftigten Arbeitnehmer auf der Grundlage der allgemeinen Kriterien (vgl. Rn. 7) festzustellen. **10**

§ 2 Abs. 2 stellt klar, dass unter eine Teilzeitbeschäftigung auch eine geringfügige Beschäftigung nach § 8 Abs. 1 Nr. 1 SGB IV fällt. Danach liegt eine geringfügige Beschäftigung vor, wenn die Beschäftigung regelmäßig weniger als fünfzehn Stunden in der Woche ausgeübt wird und das Arbeitsentgelt regelmäßig im Monat 630 DM nicht übersteigt. Da der Gesetzgeber generell geringfügig Beschäftigte dem Geltungsbereich dieses Gesetzes unterwirft, kann auch eine geringere Zahl als 15 Stunden und ein geringeres Entgelt als 630 DM in Betracht kommen. Unter Vorgriff auf das Diskriminierungsverbot sei an dieser Stelle schon erwähnt, dass tarifliche Regelungen, die geringfügig Beschäftigte aus dem Geltungsbereich herausnehmen, rechtswidrig sind, da sie gegen das Diskriminierungsverbot in § 4 Abs. 1 verstoßen. **11**

Insoweit kann vereinzelten Auffassungen in der Literatur (vgl. Worzalla, a.a.O., Rn. 17f zu § 2 TzBfG) nicht gefolgt werden, die eine schlechtere Behandlung von Teilzeitbeschäftigten in Tarifverträgen, Betriebsvereinbarungen und arbeitsrechtlichen Regelungen für zulässig halten, da der Gesetzgeber selbst geringfügig Beschäftigte – z.B. in der Sozialversicherung – von Leistungen ausnehme. Hätte der Gesetzgeber diese Rechtsfolge bewirken wollen, so hätte er aber in § 2 Abs. 2 TzBfG nicht ausdrücklich geringfügig Beschäftigte

Teilzeitarbeit

nach § 8 Abs. 1 Nr. 1 SGB IV in den Geltungsbereich des TzBfG einbezogen. Unzutreffend und der gesetzlichen Regelung widersprechend ist dann auch die weitere Schlussfolgerung: Besteht schon kein Anspruch auf Gleichbehandlung, so kann auch das Diskriminierungsverbot in § 4 Abs. 1 Satz 2 TzBfG nicht zur Anwendung kommen (vgl. Worzalla, a.a.O., Rn. 18 zu § 2 TzBfG). Völlig abwegig ist die Annahme, dass geringfügig Beschäftigte nur dann erfasst werden würden, wenn generell alle Teilzeitbeschäftigten wegen der Teilzeitarbeit schlechter als Vollzeitbeschäftigte behandelt werden (vgl. Worzalla, a.a.O., Rn. 19 zu § 2 TzBfG), denn der Gesetzgeber hat im Rahmen des Diskriminierungsverbots nicht die Voraussetzung aufgestellt, dass das Diskriminierungsverbot nur dann für Arbeitnehmer nach § 2 Abs. 2 TzBfG gelten soll, wenn eine Kollektivbenachteiligung von Arbeitnehmern gemäß § 2 Abs. 1 TzBfG vorliegt.

12 Für die Teilzeitbeschäftigten stellt das Gesetz verschiedene Vorschriften für die Umsetzung und zur Verwirklichung der Nichtdiskriminierung zur Verfügung:

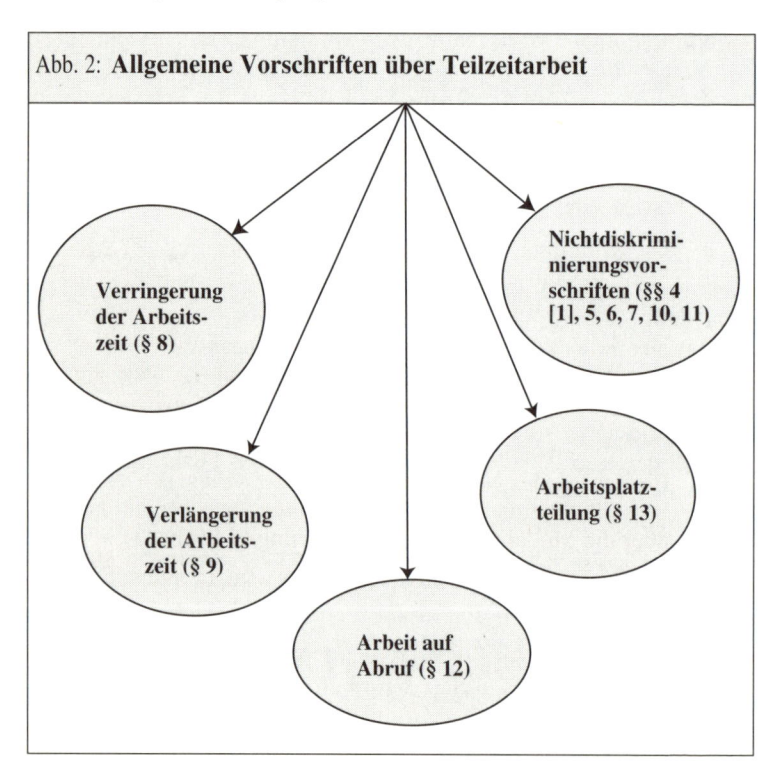

Abb. 2: **Allgemeine Vorschriften über Teilzeitarbeit**

- Verringerung der Arbeitszeit (§ 8)
- Verlängerung der Arbeitszeit (§ 9)
- Arbeit auf Abruf (§ 12)
- Arbeitsplatzteilung (§ 13)
- Nichtdiskriminierungsvorschriften (§§ 4 [1], 5, 6, 7, 10, 11)

3.2 Allgemeine Regelungen zur Umsetzung der Teilzeitarbeit

3.2.1 Verringerung der Arbeitszeit (§ 8)

3.2.1.1 Grundvoraussetzungen

§ 8 TzBfG regelt die Modalitäten und Voraussetzungen für die Verringerung der Arbeitszeit. Dem Arbeitnehmer ist durch den *Anspruch* auf Teilzeitarbeit ein Gestaltungsrecht zur einseitigen Änderung der bisher vereinbarten Arbeitsvertragsbedingungen zugewiesen worden. Für den Arbeitgeber besteht hier bei Erfüllung der entsprechenden Voraussetzungen ein Kontrahierungszwang (vgl. auch Richardi, NZA 2000, Nr. 22, S. XII), also die Verpflichtung zum Abschluss eines Änderungsvertrages.

Liegen also folgende Grundvoraussetzungen nach § 8 Abs. 1 bis 5 TzBfG vor, so hat der Arbeitnehmer einen Anspruch auf Arbeitszeitverringerung:

- Das Arbeitsverhältnis muss nach § 8 Abs. 1 länger als sechs Monate bestanden haben.
- Der Arbeitgeber muss, unabhängig von den Personen, die in einer Berufsbildung tätig sind, mehr als 15 Arbeitnehmer beschäftigen (§ 8 Abs. 7).
- Die Mitteilung des Wunsches auf Verringerung der Arbeitszeit muss mit einer Frist von drei Monaten geltend gemacht werden (§ 8 Abs. 2).
- Der Arbeitnehmer hat mit der Geltendmachung den Umfang der Verringerung anzugeben. Er soll dabei auch die gewünschte Verteilung der Arbeitszeit bekannt geben (§ 8 Abs. 2).
- Erörterung des Verringerungswunsches zwischen Arbeitgeber und Arbeitnehmer und Herstellung eines Einvernehmens über die Modalitäten der Verringerung (§ 8 Abs. 3).
- Zustimmung des Arbeitgebers – bzw. Zustimmungsfiktion – (§ 8 Abs. 4 und 5).

Im Hinblick auf den Zustimmungszwang für den Arbeitgeber hat der Gesetzgeber in § 8 Abs. 4 Satz 1 formuliert, dass dieser nur bei entgegenstehenden betrieblichen Gründen nicht zum Tragen kommt.

Teilzeitarbeit

Neben diesem Zustimmungszwang hat der Gesetzgeber für den Fall eine Zustimmungsfiktion konstruiert, dass der Arbeitgeber dem Arbeitnehmer gegenüber seine Entscheidung über Arbeitszeitverringerung und Arbeitszeitverteilung nicht spätestens einen Monat vor dem gewünschten Beginn schriftlich mitgeteilt hat. Ergänzt wird diese Zustimmungsfiktion durch Bestimmungen zu unterschiedlichen Folgewirkungen je nachdem, ob es sich hierbei um den Umfang oder die Verteilung der Arbeitszeit handelt (§ 8 Abs. 5 TzBfG).

Ferner regelt § 8 Abs. 6 TzBfG den Fall, dass der Arbeitnehmer eine erneute Verringerung der Arbeitszeit verlangt.

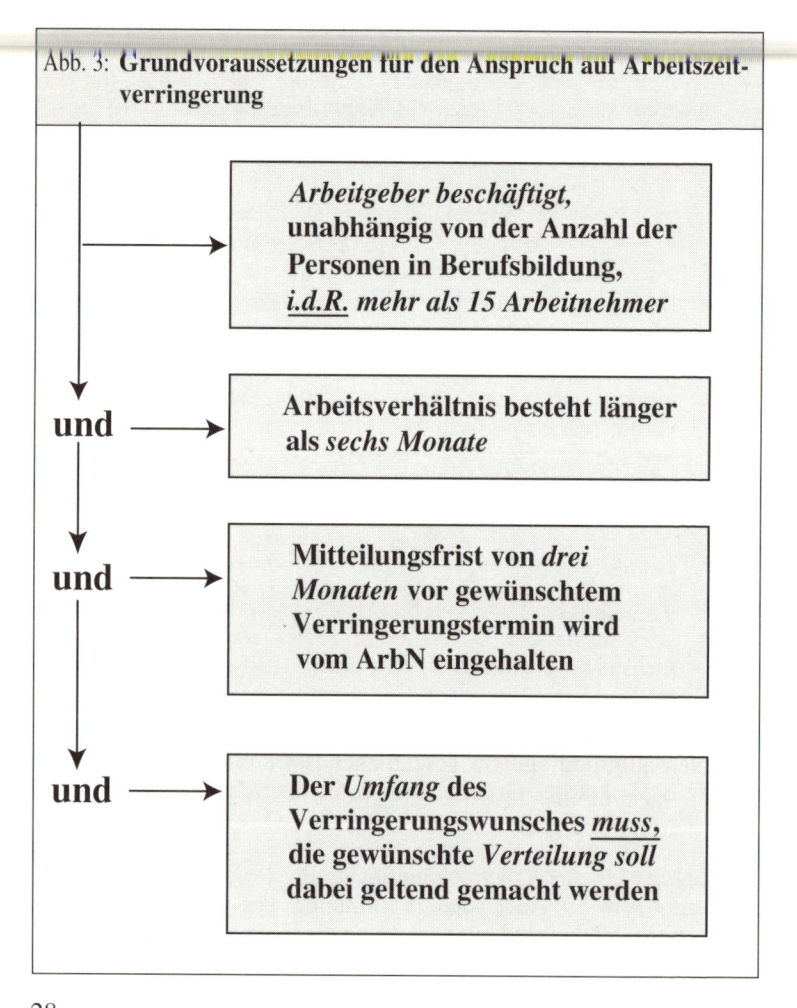

Abb. 3: Grundvoraussetzungen für den Anspruch auf Arbeitszeitverringerung

- *Arbeitgeber beschäftigt,* unabhängig von der Anzahl der Personen in Berufsbildung, *i.d.R.* mehr als 15 Arbeitnehmer

und

- Arbeitsverhältnis besteht länger als *sechs Monate*

und

- Mitteilungsfrist von *drei Monaten* vor gewünschtem Verringerungstermin wird vom ArbN eingehalten

und

- Der *Umfang* des Verringerungswunsches *muss*, die gewünschte *Verteilung soll* dabei geltend gemacht werden

3. Allgemeine Vorschriften über Teilzeitarbeit

- Dauer des Arbeitsverhältnisses (§ 8 Abs. 1)

Nach § 8 Abs. 1 kann der Arbeitnehmer eine vertragliche Vereinbarung zur Verringerung seiner Arbeitszeit verlangen, wenn sein Arbeitsverhältnis länger als sechs Monate bestanden hat. Der Gesetzgeber verlangt zwar nicht ausdrücklich, dass das Arbeitsverhältnis bei demselben Arbeitgeber bestanden hat; jedoch wenn von der Dauer des bestehenden Arbeitsverhältnisses gesprochen wird, so kann sich dies nur auf den gegenwärtigen Vertragspartner – denselben Arbeitgeber – beziehen. 14

Da das Vorliegen einer Arbeitnehmereigenschaft ausreicht, besteht der Verringerungsanspruch bei Erfüllung der sonstigen Voraussetzungen sowohl für Vollzeit als auch für Teilzeitbeschäftigte.

Im Gegensatz zu anderen gesetzlichen Bestimmungen (z.B. § 1 Abs. 1 KSchG) stellt der Gesetzgeber hier nicht auf ein ununterbrochenes Arbeitsverhältnis von sechsmonatiger Dauer ab, so dass der Anspruch auf Verringerung der Arbeitszeit auch dann besteht, wenn sowohl rechtliche als auch tatsächliche Unterbrechungen des Arbeitsverhältnisses vorliegen. Mithin können mehrere Arbeitsverhältnisse zusammengefasst werden. Unter Berücksichtigung der zu § 1 Abs. 1 KSchG ergangenen Rechtsprechung (vgl. KR-Becker, Rn. 55–64) sind die folgenden Unterbrechungen unschädlich: 15

- Rechtliche Unterbrechungen des Arbeitsverhältnisses – sei es durch Kündigung oder Aufhebungsvereinbarung – und Abschluss eines weiteren Arbeitsvertrages nach mehreren Wochen Unterbrechung, wenn die Arbeitsverhältnisse in einem engen sachlichen Zusammenhang stehen oder der Arbeitnehmer nach der Unterbrechung in einem anderen Betrieb bei demselben Arbeitgeber erneut in ein Arbeitsverhältnis eintritt.

- Tatsächliche Unterbrechung bei fehlender Arbeitsleistung (z.B. infolge von Krankheit) – auch wenn diese weitgehend die sechsmonatige Wartezeit ausfüllt.

Auf die Wartezeit anzurechnen sind zudem die Zeiten, in denen das Arbeitsverhältnis zwar besteht, aber die gegenseitigen Leistungspflichten aufgrund anderer gesetzlicher Bestimmungen suspendiert sind (z.B. Zeiten des Grundwehrdienstes oder Zivildienstes, Zeiten einer Wehrübung). Das Gleiche gilt gemäß § 10 Abs. 2 MuSchG, wenn die schwangere Arbeitnehmerin während der Schutzfrist nach der Entbindung das Arbeitsverhältnis ohne Einhaltung einer Kündigungsfrist zum Ende der Schutzfrist kündigt und sie innerhalb eines Jahres nach der Entbindung in ihrem bisherigen Betrieb wieder eingestellt wird (KR-Becker, Rn. 68 zu § 1 KSchG).

Insoweit kann die zwischenzeitlich abgelaufene Wartezeit dazu führen, dass der Arbeitnehmer bei Erfüllung der übrigen Voraussetzungen nach Ablauf der Unterbrechung eine Teilzeitbeschäftigung beanspruchen kann. Das Fehlen der tatbestandlichen Anforderungen „ununterbrochen" in Zusammenhang mit der Wartezeit als bloßes Redaktionsversehen zu bezeichnen (vgl. Preis/Gotthardt, a.a.O., S. 149) greift nicht durch. Auch wenn die vorstehende Auslegung zu einer aus Arbeitgebersicht unerwünschten Teilzeitbeschäftigung nach der Unterbrechung führen kann, so hat dieser es doch immerhin in der Hand, dem Anspruch durch Darlegung entgegenstehender betrieblicher Gründe zu begegnen.

Auch bei einem rechtsgeschäftlichen Betriebsübergang oder Übergang eines Betriebsteils ist die bisher zurückgelegte Dauer des Arbeitsverhältnisses auf die Wartezeit anzurechnen, da der Erwerber kraft Gesetzes (§ 613a BGB) in die bestehenden Arbeitsverhältnisse eintritt (KR-Becker, Rn. 66 zu § 1 KSchG).

16 Würde der Arbeitgeber einem Arbeitnehmer, der unter Anrechnung von Zeiten vorangegangener Arbeitsverhältnisse seinen Anspruch geltend macht, während der „Probezeit" kündigen, so wäre dies ein Verstoß gegen das Benachteiligungsverbot des § 5 TzBfG, da der erste Anschein dafür spricht, dass gerade die Inanspruchnahme des Rechts auf Arbeitszeitverringerung der eigentliche Kündigungsgrund ist.

- Arbeitgeberklausel (§ 8 Abs. 7)

17 Nach § 8 Abs. 7 TzBfG besteht der Anspruch des Arbeitnehmers auf Arbeitszeitverringerung erst dann, wenn der Arbeitgeber, unabhängig von der Anzahl der Personen in Berufsbildung, mehr als 15 Arbeitnehmer beschäftigt. Diese Voraussetzung ist arbeitgeberbezogen, d.h. bei der Berechnung der Arbeitnehmerzahl ist auf die Arbeitnehmer abzustellen, die mit demselben Arbeitgeber in einem Arbeitsverhältnis stehen. Es kommt demnach nicht darauf an, ob diese Arbeitnehmer in mehreren Betrieben oder Betriebsstätten tätig sind.

Bei der Berechnung der Mindestarbeitnehmerzahl stellt das vorliegende Gesetz auf *in der Regel* mehr als 15 Arbeitnehmer ab. Der Begriff „in der Regel" erfasst hier die regelmäßig beim Arbeitgeber beschäftigten Arbeitnehmer. Maßgeblich ist demnach nicht ein vorübergehender oder an einem Stichtag bestehender Zustand. Zur Feststellung bedarf es daher eines Rückblicks auf die Vergangenheit und eine Einschätzung der zukünftigen Entwicklung. „Es ist also festzustellen, wie viel Arbeitnehmer, wenn man von den Zeiten außergewöhnlicher Arbeitshäufung (Abschlussarbeiten, Weihnachts-

3. Allgemeine Vorschriften über Teilzeitarbeit

geschäft) absieht, im Allgemeinen ... (beim Arbeitgeber – d.V.) beschäftigt werden" (FKHE, Rn. 238 zu § 1 BetrVG). Es kommt also auf die während des größten Teils des Jahres bestehenden Arbeitsverhältnisse an. Hierbei sind Aushilfskräfte genauso mitzuzählen wie wehr- oder zivildienstleistende und beurlaubte Arbeitnehmer.

Da § 8 Abs. 7 bei der Berechnung keinen Unterschied zwischen Teilzeit- und Vollzeitarbeitnehmern – wie z.b. in § 23 Abs. 1 KSchG – macht, sind hier Teilzeitarbeitnehmer (auch wenn sie geringfügig beschäftigt sind) voll anzurechnen. Mithin besteht im Extremfall auch dann ein Anspruch auf Arbeitszeitverringerung, wenn der Arbeitgeber 16 Arbeitnehmer mit einer regelmäßigen wöchentlichen Arbeitszeit von z.b. 15 Stunden wöchentlich beschäftigt (vgl. auch Kliemt, a.a.O., S. 64). Personen in einer Berufsbildung werden dagegen nicht berücksichtigt. Hierbei hat der Gesetzgeber eine umfassende Begrifflichkeit gewählt: *Berufsbildung* umfasst nach § 1 Abs. 1 Berufsbildungsgesetz neben der Berufsausbildung auch die berufliche Fortbildung und Umschulung. Personen, die sich beim Arbeitgeber in diesen beruflichen Maßnahmen befinden, werden mithin nicht bei der Mindestarbeitnehmerzahl berücksichtigt.

- Mitteilung des Wunsches auf Arbeitszeitverringerung (§ 8 Abs. 2)

Die vom Gesetz geforderte Mitteilung des Arbeitnehmers muss mindestens drei Monate vor Beginn der gewünschten Verringerung der Arbeitszeit dem Arbeitgeber zugegangen sein. Hierbei soll der Arbeitnehmer dem Arbeitgeber neben dem Umfang auch die gewünschte Verteilung der verringerten Arbeitszeit auf die einzelnen Arbeitstage mitteilen. **18**

Da für die Geltendmachung kein Schriftformerfordernis besteht, kann der Wunsch auf Arbeitszeitverringerung auch mündlich vorgetragen werden. Aus Beweissicherungsgründen ist dem Arbeitnehmer jedoch anzuraten, von der Schriftform Gebrauch zu machen, da er die Beweislast für die Rechtzeitigkeit der Mitteilung trägt.

§ 8 Abs. 2 enthält keine Vorgaben über den möglichen Umfang einer Arbeitszeitverringerung oder über den Rahmen der Verteilung der verringerten Arbeitszeit auf die einzelnen Arbeitstage. Der Gesetzgeber wollte mit dieser allgemeinen Formulierung die Attraktivität auf Teilzeitarbeit dadurch erhöhen, dass er dem einzelnen Arbeitnehmer bei dessen Wunschvorstellungen einen weiten individuellen Gestaltungsspielraum einräumt. **19**

Nach Satz 1 hat der Arbeitnehmer den Umfang der Verringerung mitzuteilen. Die Formulierung „hat" stellt eine absolut zwingende

Teilzeitarbeit

Vorschrift und eine Wirksamkeitsvoraussetzung für die Mitteilung dar. Teilt also der Arbeitnehmer den Umfang seiner Arbeitszeitverringerung nicht mit, so ist die Mitteilung dem Arbeitgeber nicht wirksam zugegangen. Mithin könnte dies im Streitfall dazu führen, dass der Arbeitgeber den Einwand einer nicht rechtzeitigen Mitteilung gegenüber dem Arbeitnehmerwunsch auf Arbeitszeitverringerung geltend macht.

20 Im Gegensatz zum zwingenden Mitteilungsinhalt nach Satz 1 hat der Gesetzgeber in Satz 2 eine *Soll*-Vorschrift formuliert. Sie begründet zwar auch die Pflicht auf Einhaltung, wenn es dem Arbeitnehmer nach pflichtgemäßem Ermessen möglich ist, zum Zeitpunkt der Mitteilung auch schon die Verteilung angeben zu können. Ist es hingegen dem Arbeitnehmer nach objektiven Umständen nicht möglich, die gewünschte Verteilung schon zum Mitteilungszeitpunkt bekannt zu geben, so steht dies der Wirksamkeit der Mitteilung nicht entgegen. Als objektiver Umstand könnte z.B. gelten, dass ein Arbeitnehmer aufgrund eines Pflegefalles in der Familie zwar den Umfang einer Arbeitszeitverringerung nennen kann, aber im Hinblick auf die optimale Betreuung noch nicht die Arbeitszeitverteilung, weil diese erst mit dem Betreuungspersonal, Ärzten u.a. abgesprochen oder geregelt werden muss.

Bei späterem Feststehen der objektiven Umstände hat der Arbeitnehmer unverzüglich nach deren Klärung die gewünschte Arbeitszeitverteilung mitzuteilen. Sie muss spätestens dann klar sein, wenn die nach § 8 Abs. 3 TzBfG erforderliche Erörterung mit dem Arbeitgeber stattfindet.

Während der Gesetzesentwurf (Drucksache 14/4374) dem Arbeitnehmer auferlegte, die gewünschte Verteilung der Arbeitszeit auf die einzelnen Arbeitstage der Woche anzugeben, enthält der Gesetzestext nur noch die Formulierung „gewünschte Verteilung der Arbeitszeit". Damit wollte der Gesetzgeber sicherstellen, dass nicht nur die Grundform einer verringerten Arbeitszeit, also eine tägliche Arbeitszeitverringerung, erfasst wird. Vielmehr sollen die allgemeinen Vorschriften in § 8 Abs. 3 TzBfG auch für Arbeitszeitformen gelten, bei denen an einzelnen Arbeitstagen überhaupt keine Arbeitsleistung erbracht wird. Die Gestaltungsmöglichkeiten des Arbeitnehmers für eine Arbeitszeitverringerung haben sich hierdurch zweifellos erhöht. Für den Arbeitgeber ergibt sich hierdurch möglicherweise auch ein besserer flexibler Arbeitseinsatz des Teilzeitbeschäftigten.

- Pflicht zur Erörterung und zur einvernehmlichen Regelung (§ 8 Abs. 3)

§ 8 Abs. 3 Satz 1 TzBfG verpflichtet den Arbeitgeber mit dem Arbeitnehmer die gewünschte Verringerung der Arbeitszeit mit dem Ziel zu erörtern, zu einer Vereinbarung zu gelangen. Nach Satz 2 hat der Arbeitgeber mit dem Arbeitnehmer Einvernehmen über die von ihm festzulegende Verteilung der Arbeitszeit zu erzielen. Im Gegensatz zum Gesetzesentwurf wird nun zwischen Verringerungsumfang und Verteilung der Arbeitszeit unterschieden.

Der Gesetzgeber hat damit auch gesetzessystematisch zwischen der vertraglich geschuldeten Arbeitsleistung (Arbeitszeitmenge) und der Verteilung der Arbeitszeit (Arbeitszeitlage) unterschieden. Während die Arbeitszeitmenge vertraglich geregelt wird, ist die Arbeitszeitlage in der Regel nicht Bestandteil der vertraglichen Vereinbarung. Sie wird unter Beachtung des Mitbestimmungsrechts der Arbeitnehmervertretung in der Regel durch das Direktionsrecht des Arbeitgebers festgelegt (vgl. Richardi, Stellungnahme, NZA 2000, Nr. 22, S. XIII). Insofern ist es folgerichtig, dass der Gesetzgeber dem Arbeitgeber aufgibt, über eine Erörterung mit dem Arbeitnehmer im Hinblick auf den Umfang (Arbeitszeitmenge) zu einer Vereinbarung zu kommen. Hingegen verpflichtet das Gesetz den Arbeitgeber nach Satz 2 nicht, über die festzulegende Verteilung der Arbeitszeit – wie noch im Gesetzesentwurf vorgesehen – eine vertragliche Vereinbarung zu treffen. Vielmehr genügt es, dass er mit dem Arbeitnehmer über die Verteilung ein Einvernehmen erzielt.

Der Gesetzgeber berücksichtigt also auf der einen Seite, dass die Arbeitszeitverteilung grundsätzlich dem arbeitgeberischen Weisungsrecht unterliegt. Andererseits sollen aber auch Ausgestaltungswünsche des Arbeitnehmers bei der Arbeitszeitverteilung berücksichtigt werden. Durch die in Satz 2 enthaltene Regelung, ein Einvernehmen über die vom Arbeitgeber festzulegende Arbeitszeitverteilung mit dem Arbeitnehmer zu erzielen, wird der Arbeitgeber aber dennoch dazu verpflichtet, eine Interessenabwägung zwischen den betrieblichen Belangen und den Gestaltungswünschen des Arbeitnehmers vorzunehmen. Hierbei sind die Grundsätze der §§ 242, 315 BGB zu beachten. Unter Berücksichtigung des in § 8 Abs. 4 Satz 1 TzBfG enthaltenen Zustimmungszwanges dürfte der Arbeitgeber mit seinen abweichenden Vorstellungen wohl nur dann durchdringen, wenn betriebliche Gründe gemäß § 8 Abs. 4 Satz 2 zum Tragen kommen.

Da der Gesetzgeber in § 8 Abs. 3 Satz 1 TzBfG eine Erörterungspflicht auferlegt, kann dieser sich dem auch nicht entziehen. Verweigert der Arbeitgeber die Erörterung, so verletzt er nicht nur seine

Teilzeitarbeit

Verpflichtung, sondern läuft Gefahr, dass die Zustimmungsfiktion bei Fristablauf gemäß § 8 Abs. 5 TzBfG greift, ohne dass er die Möglichkeit hat, seine eventuell entgegenstehenden betrieblichen Gründe vorzubringen.

Da der Gesetzgeber gleichzeitig auch das Ziel der Erörterung – Erreichen einer Vereinbarung über die Verringerung – vorgibt, ist der Arbeitgeber zu einer ernsthaften Erörterung gezwungen. Im Rahmen dieser Erörterung sind die Verringerungswünsche des Arbeitnehmers zu besprechen, damit eine Vereinbarung über das verringerte Arbeitszeitvolumen zustande kommen kann. Zwar verlangt § 8 Abs. 3 Satz 2 TzBfG nicht ausdrücklich auch eine Erörterung über die vom Arbeitgeber festzulegende Arbeitszeitverteilung und die Ausgestaltung der Verringerung (z. B. Festlegung der täglichen Arbeitszeit, Festlegung der Arbeitstage) bzw. über die möglicherweise entgegenstehenden betrieblichen Gründe des Arbeitgebers. Eine Erörterung wird aber mittelbar erforderlich, weil Satz 2 vom Arbeitgeber verlangt, dass er im Einvernehmen mit dem Arbeitnehmer die Verteilung festlegen soll. Dies verlangt zumindest beim Vorliegen unterschiedlicher Positionen von Arbeitgeber und Arbeitnehmer eine Erörterung auch hierzu.

Eine Erörterung der Arbeitszeitverringerungs- und Arbeitszeitverteilungswünsche kann beim Vorliegen betrieblicher Gründe auch zur Folge haben, dass dem Verringerungs- und damit auch dem Verteilungswunsch nur teilweise entsprochen werden kann. Einigen sich Arbeitgeber und Arbeitnehmer entsprechend, bzw. erzielen hierüber Einvernehmen, stellt auch das eine Übereinkunft im Sinne dieser Gesetzesnorm dar.

23 Haben Arbeitgeber und Arbeitnehmer sich über die Arbeitszeitverringerung geeinigt bzw. konnte der Arbeitgeber keine betrieblichen Gründe einwenden, kann trotzdem der Fall eintreten, dass über die Arbeitszeitverteilung kein Einvernehmen erzielt wird. Da der Arbeitgeber in diesem Fall die Festlegung vornimmt und sich für den betreffenden Arbeitnehmer insoweit die Arbeitsbedingungen ändern, ist die Arbeitnehmervertretung zu informieren und ggf. zu beteiligen. Nach Abschluss der Beteiligung hat der Arbeitgeber seine Entscheidung innerhalb der Mitteilungsfrist (§ 8 Abs. 5 Satz 1 TzBfG) dem Arbeitnehmer darzulegen und nachvollziehbar zu begründen. In der Praxis dürften sowohl die Arbeitnehmervertretung als auch der Arbeitnehmer über die in Betracht kommenden betrieblichen Gründe zu unterrichten sein.

Unabhängig von den Beteiligungsrechten der Arbeitnehmervertretung stehen dem Arbeitnehmer auch hier die Möglichkeiten einer arbeitsgerichtlichen Überprüfung zu (vgl. auch Rn. 34).

- Zustimmungszwang für den Arbeitgeber (§ 8 Abs. 4 Satz 1)

Nach § 8 Abs. 4 Satz 1 TzBfG hat der Arbeitgeber der Verringerung der Arbeitszeit des Arbeitnehmers zuzustimmen und die Verteilung der Arbeitszeit entsprechend den Wünschen des Arbeitnehmers festzulegen. Eine Ausnahme gilt nur dann, wenn betriebliche Gründe entgegenstehen. Damit regelt der Gesetzgeber einen Zustimmungszwang für den Arbeitgeber, d.h. die Zustimmung zur Arbeitszeitverringerung und entsprechenden Verteilung der Arbeitszeit ist zu erteilen, wenn der Arbeitgeber keine entgegenstehenden betrieblichen Gründe anführen kann. Für das Vorliegen dieser Gründe trägt der Arbeitgeber die Beweislast.

24

§ 8 Abs. 5 Satz 1 TzBfG bestimmt, dass der Arbeitgeber die Entscheidung über die Verringerung der Arbeitszeit und ihre Verteilung dem Arbeitnehmer einen Monat vor dem gewünschten Beginn der Verringerung schriftlich mitzuteilen hat. Der Gesetzgeber hat damit eine zwingende Vorschrift über die Mitteilung geschaffen, die auch für den Fall der Einigung über die Verringerung und die Verteilung der Arbeitszeit gilt. Bei Einigung soll diese Mitteilung dem Arbeitnehmer Gelegenheit geben, sich auf die Arbeitszeitverringerung und -verteilung einzustellen und außerdem die arbeitgeberische Zustimmung dokumentieren. Bei Nichteinigung soll die Mitteilung dem Arbeitnehmer die betrieblichen Gründe verdeutlichen, die entweder seinem Wunsch nach Arbeitszeitverringerung und/oder Arbeitszeitverteilung entgegenstehen. Die Mitteilung hat die Aufgabe, den Arbeitnehmer über den Sachstand in Kenntnis zu setzen und ihm ein Schriftstück an die Hand zu geben, dessen Angemessenheit er einer gerichtlichen Überprüfung zugänglich machen kann.

25

Geht im Fall der Einigung dem Arbeitnehmer die Mitteilung nicht rechtzeitig zu, so ist die Arbeitszeit entsprechend den Arbeitnehmerwünschen bzw. gemäß den Bedingungen einer anderweitigen Einigung auf der Grundlage des Absatzes 3 zum vorgesehenen Zeitpunkt zu verringern und zu verteilen. Dies ergibt sich aus Absatz 4 (Zustimmungszwang, falls keine betrieblichen Gründe entgegenstehen) in Verbindung mit dem Vereinbarungs- bzw. Einvernehmenserfordernis des Absatzes 3.

Verletzt der Arbeitgeber seine Dokumentationspflicht, so kann der Arbeitnehmer seinen Anspruch auf schriftliche Mitteilung auch gerichtlich geltend machen. Aus dieser Dokumentation ergibt sich nämlich für den Arbeitnehmer – bezogen auf die Verringerung der Arbeitszeit – der Nachweis über die arbeitsvertragliche Veränderung und – bezogen auf die Verteilung der Arbeitszeit – der Nachweis bezüglich der Einschränkung des arbeitgeberischen Weisungsrechts in dieser Hinsicht.

Teilzeitarbeit

- Betriebliche Gründe (§ 8 Abs. 4 Satz 2)

26 Der durch den Gesetzgeber grundsätzlich formulierte Zustimmungszwang kommt dann nicht zum Tragen, wenn der Arbeitszeitverringerung und/oder der Arbeitszeitverteilung gemäß des Arbeitnehmerwunsches betriebliche Gründe entgegenstehen.

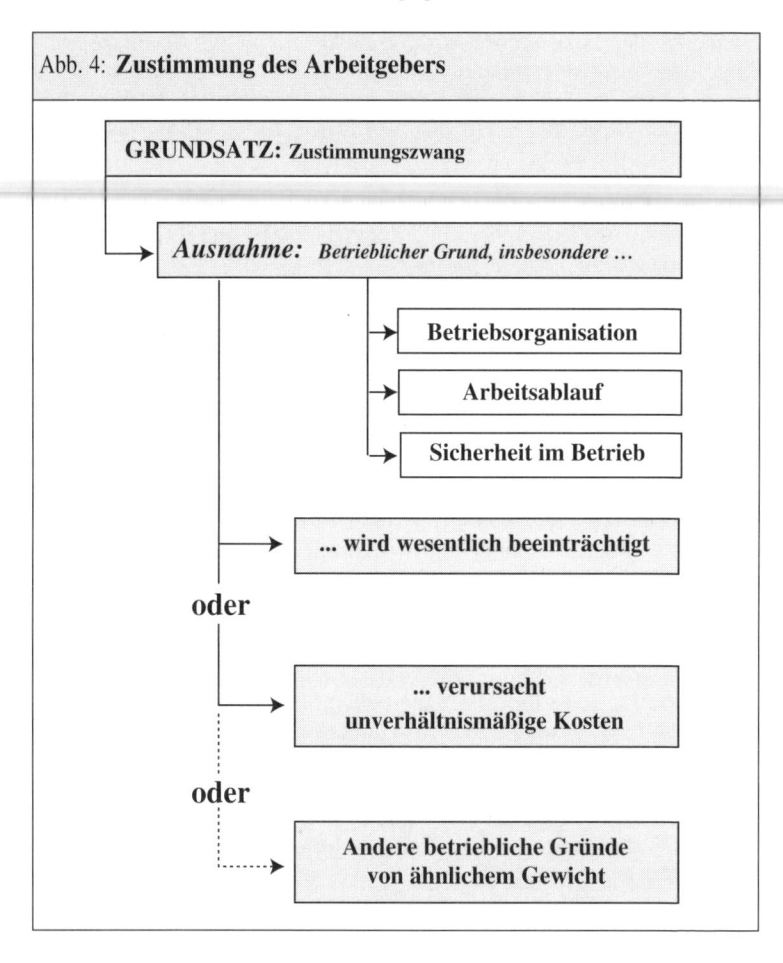

Abb. 4: **Zustimmung des Arbeitgebers**

GRUNDSATZ: Zustimmungszwang

Ausnahme: Betrieblicher Grund, insbesondere ...

- Betriebsorganisation
- Arbeitsablauf
- Sicherheit im Betrieb

... wird wesentlich beeinträchtigt

oder

... verursacht unverhältnismäßige Kosten

oder

Andere betriebliche Gründe von ähnlichem Gewicht

Nach § 8 Abs. 4 Satz 2 TzBfG liegen betriebliche Gründe insbesondere dann vor, wenn die Verringerung der Arbeitszeit bzw. deren Verteilung die Organisation, den Arbeitsablauf oder die Sicherheit im Betrieb wesentlich beeinträchtigt oder unverhältnismäßige Kosten verursacht.

Die Aufzählung betrieblicher Gründe ist durch die Formulierung „insbesondere" nicht abschließend geregelt, so dass der Arbeitgeber weitere Gründe, die einer Arbeitszeitverringerung bzw. deren Verteilung entgegenstehen, zur Ablehnung anführen kann. Will der Arbeitgeber andere als im Gesetz direkt genannte Gründe heranziehen, so müssen diese allerdings von ähnlichem Gewicht sein, wie die ausdrücklich genannten Gründe. Hierbei ist insbesondere zu berücksichtigen, dass sich das ähnliche Gewicht nach den Anforderungen „wesentliche Beeinträchtigung" oder „unverhältnismäßige Kosten" richten muss. Die reine Behauptung, es würden Beeinträchtigungen vorliegen, genügt den gesetzlichen Erfordernissen nicht. Behauptet beispielsweise der Arbeitgeber, er könne keine zusätzlichen geeigneten Arbeitskräfte finden, so hat er nachzuweisen, dass ihm dies aus objektiven Gründen nicht möglich ist.   27

Im Gegensatz zu anderen gesetzlichen Bestimmungen, hat der Gesetzgeber im Teilzeit- und Befristungsgesetz die betrieblichen Gründe an dieser Stelle nicht mit dem Adjektiv „dringend" versehen. Hieraus würde grundsätzlich folgen, dass der Arbeitgeber auch weniger schwerwiegende Gründe heranziehen kann. Insofern kann der Auffassung nicht gefolgt werden, die eine Ablehnung nur ausnahmsweise und in schwerwiegenden Fällen zulässt (vgl. Rzadkowki/Renners, a.a.O., S. 52). Allerdings ist zu berücksichtigen, dass nur solche Gründe in Betracht kommen, die die betrieblichen Belange wesentlich beeinträchtigen oder unverhältnismäßige Kosten verursachen. Die hiervon erfassten entgegenstehenden betrieblichen Gründe dürften allerdings angesichts der verfassungsrechtlich geschützten Position des Arbeitgebers (vgl. Preis/Gotthardt, a.a.O., S. 147) keine unzumutbaren Anforderungen darstellen.

Der Gesetzgeber hat die Anforderungen *wesentliche Beeinträchtigung* oder *unverhältnismäßige Kosten* nicht näher konkretisiert, so dass auf den allgemeinen Sprachgebrauch zurückzugreifen ist. Danach ist eine Beeinträchtigung *wesentlich,* wenn die Beeinträchtigung von „entscheidender Bedeutung" oder „grundlegend" ist (vgl. Duden, S. 1734, Stichwort „wesentlich"). Der Arbeitgeber hat also bei jedem betrieblichen Grund, den er vorbringen will, zu prüfen, ob die Arbeitszeitverringerung bzw. deren Verteilung eine solche Beeinträchtigung von entscheidender Bedeutung für das betriebliche Geschehen darstellt.   28

Nach dem allgemeinen Sprachgebrauch bedeutet *unverhältnismäßig* „vom normalen Maß abweichend" (vgl. Duden, S. 1620, Stichwort „unverhältnismäßig"). Geringe Mehrkosten, die eine Arbeitszeitverringerung bzw. deren Verteilung ermöglichen und somit in angemessenem Verhältnis zum Gesetzesziel – der Förderung der Teilzeitarbeit – stehen, weichen mithin vom normalen Maß noch nicht

Teilzeitarbeit

ab. Unverhältnismäßige Kosten liegen folglich erst dann vor, wenn der Arbeitgeber finanzielle Mittel aufbringen müsste, die die bisher entstehenden Kosten so weit übersteigen würden, dass von einer Abweichung, die normale Maßstäbe sprengt, gesprochen werden muss. Dies soll dann der Fall sein, wenn der Arbeitgeber für die Umsetzung des Teilzeitanspruchs neue Büroräume anmieten oder weitere Arbeitsplätze mit kostspieliger technischer Ausrüstung einrichten muss (vgl. Beckschulze, Der Betrieb, 51/52-2000, S. 2601). Allerdings dürfte der Einwand der wesentlichen Beeinträchtigung oder der unverhältnismäßigen Kosten dann schwer zu belegen sein, wenn der Arbeitgeber bereits in den betreffenden Betriebsbereichen Arbeitnehmer teilzeitbeschäftigt, ohne dies aus Kostengründen rückgängig machen zu wollen.

29 Als betrieblicher Grund im Sinne von § 8 Abs. 4 Satz 2 TzBfG kommt die *Organisation* des Betriebes in Betracht. Hierunter ist das bestehende Organisationsgefüge im Betrieb für die Verbindung von Betriebszweck einerseits und Arbeitnehmern und Betriebsanlagen andererseits mit dem Ziel der Erfüllung der Betriebsaufgaben zu verstehen (vgl. BAG AP Nr. 3 und 4 zu § 111 BetrVG 1972). Die Organisation muss durch die Arbeitszeitverringerung bzw. deren Verteilung wesentlich beeinträchtigt werden oder hierdurch müssen unverhältnismäßige Kosten entstehen. Das ist nicht erfüllt, wenn der Arbeitgeber einwendet, dass aufgrund der Teilzeitarbeit das betriebswirtschaftliche Optimum nicht zu erreichen sei. Die Nichterreichung dieses Ziels stellt für sich allein gesehen keine wesentliche Beeinträchtigung dar, weil es insoweit auf den Abweichungsgrad ankommt.

Unter *Arbeitsablauf* ist die räumliche und zeitliche Abfolge des Zusammenwirkens von Mensch, Arbeitsmitteln, Arbeitsstoffen, Energie und Information in einem Arbeitssystem zu verstehen (vgl. DIN 33400 Nr. 2.4.). Eine wesentliche Beeinträchtigung liegt z.B. dann vor, wenn eben dieses Zusammenwirken so beeinträchtigt wird, dass ein reibungsloser Arbeitsablauf nicht mehr gewährleistet werden kann. In der Literatur werden hierzu Probleme bei der Ausnutzung von Maschinenlaufzeiten oder der Einhaltung von Schichtsystemen angeführt, wenn sie nicht über flexible Arbeitszeitsysteme aufgefangen werden können (vgl. Beckschulze, Der Betrieb 51/52-2000, S. 2602). Auch das Fehlen einer Ersatzkraft soll als entgegenstehender betrieblicher Grund gelten (vgl. Beckschulze, a.a.O., S. 2598; Schiefer, a.a.O., S. 2118). Hier wird man allerdings verlangen müssen, dass der Arbeitgeber im Einzelfall – ggf. mit Bestätigung des Arbeitsamtes – darlegt, welche erfolglosen Bemühungen er unternommen hat. Ferner wird die Auffassung vertreten, dass ein entgegenstehender betrieblicher Grund auch dann vorliegt, wenn sich der Arbeitszeitverteilungswunsch des Arbeitnehmers außerhalb betrieblicher Arbeitszeitsysteme aufhält oder sich innerhalb des bestehenden Systems nicht realisieren lässt (vgl. Kliemt, a.a.O., S. 65; Preis/ Gotthardt, a.a.O., S. 149). Diesen Einwand wird man aber nur dann als berechtigt ansehen können, wenn die hinter dem Arbeitszeitsystem stehenden betrieblichen Gründe derart zwingend sind, dass eine Veränderung der Arbeitszeitsysteme kaum möglich ist oder deren Änderung nur mit unverhältnismäßigen Kosten verbunden ist. Unverhältnismäßige Kosten liegen z.B. dann vor, wenn zur Aufrechterhaltung eines reibungslosen Arbeitsablaufs vom Arbeitgeber zusätzliche finanzielle Aufwendungen getätigt werden müssen, welche die ohnehin aufzuwendenden Kosten weit übersteigen und somit nicht mehr im angemessenen Verhältnis zur Förderung der Teilzeitarbeit stehen würden.

Ein weiterer betrieblicher Grund ist die *Sicherheit im Betrieb*. Hierbei stellt der Gesetzgeber vor allem auf die Arbeitssicherheit ab. Eine wesentliche Beeinträchtigung liegt dann vor, wenn z.B. die Sicherheitserfordernisse nicht mehr eingehalten werden könnten, bzw. wenn für ihre Einhaltung zusätzliche Kosten aufgewendet werden müssten, die den ohnehin erforderlichen Bedarf beträchtlich übersteigen würden.

- Tarifvertragliche Regelungen (§ 8 Abs. 4 Satz 3 und 4)

Durch Satz 3 ermöglicht der Gesetzgeber den Tarifvertragsparteien eine tarifliche Regelung über die Ablehnungsgründe zu treffen. Da § 22 Abs. 1 TzBfG keinen Verweis auf § 8 Abs. 4 Satz 3 TzBfG enthält, darf die tarifvertragliche Regelung keine Vorschriften aufnehmen, die sich zuungunsten der Arbeitnehmer auswirken können. Mithin dürfen die Anforderungen an die ausdrücklich genannten betrieblichen Gründe nicht abgeschwächt werden. Ferner dürfen ggf. zusätzlich aufgenommene betriebliche Gründe keine anderen Anforderungen aufstellen, die im Ergebnis zu einer Abschwächung führen würden.

30

Da sich die Möglichkeiten einer tariflichen Regelung nur auf die betrieblichen Gründe gemäß § 8 Abs. 4 Satz 3 TzBfG beziehen, sind tarifliche Normierungen wie z.B. § 15b BAT, die als Anspruchsvoraussetzung für eine Arbeitszeitreduzierung das Bestehen einer Vollzeitbeschäftigung verlangen, nicht mehr mit dem vorliegenden Gesetz vereinbar. Auch Bestimmungen, die z.B. das Vorliegen bestimmter familiärer Voraussetzungen zur Bedingung für einen vom Arbeitgeber zu beachtenden Verringerungswunsch der Arbeitszeit machen, haben ihre Gültigkeit verloren, weil das Teilzeit- und Befristungsgesetz eine vorrangige Norm ist, die zudem in § 22 Abs. 1 keine Abweichungen zuungunsten des Arbeitnehmers zulässt.

Teilzeitarbeit

31 Nach § 8 Abs. 4 Satz 4 TzBfG können im Geltungsbereich eines solchen Tarifvertrages nicht tarifgebundene Arbeitgeber und Arbeitnehmer die Anwendung der tariflichen Regelungen über die Ablehnungsgründe vereinbaren.

32 In § 22 Abs. 2 legt der Gesetzgeber fest, dass, falls ein Tarifvertrag für den öffentlichen Dienst entsprechende Regelungen über die Ablehnungsgründe enthält, diese Regelungen auch zwischen nicht tarifgebundenen Arbeitnehmern und Arbeitgebern außerhalb des öffentlichen Dienstes vereinbart werden können. Voraussetzung ist, dass die Anwendung des jeweiligen Tarifvertrages des öffentlichen Dienstes zwischen diesen nicht tarifgebundenen Arbeitnehmern und Arbeitgebern einzelvertraglich vereinbart worden ist und der betreffende Arbeitgeber die Kosten des Betriebes überwiegend mit Zuwendungen im Sinne des Haushaltsrechts deckt.

3.2.1.2 Verfahrensablauf bei der Zustimmungsfiktion (§ 8 Abs. 5)

33 Haben sich Arbeitgeber und Arbeitnehmer im Rahmen der Erörterung auf eine Arbeitszeitverringerung und deren Verteilung geeinigt, so hat der Arbeitgeber das Verfahren dadurch abzuschließen, dass er prüft, ob die Arbeitnehmervertretung zu beteiligten ist (z.B. nach §§ 87 Abs. 1 Nr. 2, 99 BetrVG und entsprechenden personalvertretungsrechtlichen Vorschriften). Diese ist immer dann zu beteiligen, wenn eine Einigung nur dadurch realisiert werden kann, dass mitbestimmungspflichtige Tatbestände ausgelöst werden. In jedem Fall besteht eine Informationspflicht (§ 7 Abs. 3 TzBfG). Stimmt die Arbeitnehmervertretung zu, so hat der Arbeitgeber gemäß § 8 Abs. 5 Satz 1 TzBfG den Arbeitnehmer spätestens einen Monat vor Beginn der Verringerung schriftlich zu benachrichtigen.

34 Kommt es zwischen Arbeitgeber und Arbeitnehmer im Hinblick auf die Arbeitszeitverringerung *und* die Verteilung der Arbeitszeit *zu keiner Einigung* und einvernehmlichen Lösung und benachrichtigt der Arbeitgeber den Arbeitnehmer nicht rechtzeitig schriftlich gemäß den gesetzlichen Erfordernissen, so wird seine Zustimmung durch die gesetzliche Zustimmungsfiktion ersetzt.

Da § 8 Abs. 5 Satz 1 TzBfG bestimmt, dass der Arbeitgeber dem Arbeitnehmer sowohl die Entscheidung über die Verringerung der Arbeitszeit als auch über ihre Verteilung schriftlich mitzuteilen hat, genügt es in beiden Fällen nicht, wenn die ablehnende Entscheidung nur allgemein auf betriebliche Gründe hinweist. Vielmehr bedarf es in beiden Fällen einer nachvollziehbaren Darlegung, warum welche betrieblichen Gründe durch die Arbeitszeitverringerung und die Verteilung der Arbeitszeit wesentlich beeinträchtigt werden oder unverhältnismäßige Kosten verursachen.

Diese Auffassung findet ihre gesetzliche Legitimation in Absatz 6. Hiernach ist der Arbeitnehmer daran gehindert, vor Ablauf einer bestimmten Frist einen erneuten Verringerungsanspruch geltend zu machen, wenn der Arbeitgeber berechtigt abgelehnt hat. Wie soll dies aber später überprüft werden können, wenn die schriftliche Entscheidung auch ohne Begründung erfolgen könnte? Der Nachweis kann hierüber nur durch eine begründete Entscheidung erfolgen.

Dem Arbeitnehmer stehen bei einer ablehnenden Entscheidung des Arbeitgebers die Möglichkeiten einer arbeitsgerichtlichen Überprüfung der Entscheidung zu. Dies ergibt sich aus dem Zustimmungszwang für den Arbeitgeber, falls er den Arbeitnehmerwünschen keine betrieblichen Gründe entgegensetzen kann. Ob solche Gründe tatsächlich vorliegen, muss einer gerichtlichen Überprüfung standhalten, weil der Zustimmungszwang sonst seine vom Gesetzgeber gewollte Wirkung verfehlen würde. Auch hieraus ergibt sich eine Begründungspflicht des Arbeitgebers.

Ferner kann der Arbeitnehmer die Arbeitnehmervertretung einschalten und ebenfalls um Überprüfung ersuchen. Zu den einzelnen Beteiligungsrechten vergleiche Rn. 131 ff.

35 Die Sätze 2 bis 3 des § 8 Abs. 5 TzBfG behandeln verfahrensmäßig die Fälle, in denen der Arbeitgeber die Mitteilungsfrist versäumt hat. Hierbei unterscheidet der Gesetzgeber zwischen den Fällen der *Nichteinigung bei der Arbeitszeitverringerung* (§ 8 Abs. 5 Satz 2 TzBfG) und der eines *fehlenden Einvernehmens bei der Arbeitszeitverteilung* (§ 8 Abs. 5 Satz 3 TzBfG). Zutreffend wird in der Literatur (vgl. Preis/Gotthardt, a.a.O., S. 147) die Auffassung vertreten, dass die Festlegung der Lage der Arbeitszeit (die Arbeitszeitverteilung) nur ein Anhängsel zur Arbeitszeitverringerung darstellt. Ohne Arbeitszeitverringerung besteht kein Anspruch auf eine zu verändernde Arbeitszeitverteilung. Lehnt der Arbeitgeber mithin die Arbeitszeitverringerung ab und schweigt über die Arbeitszeitverteilung, so kann eine Zustimmungsfiktion bzgl. der Arbeitszeitverteilung nicht eintreten. Wie bereits erwähnt wird in beiden Fällen die Zustimmung jeweils gesetzlich fingiert. Allerdings entfaltet diese Zustimmungsfiktion unterschiedliche Rechtsfolgen bezüglich des Bestandsschutzes.

36 Haben sich Arbeitgeber und Arbeitnehmer über die *Arbeitszeitverringerung nicht geeinigt* und hat der Arbeitgeber die vom Arbeitnehmer gewünschte Arbeitszeitverringerung nicht spätestens einen Monat vor dem gewünschten Beginn schriftlich abgelehnt, so verringert sich die Arbeitszeit in dem vom Arbeitnehmer gewünschten Umfang (§ 8 Abs. 5 Satz 2 TzBfG).

Teilzeitarbeit

Dieser Umfang der Arbeitszeitverringerung kann durch den Arbeitgeber nur noch durch eine Änderungskündigung geändert werden. Hierbei sind besonders strenge Anforderungen an Darlegungs- und Beweislast des Arbeitgebers zu stellen, da ansonsten die Gefahr besteht, dass der Anspruch des Arbeitnehmers auf Arbeitszeitverringerung unterlaufen werden kann, was der Zielsetzung des Gesetzes gemäß § 1 TzBfG aber nicht mehr entsprechen würde.

37 Ausgehend von der Annahme, dass die Arbeitszeitverteilung vom arbeitgeberischen Direktionsrecht erfasst wird, hat der Gesetzgeber (vgl. Drucksache 14/4625, S. 20) die Rechtsfolge für den Fall, dass der Arbeitgeber die Mitteilungsfrist nach § 8 Abs. 5 Satz 1 TzBfG im Nichteinigungsfall nicht einhält, anders geregelt als bei der Arbeitszeitverringerung: Haben Arbeitgeber und Arbeitnehmer sich zwar über die Arbeitszeitverringerung geeinigt, *über die Verteilung der Arbeitszeit aber kein Einvernehmen* nach § 8 Abs. 3 Satz 2 TzBfG erzielt und hat der Arbeitgeber nicht spätestens einen Monat vor dem gewünschten Beginn der Arbeitszeitverringerung die gewünschte Verteilung der Arbeitszeit schriftlich abgelehnt, gilt die Verteilung der Arbeitszeit entsprechend den Wünschen des Arbeitnehmers als festgelegt (§ 8 Abs. 5 Satz 3 TzBfG). Allerdings tritt die gewünschte Arbeitszeitverteilung nur insoweit in Kraft als sie nicht Schutzgesetze verletzt.

Im Gegensatz zum Fall der fingierten Zustimmung bei der Arbeitszeitverringerung und einer möglichen Wiederherstellung des vorherigen Zustandes mittels einer Änderungskündigung ermöglicht es § 8 Abs. 5 Satz 4 TzBfG dem Arbeitgeber, die durch § 8 Abs. 5 Satz 3 TzBfG fingierte Zustimmung wieder einseitig zu ändern, wenn das betriebliche Interesse daran das Interesse des Arbeitnehmers an der Beibehaltung erheblich überwiegt und der Arbeitgeber die Änderung spätestens einen Monat vorher angekündigt hat. Eine Änderung im vorstehenden Sinne kann sowohl die Wiederherstellung der ursprünglichen Arbeitszeitverteilung als auch jede abweichende, andere Arbeitszeitgestaltung sein, die allerdings noch innerhalb des Direktionsrechts des Arbeitgebers liegen muss.

Hierbei hat der Gesetzgeber die folgenden Anforderungen an eine einseitige Änderung der Arbeitszeitverteilung durch den Arbeitgeber gestellt:

- Der Arbeitgeber muss dem Arbeitnehmer spätestens einen Monat vor ihrem Beginn die Änderung ankündigen. Die Schriftform ist hierbei nicht zwingend erforderlich. Allerdings sollte sie aus Beweisgründen eingehalten werden.

- Der Arbeitgeber muss beweisen, dass das betriebliche Interesse an der Änderung das Interesse des Arbeitnehmers an der Beibehaltung der Arbeitszeitverteilung erheblich überwiegt. Es reicht also nicht aus, dass der Arbeitgeber beweisen kann, dass es für die Änderung z.B. wirtschaftliche, organisatorische oder im Arbeitsablauf liegende Gründe gibt. Er hat zusätzlich unter Beweis zu stellen, dass das hierauf beruhende betriebliche Interesse beträchtlich bzw. durch das Ausmaß bedeutend (vgl. Wahrig, S. 300, Stichwort „erheblich") das Interesse des Arbeitnehmers an der Beibehaltung der Arbeitszeitverteilung überwiegt. Kann der Arbeitgeber diesen Nachweis nicht führen, so hat er auch hier die Möglichkeit, eine Änderungskündigung auszusprechen.

38 Im Gegensatz zum Gesetzentwurf (vgl. Drucksache 14/4374) hat der Gesetzgeber eine Änderung der Arbeitszeitverteilung durch den Arbeitgeber auch auf den Fall des Einvernehmens nach § 8 Abs. 3 TzBfG ausgedehnt. Damit wird zumindest die mündliche Vereinbarung (Einvernehmen) in ihrer Kontinuität eingeschränkt. Allerdings werden auch hier die jeweiligen Beteiligungsrechte der Arbeitnehmervertretung zu beachten sein.

39 Der Gesetzentwurf sah für den Fall, dass der Arbeitgeber die gemäß § 8 Abs. 5 fingierte Arbeitsverteilung bei einer Nichteinigung und nicht fristgerechten Ablehnungsmitteilung wieder ändern will, noch den Hinweis vor, dass § 87 Betriebsverfassungsgesetz von der vorliegenden einseitigen Änderungsbefugnis des Arbeitgebers unberührt bleibt. Dieser Hinweis ist im nun geltenden Gesetzestext nicht mehr enthalten. Ausweislich der Änderungsbegründung des Ausschusses für Arbeit und Sozialordnung (vgl. Drucksache 14/4625) ist diese Streichung deshalb vorgenommen worden, weil die Bestimmungen des Betriebsverfassungsgesetzes ohnehin zu beachten sind und es somit einer besonderen Erwähnung nicht bedarf. In entsprechender Anwendung dürfte dies auch für die personalvertretungsrechtlichen Bestimmungen gelten.

Es stellt sich aber die Frage, ob angesichts des Eingangssatzes des § 87 Abs. 1 BetrVG, der den Betriebsräten nur dann eine Mitbestimmung z.B. in Arbeitszeitfragen zugesteht, soweit nicht eine gesetzliche Regelung besteht, die vorliegende gesetzliche Bestimmung nicht doch zu einer Einschränkung der Mitbestimmung führt. In diesem Fall würde das Versäumnis des Arbeitgebers auch zu Lasten der Beteiligungsrechte gehen. Abgesehen vom Tatbestand eines Rechtsmissbrauchs könnte der Arbeitgeber bewusst die Frist verstreichen lassen, um unter Umgehung der ansonsten bei der Arbeitsverteilung bestehenden Mitbestimmungsrechte einseitige Festlegungen über die Arbeitszeitverteilung zu treffen. Dies kann sicherlich nicht die Absicht des Gesetzgebers gewesen sein. Eine Einschränkung der

Beteiligungsrechte der Arbeitnehmervertretung ist aber auch aus anderen Gründen – sowohl aus europarechtlichen Aspekten als auch aufgrund der Rechtsprechung zur Mitbestimmung – nicht rechtskonform.

Die vorstehende Regelung dient der Umsetzung der europarechtlichen Vorschriften zur Teilzeitarbeit. Insofern ist auch der für die Umsetzung der Richtlinie 97/81/EWG vorgegebene Rahmen für die Auslegung beachtlich. In § 6 Nr. 2 der Richtlinie wird bestimmt, dass die Umsetzung keine Verringerung des allgemeinen Schutzniveaus bei den nationalen Vorschriften, die zugunsten der Arbeitnehmer bestehen, bewirken darf. Wird aber die Rechtsstellung der Arbeitnehmervertretung, die gerade zum Schutz der Arbeitnehmer besteht, verschlechtert, so wäre eine mögliche Einschränkung der Mitbestimmung der Arbeitnehmervertretung nicht mehr mit den europarechtlichen Vorschriften vereinbar.

Aus betriebsverfassungsrechtlicher Sicht bewirkt der Einleitungssatz aber nur dann eine Einschränkung der Mitbestimmung, wenn die betreffende Norm dem Arbeitgeber keinen Beurteilungs-(Ermessens)-spielraum einräumt (FKHE, Rn. 28 zu § 87 BetrVG). § 8 Abs. 5 Satz 4 TzBfG macht aber dem Arbeitgeber keine zwingenden Vorgaben, sondern überlässt es gerade seiner Entscheidung, ob er eine Änderung der Arbeitszeitverteilung vornimmt oder nicht. Schließlich bleibt das Mitbestimmungsrecht auch bei der Frage des „Wie" der Umsetzung dann bestehen, wenn der Arbeitgeber bei der Frage des „Ob" keinen Regelungsspielraum mehr hat.

Bereits zum Gesetzesentwurf hat Richardi (vgl. NZA, Nr. 22/2000, S. XIII) das Bestehen des Mitbestimmungsrechts auch dann angenommen, wenn ansonsten bei Kollektivmaßnahmen die Mitbestimmung eingeschränkt ist. Bei einem Einzelfall liegt auch nach der Rechtsprechung des BAG ein kollektiver Tatbestand vor, wenn eine Änderung in der Verteilung der Wochenarbeitszeit aus betrieblichen Gründen erforderlich ist. Dies trifft auch auf den vorliegenden Fall zu, denn für die Änderung der Arbeitszeitverteilung im Sinne von § 8 Abs. 5 Satz 5 TzBfG wird gerade auf betriebliche Gründe abgestellt. *Die Beteiligungsrechte der Arbeitnehmervertretungen bei der Änderung der Arbeitszeitverteilung sind also zu beachten, zumal der Gesetzgeber nun auch nicht mehr auf die in § 87 Abs. 1 Nr. 2 BetrVG explizit erwähnte Verteilung der Wochenarbeitszeit, sondern nur noch auf die Verteilung der Arbeitszeit abstellt.*

3.2.1.3 Erneute Verringerung der Arbeitszeit (§ 8 Abs. 6)

40 Nach § 8 Abs. 6 TzBfG kann der Arbeitnehmer eine erneute Verringerung seiner Arbeitszeit frühestens nach Ablauf von zwei Jahren verlangen. Die Zweijahresfrist kommt aber nur dann zur Anwendung, wenn der Arbeitgeber entweder einer zuvor verlangten Arbeitszeitverringerung zugestimmt oder sie berechtigt abgelehnt hat. Der Gesetzgeber wollte mit dem Festlegen der Zweijahresfrist den Arbeitgeber davor schützen, dass ein Arbeitnehmer ihn bei berechtigter Ablehnung oder auch bei Zustimmung zu einer Arbeitszeitverringerung ständig mit neuen Verringerungsansprüchen konfrontieren kann.

Der Arbeitgeber wird also vorwiegend insoweit geschützt, als er erst nach Ablauf von zwei Jahren prüfen muss, ob bei einem Arbeitnehmer, der eine *Zustimmung* zu der Arbeitszeitverringerung erhalten hat, die Voraussetzungen für eine erneute Verringerung gegeben sind.

Wenn der Gesetzgeber aber gleichzeitig darauf abstellt, dass eine vorherige *Ablehnung* durch *berechtigte* Gründe gedeckt gewesen sein muss, so folgt daraus, dass der Arbeitgeber einen Anspruch auf Arbeitszeitverringerung vor Ablauf der Zweijahresfrist nicht allein mit dem Hinweis auf die noch nicht abgelaufene Frist begegnen kann. Vielmehr muss der Arbeitgeber im Streitfalle auch darlegen können, dass die frühere Ablehnung durch betriebliche Gründe im Sinne des § 8 Abs. 4 Satz 2 TzBfG gerechtfertigt war.

3.2.2 Verlängerung der Arbeitszeit (§ 9)

3.2.2.1 Allgemeine Grundsätze

§ 9 TzBfG regelt die Modalitäten und Anforderungen für den Fall, dass ein Teilzeitbeschäftigter dem Arbeitgeber anzeigt, dass er eine Verlängerung seiner vertraglich vereinbarten Arbeitszeit wünscht. Hierbei wird nicht unterschieden, ob der Arbeitnehmer ursprünglich mit einer Teilzeitbeschäftigung eingestellt worden ist oder ob er unter Anwendung der vorliegenden Gesetzesbestimmungen seine Arbeitszeit verringert hat. Im Gegensatz zu § 8 Abs. 6 TzBfG verlangt der Gesetzgeber hier keine Mindestfrist für das Bestehen der Teilzeitbeschäftigung.

41

Sind die Anforderungen des § 9 TzBfG erfüllt, dann hat der Arbeitgeber den teilzeitbeschäftigten Arbeitnehmer bei der Besetzung eines entsprechenden Arbeitsplatzes bevorzugt zu berücksichtigen. Mithin unterliegt der Arbeitgeber auch hier beim Vorliegen der gesetzlichen Voraussetzungen einem Kontrahierungszwang, d.h. er muss einen entsprechenden Arbeitsvertrag abschließen.

3.2.2.2 Anforderungen

42 Der Gesetzgeber hat die folgenden Anforderungen aufgestellt, die erfüllt sein müssen, damit der teilzeitbeschäftigte Arbeitnehmer bevorzugt bei der Besetzung eines Arbeitsplatzes berücksichtigt werden muss:

- Anzeige des Wunsches auf Arbeitszeitverlängerung,
- Vorhandensein eines entsprechenden freien Arbeitsplatzes,
- Vorliegen einer gleichen Eignung,

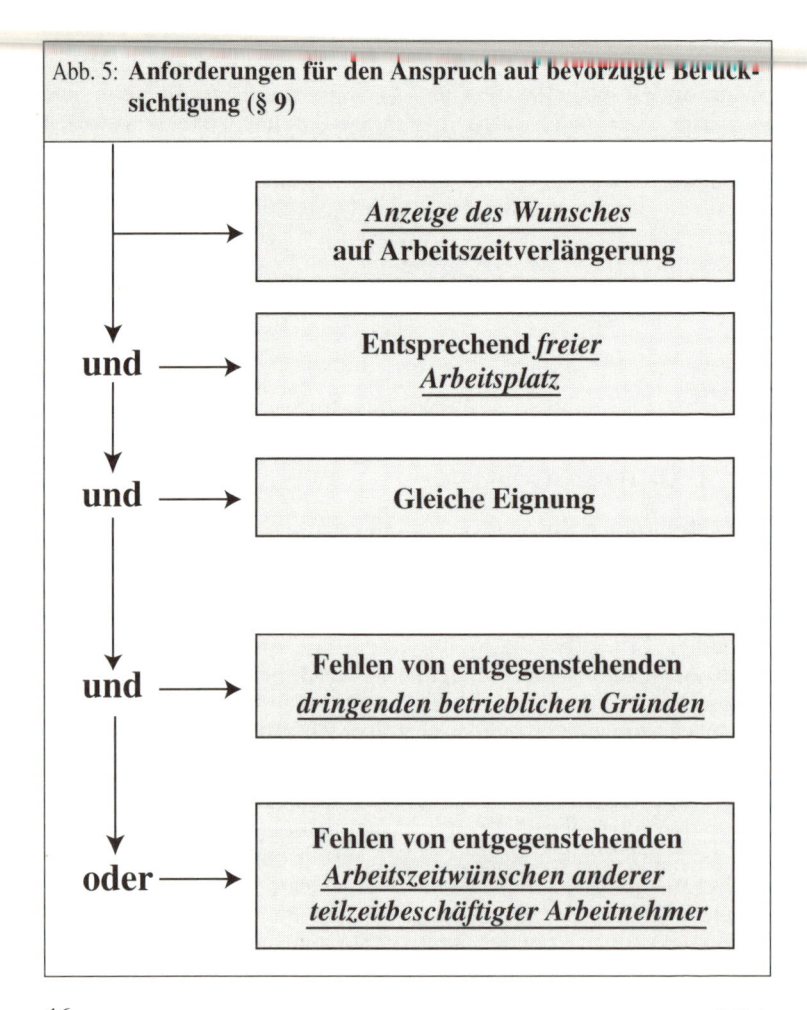

Abb. 5: **Anforderungen für den Anspruch auf bevorzugte Berücksichtigung (§ 9)**

- *Anzeige des Wunsches* auf Arbeitszeitverlängerung
- **und** → Entsprechend *freier Arbeitsplatz*
- **und** → Gleiche Eignung
- **und** → Fehlen von entgegenstehenden *dringenden betrieblichen Gründen*
- **oder** → Fehlen von entgegenstehenden *Arbeitszeitwünschen anderer teilzeitbeschäftigter Arbeitnehmer*

- Fehlen von entgegenstehenden dringenden betrieblichen Gründen,
- Fehlen von entgegenstehenden Arbeitszeitwünschen anderer teilzeitbeschäftigter Arbeitnehmer.

Während jede der ersten drei Anforderungen erfüllt sein muss, müssen die letzten beiden Punkte nur alternativ vorliegen.

- Anzeige des Verlängerungswunsches

Der Gesetzgeber verlangt, dass der teilzeitbeschäftigte Arbeitnehmer seinen Wunsch auf Verlängerung seiner Arbeitszeit dem Arbeitgeber gegenüber anzeigen muss. Die Schriftform ist nicht vorgeschrieben; eine mündliche Anzeige ist also ausreichend. Allerdings ist es ratsam, die Anzeige schriftlich vorzunehmen, da so besser im Streitfalle sowohl der Termin der Anzeige, ihr Eingang beim Arbeitgeber und auch der Inhalt nachgewiesen werden kann.

43

Im Rahmen der Anzeige hat der teilzeitbeschäftigte Arbeitnehmer auch den Umfang des Verlängerungswunsches seiner Arbeitszeit mitzuteilen, da der Arbeitgeber nur so in die Lage versetzt wird, einen entsprechenden Arbeitsplatz ausfindig zu machen.

Die Anzeige des teilzeitbeschäftigten Arbeitnehmers kann sowohl allgemein als auch im Hinblick auf einen bestimmten Arbeitsplatz erfolgen. Hat der teilzeitbeschäftigte Arbeitnehmer einmal seinen Wunsch auf Verlängerung seiner Arbeitszeit angezeigt, so ist der Arbeitgeber nach § 7 Abs. 2 TzBfG verpflichtet, ihn über entsprechende Arbeitsplätze, die im Betrieb oder Unternehmen besetzt werden sollen, zu informieren.

44

- Entsprechend freier Arbeitsplatz

Eine bevorzugte Berücksichtigung des teilzeitbeschäftigten Arbeitnehmers kann nur dann erfolgen, wenn ein entsprechend freier Arbeitsplatz vorhanden ist und besetzt werden soll.

45

Ein Arbeitsplatz ist im Sinne des Gesetzes frei, wenn der Arbeitsplatz zum Zeitpunkt der Anzeige oder nach der Anzeige unbesetzt ist. Als frei sind auch die Arbeitsplätze anzusehen, bei denen der Arbeitgeber weiß, dass ein anderer Mitarbeiter bald ausscheiden wird. Hingegen sind solche Arbeitsplätze als besetzt anzusehen, deren Inhaber vorübergehend ihre Arbeitsleistung nicht erbringen können (z.B. wegen einer krankheitsbedingten Arbeitsunfähigkeit).

Allein das Vorhandensein eines freien Arbeitsplatz genügt aber nicht. Das Gesetz verlangt zusätzlich, dass dieser freie Arbeitsplatz auch besetzt werden soll. Mithin ist es erforderlich, dass eine unternehmerische Entscheidung vorliegt, den freien Arbeitsplatz auch wieder zu besetzen. Er wäre nicht mehr frei, wenn der Arbeitgeber ihn infolge von Rationalisierungsmaßnahmen einsparen will und kann.

46 Ferner muss es sich um einen entsprechenden freien Arbeitsplatz handeln. Der Gesetzgeber verwendet hier den Begriff „entsprechend" und nicht „vergleichbar", denn ein vergleichbarer Arbeitsplatz würde nur dann vorliegen, wenn der Arbeitgeber aufgrund seines Weisungsrechts den Arbeitnehmer ohne Änderung seines Arbeitsvertrages auf diesem freien Arbeitsplatz weiterbeschäftigen kann (vgl. KR-Becker, Rn. 307 zu § 1 KSchG). Da der teilzeitbeschäftigte Arbeitnehmer aber gerade durch die Verlängerung seiner Arbeitszeit seinen Arbeitsvertrag ändern will, ist davon auszugehen, dass der Begriff „entsprechend" weiter zu fassen ist als der Begriff „vergleichbar".

Nach dem allgemeinen Sprachgebrauch (vgl. Duden, S. 440, Stichwort „entsprechend") kann unter „entsprechend" Folgendes verstanden werden: „angemessen" bzw. „zu etwas im richtigen Verhältnis stehend". Hierbei stellt der Verlängerungswunsch des teilzeitbeschäftigten Arbeitnehmers die vorrangige Orientierung dar. Wenn also der Arbeitnehmer z.B. eine Arbeitszeitverlängerung auf 30 Std. wünscht, so ist zunächst auch nur ein freier und zu besetzender Arbeitsplatz mit 30 Std. entsprechend. Steht aber dem Arbeitgeber hier nur ein Arbeitsplatz mit z.B. 28 oder 32 Std. zur Verfügung, so braucht er diesen nicht auf 30 Std. umzuwidmen. Allerdings wird man vom Arbeitgeber aus Gründen der Fürsorgepflicht und im Rückgriff auf § 1 TzBfG verlangen können, dass er in diesen Fällen mit dem Arbeitnehmer zu erörtern hat, ob dieser auch bereit ist, geringfügige Abweichungen gegenüber dem Wunsch zu akzeptieren. Denn 28 oder 32 Std. können auch noch in einem angemessenen Verhältnis zu 30 Std. stehen.

Die Anforderung „entsprechend" hat aber auch eine qualitative Seite. Wenn als weitere Voraussetzung die gleiche Eignung verlangt wird, so muss ein entsprechend freier Arbeitsplatz auch den vorhandenen Qualifikationen, Fähigkeiten und Fertigkeiten des teilzeitbeschäftigten Arbeitnehmers entsprechen.

- Gleiche Eignung

47 Die bevorzugte Berücksichtigung eines Teilzeitbeschäftigten für die Besetzung eines entsprechenden freien Arbeitsplatzes soll bei gleicher Eignung in Betracht kommen. Bezugsgrößen für die Feststellung der gleichen Eignung sind einerseits der zu besetzende Arbeitsplatz und andererseits die zur Auswahl anstehenden Personen. Der Arbeitgeber muss mithin sowohl eine Beurteilung als auch eine Auswahl im Hinblick auf den zu besetzenden Arbeitsplatz treffen.

Da der Gesetzgeber die Anforderung „**gleiche Eignung**" nicht näher konkretisiert hat, muss eine Auslegung erfolgen. Nach dem allgemeinen Sprachgebrauch wird unter „Eignung" die „Tauglichkeit für etwas" verstanden (vgl. Duden, S. 394, Stichwort „Eignung"). Sich für etwas „eignen" bedeutet, dass die betreffende Person „die erforderlichen zweckentsprechenden Eigenschaften besitzt" (vgl. Duden, S. 394, Stichwort „eignen"). Unter „gleich" wird eine Übereinstimmung in jeglicher Hinsicht oder in allen Merkmalen verstanden (vgl. Duden, S. 615, Stichwort „gleich"). Wenn der Gesetzgeber die gleiche Eignung bezüglich des zu besetzenden Arbeitsplatzes gegenüber anderen Bewerbern verlangt, so muss der teilzeitbeschäftigte Arbeitnehmer im Verhältnis zu den anderen Bewerbern bezüglich des zu besetzenden Arbeitsplatzes und den dort gestellten Anforderungen mindestens die gleichen Eigenschaften besitzen. Durch den Bezug auf einen bestimmten Arbeitsplatz kommen hierbei fachliche und persönliche Eigenschaften in Betracht. Ergänzend können aber auch soziale Merkmale berücksichtigt werden.

Die geforderten **fachlichen Eigenschaften** können sich auf die Schulbildung, auf abgelegte Prüfungen, erforderliche Grund- und Spezialkenntnisse, den Nachweis von Fertigkeiten, die Vorpraxis, den betrieblichen Werdegang, besondere Geschicklichkeit und Erfahrungswissen, u.Ä.m. beziehen (vgl. auch FKHE, Rn. 16 zu § 95 BetrVG). **48**

Ferner können auch **persönliche Eigenschaften** wie z.B. die Zuverlässigkeit, die Erfüllung von besonderen arbeitsmedizinischen Anforderungen, die Teamfähigkeit eines Arbeitnehmers, u.Ä.m. einbezogen werden.

Schließlich können soziale Merkmale wie der Familienstand, die Dauer der Betriebszugehörigkeit, die Umsetzung von Gleichbehandlungsgrundsätzen z.B. gegenüber Frauen im Betrieb aber auch die Förderung besonders schutzwürdiger Personen berücksichtigt werden.

Bei der Frage, ob der teilzeitbeschäftigte Arbeitnehmer aufgrund der gleichen Eignung bevorzugt berücksichtigt werden soll, hat der Arbeitgeber einen gewissen Beurteilungsspielraum. Er hat hierbei nach den Grundsätzen des Billigen Ermessens (§ 315 BGB) vorzugehen. Im Streitfall trägt der Arbeitgeber die Beweislast dafür, dass er diese Grundsätze und Kriterien eingehalten hat. **49**

Teilzeitarbeit

Eine sachgerechte Beurteilung der Bewerber und eine Auswahl kann der Arbeitgeber nur dann treffen, wenn er zuvor sowohl die Anforderungen an den zu besetzenden Arbeitsplatz festgelegt als auch die von den Bewerbern geforderten Eigenschaften bestimmt und ggf. zueinander gewichtet hat. Deshalb ist es für ein sachgerechtes Vorgehen zunächst erforderlich, dass der Arbeitgeber für den oder die zu besetzenden Arbeitsplätze eine Arbeitsplatzbeschreibung erstellt, aus der die fachlichen und ggf. erforderlichen persönlichen Anforderungen hervorgehen. Ferner hat der Arbeitgeber ggf. weitergehende fachliche Anforderungen zu benennen, die zwecks eines besseren Personaleinsatzes über die Anforderungen für den betreffenden Arbeitsplatz hinausgehen. Erfüllt der teilzeitbeschäftigte Arbeitnehmer die Anforderungen in gleicher Weise wie andere Bewerber, so ist er bevorzugt auf dem entsprechenden Arbeitsplatz zu beschäftigen.

In der betrieblichen Praxis werden für Beurteilung und Auswahl der Arbeitnehmer in der Regel Beurteilungsgrundsätze und Auswahlrichtlinien aufgestellt, die unter Mitbestimmung der Arbeitnehmervertretung ein sachgerechtes Vorgehen anstreben. Dies dürfte auch für die Umsetzung eines Verfahrens in Zusammenhang mit § 9 TzBfG zweckmäßig sein.

- Fehlen von entgegenstehenden dringenden betrieblichen Gründen

50 Sind die Voraussetzungen an eine bevorzugte Berücksichtigung für den teilzeitbeschäftigten Arbeitnehmer erfüllt, so braucht der Arbeitgeber diesen Arbeitnehmer trotzdem nicht auf den zu besetzenden Arbeitsplatz einzusetzen, wenn dem *dringende betriebliche Gründe* entgegenstehen.

Der Gesetzgeber hat darauf verzichtet, eine Legaldefinition vorzunehmen oder durch Beispiele zu verdeutlichen, was unter dringenden betrieblichen Gründen zu verstehen ist. Daher kann auf vergleichbare Anforderungen zurückgegriffen werden. Bezogen auf die Formulierung *dringende betriebliche Gründe* bietet sich die Anforderung „dringende betriebliche Erfordernisse" in § 1 Abs. 2 Satz 1 KSchG an. Der Gesetzgeber verwendet dort den Begriff „Erfordernisse", der nach dem allgemeinen Sprachgebrauch als notwendige, unerlässliche Bedingung oder Voraussetzung interpretiert wird (vgl. Duden, S. 448, Stichwort „Erfordernis"/„erforderlich"), während unter einem Grund ein Umstand oder Tatbestand verstanden wird, durch den jemand bewogen wird etwas zu tun (vgl. Duden, S. 637, Stichwort „Grund"). Beide Begriffe sind zwar unterschiedlich, sie erfordern vom Arbeitgeber aber jeweils das Vorliegen von bestimmten Umständen, mit denen der Arbeitgeber eine unternehmerische Entscheidung sachgerecht begründen kann. Hierbei setzt ein Erfordernis engere Rahmenbedingungen als ein Grund. Gleichwohl können die Anhaltspunkte, die zum dringenden betrieblichen Erfordernis entwickelt worden sind, als Mindeststandards herangezogen werden, denn sie werden vom dringenden betrieblichen Grund mit erfasst.

Das Merkmal der *Dringlichkeit* (vgl. entspr. KR-Becker, Rn. 296 zu § 1 KSchG) beinhaltet den Grundsatz der Verhältnismäßigkeit (ultima-ratio-Prinzip): Der Arbeitgeber kann sich einem Begehren des Arbeitnehmers auf Arbeitszeitverlängerung aus dringenden betrieblichen Gründen nur verweigern, wenn er zuvor geprüft hat, ob durch andere zumutbare technische, organisatorische oder wirtschaftliche Maßnahmen der im Wege stehende betriebliche Grund ausgeräumt werden kann. Die Dringlichkeit ist zu bejahen, wenn dem Arbeitgeber keine alternativen Maßnahmen, bezogen auf die Verweigerung der Verlängerung der Arbeitszeit zur Verfügung stehen. 51

Bezüglich der *betrieblichen Gründe* wird auf § 8 Abs. 4 Satz 2 TzBfG verwiesen, da dort derselbe Begriff verwendet wird. Hier hat der Gesetzgeber in Form einer Aufzählung insbesondere die Organisation, den Arbeitsablauf und die Sicherheit im Betrieb aufgeführt (vgl. daher Rn. 26).

Für das Vorliegen dringender betrieblicher Gründe trägt der Arbeitgeber die Beweislast. Sie sind arbeitsgerichtlich voll überprüfbar.

- Fehlen von entgegenstehenden Arbeitszeitwünschen anderer teilzeitbeschäftigter Arbeitnehmer

Auch Arbeitszeitwünsche anderer teilzeitbeschäftigter Arbeitnehmer können einer bevorzugten Berücksichtigung des Arbeitnehmers, der einen Arbeitszeitverlängerungswunsch angezeigt hat, entgegenstehen. Hierbei unterscheidet der Gesetzgeber nicht zwischen den Arbeitnehmern, die von Anfang an teilzeitbeschäftigt waren und den Arbeitnehmern, die aufgrund des TzBfG eine Teilzeitbeschäftigung vereinbart haben. 52

Wenn der Gesetzgeber vorliegend ausdrücklich auf die Arbeitszeitwünsche anderer teilzeitbeschäftigter Arbeitnehmer abstellt, so kommen als entgegenstehende Gründe also keine Neueinstellungsabsichten des Arbeitgebers in Betracht.

Während der Gesetzesentwurf (vgl. Drucksache 14/4374) noch vorgesehen hat, dass nur die Arbeitszeitwünsche derjenigen Teilzeitbeschäftigten entgegenstehen, die nach sozialen Gesichtspunkten vor- 53 rangig sind, hat der Gesetzgeber im jetzt geltenden Gesetzestext auf die ausdrückliche Aufnahme dieser Kriterien verzichtet. Die Änderung sollte – ausweislich der Begründung (vgl. Drucksache 14/4625, S. 20) – es dem Arbeitgeber bei gleichzeitiger Bewerbung mehrerer teilzeitbeschäftigter Arbeitnehmer ermöglichen, grundsätzlich frei auszuwählen.

Allerdings wird in der Gesetzesbegründung darauf hingewiesen, dass diese Entscheidung des Arbeitgebers nur nach billigem Ermessen getroffen werden kann. Der Gesetzgeber verlangt mithin eine Interessenabwägung. Diese Interessenabwägung hat auf der einen Seite die Gründe zu berücksichtigen, die der Arbeitgeber dafür anführen kann, um zu begründen, warum er nicht den betroffenen, sondern einen anderen Arbeitnehmer auswählen will. Auf der anderen Seite hat er aber auch zwischen den in Betracht kommenden Arbeitnehmer abzuwägen. Das jeweilige Ergebnis und die darauf basierende Entscheidung hat der Arbeitgeber darzulegen und zu begründen. Insofern bleibt es zweifelhaft, ob der Gesetzgeber mit der Änderung zu mehr Rechtssicherheit beigetragen hat.

54 Wenn auch im Gesetzestext nicht ausdrücklich erwähnt, so kann diese Interessenabwägung aber nur im Gesamtzusammenhang der Vorschriften gesehen werden. Danach wäre zu beachten, dass der Personenkreis, der zur Auswahl ansteht, über die gleiche Eignung (vgl. Rn. 47 ff.) verfügt: Denn wenn für die bevorzugte Berücksichtigung bei der Arbeitszeitverlängerung auf die gleiche Eignung abgestellt wird, so muss das gleiche Kriterium auch zur Klärung der Frage herangezogen werden, welche Arbeitszeitwünsche anderer Arbeitnehmer entgegenstehen können. Damit stehen Eignungsüberlegungen (vgl. Rn. 48 f.) auch im Mittelpunkt der Entscheidungsfindung nach den Grundsätzen des Billigen Ermessens gemäß § 315 BGB. Hierzu zählen im Übrigen auch Gründe, die anderen teilzeitbeschäftigten Arbeitnehmern unter sozialen Gesichtspunkten eine Vorrangstellung einräumen, auch wenn dies nun vom Gesetzgeber nicht mehr ausdrücklich bestimmt wird.

3.2.2.3 Bevorzugte Berücksichtigung

55 Liegen die Voraussetzungen nach § 9 TzBfG vor, so hat der Arbeitgeber den teilzeitbeschäftigten Arbeitnehmer, der die Anzeige auf Arbeitszeitverlängerung abgegeben hat, auf dem entsprechenden freien Arbeitsplatz zu beschäftigen. Dem Arbeitgeber ist es dann verwehrt, einen externen Bewerber einzustellen.

Stellt der Arbeitgeber trotzdem den externen vergleichbaren Bewerber ein, so wird man von dem Arbeitgeber wohl verlangen können, dass er während der Wartezeit des § 1 KSchG eine Pflicht zur Freikündigung zugunsten des bevorzugten Teilzeitbeschäftigten hat. Nach Ablauf der sechsmonatigen Wartezeit dürfte eine ggf. erfolgte Klage auf Besetzung leer laufen. Allerdings dürfte dann dem Arbeitgeber ggf. eine Schadenersatzforderung des nicht berücksichtigten teilzeitbeschäftigten Arbeitnehmers drohen.

Bei der Wahrnehmung ihrer Beteiligungsrechte hat die Arbeitnehmervertretung darauf zu achten, dass der Arbeitgeber seine Verpflichtungen nach § 9 TzBfG einhält. Beachtet der Arbeitgeber die Vorschriften nicht und will er einen externen Bewerber einstellen, so verstößt diese personelle Maßnahme gegen ein Gesetz im Sinne von § 99 Abs. 2 Nr. 1 BetrVG. Hiervon geht auch die Gesetzesbegründung aus (vgl. Drucksache 14/1625, S. 20).

3.2.3 Arbeit auf Abruf (§ 12)

3.2.3.1 Allgemeines

§ 12 TzBfG regelt eine besondere Form der Teilzeitarbeit. Hierbei ergibt sich die Arbeitszeit jeweils aus dem Bedarf der zu erbringenden Arbeitsleistung. § 12 Abs. 1 Satz 1 TzBfG lässt eine Vereinbarung zwischen Arbeitnehmer und Arbeitgeber zu, die bestimmt, dass der Arbeitnehmer seine Arbeitsleistung entsprechend dem Arbeitsanfall zu erbringen hat (Arbeit auf Abruf). Diese Möglichkeit der Arbeitszeitgestaltung sah bereits § 4 BeschFG von 1985 vor, das zum 31. Dezember 2000 ausgelaufen ist und nun durch die neuen Bestimmungen des Teilzeit- und Befristungsgesetzes ersetzt wird.

56

Auch die weiteren Vorschriften in § 12 TzBfG orientieren sich weitgehend an den Bestimmungen des Beschäftigungsförderungsgesetzes von 1985. Sie beinhalten die folgenden Aspekte:

- Festlegung von Mindestbedingungen für die Gestaltung der Arbeit auf Abruf;
- Rahmenbedingungen für die Arbeitspflicht des Arbeitnehmers;
- Tarifvertragliche Regelungsbefugnis.

Sollten Arbeitnehmer, die Arbeit auf Abruf verrichten, eine Arbeitszeitverringerung oder -verlängerung wünschen, so gelten die §§ 8 und 9 TzBfG entsprechend.

3.2.3.2 Mindestbedingungen für die Gestaltung der Arbeit auf Abruf

57 Nach § 12 Abs. 1 Satz 2 TzBfG muss die Vereinbarung zwischen Arbeitnehmer und Arbeitgeber eine bestimmte Dauer der wöchentlichen und täglichen Arbeitszeit beinhalten. Damit hat der Gesetzgeber zwingend vorgeschrieben, welchen Vereinbarungsinhalt die Arbeitsvertragsparteien bezogen auf den Umfang der Arbeitszeit zu treffen haben. Hingegen gibt der Gesetzgeber aber für den Fall einer Vereinbarung keine Mindestarbeitszeit, bezogen auf den Arbeitstag oder die Woche, vor. Die Konkretisierung des Umfangs bleibt allein den Vertragspartnern überlassen. Bei der Konkretisierung und der Gestaltung der Arbeitsbedingungen sind aber die Vorschriften dieses Gesetzes (z.B. Nichtdiskriminierungsvorschriften) und die allgemeinen arbeitsrechtlichen Grundsätze zu beachten.

58 Kommen die Arbeitsvertragsparteien aber ihrer gesetzlichen Verpflichtung bei der Festlegung der wöchentlichen und/oder täglichen Arbeitszeit nicht nach, so beinhalten § 12 Abs. 1 Satz 3 und 4 TzBfG eine fingierte diesbezügliche Mindestarbeitszeit, die für das jeweilige Arbeitsverhältnis dann zwingend gilt: Satz 3 bestimmt hierbei für den Fall, dass die Dauer der wöchentlichen Arbeitszeit nicht im Rahmen der Vereinbarung zwischen Arbeitgeber und Arbeitnehmer festgelegt worden ist, dass eine Arbeitszeit von zehn Stunden wöchentlich als vereinbart gilt. Der Gesetzgeber fingiert hiermit also einen Vereinbarungsinhalt zwischen Arbeitgeber und Arbeitnehmer in Höhe von zehn Stunden wöchentlich. Mithin hat der Arbeitgeber – auch ohne entsprechende Arbeitsleistung – dem Arbeitnehmer mindestens die zehn Stunden auf der Grundlage des vereinbarten Entgelts zu vergüten, da er durch den unterlassenen Arbeitseinsatz in Höhe der fingierten Mindeststunden in Annahmeverzug (§ 615 Abs. 1 BGB) geraten ist. Hinzu kommt, dass der Arbeitnehmer auch den entsprechenden Beschäftigungsanspruch geltend machen könnte, weil sich dieser Anspruch nach ständiger Rechtsprechung aus der Fürsorgepflicht des Arbeitgebers herleiten lässt.

Ist die tägliche Arbeitszeit nicht festgelegt worden, so hat der Arbeitgeber die Arbeitsleistung des Arbeitnehmers für mindestens drei aufeinander folgende Stunden in Anspruch zu nehmen. Im Gegensatz zur Regelung in Satz 3 normiert der Gesetzgeber hier nicht nur eine fingierte Mindeststundenzahl, sondern auch eine zwingende Handlungspflicht des Arbeitgebers: Inanspruchnahme des Arbeitgebers im Umfang von mindestens drei aufeinander folgenden Stunden an einem Tag mit Arbeitseinsatz. Durch die Formulierung „aufeinander folgender Stunden" hat der Gesetzgeber zudem festgelegt, dass diese tägliche Inanspruchnahme bezüglich der drei Stunden nicht aufgeteilt werden darf. Die Inanspruchnahme darf folglich z.B. nicht derart erfolgen, dass innerhalb der drei Stunden zeitliche Unterbrechungen liegen. Dagegen ist es mit dem Wortlaut vereinbar, dass Arbeitseinsätze von jeweils drei Stunden mit einer dazwischen liegenden Unterbrechung stattfinden.

Kommt der Arbeitgeber seiner Pflicht zur Inanspruchnahme der Arbeitsleistung nicht nach, so gerät er gemäß § 615 Abs. 1 BGB in Annahmeverzug und muss für die jeweilige Nichtinanspruchnahme die drei Stunden auf der Grundlage des vereinbarten Entgelts vergüten, wenn die wöchentliche Arbeitszeit von 10 Stunden hierdurch unterschritten würde. Im Gegensatz zu Satz 3 begründet Satz 4 aufgrund der gesetzlichen Formulierung „in Anspruch zu nehmen" eine direkte Beschäftigungspflicht des Arbeitnehmers, so dass dieser ggf. arbeitsgerichtlich seine Inanspruchnahme geltend machen kann, ohne hierbei auf die Fürsorgepflicht verweisen zu müssen.

Sowohl Vergütungsanspruch als auch Beschäftigungsanspruch können aber nur bis zur vereinbarten wöchentlichen Mindestarbeitszeit durchgesetzt werden. Ist diese nicht festgelegt worden, so gilt eine Mindestarbeitszeit von 10 Stunden wöchentlich. Da die tägliche Mindestarbeitszeit drei aufeinander folgende Stunden beträgt, ergeben sich mithin dreimal 3 1/3 Stunden oder z.B. zweimal 3 Stunden und einmal 4 Stunden. Gemäß der Anforderung in Satz 4 ist es in jedem Fall nicht möglich, von täglich jeweils drei Stunden auszugehen, da für die dann übrig bleibende Stunde kein gesonderter Arbeitstag in Betracht kommt.

3.2.3.3 Arbeitspflicht und Mitteilungsfrist

§ 12 Abs. 2 TzBfG legt fest, dass der Arbeitnehmer zur Arbeitsleistung nur dann verpflichtet ist, wenn der Arbeitgeber ihm die Lage seiner Arbeitszeit jeweils mindestens vier Tage im Voraus mitteilt.

Für die Fristberechnung sind vorliegend die §§ 187, 193 BGB maßgeblich. Gemäß § 187 Abs. 1 BGB ist der Tag, an dem die Mitteilung abzugeben ist, nicht mitzurechnen. Es wird also erst vom folgenden Tag an gezählt (vgl. Staudinger/Werner, Rn. 2 zu § 187 BGB). Ist also die Mitteilung am Donnerstag erfolgt, so wird erst ab Freitag gezählt und der Arbeitseinsatz kann erst am Dienstag der nächsten Woche verlangt werden. Bei der Fristberechnung ist ferner § 193 BGB zu berücksichtigen: Fällt der letzte Tag der Mitteilungsfrist auf einen Sonntag, gesetzlichen Feiertag oder Sonnabend, so tritt an die Stelle dieses Tages der nächste Werktag. Dies gilt auch, wenn z.B. der Sonnabend nicht arbeitsfrei ist (vgl. Staudinger/Werner, Rn. 2 zu § 193 BGB). Soll der Arbeitseinsatz anders als im vor-

59

stehenden Beispiel erst am Donnerstag erfolgen, so ist der letzte Tag der viertägigen Frist der Sonntag. Gemäß § 193 BGB wäre dann die Mitteilung am Freitag abzugeben.

Erfüllt der Arbeitgeber diese Mitteilungspflicht nicht, so erlischt die Arbeitspflicht des Arbeitnehmers. Wird dadurch die vereinbarte Mindestarbeitszeit für die Woche unterschritten, so hat der Arbeitgeber gleichwohl die vereinbarten Stunden entsprechend des vereinbarten Entgelts zu vergüten. Ist hingegen eine wöchentliche Mindestarbeitszeit und/oder eine tägliche Arbeitszeit nicht vereinbart, so richtet sich das zu zahlende Entgelt jeweils danach, ob innerhalb des gesetzlichen Wochenrahmens nach § 12 Abs. 1 Satz 3 und 4 TzBfG die Arbeitsleistung unter Einhaltung der Mitteilungsfrist noch nachgeholt werden kann.

Ist dies aus Gründen, die der Arbeitnehmer nicht zu vertreten hat, nicht mehr möglich, gelten die Ausführungen unter Rn. 58 entsprechend.

3.2.3.4 Tarifliche Regelungsbefugnis

60 In Verbindung mit § 22 Abs. 1 TzBfG regelt § 12 Abs. 3 TzBfG, dass von den Absätzen 1 und 2 des § 12 TzBfG *auch zuungunsten des Arbeitnehmers* abgewichen werden kann, wenn der Tarifvertrag Regelungen über die tägliche und wöchentliche Arbeitszeit und die Vorankündigungsfrist vorsieht.

Im Gegensatz zu § 6 Abs. 1 BeschFG von 1985 hat der Gesetzgeber hier einen Rahmen für die abweichende Gestaltung durch Tarifvertrag vorgegeben. Die Vorläuferregelung ermöglichte jegliche Abweichung von den Bestimmungen zur Teilzeitarbeit in Form der Arbeit auf Abruf, auch wenn diese keine Regelungen über die tägliche und wöchentliche Arbeitszeit sowie über eine Vorankündigungsfrist vorsah (vgl. BAG, Urt. v. 12.3.1992 – 6 AZR 311/90 – AP Nr. 1 zu § 4 BeschFG 1985). Enthält aber ein Tarifvertrag nicht zu allen gesetzlich vorgeschriebenen Rahmenbedingungen Regelungen, so kann bei der Arbeit auf Abruf durch diesen nunmehr in keinem Fall zuungunsten der Arbeitnehmer abgewichen werden.

61 Wenn der Gesetzgeber vorwiegend die Formulierung „auch zuungunsten" verwendet, so können die Tarifvertragsparteien Regelungen zugunsten des Arbeitnehmers vereinbaren. Da sich die Rahmenbedingungen (Festlegung der wöchentlichen und täglichen Arbeitszeit, Vorankündigungsfrist) nur auf eine tarifliche Regelung *zuungunsten* der Arbeitnehmer beziehen, kann von diesen gesetzlichen Rahmenbedingungen bei einer günstigeren tariflichen Regelung auch abgewichen werden. Bei der Feststellung, ob eine günstigere tarifliche Regelung vorliegt, ist auf den offensichtlichen sachlichen Zusammenhang (Sachgruppenvergleich) abzustellen (vgl. Kempen/ Zachert, Rn. 188 ff. zu § 4 TVG).

Nach § 12 Abs. 3 Satz 2 TzBfG können im Geltungsbereich eines Tarifvertrages, der zulässige abweichende Regelungen beinhaltet, auch nicht tarifgebundene Arbeitnehmer und Arbeitgeber die Anwendung der abweichenden Regelungen über die Arbeit auf Abruf vereinbaren. In diesem Fall gelten mithin auch die zuungunsten der Arbeitnehmer festgelegten Bedingungen. Diese Regelung entspricht der Vorläuferbestimmung in § 6 Abs. 1 Satz 1 BeschFG von 1985, zu der das BAG bereits bestätigend Stellung genommen hatte (vgl. BAG, Urt. v. 12.3.1992 – 6 AZR 311/90 – AP Nr. 1 zu § 4 BeschFG 1985). 62

Eine weitere Sonderregelung beinhaltet § 22 Abs. 2 TzBfG: Wenn ein Tarifvertrag für den öffentlichen Dienst abweichende Regelungen über die Festlegung der täglichen und wöchentlichen Arbeitszeit sowie über eine Vorankündigungsfrist bei der Arbeit auf Abruf gemäß § 12 TzBfG beinhaltet, dann können diese tariflichen Regelungen auch zwischen nicht tarifgebundenen Arbeitnehmern und Arbeitgebern außerhalb des öffentlichen Dienstes vereinbart werden. Dies gilt unter der Voraussetzung, dass die Anwendung des jeweiligen Tarifvertrages des öffentlichen Dienstes zwischen nicht tarifgebundenen Arbeitnehmern und Arbeitgebern einzelvertraglich vereinbart worden ist und der Arbeitgeber die Kosten des Betriebes überwiegend mit Zuwendungen im Sinne des Haushaltsrechts deckt. 63

3.2.3.5 Zusammenfassung

Die Gestaltung der Teilzeitarbeit in Form einer Arbeit auf Abruf ist in den maßgeblichen europarechtlichen Vorschriften nicht ausdrücklich vorgegeben worden. Vorliegend wird aber davon ausgegangen, dass diese Teilzeitarbeitsform auch europarechtlich zulässig ist, da die einzelnen Vorschriften über die Arbeitszeitverringerung bzw. Arbeitszeitverlängerung und die Nichtdiskriminierungsvorschriften auch auf die Arbeit auf Abruf anzuwenden sind. 64

Insgesamt lässt sich der Regelungsgehalt des § 12 wie folgt darstellen:

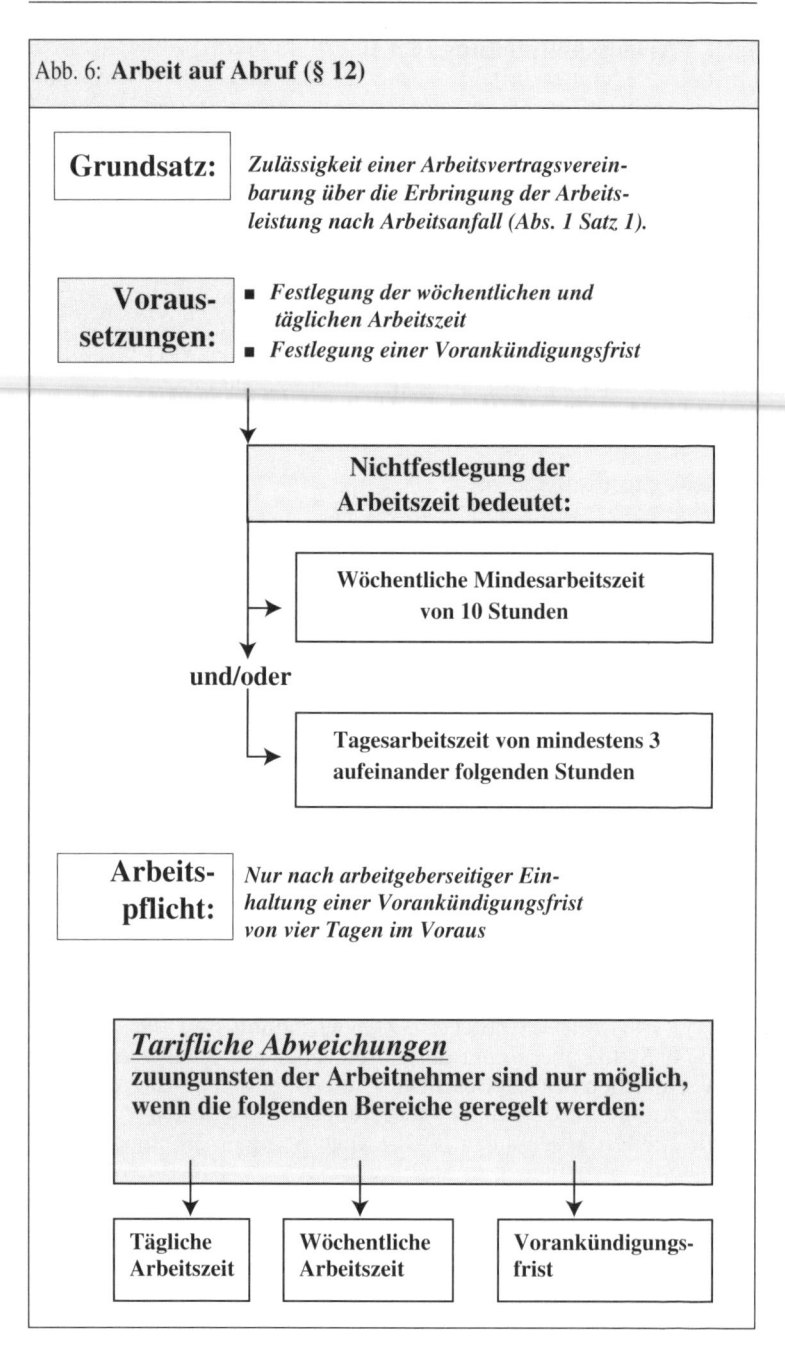

Teilzeitarbeit

Abb. 6: **Arbeit auf Abruf (§ 12)**

Grundsatz: *Zulässigkeit einer Arbeitsvertragsvereinbarung über die Erbringung der Arbeitsleistung nach Arbeitsanfall (Abs. 1 Satz 1).*

Voraussetzungen:
- *Festlegung der wöchentlichen und täglichen Arbeitszeit*
- *Festlegung einer Vorankündigungsfrist*

Nichtfestlegung der Arbeitszeit bedeutet:

→ Wöchentliche Mindesarbeitszeit von 10 Stunden

und/oder

→ Tagesarbeitszeit von mindestens 3 aufeinander folgenden Stunden

Arbeitspflicht: *Nur nach arbeitgeberseitiger Einhaltung einer Vorankündigungsfrist von vier Tagen im Voraus*

Tarifliche Abweichungen **zuungunsten der Arbeitnehmer sind nur möglich, wenn die folgenden Bereiche geregelt werden:**

Tägliche Arbeitszeit	Wöchentliche Arbeitszeit	Vorankündigungsfrist

3.2.4 Arbeitsplatzteilung (§ 13)

3.2.4.1 Allgemeines

Die Arbeitsplatzteilung stellt eine besondere Form der Teilzeitarbeit dar. Unter Arbeitsplatzteilung versteht der Gesetzgeber nach § 13 Abs. 1 Satz 1 TzBfG, dass sich mehrere Arbeitnehmer die Arbeitszeit an einem Arbeitsplatz teilen. Hierbei kann es sich sowohl um einen Vollzeitarbeitsplatz als auch um einen Teilzeitarbeitsplatz handeln. Nicht vorgeschrieben ist, in welchem zeitlichen Volumen die Arbeitszeit auf die einzelnen Arbeitnehmer aufzuteilen ist. Gemäß Satz 1 obliegt dies den Arbeitsvertragsparteien – dem Arbeitgeber und dem/den Arbeitnehmer/n. Sollten einzelne Arbeitnehmer, die an der Arbeitsplatzteilung beteiligt sind, eine Arbeitszeitverringerung oder eine Arbeitszeitverlängerung wünschen, so gelten die §§ 8 und 9 TzBfG entsprechend.

65

Für die Arbeitsplatzteilung regelt der Gesetzgeber die folgenden Modalitäten:

66

- Anforderungen an die gegenseitige Vertretungspflicht der Arbeitnehmer (Abs. 1 Satz 2 und 3);
- Kündigungsverbot bei Ausscheiden eines Arbeitnehmers aus der Arbeitsplatzteilung für die verbleibenden Arbeitnehmer (Abs. 2);
- Arbeitsplatzteilung bei Gruppen von Arbeitnehmern (Abs. 3);
- Tarifliche Regelungsbefugnis (Abs. 4).

3.2.4.2 Anforderungen an die gegenseitige Vertretungspflicht

Bei der gegenseitigen Vertretungspflicht unterscheidet der Gesetzgeber zwischen einer Vertretung im Normalfall (Satz 2) und der Vertretung beim Vorliegen dringender betrieblicher Gründe (Satz 3). Ausweislich der Gesetzesbegründung (vgl. Drucksache 14/4374, S. 18) übernimmt der Gesetzgeber hier im Wesentlichen die Vorschriften des § 5 BeschFG. Diese Begründung ist zumindest für die Anforderungen an die Vertretungspflicht unzutreffend, denn gerade bei den Modalitäten für die gegenseitige Vertretungspflicht weichen die Regelungen in Satz 2 und Satz 3 TzBfG doch wesentlich von der Vorläuferregelung in § 5 BeschFG ab.

67

Bei den nun geltenden Regelungen im § 13 Abs. 1 Satz 2 und 3 TzBfG hat der Gesetzgeber weitgehend die Rechtsprechung und Literaturmeinung zur Frage der Vertretungspflicht berücksichtigt.

- Vertretungspflicht im Normalfall einer Verhinderung

68 Nach Satz 2 sind die Arbeitnehmer, die sich die Arbeitszeit auf einen Arbeitsplatz teilen, im Falle der Verhinderung eines dieser Arbeitnehmer *zur Vertretung verpflichtet, wenn sie der Vertretung im Einzelfall zugestimmt haben.*

Die Verpflichtung zur Vertretung tritt aber nur dann ein, wenn die folgenden Voraussetzungen erfüllt sind:

- Verhinderung eines an der Arbeitszeitteilung auf demselben Arbeitsplatz beteiligten Arbeitnehmers und Vertretungsbedarf;
- Mitteilung des Arbeitgebers und Einholung der Zustimmung des Arbeitnehmers für den einzelnen Vertretungsfall;
- Zustimmung des Arbeitnehmers zur Wahrnehmung der Vertretung in dem jeweiligen Einzelfall.

Von den vorliegenden Voraussetzungen für eine Vertretungspflicht ist dann abzusehen, wenn es sich um einen Notfall oder um einen außergewöhnlichen Fall im Sinne von § 14 ArbZG handelt (vgl. hierzu die Erläuterungen unter Rn. 75).

69 Wenn von Satz 2 die Vertretung im Verhinderungsfall erfasst wird, so können hiermit nur *vorübergehende Vertretungsfälle* wie Urlaub, Krankheit, Bildungs- und Sonderurlaub und sonstige Abwesenheitsfälle aufgrund arbeitsvertraglicher, tarifvertraglicher (z.B. besondere Arbeitsbefreiungstatbestände) oder gesetzlicher Regelungen gemeint sein. Da ein teilzeitbeschäftigter Arbeitnehmer diese Arbeitszeitform in der Regel wegen persönlicher Belange (z.B. Kinderbetreuung, Fort- und Weiterbildung, u.Ä.m.) ausgewählt hat, können die vorübergehenden *Vertretungsfälle* auch nur *von kurzer Dauer* sein. Andernfalls würde das arbeitgeberische Besetzungsrisiko auf die an der Arbeitsplatzteilung teilnehmenden Arbeitnehmer übertragen werden. Die Arbeitnehmer hätten dann die Folgen für Störungen des Arbeitsablaufs (z.B. Erkrankung des jeweils anderen Arbeitnehmers), auf die sie jeweils keinen Einfluss haben, zu tragen. Diese Verlagerung des Besetzungsrisikos widerspricht aber den Grundsätzen der Betriebsrisikolehre und ist somit unbillig (vgl. auch ArbG Berlin, Urt. v. 28.10.1983 – 18 Ca 303/83 – AP Nr. 1 zu § 5 BeschFG 1985). Nach diesen Grundsätzen hat nämlich der Arbeitgeber Störungen im Betriebsablauf grundsätzlich zu vertreten, das Betriebsrisiko also selbst zu tragen. Er hat entsprechendes Personal bei der Personalbemessung einzuplanen und vorzuhalten.

Zwar ist die Vertretungspflicht an die Zustimmung des Arbeitnehmers geknüpft und eine Ablehnung darf – vor allem in Verbindung mit § 5 TzBfG – nicht zum Nachteil des Arbeitnehmers führen. Gleichwohl besteht aber bei einer zu knappen Personaldecke ein sozialer Druck, dem Vertretungsverlangen des Arbeitgebers nachzukommen. Deshalb ist schon bei der Festlegung des Vertretungsbedarfs vom Arbeitgeber zu verlangen, dass er dabei nach den Grundsätzen des Billigen Ermessens (§ 315 BGB) verfährt. Er hat also bei der Dauer des Vertretungsbedarfs zwischen den Interessen des teilzeitbeschäftigten Arbeitnehmers (z.B. nach mehr freier Zeit oder bei sozialen Verpflichtungen) und den betrieblichen Erfordernissen (Verhinderungsgrund, arbeitsablaufbedingte Gründe, Möglichkeiten z.B. einen Springer oder je nach Zeitbedarf eine Ersatzkraft einzusetzen), abzuwägen (vgl. auch Staudinger/Mader, Rn. 68 zu § 315 BGB). In diesem Zusammenhang dürfte ein Vertretungsbedarf von einzelnen Tagen meist noch den Grundsätzen des Billigen Ermessens entsprechen. Je länger allerdings der Verhinderungsgrund sowohl in seiner zeitlichen Lage und Dauer bekannt ist, je eher ist es dem Arbeitgeber zuzumuten im Rahmen seiner Personalplanung anderweitige Vorkehrungen zu treffen.

70 Der Gesetzgeber stellt bei der Vertretungspflicht auf die Zustimmung des Arbeitnehmers im Einzelfall ab. Der Arbeitgeber hat also für jeden Verhinderungsfall, bei dem ein Vertretungsbedarf besteht, die *Zustimmung des Arbeitnehmers einzuholen.*

Wichtig: Eine vorab im Arbeitsvertrag vereinbarte generelle Vertretungspflicht ist für den Normalfall der Vertretung nach Satz 2 unzulässig, weil dort auf den Einzelfall abgestellt wird. Stimmt der Arbeitnehmer dem Vertretungsverlangen zu, so hat er die Vertretungsleistung zu erbringen.

Die Einholung der Zustimmung des Arbeitnehmers setzt hierbei – wenn auch vom Gesetzgeber nicht ausdrücklich geregelt – eine Mitteilung an den Arbeitnehmer voraus, mit der der Arbeitgeber bekannt gibt, ab wann und in welchem Umfang der Vertretungsbedarf besteht. Das Gesetz selbst enthält hierfür keine Regelungen.

Zwar ist die Vertretungspflicht an die Zustimmung des Arbeitnehmers geknüpft und eine Ablehnung darf – vor allem in Verbindung mit § 5 TzBfG – nicht zum Nachteil des Arbeitnehmers führen. Gleichwohl besteht aber bei einer sehr kurzfristigen Mitteilung ein sozialer Druck, dem Vertretungsverlangen des Arbeitgebers nachzukommen. Deshalb ist vor allem aus Gesichtspunkten der arbeitgeberischen Fürsorgepflicht zu verlangen, dass dem Arbeitnehmer genügend Zeit bleibt, zu prüfen, ob er die Vertretung übernehmen kann. Als angemessene Zeitspanne kann hier auf die Regelung in § 12 Abs.2 TzBfG zurückgegriffen werden. Der Arbeitgeber muss danach den Vertretungsbedarf mit einer *Frist von mindestens vier*

Teilzeitarbeit

Tagen im Voraus dem Arbeitnehmer mitteilen. Diese Bezugnahme scheint zumindest für den Fall geboten zu sein, wenn nicht der Arbeitnehmer die Arbeitsplatzteilung selbst angestrebt, sondern der Arbeitgeber sie vorgegeben hat.

Diese Frist ist auch nicht unbillig, denn der Arbeitgeber hat es in der Hand – bei der Entscheidung, welche Arbeitsplätze er in die Arbeitsplatzteilung einbeziehen will – den ggf. anfallenden Vertretungsbedarf bei der Personalplanung zu berücksichtigen. Kann er aus arbeitsablaufbedingten Gründen keine Frist – wegen eines kontinuierlichen Arbeitsverfahrens – einhalten, so hat er entweder auf die Möglichkeit der Arbeitsplatzteilung zu verzichten oder für entsprechende Vertretung (z.B. in Form von Springern) zu sorgen.

71 Wäre hingegen davon auszugehen, dass der Arbeitgeber keine Mitteilungsfrist einzuhalten hätte, so läge eine der Rufbereitschaft des Arbeitnehmers vergleichbare Situation vor. Diese Situation würde dann aber gegen das allgemeine *Diskriminierungsverbot* nach § 4 Abs. 1 TzBfG verstoßen. Der teilzeitbeschäftigte Arbeitnehmer wäre gegenüber einem Vollzeitarbeitnehmer benachteiligt, da die Arbeitszeit des Teilzeitbeschäftigten zwar wie die eines Vollzeitbeschäftigten entlohnt, aber die faktisch vorhandene Rufbereitschaft nicht abgegolten würde.

72 Die Zustimmung des Arbeitnehmers zur Wahrnehmung der vorübergehenden Vertretungstätigkeit unterliegt keinerlei Bedingungen. Im Gegensatz zu § 13 Abs. 1 Satz 3 TzBfG ist es nicht maßgeblich, ob die Vertretungstätigkeit dem Arbeitnehmer zumutbar ist. Es genügt, wenn der Arbeitnehmer dem Arbeitgeber gegenüber die Wahrnehmung der Vertretungstätigkeit im Normalfall ablehnt. Bei Wahrnehmung dieses Ablehnungsrechts darf der Arbeitnehmer gemäß § 5 TzBfG nicht durch den Arbeitgeber benachteiligt werden.

- Vertretungspflicht bei dringenden betrieblichen Gründen

73 Nach Satz 3 sind die Arbeitnehmer, die sich die Arbeitszeit an einem Arbeitsplatz teilen, bei Vorliegen von dringenden betrieblichen Gründen dann zur Vertretung verpflichtet, *wenn dies arbeitsvertraglich vereinbart und dem Arbeitnehmer zumutbar ist.*

Die Verpflichtung zur Vertretung tritt dann ein, wenn die folgenden Voraussetzungen erfüllt sind:

- Vertretungsbedarf aufgrund dringender betrieblicher Gründe;
- Vertretungstätigkeit muss dem Arbeitnehmer im Einzelfall zumutbar sein;

- Mitteilung des Arbeitgebers;
- Arbeitsvertragliche Vereinbarung über die Vertretungspflicht bei dringenden betrieblichen Gründen.

Nach Satz 3 kommt eine Vertretungstätigkeit bei einer Arbeitsplatzteilung aufgrund einer arbeitsvertraglichen Vereinbarung nur dann in Betracht, wenn *dringende betriebliche Gründe* vorliegen. Der Gesetzgeber konkretisiert an dieser Stelle nicht, was unter betrieblichen Gründen zu verstehen ist. Allerdings kann auf den in § 8 Abs. 4 Satz 2 TzBfG verwendeten Begriff betriebliche Gründe zurückgegriffen werden. Danach können betriebliche Gründe sich insbesondere aus der Betriebsorganisation, dem Arbeitsablauf oder der Sicherheit im Betrieb ergeben. **74**

Das Merkmal der **Dringlichkeit** (vgl. entspr. KR-Becker, Rn. 296 zu § 1 KSchG) beinhaltet den Grundsatz der Verhältnismäßigkeit (ultima-ratio-Prinzip): Ein Begehren des Arbeitgebers auf Vertretungstätigkeit aufgrund von dringenden betrieblichen Gründen kommt nur dann in Betracht, wenn er zuvor alles versucht hat, mit anderen zumutbaren technischen, organisatorischen oder wirtschaftlichen Maßnahmen den im Wege stehenden betrieblichen Grund zu beheben (vgl. auch Rn. 50 f.). Dringlichkeit kann also bejaht werden, wenn dem Arbeitgeber keine alternative Maßnahme zur Abforderung der vereinbarten Vertretungsbereitschaft des teilzeitbeschäftigten Arbeitnehmers zugemutet werden kann. Diese Zumutbarkeit ist im Rückgriff auf § 8 Abs. 4 Satz 2 TzBfG zu verneinen, wenn eine alternative Maßnahme mit unverhältnismäßigen Kosten verbunden wäre.

Dringende betriebliche Gründe sind nicht identisch mit Notfällen oder außergewöhnlichen Fällen im Sinne des § 14 ArbZG. Notfälle liegen vor, wenn die Arbeiten durch ungewöhnliche, unvorhersehbare und plötzlich eintretende Ereignisse veranlasst sind und unverzüglich zur Beseitigung eines Notstandes oder zur Abwendung einer dringenden Gefahr vorgenommen werden müssen (vgl. Fiedler/Schelter, Erl. zu § 14 ArbZG; Meisel/Hiersemann Rn. 1 zu § 14 AZO). **75**

Außergewöhnliche Fälle können Betriebsstörungen sein, die es erforderlich machen, einen Arbeitsprozess zu Ende zu führen, damit kein erheblicher Schaden eintritt (vgl. Fiedler/Schelter, Erl. zu § 14 ArbZG; Meisel/Hiersemann, Rn. 9 f. zu § 14 AZO). Mithin ist dem Arbeitgeber in Notfällen und außergewöhnlichen Fällen die Heranziehung des teilzeitbeschäftigten Arbeitnehmers durch einseitige Anordnung möglich. Einer entsprechenden vertraglichen Vereinbarung wie bei dringenden betrieblichen Gründen bedarf es hier nicht. Wohl aber sind hierbei die Beteiligungsrechte der Arbeitnehmervertretung durch den Arbeitgeber zu beachten.

Teilzeitarbeit

76 Liegen dringende betriebliche Gründe vor, so kann der Arbeitgeber den Arbeitnehmer dennoch nicht zur Vertretung heranziehen, wenn die Vertretungstätigkeit dem Arbeitnehmer nicht zumutbar ist. Der Gesetzgeber bestimmt nicht näher, wann die Vertretungstätigkeit zumutbar ist. Man wird allerdings verlangen können, dass sowohl die Abforderung der Vertretungstätigkeit durch den Arbeitgeber als auch die Ablehnungsmöglichkeit des Arbeitnehmers daraufhin zu prüfen sind, ob nicht zumutbare Gründe nach den Grundsätzen des Billigen Ermessens vorliegen.

Bei dieser Abwägung sind dringende betriebliche Gründe, Vertretungsdauer und Mitteilungsfrist des Arbeitgebers auf der einen Seite und die Interessen des Arbeitnehmers auf der anderen Seite zu berücksichtigen.

Auf der Seite des Arbeitnehmers ist zu beachten, dass derjenige, der sich vertraglich zu einer Vertretungstätigkeit verpflichtet, auch dafür Sorge tragen muss, dass er sie wahrnehmen kann. So kann er z.B. keine Nebentätigkeit ausüben, die mit festen Arbeitszeiten verbunden ist, denn diese könnte im Vertretungsfall nicht als Grund für die Unzumutbarkeit herangezogen werden. Auf der anderen Seite ist aber zu berücksichtigen, dass er die Teilzeitarbeit deshalb ausübt, weil er z.B. die Kinderbetreuung übernommen hat und so nur in begrenztem Rahmen außerhalb der regelmäßigen Arbeitszeit disponieren kann (vgl. auch Anm. Schüren zu AP Nr. 1 zu § 5 BeschFG 1985). Auf Arbeitgeberseite ist wegen des Dringlichkeitserfordernisses bei den betrieblichen Gründen zu berücksichtigen, dass der Arbeitgeber alle alternativen arbeitsorganisatorischen, technischen und wirtschaftlichen Maßnahmen vor Abforderung der Vertretungstätigkeit zu prüfen hat, die eine Abforderung der Vertretungstätigkeit vermeiden können.

Insbesondere ist auch zu beachten, dass die Frage der Zumutbarkeit von der Mitteilungsfrist des Arbeitgebers abhängen kann. Verbleibt dem Arbeitnehmer eine angemessene Zeitspanne, um sich von der vereinbarten kürzeren Arbeitszeit auf die verlängerte Arbeitszeit einstellen zu können, so dürften nur noch gravierende persönliche Gründe des Arbeitnehmers einen Hinderungsgrund darstellen.

Zwar lässt sich für die Abwägung der dringenden betrieblichen Gründe mit den Interessen des Arbeitnehmers keine allgemein gültige Regel aufstellen. Gleichwohl können Eckpunkte für die Abwägung herangezogen werden. So dürfte eine Vertretungstätigkeit bei Vorliegen dringender betrieblicher Gründe dem Arbeitnehmer zumutbar sein, wenn

- die dringenden betrieblichen Gründe ein hohes Gewicht haben,

- eine kurze Vertretungsdauer vorliegt,
- der Arbeitnehmer keine gewichtigen Gründe anführen kann,
- die Mitteilung so rechtzeitig erfolgt, dass der Arbeitnehmer noch umdisponieren kann.

Das Gesetz regelt zwar keine Mitteilungsfrist für die Abforderung einer Vertretungstätigkeit. Gleichwohl muss vom Arbeitgeber auch beim Vorliegen dringender betrieblicher Gründe eine Mitteilungsfrist gefordert werden, um so dem Arbeitnehmer die Möglichkeit zu geben, umzudisponieren. Dies gilt auch, wenn der Arbeitnehmer die Bereitschaft zur Vertretungstätigkeit vertraglich mit dem Arbeitgeber vereinbart hat, denn er hat gerade mit der verkürzten Arbeitszeit das Ziel verfolgt, über die gewonnene Freizeit in vertretbarem Rahmen zu disponieren (vgl. auch Anm. Schüren zu AP Nr. 1 zu § 5 BeschFG 1985). Für die Mitteilung könnte hier die Frist von vier Tagen im Voraus gemäß § 12 Abs. 2 TzBfG herangezogen werden (vgl. hierzu entsprechend die Ausführungen zu Rn. 70). **77**

Wäre hingegen davon auszugehen, dass der Arbeitgeber keine Mitteilungsfrist einzuhalten braucht, so läge eine der Rufbereitschaft des Arbeitnehmers gleichkommende Situation vor. Beinhaltet zudem die arbeitsvertragliche Vereinbarung für diese Rufbereitschaft keine Entgeltregelung, so liegt ein Verstoß gegen das allgemeine *Diskriminierungsverbot* nach § 4 Abs. 1 TzBfG vor. Der teilzeitbeschäftigte Arbeitnehmer wäre gegenüber einem Vollzeitarbeitnehmer ungleich behandelt, da die Arbeitszeit des Teilzeitbeschäftigten zwar wie die eines Vollzeitbeschäftigten entlohnt, aber die faktisch vorhandene Rufbereitschaft nicht abgegolten würde. Ferner dürfte eine Ungleichbehandlung zu anderen Teilzeitbeschäftigten vorliegen, die eine starre Arbeitszeit haben und nicht zur Vertretungsarbeit außerhalb ihrer regelmäßigen Arbeitszeit herangezogen werden (vgl. auch ArbG Berlin, Urt. v. 28.10.1983 – 18 Ca 303/83 – AP Nr. 1 zu § 5 BeschFG 1985).

Die Heranziehung für eine Vertretungstätigkeit muss nach Satz 3 arbeitsvertraglich vereinbart werden. Zu empfehlen ist, dass die arbeitsvertragliche Vereinbarung nicht nur pauschal den Gesetzestext wiederholt, um eine Vertretungspflicht zu begründen. Vielmehr sollten die Arbeitsvertragsparteien in der Vereinbarung auch beispielhafte dringende betriebliche Gründe aufzählen, eine Mitteilungsfrist benennen, in der der Arbeitgeber den Vertretungsbedarf anzeigt und der Arbeitnehmer dazu Stellung nehmen muss. Gegebenenfalls könnten auch Mindestgründe (unzumutbare Umstände für die Vertretungstätigkeit) bezüglich einer Ablehnung aufgenommen werden. **78**

Teilzeitarbeit

Ergänzend können Arbeitgeber und Arbeitnehmervertretung z.B. bei der Einführung von Arbeitsplatzteilungen zur Umsetzung der gesetzlichen Bestimmungen im Rahmen der Arbeitszeitgestaltung entsprechende Regelungen vereinbaren.

3.2.4.3 Kündigungsvorschriften bei Ausscheiden von Arbeitnehmern aus der Arbeitsplatzteilung

79 Wenn ein Arbeitnehmer aus der Arbeitsplatzteilung ausscheidet, so bestimmt § 13 Abs. 2 Satz 1 TzBfG, dass eine darauf gestützte Kündigung eines anderen Arbeitnehmers, der an der Arbeitsplatzteilung beteiligt ist, unwirksam ist. Unter Berücksichtigung, dass in Satz 2 eine Änderungskündigung aus diesem Anlass für zulässig erklärt wird, kann sich das Kündigungsverbot mithin nur auf eine Beendigungskündigung beziehen.

80 Nach Satz 2 ist es aber zulässig, wenn der Arbeitgeber aus diesem Anlass einem anderen Arbeitnehmer, der an der Arbeitsplatzteilung beteiligt ist, eine Änderungskündigung ausspricht. Der Gesetzgeber selbst regelt nur die Möglichkeit der Änderungskündigung. Für das Änderungsangebot enthält § 13 Abs. 2 TzBfG keine Vorschriften. Der Gesetzgeber wollte es der unternehmerischen Entscheidung überlassen, welche arbeitsorganisatorischen und sonstigen Maßnahmen nach Ausscheiden des Arbeitnehmers aus der Arbeitsplatzteilung zu treffen sind. So kann der Arbeitgeber das frei gewordene Arbeitszeitvolumen entfallen lassen, eine entsprechende Neueinstellung vornehmen oder den Arbeitsplatz als Teilzeitarbeitsplatz mit erhöhter Arbeitszeit weiter verwenden. Die Umstellung auf einen Vollzeitarbeitsplatz kommt nur dann in Betracht, wenn der Arbeitgeber den Nachweis erbringen kann, dass er keine geeigneten Bewerber auf dem Arbeitsmarkt finden kann. Eine andere Rechtsauffassung ist mit § 7 Abs. 1 TzBfG schwerlich in Einklang zu bringen (vgl. auch Rn. 102 f.).

Bei den letzten beiden vorstehenden Möglichkeiten (Teilzeitarbeitsplatz mit erhöhter Arbeitszeit, Umstellung auf Vollzeitarbeitsplatz) käme eine Änderungskündigung in Betracht. Hingegen dürfte es zweifelhaft sein, ob die Sondervorschriften in § 13 Abs. 2 TzBfG – „Änderungskündigung aus diesem Anlass" – auch eine Änderungskündigung erfasst, die darauf zurückzuführen ist, dass der Arbeitgeber in Zusammenhang mit dem Ausscheiden eines Arbeitnehmers aus der Arbeitsplatzteilung eine Neuorganisation vornimmt und den ursprünglich geteilten Arbeitsplatz vollends einsparen will. In diesem Fall dürften wohl die allgemeinen kündigungsschutzrechtlichen Vorschriften für betriebsbedingte Kündigungen zur Anwendung gelangen. Insofern bestimmt auch § 13 Abs. 2 TzBfG, dass das Recht des Arbeitgebers zur Kündigung des Arbeitsverhältnisses aus anderen Gründen als aus Anlass des Ausscheidens eines Arbeitnehmers aus der Arbeitsplatzteilung, unberührt bleibt.

Spricht der Arbeitgeber aus Anlass des Ausscheidens eines Arbeitnehmers aus der Arbeitsplatzteilung einem anderen Arbeitnehmer eine Änderungskündigung aus, so hat er die angebotene Vertragsänderung daraufhin zu überprüfen, ob das Änderungsangebot durch dringende betriebliche Erfordernisse im Sinne von § 1 Abs. 2 KSchG gedeckt ist und ob sich darauf beschränkt wurde, nur solche Änderungen vorzuschlagen, die der Arbeitnehmer billigerweise hinnehmen muss (vgl. BAG, Urt v. 24.4.1997 – 2 AZR 352/96 – AP Nr. 42 zu § 2 KSchG 1969). Hierbei ist es mit dem Diskriminierungsverbot schwerlich vereinbar, wenn der Arbeitgeber mit der Änderungskündigung eine Arbeitszeitgestaltung durchsetzen wollte, die den Arbeitnehmer gegenüber anderen Teilzeitbeschäftigten oder vergleichbaren Vollzeitbeschäftigten benachteiligen würde. **81**

Liegen hingegen die vorerwähnten Voraussetzungen für eine Änderungskündigung vor, so hat der Arbeitgeber ggf. noch zu prüfen, ob eine Sozialauswahl zwischen vergleichbaren Arbeitnehmern durchzuführen ist und welche Arbeitnehmer ggf. zum auswahlrelevanten Personenkreis zählen.

3.2.4.4 Arbeitsplatzteilung für Gruppen von Arbeitnehmern

§ 13 Abs. 3 TzBfG überträgt die in den Absätzen 1 und 2 festgelegten Vorschriften auf die so genannte „Gruppenarbeit". Nach der gesetzlichen Legaldefinition liegt eine Gruppenarbeit im Sinne des Abs. 3 vor, wenn sich mehrere Arbeitnehmer auf bestimmten Arbeitsplätzen in festgelegten Zeitabschnitten abwechseln, ohne dass eine Arbeitsplatzteilung im Sinne des Abs. 1 vorliegt. Es ist also für die Anwendung des Absatzes 3 nicht erforderlich, dass sich mehrere Arbeitnehmer die Arbeitszeit für einen Arbeitsplatz teilen. Mithin können auch vollzeitbeschäftigte Arbeitnehmer in Betracht kommen. Der Gesetzgeber stellt hierbei also im Kern auf die Zusammenarbeit zwischen den Arbeitnehmern ab, die zudem die Gestaltung der Arbeitsabläufe in der Gruppe unter Umständen selbst organisieren. Aufgrund dieser Annahme hält er die Übertragung der Vertretungsregelungen in den Absätzen 1 und 2 auf die Gruppenarbeit für geboten. **82**

Die Regelungen der Absätze 1 und 2 sollen entsprechend angewendet werden. Mithin ist also bei jeder Regelung zu prüfen, ob sie auf die Arbeitsplatzsituation bei Gruppenarbeit übertragbar ist. **83**

Teilzeitarbeit

Im Hinblick auf die Vertretungspflicht bei Verhinderung können die Vorschriften des Absatzes 1 entsprechend herangezogen werden, da sich hier die betriebliche Situation in vergleichbarer Weise stellt. Von daher kann auf die Ausführungen in Rn. 68 ff. verwiesen werden. Bei Vollzeitbeschäftigten ist aber zu beachten, dass eine größere Gefahr besteht, die zulässige arbeitstägliche Höchstarbeitszeit zu überschreiten. Hat die Vertretungstätigkeit keine zeitlichen Auswirkungen, sondern beschränkt sie sich auf die Art der zu übernehmenden Tätigkeit, so hängt das Bestehen der Vertretungspflicht davon ab, ob sie vom Arbeitgeber mittels seines Weisungsrechts abgefordert werden kann. Ist dies der Fall, dann bedarf es auch keiner Zustimmung im Einzelfall und keiner entsprechenden Mitteilungsfrist.

Auch können die Vorschriften des Absatzes 1 für die Vertretung bei Vorliegen dringender betrieblicher Gründe auf die Gruppenarbeit angewendet werden. Vergleiche daher die Ausführungen in Rn. 73 ff.

In Verbindung mit Abs. 2 darf der Arbeitgeber aus Anlass des Ausscheidens eines Arbeitnehmers aus der Gruppenarbeit einen oder alle anderen Arbeitnehmer, die an der Gruppenarbeit beteiligt sind, nicht kündigen (vgl. auch Rn. 79). Allerdings verbleibt dem Arbeitgeber unter Einhaltung der Anforderungen die Möglichkeit einer Änderungskündigung (vgl. Rn. 80). Unberührt bleibt schließlich auch die Kündigungsmöglichkeit aus anderen Gründen.

3.2.4.5 Tarifliche Regelungsbefugnis

84 In Verbindung mit § 22 Abs. 1 TzBfG regelt § 13 Abs. 4 TzBfG, dass von den Absätzen 1 und 3 des § 13 TzBfG *auch zuungunsten des Arbeitnehmers* abgewichen werden kann, wenn der Tarifvertrag Regelungen über die Vertretung der Arbeitnehmer enthält. Die tarifliche Regelung kann Regelungen über die Vertretungsgründe, die Ablehnungsgründe und eine Mitteilungsfrist enthalten. Hingegen erfasst Abs. 4 nicht die Vorschriften nach Abs. 2. Damit kann ein Tarifvertrag von den Kündigungsvorschriften des § 13 Abs. 2 TzBfG nicht zuungunsten der Arbeitnehmer abweichen.

Im Gegensatz zum abgelösten § 6 Abs. 1 BeschFG 1985 hat der Gesetzgeber hier einen Rahmen für die abweichende Gestaltung der Vertretungsregelung durch Tarifvertrag vorgegeben. Die Vorläuferregelung ermöglichte jegliche Abweichungen von den Bestimmungen zur Arbeitsplatzteilung, auch wenn diese keine Bestimmungen über eine Vorankündigungsfrist vorsahen (vgl. entsprechend BAG, Urt. v. 12.3.1992 – 6 AZR 311/90 – AP Nr. 1 zu § 4 BeschFG 1985).

85 Wenn der Gesetzgeber vorliegend die Formulierung „auch zuungunsten" verwendet, so können die Tarifvertragsparteien auch Regelungen zugunsten des Arbeitnehmers vereinbaren. Da sich die Rahmenbedingung (Vertretungsregelung) nur auf eine tarifliche Regelung zuungunsten der Arbeitnehmer beziehen, kann von diesen gesetzlichen Rahmenbedingungen bei einer günstigeren tariflichen Regelung abgewichen werden. Bei der Feststellung der günstigeren tariflichen Regelung ist auf den offensichtlichen sachlichen Zusammenhang (Sachgruppenvergleich) abzustellen (vgl. Kempen/Zachert, Rn. 188 ff. zu § 4 TVG).

Nach § 13 Abs. 4 Satz 2 TzBfG können im Geltungsbereich eines Tarifvertrages, der abweichende Regelungen beinhaltet, auch nicht tarifgebundene Arbeitnehmer und Arbeitgeber die Anwendung der abweichenden tariflichen Regelung über die Vertretungstätigkeit bei Arbeitsplatzteilung und Gruppenarbeit vereinbaren. In diesem Fall gelten auch die zuungunsten der Arbeitnehmer festgelegten Regelungen. Diese Bestimmung entspricht der Vorläuferregelung in § 6 Abs. 2 Satz 1 BeschFG 1985, zu der das BAG bereits bestätigend Stellung genommen hat (vgl. BAG, Urt. v. 12.3.1992 – 6 AZR 311/ 90 – AP Nr. 1 zu § 4 BeschFG 1985). **86**

Eine weitere Sonderregelung sieht § 22 Abs. 2 TzBfG vor: Falls ein Tarifvertrag für den öffentlichen Dienst eine abweichende Vertretungsregelung bei der Arbeitsplatzteilung und bei der Gruppenarbeit vorsieht, können solche tariflichen Regelungen auch zwischen nicht tarifgebundenen Arbeitnehmern und Arbeitgebern außerhalb des öffentlichen Dienstes vereinbart werden. Voraussetzung ist, dass die Anwendung des jeweiligen Tarifvertrages des öffentlichen Dienstes zwischen den nicht tarifgebundenen Arbeitnehmern und Arbeitgebern einzelvertraglich vereinbart worden ist und der betreffende Arbeitgeber die Kosten des Betriebes überwiegend mit Zuwendungen im Sinne des Haushaltsrechts deckt. **87**

3.3 Allgemeines Diskriminierungs- und Benachteiligungsverbot

3.3.1 Allgemeine Grundsätze

Entsprechend der Zielsetzung des vorliegenden Gesetzes stellen die Vorschriften über die Verringerung und Verlängerung der Teilzeitarbeit, über die Arbeit auf Abruf und die Arbeitsplatzteilung schon gesetzliche Maßnahmen gegen eine Diskriminierung von Teilzeitbeschäftigten dar. Diese Vorschriften werden ergänzt durch Bestimmungen über die Ausschreibung von freien Arbeitsplätzen, die För- **88**

Teilzeitarbeit

derung von Teilzeitarbeit, die Förderung der Teilnahme an Aus- und Weiterbildungsmaßnahmen und über ein Kündigungsverbot.

Neben den vorstehenden Detailvorschriften gegen eine Diskriminierung und Benachteiligung von Teilzeitbeschäftigten hat der Gesetzgeber aber auch in § 4 Abs. 1 TzBfG ein allgemeines Diskriminierungsverbot und in § 5 ein allgemeines Benachteiligungsverbot festgeschrieben. Diese allgemeinen Vorschriften sind bei der Auslegung der Detailvorschriften zu berücksichtigen.

3.3.2 Benachteiligungsverbot (§ 5)

89 Nach § 5 TzBfG darf der Arbeitgeber einen Arbeitnehmer wegen der Inanspruchnahme von Rechten nach dem vorliegenden Gesetz *nicht benachteiligen.* Eine solche Inanspruchnahme von Rechten liegt insbesondere in folgenden Fällen vor:

- Anzeige des Wunsches nach Arbeitszeitverringerung,
- Anzeige des Wunsches nach Arbeitszeitverlängerung,
- Bewerbung auf einen Teilzeitarbeitsplatz,
- Überprüfung der Entscheidung des Arbeitgebers im Falle der Nichteinigung bei den Modalitäten über eine Arbeitszeitverringerung,
- Anzeige des fristgerechten Wunsches nach einer erneute Arbeitszeitverringerung,
- Verweigerung der Arbeitsleistung im Falle der Nichteinhaltung der Mitteilungsfrist bei Arbeit auf Abruf,
- Verweigerung einer Zustimmung zur Wahrnehmung der Vertretung eines anderen Arbeitnehmers im Rahmen der Arbeitsplatzteilung,
- Teilnahmewunsch an einer Aus- und Weiterbildungsmaßnahme.

Eine Benachteiligung kann sich insbesondere bei folgenden Umständen ergeben:

- keine Berücksichtigung des Wunsches auf Arbeitszeitverringerung bzw. Arbeitszeitverlängerung,
- Ablehnung der Teilnahme an einer Aus- und Weiterbildungsmaßnahme,
- Vernachlässigung der Information über freie Arbeitsplätze trotz entsprechender Arbeitnehmeranzeige,
- plötzliche Erschwernisse bei der Arbeitserledigung,
- Übermäßiges Heranziehen für Vertretungstätigkeiten im Rahmen der Arbeitsplatzteilung,

- Nichteinhalten der verschiedenen Mitteilungsfristen für die Abforderung der Arbeitsleistung.

Eigentlich hätte es dieser Bestimmung nicht bedurft, da bereits in § 612a BGB ein allgemeines Benachteiligungsverbot vom Gesetzgeber formuliert worden ist. Dass trotzdem speziell für die Wahrnehmung von Rechten nach diesem Gesetz ein Benachteiligungsverbot geschaffen wurde, lässt vermuten, dass der Gesetzgeber mit besonderen Widerständen auf Arbeitgeberseite rechnet, die sich in unrechtmäßiger Weise bei Arbeitnehmern auswirken können. Dem Gelingen der gesetzlichen Zielsetzung sollte wohl besonderer Nachdruck verliehen werden.

Für das Vorliegen einer Benachteiligung ist der betroffene Arbeitnehmer darlegungs- und beweispflichtig. Liegt eine Benachteiligung vor, so ist die jeweilige arbeitgeberische Handlung gemäß § 134 BGB nichtig. Bei Erfüllung der entsprechenden Voraussetzungen kommt dem Arbeitnehmer bei Wiederholungsgefahr auch ein Unterlassungsanspruch gegen die benachteiligende Handlung des Arbeitgebers zu. Gegebenenfalls kann auch ein Schadenersatzanspruch des benachteiligten Arbeitnehmers in Betracht kommen.

3.3.3 Allgemeines Diskriminierungsverbot (§ 4 Abs. 1)

Nach § 4 Abs. 1 darf ein Teilzeitbeschäftigter wegen der Teilzeitarbeit nicht schlechter behandelt werden als ein vergleichbarer vollzeitbeschäftigter Arbeitnehmer, es sei denn, dass sachliche Gründe eine unterschiedliche Behandlung rechtfertigen. Dieses allgemeine Diskriminierungsverbot wird durch Satz 2 ergänzt. Danach ist einem teilzeitbeschäftigten Arbeitnehmer das Arbeitsentgelt oder eine andere teilbare geldwerte Leistung mindestens in dem Umfang zu gewähren, der dem Anteil seiner Arbeitszeit an der Arbeitszeit eines vergleichbaren vollzeitbeschäftigten Arbeitnehmers entspricht.

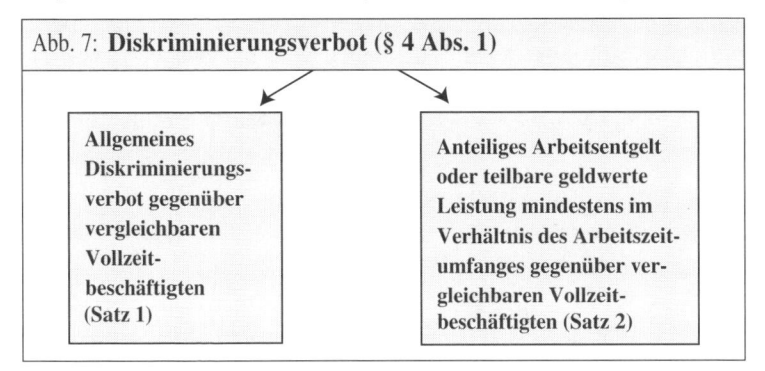

90

Abb. 7: **Diskriminierungsverbot (§ 4 Abs. 1)**

Allgemeines Diskriminierungsverbot gegenüber vergleichbaren Vollzeitbeschäftigten (Satz 1)	Anteiliges Arbeitsentgelt oder teilbare geldwerte Leistung mindestens im Verhältnis des Arbeitszeitumfanges gegenüber vergleichbaren Vollzeitbeschäftigten (Satz 2)

3.3.3.1 Allgemeine Vorschriften (§ 4 Abs. 1 Satz 1)

91 § 4 Abs. 1 Satz 1 TzBfG legt allgemein fest, dass Teilzeitbeschäftigte gegenüber vergleichbaren vollzeitbeschäftigten Arbeitnehmern nicht schlechter behandelt werden dürfen. Diese Vorschrift entspricht daher im Wesentlichen der Vorläufervorschrift in § 2 Abs. 1 BeschFG 1985. Eine Ausnahme vom Verbot zur Schlechterstellung soll nur dann gelten, wenn sachliche Gründe die unterschiedliche Behandlung rechtfertigen.

Das in Satz 1 festgelegte Verbot auf schlechtere Behandlung erfasst alle Arbeitsbedingungen – also nicht nur das Entgelt –. Die schlechtere Behandlung muss sich aus dem Umstand der Teilzeitbeschäftigung ergeben. Sie liegt z. B. dann vor, wenn mit dem Arbeitnehmer im Zusammenhang mit der Teilzeitbeschäftigung schlechtere Arbeitsbedingungen gegenüber vergleichbaren Vollzeitbeschäftigten vereinbart werden. Das Verbot der schlechteren Behandlung bezieht sich aber genauso auf Regelungen in Betriebs- oder Dienstvereinbarungen und auf tarifvertragliche Regelungen. Also haben sowohl die Betriebs- als auch die Tarifvertragsparteien ihr jeweiliges Regelungswerk daraufhin zu überprüfen, ob es Bestimmungen enthält, die dem vorstehenden Diskriminierungsverbot widersprechen. Mit Inkrafttreten des Teilzeit- und Befristungsgesetzes sind solche vertraglichen, betrieblichen und tarifvertraglichen Regelungen nicht mehr anzuwenden.

92 Bei der Frage, ob eine schlechtere Behandlung des Teilzeitbeschäftigten vorliegt, hat der Gesetzgeber auf die Regelungen und Arbeitsbedingungen für vergleichbare Vollzeitbeschäftigte abgestellt. Die schlechtere Behandlung ist also nicht abstrakt zu prüfen. Vielmehr ist zunächst erforderlich festzustellen, wer vergleichbarer Vollzeitbeschäftigter gemäß der Legaldefinition in § 2 Abs. 1 Satz 3 TzBfG ist. Ist kein vergleichbarer Vollzeitbeschäftigter im Betrieb zu finden, so ist die Vergleichbarkeit auf der Grundlage des anwendbaren Tarifvertrages zu ermitteln. Ist auch dies nicht möglich, dann ist zu prüfen, wer im jeweiligen Wirtschaftszweig üblicherweise als vergleichbarer vollzeitbeschäftigter Arbeitnehmer anzusehen ist.

Zu den Anforderungen an einen vergleichbaren Vollzeitbeschäftigten vgl. Rn. 7 ff.

93 Ist die Tätigkeit eines Teilzeitbeschäftigten mit der eines Vollzeitbeschäftigten nach den vorstehenden Grundsätzen vergleichbar, so darf eine schlechtere Behandlung trotzdem erfolgen, wenn es hierfür *sachliche Gründe* gibt. Dies gilt jedoch nicht für die Entgeltbedingungen (vgl. Rn. 98). Der Gesetzgeber hat im § 4 Abs. 1 Satz 1 TzBfG aber keine Legaldefinition für sachliche Gründe formuliert.

Allerdings kann aufgrund des gleichen Erfordernisses im früheren § 2 Abs. 1 BeschFG auf die hierzu ergangene Rechtsprechung zurückgegriffen werden. Darüber hinaus können Aspekte aus der Rechtsprechung des Europäischen Gerichtshofes und des Bundesarbeitsgerichts zur mittelbaren Geschlechterdiskriminierung herangezogen werden.

Im Rahmen der Auslegung von § 2 Abs. 1 BeschFG 1985 ist die Rechtsprechung beim Erfordernis „sachlicher Grund" davon ausgegangen, dass allein das unterschiedliche Arbeitspensum als sachliche Rechtfertigung nicht genügt. Vielmehr kommen als entsprechende Sachgründe unterschiedliche Arbeitsbelastungen, Qualifikation, Berufserfahrungen oder unterschiedliche Anforderungen am Arbeitsplatz in Betracht (vgl. BAG, Urt. v. 30.9.1998 – 5 AZR 18/98 – AP Nr. 70 zu § 2 BeschFG 1985). **94**

Hierbei geht das BAG davon aus, dass bei der Prüfung der Umstände auf das Verhältnis von Leistungszweck und Umfang der Teilzeitarbeit abzustellen ist. Nur wenn sich aus dem Leistungszweck Gründe herleiten lassen, die es unter Berücksichtigung aller Umstände rechtfertigen, dem teilzeitbeschäftigten Arbeitnehmer die Leistung auch nicht anteilig zu gewähren, besteht ein sachlicher Grund für die unterschiedliche Behandlung (vgl. BAG, Urt. v. 15.11.1990 – 8 AZR 283/89 – AP Nr. 11 zu § 2 BeschFG 1985). Der behauptete Differenzierungsgrund muss objektiv vorhanden sein. Die bloße Einschätzung des Arbeitgebers reicht nicht aus (vgl. BAG, Urt. v. 29.1.1992 – 5 AZR 518/90 – AP Nr. 18 zu § 2 BeschFG 1985).

Ob ein sachlicher Grund für eine schlechtere Behandlung von Teilzeitbeschäftigten gegenüber vollzeitbeschäftigten Arbeitnehmern vorliegt, kann also nur unter Berücksichtigung des Leistungszwecks und bei objektiver Betrachtung beurteilt werden (vgl. auch Rn. 97 ff.). Allein das unterschiedliche Arbeitszeitpensum reicht also, wie bereits erwähnt, für die Differenzierung nicht aus.

Ferner kann auf die Rechtsprechung zur mittelbaren Geschlechterdiskriminierung zurückgegriffen werden. Auch hier werden zur Rechtfertigung einer unterschiedlichen Behandlung sachliche Gründe benötigt. So hat der EuGH entschieden, dass eine lediglich faktische ungleiche Behandlung der Geschlechter zulässig ist, also keine mittelbar diskriminierende Maßnahme darstellt, wenn sie „einem wirklichen Bedürfnis des Unternehmens dient und für die Erreichung dieses Ziels geeignet und erforderlich ist" (EuGH – Bilka – Stg 1986, AP Nr. 10 zu Art. 119 EWG-Vertrag; zit. n. Staudinger/Richardi-Annuß, Rn. 58 zu § 611a BGB). Ein wirkliches Bedürfnis in diesem Sinne setzt voraus, dass die Maßnahme auf „objektive Faktoren, die nichts mit einer Diskriminierung des Geschlechts zu **95** tun haben", gestützt wird (vgl. Staudinger/Richardi-Annuß, Rn. 58 zu § 611a BGB).

Das BAG (vgl. AP Nr. 42 zu Art. 119 EWG-Vertrag) hat sich dieser Rechtsprechung zur mittelbaren Geschlechterdiskriminierung angeschlossen und verlangt, dass das Vorliegen eines sachlichen Grundes allein nicht genügt. Vielmehr ist der Rechtfertigungsgrund in jedem Einzelfall im Wege einer Verhältnismäßigkeitsprüfung gesondert zu bestimmen. Hierbei sind umso strengere Anforderungen zu stellen, je stärker sich die jeweilige Maßnahme tatsächlich geschlechtsdiskriminierend auswirkt (vgl. auch Staudinger/Richardi-Annuß, Rn. 59 zu § 611a BGB).

Bezogen auf das allgemeine Diskriminierungsverbot in § 4 Abs. 1 Satz 1 TzBfG liegen sachliche Gründe, die eine unterschiedliche Behandlung von teilzeitbeschäftigten Arbeitnehmern gegenüber vergleichbaren vollzeitbeschäftigten Arbeitnehmern rechtfertigen, dann vor,

   a) wenn die unterschiedliche Behandlung durch objektive Faktoren begründet ist, die nichts mit der Teilzeitbeschäftigung an sich zu tun haben;

und

   b) wenn sie für die Erreichung des Unternehmensziels, des Tätigkeitsziels bzw. des Leistungszwecks objektiv geeignet sowie erforderlich sind;

und

   c) wenn die Verhältnismäßigkeitsprüfung zwischen Unternehmerinteresse einerseits und Ausmaß der Ungleichbehandlung andererseits ergibt, dass das durch a) und b) begründete Unternehmerinteresse überwiegt.

Zu beachten ist, dass die Anforderungen an die objektiven Faktoren und die Unternehmerinteressen umso strenger sind, je mehr der Arbeitgeber Teilzeitbeschäftigte gegenüber Vollzeitbeschäftigten ungleich behandeln will. Zudem dürfen die Unternehmerinteressen nicht vorgeschoben sein, sie müssen vielmehr tatsächlich vorliegen.

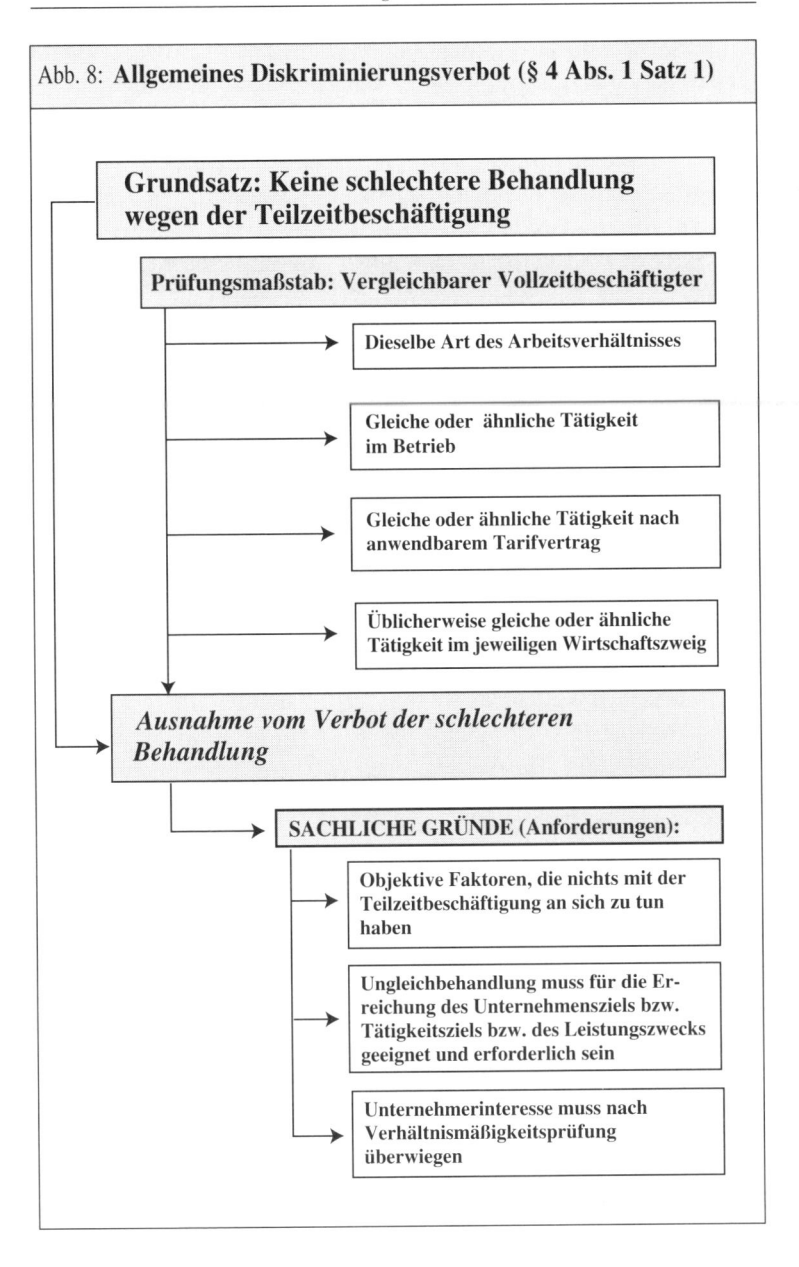

3. Allgemeine Vorschriften über Teilzeitarbeit

Abb. 8: Allgemeines Diskriminierungsverbot (§ 4 Abs. 1 Satz 1)

96

- **Grundsatz: Keine schlechtere Behandlung wegen der Teilzeitbeschäftigung**
  - Prüfungsmaßstab: Vergleichbarer Vollzeitbeschäftigter
    - Dieselbe Art des Arbeitsverhältnisses
    - Gleiche oder ähnliche Tätigkeit im Betrieb
    - Gleiche oder ähnliche Tätigkeit nach anwendbarem Tarifvertrag
    - Üblicherweise gleiche oder ähnliche Tätigkeit im jeweiligen Wirtschaftszweig

- *Ausnahme vom Verbot der schlechteren Behandlung*
  - SACHLICHE GRÜNDE (Anforderungen):
    - Objektive Faktoren, die nichts mit der Teilzeitbeschäftigung an sich zu tun haben
    - Ungleichbehandlung muss für die Erreichung des Unternehmensziels bzw. Tätigkeitsziels bzw. des Leistungszwecks geeignet und erforderlich sein
    - Unternehmerinteresse muss nach Verhältnismäßigkeitsprüfung überwiegen

97 Ausnahmen vom Diskriminierungsverbot nach § 4 Abs. 1 Satz 1 TzBfG sind nur zulässig, wenn sie durch einen sachlichen Grund gerechtfertigt sind. Im Hinblick auf diesen allgemeinen Grundsatz kann aufgrund der vergleichbaren Formulierung im früheren § 2 Abs. 1 BeschFG auf die hierzu ergangene Rechtsprechung zurückgegriffen werden. Die nachfolgenden Entscheidungen des BAG können als Orientierungspunkte zur Auslegung des allgemeinen Diskriminierungsverbots nach § 4 Abs. 1 Satz 1 TzBfG verstanden werden.

> **Wichtige BAG-Entscheidungen zu Diskriminierungsverboten**
>
> - ***Arbeits- und Gesundheitsschutzmaßnahmen:***
>   Auf der Grundlage von Richtlinien beschäftigte ein Arbeitgeber vollzeitbeschäftigte Arbeitnehmer nur mit der Hälfte ihrer Arbeitszeit mit Bildschirmarbeit. Teilzeitbeschäftigte mit einer hälftigen Arbeitszeit von Vollzeitbeschäftigten wurden mit 75% ihrer Arbeitszeit mit Bildschirmarbeit beschäftigt. Das BAG (Urt. v. 9.2.1989 – 6 AZR 174/87 – AP Nr. 4 zu § 2 BeschFG 1985) sah hierin *keine Diskriminierung*, da die unterschiedliche Beschäftigung an Bildschirmgeräten nicht wegen der Teilzeitbeschäftigung erfolgte, sondern aufgrund der Arbeitsschutzvorgaben.
>
>   Enthält ein Tarifvertrag eine Arbeitszeitermäßigung für Vollzeitbeschäftigte, weil sie während der Arbeitszeit besonderen Belastungen unterworfen sind, so ist ein Ausschluss von Teilzeitbeschäftigten von der Arbeitszeitermäßigung nur dann sachlich gerechtfertigt, wenn arbeitsmedizinische, arbeitswissenschaftliche oder andere Erkenntnisse vorliegen, die objektiv belegen, dass die besonderen Erschwernisse bei den betroffenen Teilzeitbeschäftigten auch nicht anteilig gegeben sind (vgl. BAG, Urt. v. 29.1.1992 – 5 AZR 518/90 – AP Nr. 18 zu § 2 BeschFG 1985).
>
>   Wird die regelmäßige Arbeitszeit für ältere vollzeitbeschäftigte Arbeitnehmer als Ausgleich für altersbedingte Belastungen ermäßigt und werden Teilzeitbeschäftigte hiervon ausgeschlossen, so stellt dies einen Verstoß gegen das Diskriminierungsverbot dar. Eine Ausnahme gilt nur dann, wenn durch arbeitsmedizinische oder arbeitswissenschaftliche Erkenntnisse belegt werden kann, dass die Belastungen ab der ermäßigten Stundenzahl exponential ansteigen, denn es ist durchaus denkbar, dass auch Teilzeit-

noch: Wichtige BAG-Entscheidungen zu Diskriminierungsverboten

beschäftigte wegen vermehrter außerdienstlicher Zusatzaufgaben durch die letzten Stunden in ihrer vertraglichen Arbeitszeit besonders belastet werden (vgl. BAG, Urt. v. 30.9.1998 – 5 AZR 18/98 – AP Nr. 70 zu § 2 BeschFG 1985).

- ***Betriebliche Altersversorgung:***

Ein Ausschluss von Teilzeitbeschäftigten mit unterhälftiger Arbeitszeit von der betrieblichen Altersversorgung ist *nicht* durch einen sachlichen Grund *gerechtfertigt*, wenn andere Teilzeitbeschäftigte mit einer überhälftigen Arbeitszeit wie Vollzeitbeschäftigte behandelt werden (vgl. BAG, Urt. v. 29.8.1989 – 3 AZR 370/88 – AP Nr. 6 zu § 2 BeschFG). Aber auch ein genereller Ausschluss von unterhälftigen Teilzeitbeschäftigten aus der betrieblichen Altersversorgung ist sachlich nicht gerechtfertigt (vgl. BAG, Urt. v. 7.3.1995 – 3 AZR 282/94 – AP Nr. 26 zu § 1 BetrAVG Gleichbehandlung; vgl. auch BAG, Urt. v. 25.10.1994 – 3 AZR 149/94 – AP Nr. 40 zu § 2 BeschFG 1985).

Schließt ein Tarifvertrag einen Arbeitnehmer, der nebenberuflich – aber nicht nur geringfügig – tätig ist, von der betrieblichen Altersversorgung aus, so liegt ein Verstoß gegen das Diskriminierungsverbot vor (vgl. BAG, Urt. v. 9.10.1996 – 5 AZR 338/95 – AP Nr. 50 zu § 2 BeschFG 1985) *(Anm. des Verfassers: Dieser Verstoß gegen das Diskriminierungsverbot dürfte aufgrund von § 2 Abs. 2 TzBfG auch bei geringfügig Beschäftigten vorliegen, da sie im TzBfG ausdrücklich als Teilzeitbeschäftigte erfasst werden. Zur Begründung siehe auch Rn. 98).* Hinzu tritt, dass das BAG auf der Grundlage von nun abgelösten gesetzlichen Bestimmungen den tariflichen Ausschluss von geringfügig Beschäftigten aus der Zusatzversorgung des öffentlichen Dienstes jedenfalls nur bis zum 31.3.1999 als sachlich gerechtfertigt angesehen hat (vgl. BAG, Urt. v. 22.2.2000 – 3 AZR 993/94 – AP Nr. 1 zu § 24 TV Arb Bundespost). Ist ein Arbeitnehmer wegen mehrerer geringfügiger Beschäftigungen in der gesetzlichen Sozialversicherung versicherungspflichtig, so ist ein Ausschluss aus der betrieblichen Altersversorgung wegen einer geringfügigen Beschäftigung sachlich nicht gerechtfertigt (vgl. BAG, Urt. v. 16.3.1993 – 3 AZR 389/92 – AP Nr. 6 zu § 1 BetrAVG Teilzeit).

> *noch: Wichtige BAG-Entscheidungen zu Diskriminierungsverboten*
>
> - **_Besonderer Kündigungsschutz in Tarifverträgen:_**
>   Eine tarifliche Regelung, die wie § 53 Abs. 3 BAT eine sog. Unkündbarkeit nur für überhälftige Teilzeitbeschäftigte vorsieht, verstößt gegen das Diskriminierungsverbot, da der besondere Kündigungsschutz ausschließlich von der unterschiedlichen Arbeitszeit abhängt. Die Besserstellung von Vollzeitbeschäftigten lässt sich auch nicht aus den Gesichtspunkten einer besseren sozialen Absicherung oder einer Belohnung für langjährige Beschäftigung begründen, da beides auch für Teilzeitbeschäftigte zutrifft (vgl. BAG, Urt. v. 18.9.1997 – 2 AZR 592/96 – AP Nr. 5 zu § 53 BAT; vgl. auch BAG, Urt. v. 13.3.1997 – 2 AZR 175/96 – AP Nr. 54 zu § 2 BeschFG 1985).
>
> - **_Beschäftigungszeit:_**
>   Soweit ein Tarifvertrag Zeiten einer Nichtvollbeschäftigung bei der Berücksichtigung als Beschäftigungszeit ausnimmt, liegt ein Verstoß gegen das Diskriminierungsverbot vor (vgl. BAG, Urt. v. 15.5.1997 – 6 AZR 40/96 – AP Nr. 9 zu § 3 BAT; vgl. auch BAG, Urt. v. 16.9.1983 – 6 AZR 691/92 – AP Nr. 2 zu § 9 TV Arb Bundespost).

3.3.3.2 Diskriminierungsverbot beim Arbeitsentgelt und teilbaren geldwerten Leistungen (§ 4 Abs. 1 Satz 2)

98 Satz 2 ergänzt die in Satz 1 enthaltenen Grundsätze für allgemeine Arbeitsbedingungen dahin gehend, dass dem Teilzeitbeschäftigten ein Arbeitsentgelt oder eine andere teilbare geldwerte Leistung mindestens in dem Umfang zu gewähren ist, der dem Anteil seiner Arbeitszeit an der Arbeitszeit eines vergleichbaren vollzeitbeschäftigten Arbeitnehmers entspricht. Bei der Feststellung des zu berücksichtigenden Anteils von Arbeitszeit ist dann von der durchschnittlichen, tatsächlich geleisteten Arbeitszeit auszugehen, wenn der Arbeitnehmer über einen längeren Zeitraum (z.B. länger als 1 Jahr) ständig durch arbeitgeberseitige Anordnung seine arbeitsvertraglich vereinbarte Arbeitszeit in einem bestimmten Umfang überschreitet (vgl. LAG Bremen, Urt. v. 20.5.1999 – 4 Sa 2/99 – rkr.). Ansonsten ist auf die durchschnittliche arbeitsvertraglich vereinbarte Arbeitszeit abzustellen.

Da der Gesetzgeber vorliegend keine Ausnahmen – auch nicht beim Vorliegen von sachlichen Gründen – bestimmt und durch die Formulierung „ist .... zu gewähren" eine zwingende Anwendung der Vorschrift verlangt, kann weder arbeitsvertraglich, tarifvertraglich oder mittels einer betrieblichen Vereinbarung von diesem Grundsatz abgewichen werden.

Die Gesetzesbegründung (vgl. Drucksache 14/4374, S. 15) geht davon aus, dass der Arbeitgeber nicht berechtigt ist, bestimmte Vergütungsbestandteile wegen der Teilzeit ohne sachlichen Grund gänzlich zu versagen. Diese Gesetzesbegründung ist im Verhältnis zum Gesetzestext nicht sachgerecht, denn der Gesetzestext regelt in Satz 2 eben **nicht** die Modalitäten für einen Ausschluss des Teilzeitbeschäftigten, sondern legt eine Berechnungsvorschrift für die Bemessung des anteiligen Arbeitsentgeltes und der anderen teilbaren geldwerten Leistungen fest (vgl. auch Heinrichs, a.a.O., S. 66/67). Wenn der Gesetzgeber hier eine Einschränkung hätte vorsehen wollen, so hätte er einen konkreten Bezug zu den sachlichen Gründen in Satz 1 herstellen müssen, so wie er es in § 4 Abs. 2 letzter Satz bezüglich des Diskriminierungsverbots bei befristet Beschäftigten getan hat. Dass der Gesetzgeber dies für Teilzeitbeschäftigte unterlassen hat, kann somit nur zu dem vorerwähnten Schluss führen.

Deshalb sind Literaturmeinungen abzulehnen, die hierin nur ein Redaktionsversehen sehen (vgl. Kliemt, a.a.O., S. 69). Mit Hinweis auf das BAG-Urteil vom 21.6.2000 (– 5 AZR 806/98 –; in: NZA 2000, S. 1050 f.) wird in der Literatur (vgl. Bauer, a.a.O., S. 1040) die Auffassung vertreten, dass nicht in jedem Fall Teilzeitbeschäftigte im Verhältnis ihrer Arbeitszeit zu Vollzeitbeschäftigten nicht schlechter entlohnt werden dürften. Dies wird damit begründet, dass auch vergleichbare Arbeitnehmer durchaus aufgrund unterschiedlicher individualrechtlicher Vereinbarungen unterschiedliche Vergütungsansprüche haben. Welcher dieser Arbeitnehmer soll dann die Vergleichsperson sein? Diese Auffassung berücksichtigt aber eben nicht, dass das BAG in der obigen Entscheidung davon ausgegangen ist, dass kein Tarifvertrag und kein Diskriminierungsverbot eingreift. Durch § 4 Abs. 1 Satz 2 TzBfG liegt aber ein Diskriminierungsverbot vor, das auch im vorliegenden Fall eingreifen würde, wenn der entsprechende Vollzeitbeschäftigte vergleichbar ist (z.B. Zahlung einer Zulage wegen doppelter Haushaltsführung).

Unter **Arbeitsentgelt** wird die arbeitgeberische Vergütungs-/Lohnzahlung verstanden. Sie umfasst neben dem monatlichen Entgelt z.B. auch das Urlaubsgeld, Zulagen und Zuwendungen (wie 13. Monatsentgelt) oder vermögenswirksame Leistungen. Ist der Bemessungszeitraum für die jeweilige Leistung beispielsweise ein Jahr, so ist mindestens der Anteil an der Leistung zu zahlen, der dem Verhältnis der Arbeitszeit des Teilzeitbeschäftigten zu der eines vergleichbaren Vollzeitbeschäftigten entspricht. Als ergänzende Anhaltspunkte zum anteiligen Arbeitsentgelt können auch hier einzelne BAG-Entscheidungen herangezogen werden:

99

Teilzeitarbeit

BAG-Entscheidungen zum anteiligen Arbeitsentgelt

- *Arbeitsentgelt:*

    Eine Ungleichbehandlung von Teilzeitbeschäftigten liegt auch dann vor, wenn der Stundenlohn der vollzeitbeschäftigten Arbeitnehmer zum Ausgleich einer tariflichen Arbeitszeitverkürzung erhöht wird und die teilzeitbeschäftigten Arbeitnehmer bei unveränderter Arbeitszeit keinen Anspruch auf eine entsprechende Lohnerhöhung je Arbeitsstunde erhalten. (vgl. BAG, Urt. v. 29.1.1992 – 4 AZR 293/91 – AP Nr. 16 zu § 2 BeschFG).

    Erhält eine Teilzeitbeschäftigte einen vereinbarten Stundenlohn, der geringer ist als die anteilmäßige Vergütung einer Vollzeitbeschäftigten, so liegt eine Diskriminierung vor (vgl. BAG, Urt. v. 16.6.1993 – 4 AZR 317/92 – AP Nr. 26 zu § 2 BeschFG 1985). Teilzeitarbeit darf nicht deswegen schlechter bezahlt werden als Vollzeitarbeit, weil der Teilzeitarbeitnehmer einen Hauptberuf ausübt und dadurch eine gesicherte Existenzgrundlage hat (vgl. BAG, Urt. v. 1.11.1995 – 5 AZR 84/94 – AP Nr. 45 zu § 2 BeschFG 1985; vgl. auch BAG, Urt. v. 9.10.1996 – 5 AZR 338/95 – AP Nr. 50 zu § 2 BeschFG 1985). Dies gilt auch für Teilzeitbeschäftigte, die wegen einer früheren hauptberuflichen Tätigkeit ein Altersruhegeld beziehen (vgl. BAG, Urt. v. 1.11.1995 – 5 AZR 880/94 – AP Nr. 46 zu § 2 BeschFG 1985).

- *Entgelterhöhung durch Bewährungszeiten:*

    Vergütungsrichtlinien, die teilzeitbeschäftigte Arbeitnehmer, soweit sie unterhälftig beschäftigt sind, vom Bewährungsaufstieg ausschließen, verstoßen gegen das Diskriminierungs- bzw. Benachteiligungsverbot (vgl. BAG, Urt. v. 25.9.1991 – 4 AZR 631/90 – AP Nr. 13 zu § 2 BeschFG 1985).

- *Jahressonderzahlungen:*

    Bei einer tariflichen Regelung über Weihnachtszuwendung handelt es sich um eine Entgeltregelung, die zwischen Teilzeit- und Vollzeitbeschäftigten nur einen quantitativen Unterschied machen darf. Von daher ist eine Regelung unwirksam, die die Zuwendung für Teilzeit- und Vollzeitbeschäftigte gleichermaßen um einen einheitlichen Pauschalbetrag kürzt, da sie bei Teilzeitbeschäftigten zu einer überproportionalen Verringerung führt (vgl. BAG, Urt. v. 24.5.2000 – 10 AZR 629/99 – in: NZA 2001, S. 218).

3. Allgemeine Vorschriften über Teilzeitarbeit

noch: BAG-Entscheidungen zum anteiligen Arbeitsentgelt

- **_Jubiläumszuwendung:_**

  Sieht eine tarifvertragliche Regelung eine Jubiläumszuwendung in Abhängigkeit von der zurückgelegten Dienstzeit (hier: § 39 BAT) vor, ist die Zahlung eines anteiligen Betrages für Teilzeitbeschäftigte ein Verstoß gegen das Benachteiligungsverbot, da die Zuwendungsvoraussetzungen nicht von dem Umfang der abzuleistenden Arbeitszeit abhängen (vgl. BAG, Urt. v. 22.5.1996 – 10 AZR 618/95 – AP Nr. 1 zu § 39 BAT).

- **_Übergangsgeld:_**

  Nimmt ein Tarifvertrag Teilzeitbeschäftigte vom Übergangsgeld aus, so liegt ein Verstoß gegen § 2 Abs. 1 BeschFG 1985 vor (vgl. BAG, Urt. v. 7.11.1991 – 6 AZR 392/88 – AP Nr. 14 zu § 62 BAT). Richtet sich die Bemessung hierbei nach dem zuletzt vor dem Ausscheiden gezahlten Entgelt, so liegt keine Ungleichbehandlung vor, wenn Teilzeit- und Vollzeitarbeitnehmer Übergangsgeld in unterschiedlicher Höhe bekommen (vgl. BAG, Urt. v. 10.11.1994 – 6 AZR 486/94 – AP Nr. 11 zu § 63 BAT).

- **_Urlaubsgeld:_**

  Ein Teilzeitbeschäftigter hat Anspruch auf anteiliges Urlaubsgeld im Verhältnis seiner Arbeitszeit zu der Arbeitszeit eines Vollzeitbeschäftigten (vgl. BAG, Urt. v. 15.11.1990 – 8 AZR 283/89 – AP Nr. 11 zu § 2 BeschFG).

- **_Wechselschichtzulage:_**

  Stellt eine Wechselschichtzulage allein darauf ab, dass für den Anspruch der Zulage eine dienstplanmäßig regelmäßige Arbeit in Wechselschicht abgeleistet wird und dabei innerhalb eines bestimmten Zeitraumes eine bestimmte Anzahl von Nachtarbeitsstunden anfällt, so erhält der Teilzeitbeschäftigte die Zulage in voller Höhe, wenn er ansonsten die Anspruchsvoraussetzungen, die auch für Vollzeitbeschäftigte gelten, erfüllt. Eine tarifliche Regelung, die in diesem Fall eine anteilige Kürzung für Teilzeitbeschäftigte vorsieht, verstößt gegen das Benachteiligungsverbot des § 2 Abs. 1 BeschFG (vgl. BAG, Urt. v. 23.6.1993 – 10 AZR 127/92 – AP Nr. 1 zu § 34 BAT).

- **_Zulagen/Zuschläge:_**

  Gewährt eine tarifvertragliche Bestimmung für einzelne Arbeitsstunden Spätarbeits- und Nachtarbeitszuschläge, so liegt

> *noch: BAG-Entscheidungen zum anteiligen Arbeitsentgelt*
>
> ein Verstoß gegen § 2 Abs. 1 BeschFG vor, wenn Teilzeitbeschäftigte vom Anspruch auf die Zuschläge ausgenommen werden (vgl. BAG, Urt. v. 15.12.1998 – 3 AZR 239/97 – AP Nr. 71 zu § 2 BeschFG 1985).

100 Im Hinblick auf *andere geldwerte Leistungen* hat der Gesetzgeber keine Legaldefinition im TzBfG vorgenommen. Ausweislich der Gesetzesbegründung können hierunter z.b. Deputate und Personalrabatte fallen. Der Arbeitgeber gewährt mithin zusätzlich zum Arbeitsentgelt dem Arbeitnehmer während der Dauer des Arbeitsverhältnisses weitere Leistungen. Diese müssen einerseits geldlich bewertbar, d.h. sie müssen einen bestimmten Geldwert haben, und andererseits teilbar sein, d.h. der Geldwert muss auch anteilig gemäß dem Umfang der Arbeitszeit des Teilzeitbeschäftigten zu der des entsprechenden Vollzeitbeschäftigten aufteilbar sein.

Unter Einbeziehung der steuerrechtlichen Vorschriften zum Entgeltbegriff bei unselbstständiger Arbeit können unter geldwerten Leistungen alle Leistungen verstanden werden, die der Arbeitgeber im überwiegenden betrieblichen Interesse für den Arbeitnehmer erbringt.

Nach Ziff. H. 70 der Lohnsteuerrichtlinien werden beispielsweise hierzu die folgenden Beispiele genannt:

- Überlassung von Dienstfernsprechern für private Ferngespräche oder Übernahme der festen oder laufenden Kosten für einen Telefonanschluss,
- Erlass einer Schadensersatzforderung,
- Übernahme von Kosten für Reisen, bei denen touristische Interessen im Vordergrund stehen,
- Sachbezüge – soweit sie zu geldwerten Vorteilen des Arbeitnehmers führen –,
- Nutzung von vom Arbeitgeber gemieteten Anlagen,
- Beihilfen und Unterstützungen wegen einer Hilfsbedürftigkeit,
- Erstattung von Mehraufwendungen für z.B. doppelte Haushaltsführung.

Als ergänzende Anhaltspunkte zu anderen teilbaren geldwerten Leistungen können auch hier einzelne BAG-Entscheidungen herangezogen werden.

> **BAG-Entscheidungen: Anteiliges Arbeitsentgelt**
>
> ■ *Beihilfen:*
> Gewährt ein Arbeitgeber Beihilfen in Krankheits-, Geburts- und Todesfällen, so liegt ein Verstoß gegen das Benachteiligungsverbot vor, wenn er teilzeitbeschäftigte Arbeitnehmer mit unterhälftiger Arbeitszeit vom Bezug der Leistungen ausschließt (vgl. BAG, Urt. v. 17.6.1993 – 6 AZR 620/92 – AP Nr. 32 zu § 2 BeschFG 1985; vgl. auch BAG, Urt. v. 25.9.1997 – 6 AZR 65/96 – AP Nr. 63 zu § 2 BeschFG 1985). Wird die Beihilfe als Zuschuss mit Kürzungsregelung in Abhängigkeit von der zu erbringenden Arbeitszeit gewährt, so liegt kein Verstoß gegen das Benachteiligungsverbot vor, wenn Teilzeitbeschäftigte einen entsprechend gekürzten Zuschuss bekommen. Das BAG begründete diese Auffassung damit, dass dieser zum laufenden Arbeitsentgelt gewährte Zuschuss als Arbeitsentgelt zu betrachten ist (vgl. BAG, Urt. v. 19.2.1998 – 6 AZR 477/96 – AP Nr. 68 zu § 2 BeschFG 1985).
>
> ■ *Sonderkonditionen für Darlehen:*
> Werden Teilzeitbeschäftigte von der Gewährung von Sonderkonditionen für Darlehen, die Vollzeitbeschäftigten für den Erwerb von Immobilien zur Verfügung gestellt werden, ausgeschlossen, so verstößt dies gegen das Benachteiligungsverbot (vgl. BAG, Urt. v. 27.7.1994 – 10 AZR 538/93 – AP Nr. 37 zu § 2 BeschFG 1985).

3.4 Förderung von Teilzeitarbeit (§ 6)

§ 6 verpflichtet Arbeitgeber, Arbeitnehmern Teilzeitarbeit nach Maßgabe dieses Gesetzes zu ermöglichen. Die Erfüllung dieser Verpflichtung ist für den Arbeitgeber beim Vorliegen der gesetzlichen Voraussetzungen zwingend, d.h. er hat den Wunsch eines Arbeitnehmers auf Teilzeitarbeit zu erfüllen, bzw. die arbeitsorganisatorischen und personellen Maßnahmen zu ergreifen, damit eine Arbeitszeitverringerung realisiert werden kann.

Diese generelle Verpflichtungsklausel dehnt der Gesetzgeber auf Arbeitnehmer in leitenden Positionen aus. Welcher Personenkreis unter „Arbeitnehmern in leitenden Positionen" zu verstehen ist, erläutert er nicht. In der Gesetzesbegründung (vgl. Drucksache 14/

Teilzeitarbeit

4374, S. 16) wird darauf hingewiesen, dass der eingeschobene Nebensatz dem Umstand Rechnung tragen soll, dass vielfach Vorbehalte gegen Teilzeitarbeit von Männern und Frauen mit höher qualifizierten Tätigkeiten bestehen.

Die Regelungen im TzBfG sollen dem entgegenwirken und auf allen Unternehmensebenen Teilzeitarbeit ermöglichen. Teilzeitarbeit soll also im Rahmen der gesetzlichen Bestimmungen sowohl bei Arbeitnehmern auf Arbeitsplätzen mit niedrigeren Qualifikationsanforderungen als auch bei Arbeitnehmern mit höher qualifizierten – bis zu leitenden – Tätigkeiten umgesetzt werden. Da der Gesetzgeber vorliegend nicht den Begriff „Leitender Angestellter" oder „Leitender Arbeitnehmer" wie z.B. im BetrVG verwendet, ist der Begriff „Arbeitnehmer in leitenden Positionen" weit auszulegen.

Eine arbeitgeberseitige Ablehnung mit dem pauschalen Hinweis, dass die Ausübung von Leitungsfunktionen einem Arbeitszeitverringerungswunsch entgegenstehen würde, widerspräche nicht nur § 6 TzBfG sondern wäre zudem eine Ablehnung ohne rechtfertigende Begründung und keine Entscheidung im Sinne von § 8 Abs. 5 TzBfG.

3.5 Ausschreibung; Information über freie Arbeitsplätze (§ 7)

102 Die Vorschriften über die Ausschreibung von Arbeitsplätzen und die Bestimmungen über die Informationspflichten des Arbeitgebers im Hinblick auf freie Teilzeitarbeitsplätze sollen die Transparenz zugunsten der Arbeitnehmer erhöhen. Die umfassende Information über die Möglichkeiten einer Teilzeitbeschäftigung im Betrieb und Unternehmen erachtet der Gesetzgeber nämlich als Voraussetzung für die Steigerung der Teilzeitarbeit (vgl. Drucksache 14/4374, S. 12).

Diesem Ziel folgend hat der Gesetzgeber die folgenden Vorschriften aufgenommen:

- Auszuschreibende Arbeitsplätze sind auch als Teilzeitarbeitsplätze auszuschreiben, wenn der Arbeitsplatz für Teilzeitarbeit geeignet ist;
- Information des einzelnen Arbeitnehmers über entsprechende Teilzeitarbeitsplätze, wenn dieser dem Arbeitgeber den Veränderungswunsch angezeigt hat;
- Information der Arbeitnehmervertretung.

Mittelbar dient diesem Ziel auch – im Hinblick auf deren Chancen auf Veränderungen – die Information des einzelnen Teilzeitarbeitnehmers über entsprechende Vollzeitarbeitsplätze, wenn dieser dem Arbeitgeber den Veränderungswunsch angezeigt hat.

3.5.1 Ausschreibung von Teilzeitarbeitsplätzen (Abs. 1)

Nach § 7 Abs. 1 TzBfG hat der Arbeitgeber einen Arbeitsplatz, den er öffentlich oder innerhalb des Betriebes ausschreibt, grundsätzlich auch als Teilzeitarbeitsplatz auszuschreiben. Eine Ausnahme soll nur dann bestehen, wenn der Arbeitsplatz als Teilzeitarbeitsplatz nicht geeignet ist. **102a**

Bevor der Arbeitgeber also einen Arbeitsplatz ausschreibt, hat er zu prüfen, ob dieser auch für Teilzeitarbeit geeignet ist. Hierbei stellt sich die Frage, ob der Arbeitgeber bei entsprechender Eignung bereits den Umfang und die Verteilung der Arbeitszeit auf einen Teilzeitarbeitsplatz bekannt geben muss. Dies wird man vom Arbeitgeber nicht verlangen können, da er zum Zeitpunkt der Ausschreibung noch nicht wissen kann, welche Arbeitnehmer sich mit welchen Arbeitszeitwünschen bewerben. Erst die Sichtung der Bewerbungen und die Teilzeitwünsche ergeben für den Arbeitgeber eine Übersicht darüber, ob und welche Arbeitnehmer mit ihren Teilzeitwünschen das Gesamtarbeitszeitvolumen auf diesem Arbeitsplatz ausfüllen können.

Deshalb sollte in der Ausschreibung auch verdeutlicht werden, dass zwar einerseits ein Teilzeitarbeitsplatz in Betracht kommt, aber andererseits die Realisierung von der Bewerbungssituation auf der Grundlage betrieblicher Erfordernisse abhängig ist.

Mithin ist die Realisierung von zwei zentralen Rahmenbedingungen abhängig: Zum einen muss der Arbeitsplatz von seiner Struktur und seinen Anforderungen her teilzeitgeeignet sein und zum anderen muss die dem Arbeitgeber zur Verfügung stehende personelle Ressource es ermöglichen, dass der Arbeitsplatz auch mit Teilzeitbeschäftigten so besetzt werden kann, dass den betrieblichen Erfordernissen Rechnung getragen werden kann. Handelt es sich um eine innerbetriebliche Ausschreibung, bezieht sich die Ressource auf den Betrieb; bei einer öffentlichen Ausschreibung auch auf das Unternehmen/den Arbeitsmarkt.

Der Arbeitgeber kann auf die Ausschreibung eines Arbeitsplatzes als Teilzeitarbeitsplatz verzichten, wenn der Arbeitsplatz hierfür nicht geeignet ist. **103**

Teilzeitarbeit

Der Gesetzgeber konkretisiert hierbei nicht, was unter einem „geeigneten" Arbeitsplatz zu verstehen ist. Nach dem allgemeinen Sprachgebrauch wird unter dem Adjektiv „geeignet" „einem bestimmten Zweck, bestimmten Anforderungen entsprechend, passend, tauglich" (vgl. Duden, S. 569, Stichwort „geeignet") verstanden.

Doch an welchen Anforderungen soll sich z.B. die Tauglichkeit orientieren? Sind es betriebliche Gründe? Wenn ja, welche betrieblichen Gründe mögen dann maßgeblich sein?

Hier hat der Gesetzgeber – durch die Änderung gegenüber dem Gesetzesentwurf – mit der vorstehenden allgemeinen Anforderung mehr Probleme hervorgerufen als Klarheiten geschaffen. Im Gesetzesentwurf konnte dann auf die Ausschreibung als Teilzeitarbeitsplatz verzichtet werden, wenn dringende betriebliche Gründe einer Teilzeitarbeit an diesem Arbeitsplatz entgegenstehen.

Hierdurch war im Entwurf klargestellt worden, dass ein Teilzeitarbeitsplatz nur dann nicht in Betracht kommt, wenn Fragen des Arbeitsablaufs, der Betriebsorganisation oder der Sicherheit des Betriebes einer Teilzeitarbeit derart entgegenstehen, dass der Arbeitgeber trotz Prüfung aller möglichen technischen, organisatorischen und personellen Alternativen, die mit der Teilzeitarbeit verbundenen Probleme nicht beheben kann. Ein weiterer betrieblicher Grund hätte darin bestanden, dass hierdurch unverhältnismäßige Kosten nicht zu vermeiden gewesen wären.

Die Konkretisierung von Gründen, die einer Ausschreibung eines Arbeitsplatzes als Teilzeitarbeitsplatz entgegenstehen, schränkt zwar vermeintlich den Arbeitgeber in seiner unternehmerischen Entscheidung ein, bewirkt aber andererseits Orientierungspunkte für eben diese Entscheidung. Soll hingegen ein Arbeitsplatz nur geeignet sein, so erhöht dies auf den ersten Blick den unternehmerischen Entscheidungsrahmen, schafft aber andererseits eine Vielzahl von Auslegungsproblemen.

Dem Arbeitgeber ist daher zu raten, bei der Prüfung, ob ein Arbeitsplatz als Teilzeitarbeitsplatz in Betracht kommt, auf den Rahmen zurückzugreifen, der sich durch dringende betriebliche Gründe ergibt. Ggf. sollte mit der Arbeitnehmervertretung auf dieser Grundlage eine Klassifizierung von Arbeitsplätzen vorgenommen werden, in der insbesondere neben Arbeitsablauferfordernissen auch Qualifikationsüberlegungen einbezogen werden. Die jeweiligen inhaltlichen Anforderungen an einen geeigneten Arbeitsplatz und entsprechende Verfahrensvorschriften sowie -abläufe für die Beteiligung der Arbeitnehmervertretung könnten in Betriebs- oder Dienstvereinbarungen geregelt werden. Hierdurch würde auch der Gefahr entgegengewirkt, dass es zwischen Arbeitgeber und Arbeitnehmer bzw. deren betrieblicher Interessenvertretung zu häufigen Rechtsstreitigkeiten in dieser Frage kommt.

3.5.2 Information über Arbeitsplätze mit veränderter Dauer und Lage der Arbeitszeit (Abs. 2)

Gegenüber der allgemeinen Information über Teilzeitarbeitsplätze, die sich aus der Ausschreibung von Arbeitsplätzen als Teilzeitarbeitsplätze ergibt, sieht § 7 Abs. 2 TzBfG einen individualrechtlichen Informationsanspruch für den einzelnen Arbeitnehmer vor, der seine Arbeitszeit verändern will. Veränderung bedeutet hierbei sowohl eine Arbeitszeitverringerung (§ 8) als auch eine Arbeitszeitverlängerung (§ 9) – bis hin zur Vollzeitbeschäftigung.

104

Die Informationspflicht des Arbeitgebers beschränkt sich hierbei auf einen entsprechenden freien Arbeitsplatz, der besetzt werden soll. Sie erstreckt sich aber nicht nur auf entsprechende Arbeitsplätze in demselben Betrieb, sondern auch auf andere Betriebe des Unternehmens. Die zwingende Informationspflicht des Arbeitgebers ist an zwei Voraussetzungen gebunden:

- Mitteilung des Arbeitnehmers über Arbeitszeitveränderung und
- Vorhandensein eines entsprechenden Arbeitsplatzes.

Die Informationspflicht des Arbeitgebers wird aber nur dann ausgelöst, wenn der Arbeitnehmer dem Arbeitgeber seinen Wunsch nach **Veränderung von Dauer und Lage** seiner vertraglich vereinbarten Arbeitszeit angezeigt hat. Ein pauschal geäußerter Wunsch auf Arbeitszeitveränderung genügt grundsätzlich nicht, da sich die Informationspflicht des Arbeitgebers auf einen entsprechenden Arbeitsplatz bezieht. Ohne detaillierte Angaben kann der Arbeitgeber keinen entsprechenden Arbeitsplatz bestimmen. Deshalb verlangt der Gesetzgeber auch Angaben über die Dauer *und* Lage; Angaben über Dauer *oder* Lage genügen nicht.

105

Allerdings dürfte es dem Arbeitnehmer nicht verwehrt sein, Rahmenbedingungen mitzuteilen, unter denen er bereit ist, seine Arbeitszeit zu verändern. Beinhaltet die Mitteilung des Arbeitnehmers z.B. eine Spannbreite bei der Dauer und eine Flexibilität bei der Lage der Arbeitszeit, so kommt der Arbeitgeber seiner Informationspflicht nur nach, wenn er Arbeitsplätze, die von diesen Rahmenbedingungen erfasst werden, dem Arbeitnehmer gegenüber anzeigt.

Wenig glücklich ist die Wortwahl des Gesetzgebers: Während in § 7 Abs. 2 TzBfG Informationen über „Dauer" und „Lage" der Arbeitszeit gefordert werden, verlangt der Arbeitgeber bei Mitteilung eines Wunsches auf Arbeitszeitverringerung die Angabe des „Umfanges" und die „Verteilung" der verringerten Arbeitszeit; in § 9 TzBfG wird nur eine Anzeige auf Verlängerung seiner vertraglich vereinbarten Arbeitszeit verlangt.

Unter Berücksichtigung des Zusammenhangs von Arbeitszeitveränderungswunsch und entsprechendem Arbeitsplatz ist sowohl bei § 7 Abs. 2, § 8 Abs. 2 und § 9 TzBfG zu fordern, dass der Arbeitnehmer den gewünschten Arbeitszeitumfang darlegen muss und die gewünschte Arbeitszeitverteilung darlegen soll. Hierbei ergibt sich aus der Dauer der Arbeitszeit auch die Verringerung bzw. Verlängerung der Arbeitszeit und umgekehrt. Die Lage der Arbeitszeit beinhaltet auch gleichzeitig immer eine Verteilung der Arbeitszeit. Umgekehrt lässt die Arbeitszeitverteilung auch Aussagen über die Lage der Arbeitszeit zu. Mithin sollte davon ausgegangen werden, dass eine Mitteilung dann den Anforderungen entspricht, wenn sie entweder die Dauer und Lage oder den Umfang einer Arbeitszeitverringerung bzw. -verlängerung und gegebenenfalls die Verteilung der Arbeitszeit enthält.

106 Auf der Grundlage der Anzeige des Wunsches des Arbeitnehmers nach Arbeitszeitveränderung hat der Arbeitgeber zu prüfen, ob ein *entsprechender* Arbeitsplatz zu besetzen ist.

Der Gesetzgeber verwendet hier den Begriff „entsprechend" und nicht „vergleichbar": Ein vergleichbarer Arbeitsplatz liegt nur dann vor, wenn der Arbeitgeber aufgrund seines Weisungsrechts den Arbeitnehmer ohne Änderung des Arbeitsvertrages auf einem solchen Arbeitsplatz weiterbeschäftigen kann (vgl. KR-Becker, Rn. 307 zu § 1 KSchG). Mithin ist davon auszugehen, dass der Begriff „entsprechend" weiter zu fassen ist als der Begriff „vergleichbar".

Nach dem allgemeinen Sprachgebrauch (vgl. Duden, S. 440, Stichwort „entsprechend") kann unter „entsprechend" Folgendes verstanden werden: „angemessen" bzw. „zu etwas im richtigen Verhältnis stehend". Der Veränderungswunsch des teilzeitbeschäftigten Arbeitnehmers stellt die vorrangige Orientierung dar. Ein entsprechender Arbeitsplatz liegt dann vor, wenn die Arbeitszeitbedingungen entweder mit den Angaben des Arbeitnehmers über Dauer und Lage übereinstimmen oder sich in der Spannbreite bewegen, die der Arbeitnehmer dem Arbeitgeber mitgeteilt hat.

Die Anforderung „entsprechend" hat aber auch eine qualitative Seite. Der Gesetzgeber weist im Gegensatz zu § 9 TzBfG nicht ausdrücklich darauf hin, dass auch vorhandene Qualifikationen, Fähigkeiten und Fertigkeiten zu berücksichtigen sind. Gleichwohl kann davon ausgegangen werden, dass die betrieblichen Erfordernisse und das an einem Arbeitsplatz anzustrebende Arbeitsziel nur erreicht werden können, wenn der Arbeitnehmer auch über die an diesem Arbeitsplatz erforderlichen Qualifikationen, Fähigkeiten und Fertigkeiten verfügt.

Liegen die Voraussetzungen vor, so hat der Arbeitgeber den betreffenden Arbeitnehmer über den entsprechenden Arbeitsplatz, der besetzt werden soll, zu informieren. Aufgrund der Fürsorgepflicht des Arbeitgebers und gemäß den Grundsätzen von Treu und Glauben wird man aber auch annehmen können, dass der Arbeitgeber den Arbeitnehmer auch über andere zu besetzende Arbeitsplätze, die den mitgeteilten Rahmenbedingungen (Dauer und Lage der Arbeitszeit, Qualifikationsanforderungen) nahe kommen, zu informieren hat. Der Gesetzgeber schreibt hierbei keine Schriftform vor. Aus Beweisgründen ist aber eine schriftliche Mitteilung ratsam. **107**

Die Mitteilung sollte ferner Arbeitszeitdauer, Arbeitszeitverteilung sowie arbeitsorganisatorische und Arbeitsplatzanforderungen enthalten, so dass der Arbeitnehmer beurteilen kann, ob er sich auf den betreffenden Arbeitsplatz bewerben will. In der Regel kann der Arbeitgeber hier noch keine Zusage treffen, da er im Rahmen der gesetzlichen Vorschriften (§§ 8, 9 TzBfG) ggf. die Arbeitszeitwünsche anderer Arbeitnehmer berücksichtigen und die Beteiligungsrechte der Arbeitnehmervertretung wahren muss.

Für die Verletzung der Informationspflicht hat der Gesetzgeber keine Sanktionen vorgesehen. Deshalb erscheint es auch sinnvoll, eine Vereinbarung zwischen Arbeitgeber und Arbeitnehmervertretung herbeizuführen, damit die betriebliche Informationspflicht besser gewährleistet ist (vgl. Rn. 418).

3.5.3 Information der Arbeitnehmervertretung (Abs. 3)

§ 7 Abs. 3 TzBfG regelt die Information der Arbeitnehmervertretung. Der Gesetzgeber hat die Aufzählung der möglichen Informationstatbestände in Form einer „Insbesondere-Aufzählung" festgelegt. Damit beschränkt sich die Informationspflicht *nicht nur* auf die folgenden Informationen: **108**

- vorhandene Teilzeitarbeitsplätze,
- geplante Teilzeitarbeitsplätze,
- Umwandlung von Teilzeit- in Vollzeitarbeitsplätze und
- Umwandlung von Vollzeit- in Teilzeitarbeitsplätze.

Mithin kann davon ausgegangen werden, dass der Arbeitgeber der Arbeitnehmervertretung alle Informationen zu geben hat, die die Arbeitnehmervertretung benötigt, um die Förderung der Teilzeitarbeit im Betrieb zu begleiten. Im Zusammenhang mit den Beteiligungsrechten zum Schutz der Arbeitnehmer kommen hierbei auch deren Überwachungspflichten zum Tragen.

109 Seiner Informationspflicht ist der Arbeitgeber ohne vorherige Aufforderung durch die Arbeitnehmervertretung nachzukommen. Hierbei obliegt es zunächst dem Arbeitgeber darüber zu entscheiden, in welcher Form er dieser Pflicht nachkommen will. Abs. 3 Satz 2 stellt klar, dass er erst auf Verlangen der Arbeitnehmervertretung die erforderlichen Unterlagen zur Verfügung zu stellen hat.

Unterlagen sind hierbei schriftliche Aufzeichnungen (Schriftstücke, Statistiken), Fotos und elektronische Datenträger. Der Umfang und die Art der erforderlichen Unterlagen bestimmen sich nach dem Informationsgrund (vgl. FKHE, Rn. 54 f. zu § 80 BetrVG).

Der Hinweis darauf, dass § 92 BetrVG unberührt bleibt, stellt klar, dass die Beteiligungsrechte des Betriebsrates im Rahmen der Personalplanung im vollem Umfang erhalten bleiben. Wenn auch nicht ausdrücklich auf personalvertretungsrechtliche Bestimmungen hingewiesen wird, ist davon auszugehen, dass die dortigen Regelungen über die Beteiligung von Personalräten – wegen des klarstellenden Charakters des Hinweises – ebenfalls unberührt bleiben. Zu den entsprechenden Beteiligungsrechten vgl. Rn. 131 ff.

3.6 Aus- und Weiterbildung (§ 10)

3.6.1 Allgemeine Grundsätze

110 Die Vorschrift setzt die europarechtlichen Vorgaben in § 5 Nr. 3d der Rahmenvereinbarung der europäischen Sozialpartner, die der EU-Richtlinie 97/81 EWG zugrunde liegt, um. Der Gesetzgeber legt fest, dass der Arbeitgeber dafür Sorge zu tragen hat, dass auch teilzeitbeschäftigte Arbeitnehmer an Aus- und Weiterbildungsmaßnahmen zur Förderung der beruflichen Entwicklung und Mobilität teilnehmen können.

Eine Ausnahme hiervon soll nur dann gelten,

- wenn dringende betriebliche Gründe oder
- Aus- und Weiterbildungswünsche anderer teilzeit- oder vollzeitbeschäftigter Arbeitnehmer entgegenstehen.

In § 10 ist nicht weiter ausgeführt worden, was unter der Formulierung „Sorge zu tragen" zu verstehen ist. Deshalb ist auf den allgemeinen Sprachgebrauch zurückzugreifen. „Sorgen" bedeutet u.a. „sich um etwas kümmern" (Wahrig, S. 852, Stichwort „sorgen"). Wenn sich aber der Arbeitgeber grundsätzlich darum zu kümmern hat, dass Teilzeitbeschäftigte an Aus- und Weiterbildungsmaßnahmen teilnehmen können, trifft ihn sogar eine Verpflichtung entsprechend aktiv zu werden: Er hat somit auch eine entsprechende Förderpflicht.

Der Arbeitgeber und auch die Arbeitnehmervertretung (im Rahmen ihrer Beteiligungsrechte) haben also beim betrieblichen Aus- und Weiterbildungsprogramm zu prüfen, wie die Teilnahme von teilzeitbeschäftigten Arbeitnehmern sichergestellt werden kann. Zu beachten ist, dass zu den Aus- und Weiterbildungsmaßnahmen nicht nur solche gehören, die sich unmittelbar auf den Arbeitsplatz des Teilzeitbeschäftigten beziehen (vgl. Rn. 111).

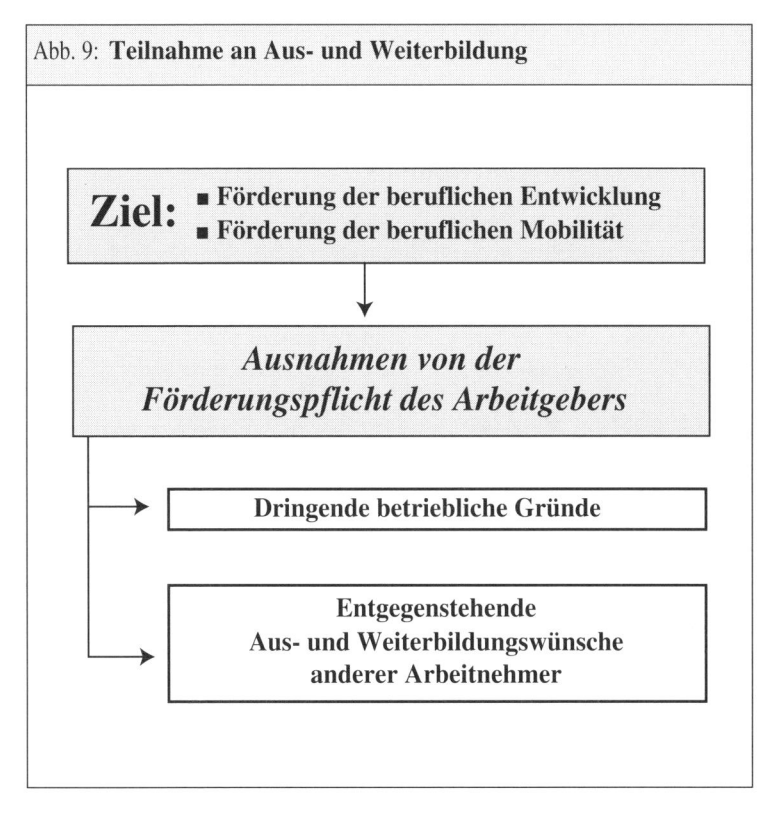

Abb. 9: Teilnahme an Aus- und Weiterbildung

Ziel:
- Förderung der beruflichen Entwicklung
- Förderung der beruflichen Mobilität

Ausnahmen von der Förderungspflicht des Arbeitgebers

- Dringende betriebliche Gründe
- Entgegenstehende Aus- und Weiterbildungswünsche anderer Arbeitnehmer

Teilzeitarbeit

3.6.2 Förderung der beruflichen Entwicklung und Mobilität

111 In der Gesetzesbegründung (vgl. Drucksache 14/4374, S. 18) wird klargestellt, dass sich die Teilnahme an Aus- und Weiterbildungsmaßnahmen nicht nur auf die aktuelle Tätigkeit des Teilzeitbeschäftigten, sondern auch auf die Verbesserung der beruflichen Qualifikation als Voraussetzung für die Übernahme einer qualifizierten Tätigkeit bezieht. Damit sollen die beruflichen Chancen des Teilzeitbeschäftigten insgesamt verbessert werden.

Unter beruflicher Entwicklung kann die bessere Arbeitserledigung oder die Eröffnung von Aufstiegsmöglichkeiten im bisherigen Arbeitsbereich verstanden werden. Aber auch die Verbesserung der Einsatzmöglichkeiten an anderen Arbeitsplätzen in ähnlichen oder artverwandten Berufen kommt in Betracht.

Wenn der Gesetzgeber zusätzlich die Förderung der Mobilität einbezieht, so soll der Teilzeitbeschäftigte hierdurch inhaltlich, zeitlich und räumlich in die Lage versetzt werden, seine Chancen auf einen entsprechenden Arbeitsplatz, der seinen Arbeitszeitwünschen entspricht, zu verbessern.

3.6.3 Aus- und Weiterbildung

112 Die arbeitgeberische Verpflichtung bezieht sich auf Aus- und Weiterbildungsmaßnahmen. Die Begriffe werden hierbei nicht näher ausgeführt. Da der Gesetzgeber aber in Zusammenhang mit der Ausbildung nicht die Begriffe „Berufsausbildung" oder „anerkannte Berufsausbildung" benutzt, ist davon auszugehen, dass er unter „Ausbildung" jegliche Vermittlung von Kenntnissen und Fertigkeiten für die Ausübung eines bestimmten Berufs oder einer bestimmten Tätigkeit im Sinne des allgemeinen Sprachgebrauchs (vgl. Duden, S. 171, Stichwort „Ausbildung") versteht.

Ausgehend vom Adjektiv „weiter", das nach dem allgemeinen Sprachgebrauch (vgl. Duden, S. 1726, Stichwort „weiter") für „hinzukommend, hinzutretend, sich als Fortsetzung ergebend" steht, kann eine Weiterbildung jede zielgerichtete Vermittlung von Kenntnissen und Fertigkeiten sein, welche die bisher erlangten Qualifikationen verbessert, vertieft, verbreitert und/oder verstärkt.

113 Im Gegensatz zu § 19 TzBfG (Aus- und Weiterbildungsteilnahme von befristet Beschäftigten) verlangt der Gesetzgeber in § 10 TzBfG keine angemessene Aus- und Weiterbildungsmaßnahme. Unter Berücksichtigung der Gesetzesbegründung (vgl. Drucksache 14/4374,

S. 21) zu § 19 TzBfG, in der es heißt, dass die betreffende Aus- und Weiterbildungsmaßnahme dann als angemessen anzusehen ist, wenn bei der Prüfung eine Interessenabwägung stattgefunden hat, welche die Art der Tätigkeit des Arbeitnehmers, die Dauer der Aus- und Weiterbildungsmaßnahmen und den entstehenden Kostenaufwand für den Arbeitgeber berücksichtigt, gelten vorliegend die Einschränkungen für Teilzeitbeschäftigte *grundsätzlich nicht*. Erinnert sei in diesem Zusammenhang nochmals an die den Arbeitgeber hier bindende Förderpflicht (vgl. Rn. 110). Der Teilzeitbeschäftigte ist mithin uneingeschränkt dem Vollzeitbeschäftigten bei der Frage der Teilnahme an Aus- und Weiterbildungsmaßnahmen gleichgestellt. Ausschlaggebend für die tatsächliche Teilnahme können mithin nur ggf. vorhandene Auswahlkriterien sein, die dann aber gleichermaßen für Vollzeitbeschäftigte zu gelten haben.

3.6.4 Hinderungsgründe für eine Teilnahme

Nach der gesetzlichen Festlegung sollen *dringende betriebliche Gründe* einer Teilnahme von Teilzeitbeschäftigten an Aus- und Weiterbildungsmaßnahmen entgegenstehen können. Der Gesetzgeber hat darauf verzichtet, eine Legaldefinition zu formulieren oder durch Beispiele zu verdeutlichen, was unter dringenden betrieblichen Gründen zu verstehen ist. Deshalb kann ggf. auf vergleichbare Anforderungen zurückgegriffen werden. Hier bietet sich § 1 Abs. 2 Satz 1 KSchG („dringende betriebliche Erfordernisse") an. Zwar verwendet der Gesetzgeber dort den Begriff „Erfordernisse", der nach dem allgemeinen Sprachgebrauch als notwendige, unerlässliche Bedingung oder Voraussetzung interpretiert wird (vgl. Duden, S. 448, Stichwort „Erfordernis"/„erforderlich"). Unter einem Grund wird dagegen lediglich ein Umstand oder Tatbestand verstanden, durch den jemand bewogen wird etwas zu tun (vgl. Duden, S. 637, Stichwort „Grund"). Beide Begriffe sind zwar unterschiedlich, sie erfordern aber jeweils das Vorliegen von bestimmten Umständen, mit denen der Arbeitgeber eine unternehmerische Entscheidung sachgerecht begründen kann. Hierbei setzt ein *Erfordernis* engere Rahmenbedingungen als ein *Grund*. Gleichwohl können die Anhaltspunkte, die zum dringenden betrieblichen Erfordernis entwickelt worden sind, herangezogen werden, denn wenn diese erfüllt sind, liegt immer auch ein dringender betrieblicher Grund vor.

114

Das Merkmal der Dringlichkeit (vgl. entspr. KR-Becker, Rn. 296 zu § 1 KSchG) beinhaltet den Grundsatz der Verhältnismäßigkeit (ultima-ratio-Prinzip). Deshalb kann der Arbeitgeber die Teilnahme von Teilzeitbeschäftigten an einer Aus- und Weiterbildungsmaßnahme aus dringenden betrieblichen Gründen nur verweigern, wenn er

Teilzeitarbeit

zuvor versucht hat, durch andere zumutbare technische, organisatorische oder wirtschaftliche Maßnahmen den im Wege stehenden betrieblichen Grund zu beheben. Die Dringlichkeit kann also bejaht werden, wenn dem Arbeitgeber keine alternative Maßnahme bezüglich der Verweigerung der Teilnahme zur Verfügung stehen.

Als weiterer Anhaltspunkt für betriebliche Gründe kann *§ 8 Abs. 4 Satz 2 TzBfG* herangezogen werden. Hier verweist der Gesetzgeber insbesondere auf die Betriebsorganisation, den Arbeitsablauf und die Sicherheit im Betrieb. Die Würdigung dieser Gründe muss aber dann noch zusätzlich unter dem Aspekt der Dringlichkeit erfolgen. Hierzu gehört auch die Frage, ob die Umsetzung mit unverhältnismäßigen Kosten verbunden ist.

Inwieweit der Arbeitgeber dringende betriebliche Gründe anführt oder darlegt, obliegt seinem unternehmerischen Ermessen. Allerdings sind sie im Streitfalle arbeitsgerichtlich überprüfbar. Der Arbeitgeber trägt für das Vorliegen der behaupteten Gründe die Beweislast.

115 Ein weiterer Hinderungsgrund für eine Teilnahme kann sich aus den *Aus- und Weiterbildungswünschen anderer teilzeit- oder vollzeitbeschäftigter Arbeitnehmer* ergeben. Im Gesetzesentwurf (vgl. Drucksache 14/4374, S. 8) wurde noch davon ausgegangen, dass die Aus- und Weiterbildungswünsche dieser Arbeitnehmer nur dann einer Teilnahme entgegenstehen, wenn sie unter beruflichen oder sozialen Gesichtspunkten vorrangig zu behandeln sind. Den Eingriff in die arbeitgeberische Entscheidung hat der Gesetzgeber dahin gehend geändert, dass es nur noch auf ein Entgegenstehen von *entsprechenden* Wünschen anderer Arbeitnehmer ankommt. In der Begründung zu dieser Änderung wird darauf hingewiesen, dass damit die Entscheidung – unter Berücksichtigung des Billigen Ermessens – frei erfolgen kann (vgl. Drucksache 14/4625, S. 20).

Damit dürfte den Beteiligungsrechten der Arbeitnehmervertretung bei Aus- und Weitebildungsmaßnahmen noch ein größeres Gewicht zukommen, denn die arbeitgeberische Ermessensentscheidung gilt es unter einer Vielzahl von Aspekten zu überprüfen. Die entsprechenden, zum Teil weitgehenden Mitbestimmungsrechte (z.B. § 98 BetrVG) der Arbeitnehmerinteressenvertretung sollten – unter Berücksichtigung der Zielsetzung gemäß § 1 TzBfG – ausgeschöpft werden.

116 In der betrieblichen Praxis dürften aber auch deshalb berufliche und soziale Überlegungen bei der Auswahl von Teilzeitbeschäftigten an Aus- und Weiterbildungsmaßnahmen eine Rolle spielen. Von daher könnten die folgenden Gesichtspunkte Anhaltspunkte für eine Auswahlentscheidung unter Berücksichtigung beruflicher Aspekte liefern:

- Erlangung weiterer Kenntnisse oder Fertigkeiten zwecks Erhalt des Arbeitsplatzes oder der Arbeitsleistung,
- Eröffnung von Aufstiegsmöglichkeiten,
- Erlangung der Anerkennung für eine Tätigkeitsausübung.

Neben diesen beruflichen Aspekten können auch soziale Gesichtspunkte bei der Auswahlentscheidung berücksichtigt werden. Wegen der gleichen Begrifflichkeit in § 1 Abs. 3 Satz 1 KSchG können die folgenden Gesichtspunkte als Anhaltspunkte in Betracht kommen: Lebensalter, die Dauer der Betriebszugehörigkeit, Unterhaltsverpflichtungen. Aber auch Gesichtspunkte wie Schwerbehindertenstatus, Familienstand, Vorhandensein eines Vermögens, Verschuldung, Gesundheitszustand des Arbeitnehmers, Chancen auf dem Arbeitsmarkt können berücksichtigt werden.

Wenn aber berufliche und/oder soziale Gesichtspunkte berücksichtigt werden, so ist es sinnvoll, wenn nicht gar geboten, betrieblich auch zu regeln, wie diese Gesichtspunkte zu gewichten und zu bewerten sind.

3.6.5 Betriebliche Regelungserfordernisse

Im Rahmen der Beteiligungsrechte von Betriebs- und Personalräten bei Aus-, Fort- und Weiterbildungsmaßnahmen sowie bei Maßnahmen der betrieblichen Berufsbildung (vgl. Rn. 135 ff.) sollten Betriebs- und Personalräte mit dem Arbeitgeber Betriebs- oder Dienstvereinbarungen abschließen, die eine sachgerechte Umsetzung der gesetzlichen Vorschriften des § 10 TzBfG gewährleisten. Die Betriebs- und Dienstvereinbarungen sollten hierbei die folgenden Angelegenheiten regeln:

- Festlegung dahin gehend, welche Kriterien zur näheren Konkretisierung der Anforderungen für eine sachgerechte Auswahl herangezogen werden können.
- Festlegung von Kriterien für betriebliche Gründe, die einer Teilnahme entgegenstehen können.
- Ggf. Auflistung von maßgeblichen beruflichen Gesichtspunkten entgegenstehender Aus- und Weiterbildungswünsche anderer Arbeitnehmer.
- Ggf. Auflistung von maßgeblichen sozialen Gesichtspunkten entgegenstehender Aus- und Weiterbildungswünsche anderer Arbeitnehmer.
- Gewichtung der beruflichen und sozialen Gesichtspunkte und Verfahrensregelungen im Rahmen der Auswahlentscheidung sowie

Teilzeitarbeit

- Regelungen über Meinungsverschiedenheiten zwischen Arbeitgeber und Arbeitnehmer einerseits und Arbeitgeber und Betriebs- und Personalvertretung andererseits.

Ein entsprechender Formulierungsvorschlag für eine Betriebs- oder Dienstvereinbarung ist in Rn. 420 enthalten.

3.7 Kündigungsverbot (§ 11)

118 § 11 TzBfG erklärt alle Formen der Kündigung eines Arbeitsverhältnisses (Änderungs-, Beendigungskündigung) durch den Arbeitgeber für unwirksam, wenn der Kündigungsgrund allein in der Weigerung des Arbeitnehmers besteht, von einem Vollzeit- in ein Teilzeitarbeitsverhältnis oder umgekehrt zu wechseln. Damit wollte der Gesetzgeber die Arbeitnehmer davor schützen, eine Arbeitszeitveränderung quasi zwangsweise hinnehmen zu müssen. Dies entspricht auch der Schutzrichtung des Teilzeit- und Befristungsgesetzes: Der Arbeitnehmer sollte einen Anspruch auf z.B. Teilzeitbeschäftigung erhalten und nicht eine Pflicht auferlegt bekommen, eine Teilzeitbeschäftigung einzugehen. Deshalb kann für solche Fälle auch auf die Schutzbestimmungen der §§ 4 Abs. 1 und 5 TzBfG zurückgegriffen werden.

Es fehlt allerdings an einem entsprechenden Kündigungsverbot bei Weigerung zum Wechsel von Teilzeit mit einem bestimmten Umfang zur Teilzeit mit einem anderen Umfang. Hier wird man allerdings im Rahmen der Auslegung davon ausgehen können, dass das gesetzliche Kündigungsverbot auch auf diesen Fall übertragen werden kann.

Satz 2 lässt das Recht des Arbeitgebers auf Kündigung des Arbeitsverhältnisses aus anderen Gründen unberührt. So kann z.B. eine Änderungskündigung dann erforderlich sein, wenn dringende technische oder organisatorische Gründe eine Arbeitszeitverringerung oder Arbeitszeitverlängerung erforderlich machen. In diesem Fall kommen dann aber die allgemeinen kündigungsschutzrechtlichen Bestimmungen zur Anwendung, nach denen eine Änderungskündigung im Hinblick auf ihre soziale Rechtfertigung zu prüfen ist.

Zusätzlich zu beachten ist, dass das Kündigungsverbot in § 11 TzBfG eine Spezialvorschrift gegenüber den allgemeinen Kündigungsschutzbestimmungen darstellt. Es geht diesen also im Hinblick auf den Schutzzweck und Schutzumfang vor, wenn es um die Beurteilung von kündigungsschutzrechtlichen Belangen in Verbindung mit Weigerungen von Arbeitnehmern geht, einen Wechsel zwischen Voll- zu Teilzeit oder umgekehrt vorzunehmen.

4. Besondere gesetzliche Regelungen über Teilzeitarbeit

4.1 Altersteilzeitgesetz (ATG)

4.1.1 Allgemeine Bemerkungen

Das Altersteilzeitgesetz regelt die Bedingungen eines gleitenden Überganges vom Erwerbsleben in die Altersrente für ältere Arbeitnehmer, wobei der Gesetzgeber auch eine Förderung durch die Bundesanstalt für Arbeit festgelegt hat. Die Vorschriften über Voraussetzungen für den begünstigten Personenkreis (§ 2), die Anspruchberechtigung (§ 3), die Leistungen der Bundesanstalt (§ 4), das Erlöschen und Ruhen des Anspruchs (§ 5) und über Verfahrensbestimmungen (§ 12) nehmen einen weiten Raum ein. Neben weiteren Vorschriften wie Begriffsbestimmungen (§ 6), Berechnungsvorschriften (§ 7), Sicherungsvorschriften für die Arbeitnehmer in der Altersteilzeit (§§ 9,10), Mitwirkungspflichten des Arbeitnehmers (§ 11), Regelungen über Auskünfte und Prüfungen (§13), Bußgeldvorschriften (§ 14) und Ermächtigungs- und Übergangsvorschriften (§ 15 ff.), beinhalten nur einzelne Vorschriften Bestimmungen, die in einem Spannungsverhältnis zu den Teilzeitregelungen im TzBfG stehen können.

119

Deshalb sollen nachfolgend nur solche Anmerkungen zu den Vorschriften gemacht werden, die Verbindungslinien zum Teilzeit- und Befristungsgesetz aufweisen. Dies sind im Wesentlichen die folgenden Regelungen:

- § 2 Abs. 1 Nr. 2 ATG,
- § 2 Abs. 2 und 3 ATG,
- § 8 Abs. 1 und Abs. 3 ATG

Auszüge des aktuellen Gesetzestextes sind in Rn. 402 abgedruckt. Zur näheren Information über das Altersteilzeitgesetz vergleiche die einschlägigen rechtlichen Kommentare.

4.1.2 Festlegung des Umfanges der Altersteilzeit

Nach § 2 Abs. 1 Nr. 2 ATG ist zwischen dem Arbeitgeber und dem Arbeitnehmer eine Vereinbarung zu treffen, die die Arbeitszeit auf die Hälfte der bisherigen wöchentlichen Arbeitszeit vermindert.

120

Teilzeitarbeit

Damit verbleibt im Gegensatz zum Teilzeit- und Befristungsgesetz den Arbeitsvertragsparteien diesbezüglich kein Handlungsspielraum. Abweichungen hiervon sind auch nicht durch Tarifvertrag oder aufgrund eines Tarifvertrages möglich.

121 Nach § 2 Abs. 2 ATG kann die wöchentliche Arbeitszeit bei Altersteilzeitarbeit unterschiedlich verteilt werden, wobei im Rahmen eines Zeitraumes von bis zu drei Jahren (oder im Falle einer tarifvertraglichen Regelung oder auf Grund eines Tarifvertrages in einer Betriebsvereinbarung oder durch eine entsprechende Regelung bei Kirchen und öffentlich-rechtlichen Religionsgemeinschaften innerhalb eines Zeitraums von bis zu sechs Jahren) die Hälfte der bisherigen wöchentlichen Arbeitszeit nicht überschritten werden darf.

Nach Absatz 3 kann eine Vereinbarung, die unterschiedliche wöchentliche Arbeitszeiten oder eine unterschiedliche Verteilung der wöchentlichen Arbeitszeit regelt, auch über den Zeitraum von sechs Jahren hinausgehen. Bedingung ist aber, dass dabei die wöchentliche Arbeitszeit im Durchschnitt eines Zeitraumes von sechs Jahren, der innerhalb des Gesamtzeitraumes der vereinbarten Altersteilzeit liegt, um die Hälfte der bisherigen wöchentlichen Arbeitszeit nicht überschritten wird.

Damit hat der Gesetzgeber auch hier einen festen Rahmen für die Gestaltung vorgegeben, während im TzBfG die Arbeitsvertragsparteien einen weit größeren Handlungsspielraum besitzen.

4.1.3 Kündigungsbestimmungen

122 § 8 Abs. 1 ATG bestimmt, dass die Möglichkeit des Arbeitnehmers zur Inanspruchnahme von Altersteilzeitarbeit keine Tatsache für eine mögliche Kündigung des Arbeitgebers nach § 1 Abs. 2 Satz 1 KSchG darstellt. Ferner legt § 8 Abs. 1 Satz 1 Halbsatz 2 ATG fest, dass die Inanspruchnahme von Altersteilzeit bei einer möglichen Sozialauswahl in Zusammenhang mit betriebsbedingten Kündigungen auch nicht zum Nachteil der Arbeitnehmer berücksichtigt werden kann.

Vergleichbare Bestimmungen enthält das Teilzeit- und Befristungsgesetz nicht. Dort hat der Gesetzgeber nur für den Fall, dass sich ein Arbeitnehmer weigert, vom einem Vollzeit- in ein Teilzeitarbeitsverhältnis oder umgekehrt zu wechseln, eine Kündigung für unwirksam erklärt (§ 11 TzBfG). Ansonsten beinhaltet das TzBfG weder kündigungsschutzrechtlichen Sonderbestimmungen noch Vorschriften darüber, wie Teilzeitbeschäftigte im Verhältnis zu Vollzeitbeschäftigten diesbezüglich zu behandeln sind. Allenfalls kann zusätzlich auf das Benachteiligungsverbot in § 5 TzBfG und auf das allgemeine Diskriminierungsverbot in § 4 Abs. 1 TzBfG zurückgegriffen werden. Hieraus entfaltet sich aber keine so umfassende kündigungsschutzrechtliche Stellung, wie sie sich aus § 8 Abs. 1 ATG ergibt.

Schließlich beinhalt § 8 Abs. 3 ATG noch eine Sonderregelung im Hinblick auf die Beendigung des Arbeitsverhältnisses: Arbeitnehmer und Arbeitgeber können für den Fall, dass der Arbeitnehmer Anspruch auf eine Rente nach der Altersteilzeitarbeit hat, vereinbaren, dass zu diesem Zeitpunkt das Arbeitsverhältnis ohne Kündigung beendet ist.

4.1.4 Anzuwendende Vorschriften des Teilzeit- und Befristungsgesetzes

Nach § 23 TzBfG bleiben die besonderen gesetzlichen Regelungen im Altersteilzeitgesetz unberührt, da das ATG für die Altersteilzeit spezielle Regelungen enthält. Allerdings regelt das Altersteilzeitgesetz nur Teile von Sachverhalten, die auch im Teilzeit- und Befristungsgesetz enthalten sind, so dass einige Vorschriften des TzBfG als allgemeine Normen für Altersteilzeitarbeitsverhältnisse zur Anwendung gelangen:

123

- Allgemeines Diskriminierungsverbot (§ 4 Abs. 1 TzBfG),
- Benachteiligungsverbot (§ 5 TzBfG),
- Förderung von Teilzeitarbeit – auch Form der Altersteilzeit –(§ 6 TzBfG),
- Ausschreibung; Information über freie Arbeitsplätze – für den Fall, dass sich die persönlichen Belange des Arbeitnehmers in Altersteilzeit ändern und er aus der Altersteilzeit aussteigen will – (§ 7 TzBfG);
- Altersteilzeit in Form der Arbeit auf Abruf (§ 12 TzBfG);
- Altersteilzeit im Rahmen einer Arbeitsplatzteilung (§ 13 TzBfG).

Wichtig: Da das Altersteilzeitgesetz die Umsetzung und die Regelung von arbeitsrechtlichen Fragen weitgehend den Tarifvertragsparteien oder auf Grund eines Tarifvertrages den Betriebsparteien überlässt, kann die Frage, inwieweit Bestimmungen des ATG denen des TzBfG vorgehen, immer erst nach Prüfung der einschlägigen Tarifverträge geklärt werden.

Teilzeitarbeit

4.2 Bundeserziehungsgeldgesetz (BErzGG)

4.2.1 Allgemeine Bemerkungen

124 § 15 BErzGG regelt die Voraussetzungen einer Inanspruchnahme von Elternzeit (Abs. 1 bis 3) und die Modalitäten für die Wahrnehmung einer Teilzeitarbeit während der Elternzeit (Abs. 4 bis 7). Für die Frage, inwieweit die Vorschriften des Teilzeit- und Befristungsgesetzes auch für die Teilzeitarbeit während der Elternzeit heranzuziehen sind, sind die Bestimmungen in den Absätzen 4 bis 7 von Interesse.

Hierbei unterstellt der Gesetzgeber, dass der anspruchsberechtigte Arbeitnehmer bzw. die Arbeitnehmerin auch während der Elternzeit einer Teilzeitbeschäftigung nachgehen will. Die Vorschriften sind hingegen nicht auf die Situation anzuwenden, in welcher der Arbeitnehmer oder die Arbeitnehmerin für die Dauer der Elternzeit keine Arbeitsleistung erbringt und das Arbeitsverhältnis kraft Gesetzes ruht.

§ 15 Abs. 4 BErzGG regelt den maximalen Umfang einer Teilzeitbeschäftigung bei demselben Arbeitgeber (30 Stunden für jeden anspruchsberechtigten Arbeitnehmer). Arbeitgeber und Arbeitnehmer(in) können innerhalb des Rahmens das jeweilige Stundenvolumen vereinbaren. Insoweit sind die Arbeitsvertragsparteien hier im Gegensatz zum Teilzeit- und Befristungsgesetz an ein maximales Arbeitszeitvolumen gebunden.

Die Absätze 5 und 6 regeln die Modalitäten für die Verringerung der Arbeitszeit, wenn anspruchsberechtigte Arbeitnehmerinnen und Arbeitnehmer ihre Arbeitszeit zwecks Inanspruchnahme von Elternzeit verringern wollen (vgl. Rn. 125 ff.).

§ 15 Abs. 7 BErzGG regelt neben den Modalitäten bezüglich der Absätze 5 und 6 die Voraussetzungen für eine Arbeitszeitverringerung (z.B. Mindestzahl von beschäftigten Arbeitnehmern, erforderliche Dauer des Bestands des Arbeitsverhältnisses, Mindestdauer und -umfang der Arbeitsverringerung, Fehlen eines entgegenstehenden dringenden betrieblichen Grundes und Mitteilungsfrist).

In Rn. 403 ist ein Auszug der entsprechenden Bestimmungen abgedruckt.

4.2.2 Arbeitszeitverringerung während der Elternzeit

§ 15 Abs. 5 Satz 1 BErzGG verlangt, dass sich Arbeitnehmer und Arbeitgeber über den Antrag auf Arbeitszeitverringerung und ihre Ausgestaltung innerhalb von vier Wochen einigen sollen. Hierbei wird unterstellt, dass der Arbeitnehmer während der Elternzeit einer Teilzeitbeschäftigung nachgehen will. **125**

Können sich Arbeitgeber und Arbeitnehmer nicht einigen, so kann der Arbeitnehmer unter den Voraussetzungen des Absatzes 7 während der Gesamtdauer der Elternzeit zweimal eine Verringerung der Arbeitszeit beanspruchen (Abs. 6). Von Bedeutung ist hierbei § 15 Abs. 7 Nr. 3 BErzGG. Danach soll die vertraglich vereinbarte regelmäßige Arbeitszeit für mindestens drei Monate auf einen Umfang zwischen 15 und 30 Wochenstunden verringert werden. Wenn also eine Nichteinigung vorliegt, hat der Arbeitnehmer mindestens in diesem Umfang Anspruch auf eine Arbeitszeitverringerung während der Elternzeit.

Will der Arbeitgeber die beanspruchte Verringerung der Arbeitszeit ablehnen, so muss er dies innerhalb von vier Wochen mit schriftlicher Begründung tun (Abs. 7 Satz 2). Lehnt der Arbeitgeber die beantragte Arbeitszeitverringerung ab oder stimmt er nicht rechtzeitig zu, so kann der Arbeitnehmer Klage vor den Gerichten für Arbeitssachen erheben (Abs. 7 Satz 3).

Beträgt die regelmäßige wöchentliche Arbeitszeit eines Arbeitnehmers oder einer Arbeitnehmerin vor Inanspruchnahme der Elternzeit nicht mehr als 30 Stunden, so steht den anspruchsberechtigten Arbeitnehmerinnen und Arbeitnehmern das Recht zu, während des Elternurlaubs bei dieser Teilzeitbeschäftigung zu bleiben. **126**

Sind die anspruchsberechtigten Personen für eine Elternzeit bereits vor der Inanspruchnahme in einem Umfang von nicht mehr als 30 Stunden in der Woche teilzeitbeschäftigt und beantragen sie eine weitere Arbeitszeitverringerung für die Elternzeit, dann gelten für die Verringerung die vorstehenden Regelungen entsprechend (vgl. Rn. 125). In Verbindung mit Abs. 5 Satz 2 Halbsätze 3 und 4 steht ihnen dann das Recht zu, nach der Inanspruchnahme der Elternzeit wieder zu der Arbeitszeit zurückzukehren, die vor der Inanspruchnahme der Elternzeit bestanden hat. **127**

Teilzeitarbeit

4.2.3 Anzuwendende Vorschriften des Teilzeit- und Befristungsgesetzes

128 Nach § 23 TzBfG bleiben die besonderen gesetzlichen Regelungen im Bundeserziehungsgeldgesetz unberührt. Diese Bestimmung ist notwendig, weil das BErzGG für die Teilzeitbeschäftigung im Rahmen der Elternzeit spezielle Regelungen enthält. Allerdings regelt das Bundeserziehungsgeldgesetz nur Teile von Sachverhalten, die auch im Teilzeit- und Befristungsgesetz für Teilzeitbeschäftigte enthalten sind, so dass einige Vorschriften des Teilzeit- und Befristungsgesetzes auch bei der Teilzeitarbeit im Rahmen des Bundeserziehungsgeldgesetzes als allgemeine Normen zur Anwendung gelangen.

- Allgemeines Diskriminierungsverbot (§ 4 Abs. 1 TzBfG),
- Benachteiligungsverbot (§ 5 TzBfG),
- Förderung von Teilzeitarbeit – auch für den Fall der Elternzeit – (§ 6 TzBfG),
- Ausschreibung; Information über freie Arbeitsplätze – für den Fall, dass sich die persönlichen Belange des Arbeitnehmers in der Elternzeit ändern und er aus der Elternzeit aussteigen will – (§ 7 TzBfG);
- Teilzeitbeschäftigung während der Elternzeit in Form der Arbeit auf Abruf (§ 12 TzBfG);
- Teilzeitbeschäftigung während der Elternzeit im Rahmen einer Arbeitsplatzteilung (§ 13 TzBfG).

4.3 Frauenfördergesetz (FFG)

4.3.1 Allgemeine Bemerkungen

129 Das Frauenfördergesetz gilt nur für Beschäftigte in den Verwaltungen des Bundes und der bundesunmittelbaren Körperschaften, Anstalten und Stiftungen des öffentlichen Rechts sowie in den Gerichten des Bundes.

Ziel des Gesetzes ist es, mit der Förderung von Frauen – unter Beachtung von Eignung, Befähigung und fachlicher Leistung – mehr Gleichberechtigung von Frauen und Männern zu erreichen. Mithin erstreckt sich der persönliche Geltungsbereich des Gesetzes nur auf Frauen.

Zu den Fördermaßnahmen gehören insbesondere die folgenden Maßnahmen, die auch einen Bezug zur Teilzeitbeschäftigung haben:

- Stellenausschreibungen – auch für Vorgesetzten- und Leitungsaufgaben – sind auch in Teilzeitform auszuschreiben, wenn zwingende dienstliche Belange nicht entgegenstehen (§ 6 Abs. 2 FFG);
- Bei Fortbildungen ist insbesondere die besondere Situation von Frauen zu berücksichtigen – auch in Teilzeitbeschäftigung – (§ 8 FFG);
- Schaffung eines ausreichenden Angebots an Teilzeitarbeitsplätzen – auch bei Stellen mit Vorgesetzten- und Leitungsaufgaben – unter Berücksichtigung der dienstlichen Möglichkeiten sowie des Bedarfs (§ 10 Abs. 1 FFG);
- Teilzeitbeschäftigte mit Familienpflichten, die eine Vollzeitbeschäftigung anstreben, sollen bei der Besetzung von Vollzeitstellen unter Beachtung der Eignung, Befähigung und fachlicher Leistungen sowie unter Beachtung, dass sich berufliche Ausfallzeiten wegen Kinderbetreuung oder häuslicher Pflege nicht nachteilig auswirken, vorrangig berücksichtigt werden (§ 10 Abs. 3 FFG);
- Teilzeitbeschäftigung darf das berufliche Fortkommen nicht beeinträchtigen; eine unterschiedliche Behandlung von Teilzeitbeschäftigten gegenüber Vollzeitbeschäftigten ist nur zulässig, wenn sachliche Gründe dies rechtfertigen (§ 12 Abs. 1 Satz 1 FGG);
- Teilzeitbeschäftigung darf sich nicht nachteilig auf die dienstliche Beurteilung auswirken (§ 12 Abs. 1 Satz 2 FFG).

In Rn. 404 ist der Gesetzestext in Auszügen wiedergegeben.

4.3.2 Anzuwendende Vorschriften des Teilzeit- und Befristungsgesetzes

Nach § 23 TzBfG bleiben die besonderen gesetzlichen Regelungen im Frauenfördergesetz unberührt, da das FFG für die Teilzeitbeschäftigung von Frauen spezielle Regelungen enthält. Allerdings regelt das Frauenfördergesetz nur Teile von Sachverhalten, die auch im Teilzeit- und Befristungsgesetz enthalten sind, so dass einige Vorschriften des Teilzeit- und Befristungsgesetzes als allgemeine Normen auch auf Teilzeitarbeitsverhältnisse in Zusammenhang mit dem Frauenfördergesetz zur Anwendung gelangen. Dies gilt jedoch nur insoweit, als es sich bei den Frauen nicht um Beamtinnen han-

Teilzeitarbeit

delt. Das TzBfG gilt nur für Arbeitnehmer(innen) und kann deshalb keine Wirkung für Frauen mit Beamtenstatus entfalten!

Im Rahmen der Anwendung von Regelungen des TzBfG können insbesondere die folgenden Bestimmungen berücksichtigt werden:
- Allgemeines Diskriminierungsverbot (§ 4 Abs. 1 TzBfG) in Zusammenhang mit den Berechnungsbestimmungen über das Arbeitsentgelt, da im FFG nicht entsprechend enthalten;
- Benachteiligungsverbot (§ 5 TzBfG), da im FFG nur auf das berufliche Fortkommen bezogen;
- Ausschreibung; Information über freie Arbeitsplätze – für den Fall, dass sich die persönlichen Belange der Arbeitnehmerin ändern und sie wieder eine Vollzeitstelle anstreben will – (§ 7 TzBfG);
- Vorschriften im TzBfG über die Modalitäten bei der Arbeitszeitverringerung (§ 8 TzBfG);
- Vorschriften über die Arbeitszeitverlängerung (§ 9 TzBfG);
- Teilzeitbeschäftigung in Form der Arbeit auf Abruf (§ 12 TzBfG);
- Teilzeitbeschäftigung im Rahmen einer Arbeitsplatzteilung (§ 13 TzBfG).
- Kündigungsverbot gemäß § 11 TzBfG.

5. Beteiligungsrechte der Arbeitnehmervertretung

5.1 Beteiligungsrechte des Betriebsrates nach dem Betriebsverfassungsgesetz (BetrVG)

131 Im Zusammenhang mit der Umsetzung der Vorschriften des Teilzeit- und Befristungsgesetzes sind im Bereich der Teilzeitarbeit **insbesondere** die folgenden betriebsverfassungsrechtlichen Beteiligungsrechte von Betriebsräten zu berücksichtigen:

- Allgemeine Aufgaben nach § 80 BetrVG;
- Festlegung von Beginn und Ende der täglichen Arbeitszeit einschließlich der Pausen sowie Verteilung der Arbeitszeit auf die einzelnen Wochentage (§ 87 Abs. 1 Nr. 2 BetrVG);
- Personalplanung (§ 92 BetrVG);
- Ausschreibung von Arbeitsplätzen (§ 93 BetrVG);
- Berufsbildung (§§ 96 ff.) und
- Personelle Einzelmaßnahmen (§ 99 BetrVG).

5.1.1 Allgemeine Aufgaben (§ 80 BetrVG)

Nach § 80 Abs. 1 Nr. 1 BetrVG hat der Betriebsrat darüber zu wachen, dass die zugunsten der Arbeitnehmer geltenden Gesetze und Tarifverträge eingehalten werden. Zu diesen Gesetzen gehört auch das Teilzeit- und Befristungsgesetz. In Verbindung mit § 80 Abs. 2 BetrVG ist der Betriebsrat zur Durchführung seiner Aufgaben rechtzeitig und umfassend vom Arbeitgeber zu unterrichten. Insofern steht dem Betriebsrat das Recht zu, alle mit der Teilzeitarbeit zusammenhängenden Informationen und Unterlagen vom Arbeitgeber abzufordern. Hierzu gehören nicht nur die Informationen gemäß § 7 Abs. 3 TzBfG, sondern auch Informationen und Unterlagen über die Gestaltung der Arbeitsverträge und Arbeitsbedingungen mit den Teilzeitbeschäftigten. Die Einsicht in die arbeitsvertragliche Gestaltung resultiert u.a. auch aus der Überwachungspflicht des Nachweisgesetzes (vgl. BAG, Urt. v. 19.10.1999 – 1 ABR 75/98 – AP Nr. 58 zu § 80 BetrVG 1972). Eine Ausnahme soll hiervon nur dann gelten, wenn die Arbeitsvertragsinhalte zwischen Arbeitgeber und Betriebsrat vorher abgestimmt worden sind.

132

5.1.2 Personalplanung (§ 92 BetrVG)

Nach § 92 Abs. 1 BetrVG hat der Arbeitgeber den Betriebsrat auch ohne dessen Verlangen über die Personalplanung, insbesondere über den gegenwärtigen und künftigen Personalbedarf sowie über die sich daraus ergebenden personellen Maßnahmen anhand von Unterlagen rechtzeitig und umfassend zu unterrichten. Hierbei hat der Arbeitgeber mit dem Betriebsrat über Art und Umfang der erforderlichen Maßnahmen und über die Vermeidung von Härten zu beraten. In der Regel erfordern die betrieblichen Bedingungen weitere

133

Teilzeitarbeit

Detailplanungen wie die Personalbedarfs-, Personalbeschaffungs-, Berufsbildungs- und Qualifikationsplanung, Personaleinsatz- und Personalkostenplanung. Im Rahmen dieser Detailplanungen hat der Arbeitgeber bezüglich der Teilzeitarbeit insbesondere die verschiedenen Überlegungen und Untersuchungen vorzunehmen:

- Welche Arbeitsplätze sind für die Teilzeitarbeit geeignet?
- Wie können diese Arbeitsplätze zeitlich aufgeteilt werden?
- Wie viele Teilzeitbeschäftigte werden danach benötigt?
- Welche Qualifikationsmaßnahmen sind dadurch erforderlich?
- Welche veränderten Personalkosten treten auf?

Über die Ergebnisse und Entscheidungen hat der Arbeitgeber den Betriebsrat zu informieren und mit ihm die beabsichtigten Maßnahmen zu beraten.

Darüber hinaus kann der Betriebsrat gemäß § 92 Abs. 2 BetrVG dem Arbeitgeber auch bezüglich einer Personalplanung in Zusammenhang mit Teilzeitarbeit Vorschläge unterbreiten, die der Arbeitgeber mit dem Betriebsrat dann auch zu erörtern hat.

5.1.3 Ausschreibung von Arbeitsplätzen (§ 93 BetrVG)

134 § 93 BetrVG räumt dem Betriebsrat insoweit ein Initiativrecht ein, dass er die Ausschreibung von Arbeitsplätzen (frei werdende oder neu geschaffene) allgemein oder auch für bestimmte Tätigkeiten verlangen kann. Verlangt der Betriebsrat eine Ausschreibung, so greift unmittelbar auch § 7 Abs. 1 TzBfG: Die Ausschreibung muss dann auch als Teilzeitarbeitsplatz erfolgen, sofern dem nicht dringende betriebliche Gründe entgegenstehen. Gemäß Artikel 2a TzBfG mussten deshalb auch folgerichtig die Sätze 2 und 3 des § 93 BetrVG gestrichen werden, weil diese die Ausschreibungsmodalitäten bezüglich der Teilzeitarbeit enger geregelt hatten, als es nun gemäß § 7 Abs. 1 TzBfG vom Gesetzgeber vorgeschrieben wird.

Ob dringende betriebliche Gründe vorliegen, ist dann mit dem Betriebsrat abzuklären. Dies gilt auch für Arbeitsplätze in Tendenzbetrieben. Das Recht, eine Ausschreibung zu verlangen, erstreckt sich in der Regel nicht auf das Unternehmen oder den Konzern.

Die Möglichkeit über Ausschreibungsgrundsätze eine freiwillige Betriebsvereinbarung abzuschließen, erstreckt sich auch auf die Art und Weise der Ausschreibung. So wird sichergestellt, dass sich die Arbeitnehmer im Betrieb für bestimmte Arbeitsplätze bewerben können.

Die Ausschreibung sollte alle wichtigen Informationen über den Arbeitsplatz enthalten (z.B. Qualifikation, Fort- und Weiterbildungsbedarf, Beschreibung der wichtigsten Aufgaben, Zeitpunkt der Arbeitsaufnahme, Vergütung- oder Lohnhöhe bzw. Eingruppierung).

Die Chancen, zu einer freiwilligen Betriebsvereinbarung zu gelangen, sind deshalb gut, weil der Arbeitgeber kein Interesse daran haben kann, dass es mit dem Betriebsrat zu arbeitsgerichtlichen Auseinandersetzungen darüber kommt, ob eine von ihm erstellte Mitteilung den Anforderungen an eine ordnungsgemäße Ausschreibung standhält.

Trotz Ausschreibung ist der Arbeitgeber aber nicht verpflichtet, den Arbeitsplatz mit einem der innerbetrieblichen Bewerber zu besetzen (ggf. bewirken Auswahlrichtlinien ein anderes Ergebnis). Deshalb kann der Arbeitgeber auch externe Möglichkeiten der Personalgewinnung nutzen (z.B. Zeitungsanzeige, Arbeitsamtsvermittlung, u.Ä.m.). Für die externe Personalgewinnung dürfen aber keine geringeren oder gar andere Anforderungen gestellt werden als für die innerbetriebliche Stellenausschreibung. Ansonsten ist die Vergleichbarkeit bei der Sichtung der Bewerbungsunterlagen nicht gewährleistet.

Kommt der Arbeitgeber dem Betriebsratsverlangen nach innerbetrieblicher Stellenausschreibung nicht nach, so kann der Betriebsrat seine Zustimmung zu einer personellen Maßnahme verweigern (§ 99 Abs. 2 Nr. 5 BetrVG). Somit entsteht ein indirekter Zwang für den Arbeitgeber, die Ausschreibung vorzunehmen.

5.1.4 Berufsbildung (§§ 96 bis 98 BetrVG)

In den §§ 96 bis 98 BetrVG sind die Beteiligungsrechte des Betriebsrates bei der Berufsbildung geregelt. Sie sind im Zusammenhang mit § 10 TzBfG von Bedeutung, da der Betriebsrat darauf zu achten hat, dass der Arbeitgeber seiner gesetzliche Verpflichtung nachkommt. Der Arbeitgeber hat dafür Sorge zu tragen, dass auch teilzeitbeschäftigte Arbeitnehmer an Aus- und Weiterbildungsmaßnahmen teilnehmen können.

135

Im Sinne der §§ 96 bis 98 BetrVG ist der Begriff Berufsbildung weit auszulegen. Erfasst werden alle Maßnahmen der Berufsbildung im Sinne des Berufsbildungsgesetzes und des Arbeitsförderungsgesetzes (jetzt SGB III), also alle Maßnahmen der Berufsausbildung, der beruflichen Fortbildung bzw. Weiterbildung und der beruflichen Umschulung; ferner auch alle Maßnahmen zur Qualifikation sowie mit arbeitsplatzbezogenen Themen. Nicht zur Berufsbildung gehören die „sonstigen Bildungsmaßnahmen" nach § 98 Abs. 6 BetrVG, obwohl auch diese der Mitbestimmung des Betriebsrates unterliegen.

136 Im Einzelnen regeln die §§ 96 bis 98 BetrVG die folgenden Beteiligungsrechte:

- Förderungspflichten des Arbeitgebers und des Betriebsrates (§ 96 Abs. 1 und 2 BetrVG);
- Beratungspflichten des Arbeitgebers mit dem Betriebsrat (§ 96 Abs. 1 Satz 2 BetrVG i.V.m. § 97 und § 98 Abs. 3 BetrVG);
- Mitbestimmungsrechte bei der Durchführung von Maßnahmen der betrieblichen Berufsbildung (§ 98 Abs. 1 und 4 BetrVG);
- Mitbestimmungsrechte bei der Auswahl von Teilnehmern (§ 98 Abs. 3 und 4 BetrVG);
- Personelle Mitbestimmungsrechte bei der Bestellung des mit der Durchführung der betrieblichen Bildungsmaßnahmen Beauftragten (§ 98 Abs. 2 und 5 BetrVG);
- Mitbestimmungsrechte bei sonstigen Bildungsmaßnahmen (§ 98 Abs. 6 i.V.m. § 98 Abs. 1 bis 5 BetrVG).

137 In der Regel sind in der betrieblichen Praxis die Förderungspflichten im Rahmen der Personalplanung (insbesondere bei der Personalentwicklungsplanung) berücksichtigt worden, um so den langfristigen Qualifikationsbedarf abzusichern. Diese allgemeine Beteiligung des Betriebsrates bei der Personalplanung wird durch die §§ 96 ff. für einzelne Aspekte konkretisiert:

- Überwachung, dass Arbeitnehmern die Teilnahme an Maßnahmen der Berufbildung ermöglicht wird;
- Förderung der Teilnahme von älteren Arbeitnehmern mit dem Ziel der Erhaltung und Anpassung ihrer Fähigkeiten und Kenntnisse;
- Zusammenarbeit mit den zuständigen Stellen der Berufsbildung;
- Überwachung der Durchführung der Berufsausbildung für jüngere Auszubildende;

138 Nach § 96 Abs. 1 Satz 2 BetrVG hat der Arbeitgeber mit dem Betriebsrat alle Fragen der Berufsbildung zu beraten. Dazu gehören auch die Beratung über die Errichtung und Ausstattung betrieblicher Einrichtungen zur Berufsbildung, die Einführung betrieblicher Berufsbildungsmaßnahmen und die Teilnahme an außerbetrieblichen Berufsbildungsmaßnahmen (§ 97 BetrVG). Allerdings kann der Betriebsrat die Schaffung betrieblicher Berufsbildungseinrichtungen nicht erzwingen. Bei allen vorstehenden Beratungsrechten des Betriebsrats bzw. Beratungspflichten des Arbeitgebers hat der Betriebsrat auch ein Vorschlagsrecht, so dass alle Fragen der Berufsbildung der Arbeitnehmer im Betrieb vom Vorschlagsrecht erfasst werden. Mithin kann der Betriebsrat für Teilzeitbeschäftigte auch spezielle Aus- und Weiterbildungsmaßnahmen vorschlagen.

§ 98 BetrVG gibt dem Betriebsrat aber ein durchsetzbares Mitbestimmungsrecht bei der Durchführung von Maßnahmen der betrieblichen Berufsbildung, bei der Bestellung der Ausbilder und bei der Auswahl der an der Berufsbildung teilnehmenden Arbeitnehmer. Da sich die Mitbestimmung auf die Durchführung erstreckt, beinhaltet das Mitbestimmungsrecht auch alle Entscheidungen, die sich aus der Einführung betrieblicher Berufsbildungsmaßnahmen ergeben. Nach § 98 Abs. 6 erstreckt sich das Mitbestimmungsrecht auch auf sonstige im Betrieb durchgeführte Bildungsmaßnahmen. Hieraus ergibt sich, dass der Betriebsrat aufgrund seines Mitbestimmungsrechts sogar Einfluss auf deren Inhalte hat. **139**

5.1.5 Personelle Einzelmaßnahmen (§ 99 BetrVG)

Die Mitbestimmung nach § 99 BetrVG erfasst personelle Einzelmaßnahmen im Hinblick auf Einstellung, Eingruppierung, Umgruppierung und Versetzung. Der Arbeitgeber hat vor der jeweiligen Maßnahme den Betriebsrat umfassend zu unterrichten und seine Zustimmung einzuholen. Ohne Zustimmung des Betriebsrates darf der Arbeitgeber die personelle Einzelmaßnahme nach § 99 BetrVG grundsätzlich nicht durchführen. Die Mitbestimmungsrechte nach § 99 BetrVG gelten aber nur für Betriebe mit in der Regel mehr als 20 wahlberechtigten Arbeitnehmern. Im Hinblick auf das Teilzeit- und Befristungsgesetz kommen vorliegend insbesondere die Tatbestände Einstellung und Versetzung in Betracht. **140**

Der Begriff „Einstellung" beinhaltet die Eingliederung des Arbeitnehmers in den Betrieb, also die Aufnahme der tatsächlichen Beschäftigung. In Zusammenhang mit dem Teilzeit- und Befristungsgesetz hat der Betriebsrat damit Kontrollaufgaben. Wenn z.B. beim Vorliegen eines Verlängerungswunsches eines teilzeitbeschäftigten Arbeitnehmers ein externer Bewerber auf einen entsprechenden Arbeitsplatz eingestellt werden soll, hat der Betriebsrat zu prüfen, ob hier ein Verstoß gegen Bestimmungen des Teilzeit- und Befristungsgesetzes vorliegt. **141**

Nach § 95 Abs. 3 BetrVG umfasst die Mitbestimmung des Betriebsrats im Sinne einer Versetzung gemäß § 99 BetrVG drei eigenständige Tatbestände:

- Zuweisung eines anderen Arbeitsbereichs von voraussichtlich länger als einem Monat oder
- Zuweisung eines anderen Arbeitsbereichs mit einer erheblichen Änderung der äußeren Umstände,
- Erhebliche Änderung der Umstände ohne Zuweisung eines anderen Aufgabenbereichs (vgl. FKHE; Rn. 106 zu § 99 BetrVG).

Im Zusammenhang mit der Teilzeitarbeit kann der Versetzungstatbestand beispielsweise dann in Betracht kommen, wenn Arbeitnehmer mit Arbeitszeitverringerungs- bzw. Arbeitszeitverlängerungswunsch auf einem anderen Arbeitsplatz tätig werden sollen und der Unterschied zum bisherigen Tätigkeitsfeld die Voraussetzungen für den Versetzungstatbestand erfüllt.

142 Je nach Lage der Einzelumstände kann der Betriebsrat nach § 99 Abs. 2 BetrVG die Zustimmung zu der Einstellung oder Versetzung auf der Grundlage der aufgezählten Tatbestände verweigern. So stellt ein Verstoß gegen das Teilzeit- und Befristungsgesetz einen Zustimmungsverweigerungsgrund nach § 99 Abs. 2 Nr. 1 BetrVG dar. Aber auch die Zustimmungsverweigerungsgründe im Hinblick auf die Benachteiligung anderer Arbeitnehmer (Nr. 3), des betroffenen Arbeitnehmers selbst (Nr. 4) und eine fehlende Ausschreibung des Arbeitsplatzes (Nr. 5) kommen in Zusammenhang mit der Teilzeitarbeit in Betracht.

5.1.6 Beginn und Ende der täglichen Arbeitszeit (§ 87 Abs. 1 Nr. 2 BetrVG) sowie vorübergehende Verkürzung oder Verlängerung der betriebsüblichen Arbeitszeit (§ 87 Abs. 1 Nr. 3 BetrVG)

143 Die Vorschrift des § 87 Abs. 1 Nr. 2 BetrVG dient nicht nur dem Gesundheitsschutz der Arbeitnehmer im Rahmen von kollektivrechtlichen Bezügen. Auf die Anzahl der von arbeitszeitlichen Regelungen betroffenen Arbeitnehmer kommt es bezogen auf das Mitbestimmungsrecht des Betriebsrates nicht an. Es geht hierbei auch nicht um die Berücksichtigung persönlicher Wünsche einzelner Arbeitnehmer, sondern immer um ihre Eigenschaft als Mitglieder der kollektiven Belegschaft. Das Mitbestimmungsrecht besteht auch im Einzelfall, wenn noch ein kollektiver Bezug vorliegt.

Die Umgehung des Mitbestimmungsrechtes durch den Abschluss gleich lautender einzelvertraglicher Arbeitszeitregelungen mit allen Arbeitnehmern oder einer Vielzahl bzw. einer Gruppe von ihnen ist unzulässig. Es kommt nicht auf die Form, sondern auf den Charakter der Maßnahmen an, und der ist unter der vorgenannten Bedingung kollektivrechtlicher Natur. In diesem Zusammenhang stellt sich bei der Umsetzung der vom einzelnen Arbeitnehmer gewünschten verringerten Arbeitszeit die Frage nach dem kollektiven Bezug, wenn Arbeitnehmer und Arbeitgeber sich über die Verteilung der verringerten Arbeitszeit einigen. Hält sich die Festlegung der Verteilung der verringerten Arbeitszeit innerhalb der betrieblichen Arbeitszeitregelungen auf und bedarf es bei der Umsetzung keiner veränderten betrieblichen Arbeitszeitregelung, von der auch ggf. andere Teilzeit- oder Vollzeitbeschäftigte betroffen sind, so dürfte die Mitbestimmung nicht zum Zuge kommen. Erfordert hingegen die Umsetzung andere arbeitszeitliche Festlegungen bezogen auf die Arbeitsorganisation – unabhängig, ob für einen einzelnen Teilzeitbeschäftigten oder für mehrere Teilzeitbeschäftigte –, so liegt ein kollektiver Bezug vor, wenn es darum geht, die Lage der verringerten Arbeitszeit bzw. der wieder verlängerten Arbeitszeit auf die einzelnen Arbeitstage – einschließlich der Bestimmung arbeitsfreier Tage – festzulegen (vgl. FKHE, Rn. 124 zu § 87 BetrVG). Gleichwohl wird vereinzelt in der Literatur (vgl. Preis/Gotthardt, a.a.O., S. 147) die Auffassung vertreten, dass das Mitbestimmungsrecht nicht in Betracht kommt, weil § 8 TzBfG einen Gesetzesvorbehalt gemäß § 87 Satz 1 BetrVG darstellen würde: Der gesetzliche Anspruch auf Festlegung der Arbeitszeit in Zusammenhang mit dem Teilzeitanspruch sollte genau in diesem Sinne eine gesetzliche Regelung darstellen. Dies ist abzulehnen.

Aufgrund eines Gesetzesvorbehalts entfällt das Mitbestimmungsrecht nur, wenn der Arbeitgeber keinen Regelungsspielraum hat (vgl. FKHE, Rn. 31 zu § 87 BetrVG). Im Rahmen der Festlegung der Lage der Arbeitszeit hat der Arbeitgeber aber einen Handlungsspielraum: Er kann entweder mit dem Arbeitnehmer eine einvernehmliche Regelung treffen oder unter Angabe entgegenstehender betrieblicher Gründe die gewünschte Arbeitszeitverteilung ablehnen. Liegt mithin ein kollektiver Bezug vor, so greift das Mitbestimmungsrecht des Betriebsrates ein, da § 8 TzBfG als Gesetzesvorbehalt bei der Festlegung der Lage der verringerten Arbeitszeit nicht in Betracht kommen kann (vgl. auch Ausführungen in Rn. 39).

Unter Umständen kann durch die Umsetzung des Teilzeit- und Befristungsgesetzes auch der Mitbestimmungstatbestand des § 87 Abs. 1 Nr. 3 BetrVG ausgelöst werden. Da dieser Mitbestimmungstatbestand einen Unterfall des § 87 Abs. 1 Nr. 2 BetrVG darstellt

Teilzeitarbeit

(vgl. FKHE, Rn. 128 zu § 87 BetrVG), kann auf die vorerwähnten Überlegungen zurückgegriffen werden. Müssen z.B. andere Arbeitnehmer vorübergehend ihre Arbeitszeit verlängern, damit ein entsprechender Teilzeitwunsch eines Arbeitnehmers erfüllt werden kann, so würde hierdurch das Mitbestimmungsrecht des Betriebsrates gemäß § 87 Abs. 1 Nr. 3 ausgelöst.

Das Mitbestimmungsrecht bezieht sich auch auf die Ausgestaltung der Arbeitszeiten bei einer Arbeit auf Abruf (vgl. FKHE, a.a.O., Rn. 125 zu § 87 BetrVG).

144 Ferner wird in der Literatur die Frage aufgeworfen, ob betriebliche Arbeitszeitregelungen ihre Gültigkeit behalten, wenn keine entgegenstehenden betrieblichen Gründe für eine gewünschte Verteilung der verringerten Arbeitszeit bestehen (vgl. Preis/Gotthardt, a.a.O., S. 149). Hierbei wird nicht nur davon ausgegangen, dass die Festlegung der Verteilung der verringerten Arbeitszeit im Sinne von § 8 TzBfG die betrieblichen Regelungen nicht durchbrechen kann, sondern vielmehr auch den Rahmen für die Einordnung der verringerten Arbeitszeit darstellt. § 8 TzBfG stellt hierbei insofern auch keinen Gesetzesvorbehalt für eine betriebliche Arbeitszeitregelung (z.B. in einer Betriebsvereinbarung) für Teilzeitbeschäftigte dar. Vielmehr kann der Arbeitgeber auf der Grundlage einer Organisationsentscheidung mit dem Betriebsrat eine Regelung treffen, die festlegt, zu welcher Arbeitszeitlage Teilzeitbeschäftigte ihre Arbeit grundsätzlich zu erbringen haben (vgl. Preis/Gotthardt, a.a.O., S. 150). Dies hatte das BAG (vgl. Urt. v. 13.10.1987 – 1 ABR 51/86 – AP Nr. 2 zu § 77 BetrVG 1972 Auslegung) bereits bei Teilzeitbeschäftigungszeiten gemäß § 2 Abs. 2 Satz 1, § 4 Abs. 1 BeschFG entschieden.

5.2 Beteiligungsrechte der Personalvertretung nach den Personalvertretungsgesetzen (PersVG)

5.2.1 Bundespersonalvertretungsgesetz

145 Im Bereich des Personalvertretungsrechts sind die Beteiligungsrechte von Personalräten in unterschiedlichen Gesetzen geregelt. Neben dem Bundespersonalvertretungsgesetz (BPersVG) haben die Bundesländer für jedes einzelne Bundesland Landespersonalvertretungsgesetze geschaffen. Die einzelnen Beteiligungstatbestände weichen voneinander ab. Durch die jeweiligen Mitbestimmungsverfahren ist zudem die Qualität der personalvertretungsrechtlichen Beteiligungsrechte unterschiedlich ausgestaltet worden. Deshalb soll nachfolgend nur auf die Bestimmungen im Bundespersonalvertretungsgesetz zurückgegriffen werden.

Die Personalvertretungsgesetze beinhalten in vergleichbarer Weise die Bestimmung, dass eine Maßnahme, die der Beteiligung der Personalvertretung unterliegt, nur mit ihrer Zustimmung getroffen werden kann (vgl § 69 Abs. 1 BPersVG). Bei nicht erfolgter Beteiligung der Personalvertretung ist die trotzdem durchgeführte Maßnahme im Geltungsbereich des Bundespersonalvertretungsgesetzes unwirksam (vgl. BAG AP Nr. 7 zu § 75 BPersVG).

Im Zusammenhang mit der Umsetzung der Vorschriften des Teilzeit- und Befristungsgesetzes sind im Bereich der Teilzeitarbeit insbesondere die folgenden Beteiligungsrechte von Personalräten nach dem BPersVG zu berücksichtigen: **146**

- Allgemeine Aufgaben nach § 68 BPersVG;
- Festlegung von Beginn und Ende der täglichen Arbeitszeit einschließlich der Pausen sowie Verteilung der Arbeitszeit auf die einzelnen Wochentage (§ 75 Abs. 3 Nr. 1 BPersVG);
- Durchführung der Berufsausbildung (§ 75 Abs. 3 Nr. 6 BPersVG) und Auswahl der Teilnehmer an Fortbildungsveranstaltungen (§ 75 Abs. 3 Nr. 7 BPersVG)
- Personelle Einzelmaßnahmen (§ 75 Abs. 1 Nr. 1 und 3 BPersVG).

5.2.2 Landespersonalvertretungsgesetze

Ausgehend von den vorstehenden Bestimmungen des Bundespersonalvertretungsgesetzes sollen im Rahmen einer Übersicht die vergleichbaren Vorschriften in den Landespersonalvertretungsgesetzen zugeordnet werden. Hierbei ist aber zu beachten, dass die Qualität der einzelnen Beteiligungstatbestände auch aufgrund der jeweiligen Mitbestimmungsverfahren voneinander abweicht bzw. abweichen kann. Die Auswahl beinhaltet keine abschließende Darstellung. **147**

In Ergänzung zu der nachstehenden Aufstellung soll hervorgehoben werden, dass, bezogen auf die Umsetzung der Teilzeitarbeit im TzBfG, die Personalvertretungsgesetze von Bayern (Art. 75 Abs. 1 Nr. 12), Mecklenburg-Vorpommern (§ 68 Abs. 1 Nr. 15), Niedersachsen (§ 65 Abs. 2 Nr. 16), Rheinland-Pfalz (§ 78 Abs. 2 Nr. 8) und Sachsen-Anhalt (§ 67 Abs. 1 Nr. 11) die Ablehnung eines Antrages auf Teilzeitbeschäftigung der Mitbestimmung ihrer jeweiligen Personalvertretung unterwerfen.

Teilzeitarbeit

PersVG	Allg. Aufgaben	Beginn und Ende der Arbeitszeit	Aus- und Fortbildungs- maßnahmen	Einstellung und Versetzung
BPersVG	§ 68	§ 75 Abs. 3 Nr. 1	§ 75 Abs. 3 Nr. 7	§ 75 Abs. 1 Nr. 1 und 3
BW PersVG	§ 68	§ 79 Abs. 1 Nr. 1	§ 79 Abs. 3 Nr. 9	§ 76 Abs. 1 Nr. 1 und 3
Bay PersVG	§ 69	Art.75 Abs. 4 Nr. 1	Art. 75 Abs. 4 Nr. 4 / Art. 76 Abs. 1 Nr. 8	Art. 75 Abs. 1 Nr. 1, 6 und 12
Berlin PersVG	§ 72	§ 85 Abs. 1 Nr. 1	§ 85 Abs. 1 Nr. 5	§ 87 Nr. 1
Bbg PersVG	§ 58	§ 66 Nr. 1	§ 63 Abs. 1 Nr. 22 / § 66 Nr. 12	§ 63 Abs. 1 Nr. 1
HB PersVG	§ 54	§ 63 Abs. 1 Buchst. f)	§ 63 Abs. 1 Buchst. k)	§ 65 Abs. 1 Buchst. a) und d)
HH PersVG	§ 78	§ 86 Abs. 1 Nr. 1	§ 86 Abs. 1 Nr. 6	§ 87 Abs. 1 Nr. 2, 8 und 21
Hess. PersVG	§ 62	§ 74 Abs. 1 Nr. 9	§ 74 Abs. 1 Nr. 8	§ 77 Abs. 1 Nr. 2a und 1c Abs. 2 Nr. 4
M.-V. PersVG	§ 61	§ 70 Abs. 1 Nr. 6	§ 68 Abs. 1 Nr. 16 und 17	§ 68 Abs. 1 Nr. 1 und 9
Nieders. PersVG	§§ 59, 60	§ 66 Abs. 1 Nr. 1a	§ 65 Abs. 2 Nr. 12 und 13	§ 65 Abs. 2 Nr. 1 und 8
NRW PersVG	§ 64	§ 72 Abs. 4 Nr. 1	§ 72 Abs. 4 Nr. 14	§ 72 Abs. 1 Nr. 1 und 5 Abs. 4 Nr. 15
RhPf. PersVG	§ 69	§ 80 Abs. 1 Nr. 5 und 6	§ 78 Abs. 3 Nr. 3	§ 78 Abs. 2 Nr. 1
Saarl. PersVG	§ 71	§ 78 Abs. 1 Nr. 1	§ 78 Abs. 1 Nr. 6	§ 80 Abs. 1 a) Nr. 1 und 4
Sächs. PersVG	§ 73	§ 80 Abs. 3 Nr. 1	§ 80 Abs. 3 Nr. 6 und 7	§ 80 Abs. 1 Nr. 1 und 3
Sa.-Anh. PersVG	§ 56	§ 65 Abs. 1 Nr. 1	§ 65 Abs. 1 Nr. 4	§ 67 Abs. 1 Nr. 1 und 4
SH MBG	§ 49	§ 54 Abs. 4 Nr. 1 i.V.m. § 51	§ 54 Abs. 4 Nr. 14 und 15 i.V.m. § 51	§ 51
Thüring. PersVG	§ 68	§ 74 Abs. 3 Nr. 1	§ 74 Abs. 3 Nr. 5, 6 und 7	§ 74 Abs. 1 Nr. 1 und 4

5.3 Beteiligungsrechte der Mitarbeitervertretung nach der Mitarbeitervertretungsordnung (MAVO)

148 Im Bereich der katholischen Kirche hat die Deutsche Bischofskonferenz für die Beteiligung der Mitarbeiter eine Mitarbeitervertretungsordnung beschlossen. Bezogen auf die Umsetzung der zugunsten der teilzeitbeschäftigten Arbeitnehmer bestehenden Vorschriften im TzBfG, regeln insbesondere die folgenden Bestimmungen eine Beteiligung der Mitarbeitervertretung:

- Information über Stellenausschreibungen (§ 27 MAVO);
- Anhörung und Mitberatung bei Änderung von Beginn und Ende der täglichen Arbeitszeit einschließlich der Pausen so-

5. Beteiligungsrechte der Arbeitnehmervertretung

wie der Verteilung der Arbeitszeit auf die einzelnen Wochentage, z.B. für Mitarbeiterinnen und Mitarbeiter im pastoralen Dienst oder der religiösen Unterweisung sowie im liturgischen Dienst (§ 29 Abs. 1 Nr. 2 MAVO);

- Festlegung von Richtlinien zur Durchführung des Stellenplans (§ 29 Abs. 1 Nr. 4 MAVO);
- Durchführung beruflicher Fort- und Weiterbildungsmaßnahmen, welche die Einrichtung für ihre Mitarbeiterinnen und Mitarbeiter anbietet (§ 29 Abs. 1 Nr. 6 MAVO);
- Zustimmung bei Einstellungen (§ 34 Abs. 1 MAVO);
- Änderung von Beginn und Ende der täglichen Arbeitszeit einschließlich der Pausen sowie der Verteilung der Arbeitszeit auf einzelne Wochentage bei Regelungen der Dienststelle (§ 36 Abs. 1 Nr. 1 MAVO). Hierzu steht der Mitarbeitervertretung auch ein Antragsrecht gemäß § 37 Abs. 1 Nr. 1 MAVO zu.

5.4 Beteiligungsrechte der Mitarbeitervertretung nach dem Mitarbeitervertretungsgesetz (MVG)

Für den Bereich der Evangelischen Kirche in Deutschland regelt das Mitarbeitervertretungsgesetz verschiedene Beteiligungsrechte der Mitarbeitervertretung. Hinsichtlich der Umsetzung des Teilzeit- und Befristungsgesetzes können insbesondere die folgenden Vorschriften herangezogen werden:

149

- Allgemeine Aufgaben der Mitarbeitervertretung (§ 35 MVG);
- Aufstellung von Grundsätzen für die Aus-, Fort- und Weiterbildung sowie die Teilnehmerauswahl (§ 39 Buchst. c);
- Auswahl der Teilnehmer und Teilnehmerinnen an Fort- und Weiterbildungsveranstaltungen (§ 39 Buchst. d);
- Beginn und Ende der täglichen Arbeitszeit und der Pausen sowie Verteilung der Arbeitszeit auf die einzelnen Wochentage (§ 40 Buchst. d);
- Einstellung von Mitarbeiterinnen und Mitarbeitern (§ 42 Buchst. a);
- Versetzung von Mitarbeiterinnen und Mitarbeitern (§ 42 Buchst. g);
- Ablehnung eines Antrags auf Ermäßigung der Arbeitszeit (§ 42 Buchst. k).

Befristete Arbeitsverträge

2

1. Einleitende Bemerkungen 118

2. Gesetzlich vorgesehene Typen
   von befristeten Arbeitsverträgen 122

3. Allgemeine Vorschriften über
   befristete Arbeitsverträge 125

4. Besondere gesetzliche Regelungen
   über befristete Arbeitsverträge 214

5. Beteiligungsrechte
   der Arbeitnehmervertretungen 238

1. Einleitende Bemerkungen

1.1 Zielsetzung des Gesetzgebers

201 Mit den einzelnen Bestimmungen zu befristeten Arbeitsverträgen im Teilzeit- und Befristungsgesetz und zur Änderung und Aufhebung arbeitsrechtlicher Bestimmungen (vgl. Rn. 400) verfolgt der Gesetzgeber mehrere Zielsetzungen:

- Umsetzung der Richtlinie des Europäischen Rates 1999/70/EG über befristete Arbeitsverträge,
- Verbesserung der Rechtssicherheit bei befristeten Arbeitsverträgen und Schließung von Regelungslücken,
- Diskriminierungsschutz für Arbeitnehmer mit befristeten Arbeitsverträgen und
- Allgemeine Verbesserung der Beschäftigungsmöglichkeiten und Förderung der Unternehmen.

202 Mit der Richtlinie des Rates der Europäischen Union (1999/70/EG) vom 28. Juni 1999 (vgl. Rn. 405) wurde die Rahmenvereinbarung der europäischen Sozialpartner über befristete Arbeitsverträge für die Mitgliedstaaten erlassen. Mit dem vorstehenden Gesetz wird mithin die Verpflichtung des deutschen Gesetzgebers zur Umsetzung erfüllt. Die Richtlinie geht auf zwei Vorschläge der Kommission des Europäischen Rates zurück (Auszüge abgedruckt unter Rn. 406, 407, 408), die zuvor den europäischen Sozialpartnern zur Stellungnahme zugeleitet worden sind.

Die Richtlinie enthält neben Definitionen über „befristet beschäftigte Arbeitnehmer" und „vergleichbarer Dauerbeschäftigter" Grundsätze der Nichtdiskriminierung, Maßnahmen zur Vermeidung von Missbräuchen beim Abschluss von befristeten Arbeitsverträgen, Informationspflichten des Arbeitgebers gegenüber den befristet Beschäftigten und der Arbeitnehmervertretung sowie Grundsätze zur Förderung der beruflichen Fertigkeiten, des Fortkommens und der Mobilität von befristet Beschäftigten.

Die Richtlinie ermöglicht dem nationalen Gesetzgeber, mit der Umsetzung zugleich Konkretisierungen nach nationalen Rahmenbedingungen vorzunehmen. Ferner können die Mitgliedstaaten Regelungen treffen, die günstiger sind. Die Umsetzung darf dagegen nicht als Rechtfertigung für eine Senkung des allgemeinen Niveaus des Arbeitnehmerschutzes dienen. Die Richtlinie stellt Mindestbedingungen dar, die von den jeweiligen nationalen Umsetzungsregelungen nicht unterschritten werden dürfen.

1. Einleitende Bemerkungen

Ausgehend davon, dass die allgemeinen Regelungen für befristete Arbeitsverträge – sofern ihr Abschluss eines sachlichen Grundes bedarf – sich gegenwärtig allein aus der Rechtsprechung des Bundesarbeitsgerichts ergeben, kommt der Gesetzgeber zu der Einschätzung, dass die Anwendung dieser Rechtsprechung für die Umsetzung der Richtlinie nicht genügt. Vielmehr bedarf es nach seiner Einschätzung eindeutigerer Regelungen zur Festlegung des sachlichen Grundes, der Höchstdauer und der Höchstzahl von Verlängerungen eines befristeten Arbeitsvertrages. Ferner hält der Gesetzgeber die im Bürgerlichen Gesetzbuch vorhandenen Vorschriften (§§ 620, 623 bis 625) und die in § 1 des Gesetzes über arbeitsrechtliche Vorschriften zur Beschäftigungsförderung (Beschäftigungsförderungsgesetz) für lückenhaft und schwer verständlich. Mit dem Teilzeit- und Befristungsgesetz soll die bisherige Beeinträchtigung der Rechtssicherheit für Arbeitnehmer und Arbeitgeber beseitigt werden. Der Gesetzgeber verknüpft damit zugleich die Vorstellung, dass „unnötige" Streitfälle vor den Arbeitsgerichten vermieden werden können.

203

Durch das vorstehende Gesetz bleiben aber die bestehenden besonderen gesetzlichen Vorschriften über die Befristung von Arbeitsverträgen für spezielle Beschäftigungsbereiche unberührt. In diesen Gesetzen werden bestimmte Beschäftigungsbedingungen mittels Spezialregelung als sachlicher Grund für eine Befristung festgelegt. Ausgehend von der Gesetzessystematik bedeutet dies, dass diese den allgemeinen Bestimmungen im TzBfG vorgehen. Davon sind aber nur die Regelungen über den Befristungsgrund betroffen. Die übrigen Regelungen des TzBfG (z.B. Nichtdiskriminierung, Förderung des beruflichen Fortkommens, Informationspflichten gegenüber Arbeitnehmern und Arbeitnehmervertretung) sind auch bei den besonderen gesetzlichen Vorschriften über die Befristung von Arbeitsverträgen zu beachten. Ausweislich der Gesetzesbegründung hat der Gesetzgeber hierbei an die folgenden besonderen Regelungen zur Befristung von Arbeitsverträgen gedacht:

- §§ 620, 623 bis 625 BGB (Rn. 409)
- § 21 Bundeserziehungsgeldgesetz (Rn. 410)
- § 9 Nr. 2 Arbeitnehmerüberlassungsgesetz (Rn. 411)
- §§ 57a bis 57f Hochschulrahmengesetz (Rn. 412)
- Gesetz über befristete Arbeitsverträge mit Ärzten in der Weiterbildung (Rn. 413)
- Gesetz über befristete Arbeitsverträge mit wissenschaftlichem Personal an Forschungseinrichtungen (Rn. 414)

204 Beinhalteten die bisherigen gesetzlichen Bestimmungen für befristete Arbeitsverträge vor allem Regelungen im Hinblick auf das Erfordernis eines sachlichen Grundes für den Abschluss eines befristeten Arbeitsvertrages, so geht das TzBfG weiter und regelt Fragen der Nichtdiskriminierung von befristet beschäftigten gegenüber unbefristet beschäftigten Arbeitnehmern. Im Mittelpunkt des Schutzes stehen vor allem das Arbeitsentgelt und jede andere teilbare geldwerte Leistung (z.B. Deputat). Der Gesetzgeber will aber auch sicherstellen, dass befristet Beschäftigte bei Beschäftigungsbedingungen, die auf die Beschäftigungsdauer abstellen, nicht benachteiligt werden. Neben dem Schutz vor Diskriminierung werden dem Arbeitgeber aber auch weitere Pflichten zur Förderung der befristet Beschäftigten auferlegt (z.B. Teilnahme an angemessenen Aus- und Weiterbildungsmaßnahmen).

205 Schließlich wollte der Gesetzgeber mit dem vorliegenden Gesetz auch der Aufforderung des Rates der Europäischen Union folgen, auf allen geeigneten Ebenen Vereinbarungen zur Modernisierung der Arbeitsorganisation zu schaffen, um die Unternehmen produktiv und wettbewerbsfähig zu machen und ein ausgewogenes Verhältnis zwischen Anpassungsfähigkeit der Unternehmen und Sicherheit der Arbeitnehmer zu erreichen.

In diesem Rahmen soll das Gesetz auch dazu beitragen, dass die Chancen befristet beschäftigter Arbeitnehmer auf einen Dauerarbeitsplatz verbessert werden.

1.2 Überblick über Regelungsinhalte

206 Der Gesetzgeber geht beim vorliegenden Gesetz von zwei Gruppen aus:

- Befristete Arbeitsverträge, die einen sachlichen Grund für die Befristung erfordern, und
- befristete Arbeitsverträge, für die ein sachlicher Grund für die Befristung nicht vorliegen muss.

Damit sollen die Bestimmungen und die Rechtsprechung zu § 1 des nun abgelösten Beschäftigungsförderungsgesetzes integriert und europakonform ausgestaltet werden. Für befristete Arbeitsverträge, die eines sachlichen Grundes bedürfen, werden im Rahmen einer Aufzählung Beispieltatbestände mit zulässigen Befristungsgründen benannt. Hierbei wird von drei Kategorien befristeter Arbeitsverträge (kalendermäßig befristet, zweckbefristet und Arbeitsverträge mit auflösender Bedingung) ausgegangen, die nun auch begrifflich einheitlich bestimmt werden (§§ 3, 21).

Einheitlich werden nun auch Beendigungsvorschriften für befristete Arbeitsverträge geregelt (§ 15).

In § 16 TzBfG wird zudem die bisherige BAG-Rechtsprechung festgeschrieben, dass ein rechtsunwirksam geschlossener befristeter Arbeitsvertrag in ein unbefristetes Arbeitsverhältnis übergeht.

Zur Geltendmachung einer rechtsunwirksamen Befristung des Arbeitsvertrages legt das Gesetz eine einheitliche Klagefrist von drei Wochen nach Beendigung des befristeten Arbeitsvertrages fest (§ 17).

Arbeitnehmer mit befristeten Arbeitsverträgen sollen gegenüber vergleichbaren Arbeitnehmern mit unbefristeten Arbeitsverträgen nicht schlechter behandelt werden, es sei denn, dass sachliche Gründe eine unterschiedliche Behandlung rechtfertigen. Hierfür führt der Gesetzgeber einzelne Bereiche von Arbeitsbedingungen (vor allem das Arbeitsentgelt betreffend) auf (§ 4 Abs. 2). Ergänzt wird dieses Diskriminierungsverbot von einem allgemeinen Benachteiligungsverbot für den Fall der Inanspruchnahme von Rechten aus dem vorliegenden Gesetz (§ 5). **207**

Zusätzlich zum Diskriminierungsverbot hat der Gesetzgeber besondere Arbeitnehmerrechte und Arbeitgeberpflichten festgeschrieben: **208**

- Information der befristet beschäftigten Arbeitnehmer über unbefristete Arbeitsverträge durch den Arbeitgeber (§ 18),
- Verpflichtung des Arbeitgebers, dafür Sorge zu tragen, dass auch befristet beschäftigte Arbeitnehmer an angemessenen Aus- und Weiterbildungsmaßnahmen zur Förderung der beruflichen Entwicklung und Mobilität teilnehmen können (§ 19),
- Information der Arbeitnehmervertretung über die Anzahl der befristet beschäftigten Arbeitnehmer und ihren Anteil an der Gesamtbelegschaft des Betriebes und des Unternehmens (§ 20).

Im § 22 Abs. 1 eröffnet der Gesetzgeber die Möglichkeit, dass gemäß des § 14 Abs. 2 Satz 3 und 4 TzBfG in den dort genannten Fällen Abweichungen zuungunsten des Arbeitnehmers zulässig sind. Günstigere tarifvertragliche Regelungen sind allerdings ebenfalls möglich. **209**

§ 14 Abs. 2 Satz 3 regelt die Möglichkeit, dass mittels eines Tarifvertrages von der Höchstdauer der Befristung oder der Anzahl der Verlängerungen abgewichen werden kann.

§ 14 Abs. 2 Satz 4 ermöglicht es den Arbeitsvertragsparteien, für nicht tarifgebundene Arbeitnehmer und Arbeitgeber im Geltungs-

210 § 22 Abs. 2 enthält eine Sonderregelung: Enthält ein Tarifvertrag für den öffentlichen Dienst Bestimmungen über die in § 22 Abs. 2 TzBfG aufgezählten Normen, so gelten diese Bestimmungen auch zwischen nicht tarifgebundenen Arbeitgebern und Arbeitnehmern außerhalb des öffentlichen Dienstes, wenn die Anwendung dieses Tarifvertrages zwischen Arbeitgeber und Arbeitnehmer außerhalb des öffentlichen Dienstes vereinbart worden ist und der Arbeitgeber die Kosten des Betriebes überwiegend mit Zuwendungen im Sinne des Haushaltsrechts deckt.

2. Gesetzlich vorgesehene Typen von befristeten Arbeitsverträgen

211 Mit dem TzBfG hat der Gesetzgeber allgemeine Vorschriften über den Abschluss von befristeten Arbeitsverträgen geschaffen, die die besonderen Regelungen für befristete Arbeitsverträge unberührt lassen.

Nach § 3 Abs. 1 Satz 1 des Gesetzes ist ein Arbeitnehmer befristet beschäftigt, wenn mit ihm ein Arbeitsvertrag auf bestimmte Zeit geschlossen worden ist.

Ein auf bestimmte Zeit geschlossener Arbeitsvertrag soll nach § 3 Abs. 1 Satz 2 dann vorliegen, wenn die Dauer des Arbeitsvertrages kalendermäßig bestimmt ist (kalendermäßig befristeter Arbeitsvertrag) oder wenn sich die befristete Dauer des Arbeitsvertrages aus der Art, dem Zweck oder der Beschaffenheit der Arbeitsleistung ergibt (zweckbefristeter Arbeitsvertrag).

Ferner bezieht das Gesetz in § 21 durch Verweise auch Arbeitsverträge ein, die unter einer auflösenden Bedingung geschlossen worden sind.

Das Gesetz geht davon aus, dass alle befristeten Arbeitsverträge entweder von

a) den allgemeinen Regelungen gemäß Teilzeit- und Befristungsgesetz oder

b) von den besonderen gesetzlichen Regelungen erfasst werden.

Die *allgemeinen Regelungen* beinhalten drei Typen von befristeten Arbeitsverträgen (§ 3 Abs. 1, § 21):

2. Gesetzlich vorgesehene Typen von befristeten Arbeitsverträgen

a) kalendermäßig befristeter Arbeitsvertrag (vgl. Rn. 213),
b) zweckbefristeter Arbeitsvertrag (vgl. Rn. 214) und
c) auflösend bedingte Arbeitsverträge (vgl. Rn. 215).

Die *besonderen Regelungen* beinhalten Zulässigkeitsvorschriften für befristete Arbeitsverträge für bestimmte Tätigkeiten, bzw. für dort erwähnte betriebliche Gründe.

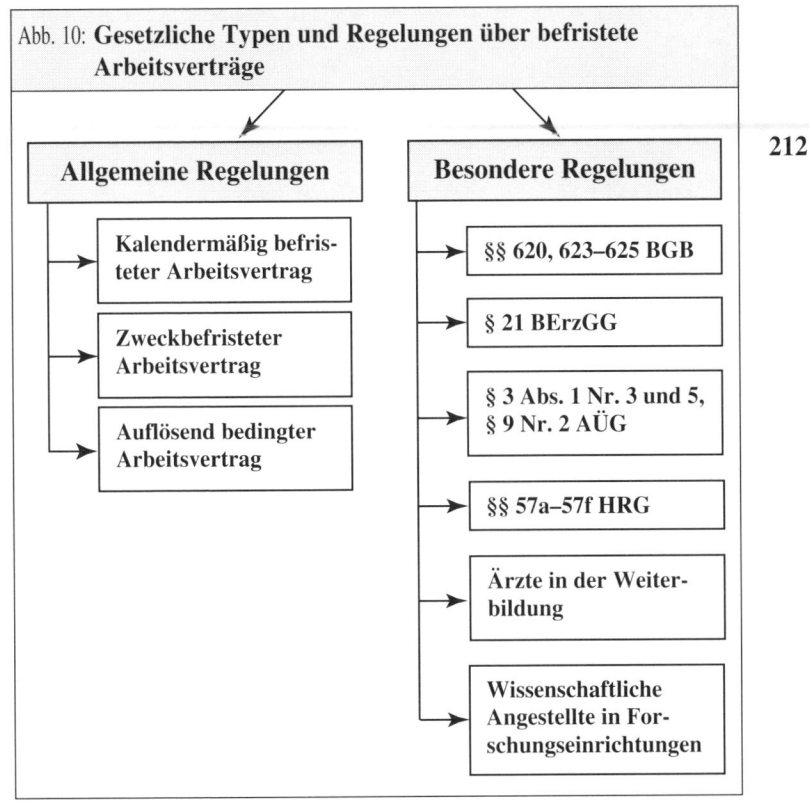

Abb. 10: Gesetzliche Typen und Regelungen über befristete Arbeitsverträge

Allgemeine Regelungen
- Kalendermäßig befristeter Arbeitsvertrag
- Zweckbefristeter Arbeitsvertrag
- Auflösend bedingter Arbeitsvertrag

Besondere Regelungen
- §§ 620, 623–625 BGB
- § 21 BErzGG
- § 3 Abs. 1 Nr. 3 und 5, § 9 Nr. 2 AÜG
- §§ 57a–57f HRG
- Ärzte in der Weiterbildung
- Wissenschaftliche Angestellte in Forschungseinrichtungen

Nach § 3 Abs. 1 Satz 2, 2. Halbsatz – 1. Alternative – des TzBfG liegt ein *kalendermäßig befristeter Arbeitsvertrag* dann vor, wenn die Dauer des befristeten Arbeitsvertrages kalendermäßig bestimmt ist. Eine kalendermäßige Bestimmung liegt vor, wenn sowohl der Beginn als auch das Ende des befristeten Arbeitsvertrages durch die Angabe eines Datumstages, eines Monats, eines Jahres festgelegt worden sind (z.B. 1.1.2001 bis 31.8.2001).

214 Ergibt sich die Dauer der Befristung aus der Art, dem Zweck oder der Beschaffenheit der Arbeitsleistung, so liegt nach der gesetzlichen Legaldefinition in § 3 Abs. 1 Satz 2, 2. Halbsatz – 2. Alternative – ein *zweckbefristeter Arbeitsvertrag* vor.

Unter *Zweck* wird nach allgemeinem Sprachgebrauch „etwas mit einer Handlung bewirken, erreichen" (vgl. Duden, Stichwort „Zweck", S. 1809) verstanden. Wenn sich die Dauer der Befristung aus dem *Zweck der Arbeitsleistung* ergeben soll, so stellt der Gesetzgeber darauf ab, dass mit der Arbeitsleistung ein Ziel bewirkt oder erreicht werden soll und mit Zielerreichung die Arbeitsleistung nicht mehr benötigt wird. Die festzulegende Dauer ergibt sich hierbei also durch die Erreichung des Ziels.

Ferner kann sich die Dauer der Befristung aus der *Art der Arbeitsleistung* ergeben. Unter *Art* wird nach allgemeinem Sprachgebrauch „Eigentümlichkeit, Wesensart, innewohnende Natur" (vgl. Duden, Stichwort „Art", S. 143) verstanden. Die Eigentümlichkeit, die Besonderheit der Arbeitsleistung muss mithin vorübergehend sein und somit die (befristete) Dauer des Arbeitsverhältnisses vorgeben.

Schließlich kann sich die befristete Dauer aus der *Beschaffenheit der Arbeitsleistung* ergeben. Nach allgemeinem Sprachgebrauch werden unter *Beschaffenheit* „äußere, innere, ..." Merkmale (vgl. Duden, Stichwort *„Beschaffenheit"*, S. 240) verstanden. Eine Befristung muss sich also unmittelbar durch die verschiedenen äußeren und der Arbeitsleistung innewohnenden Merkmale begründen lassen.

Die so vom Gesetzgeber abstrakt festgelegte Umschreibung eines zweckbefristeten Arbeitsvertrages lässt sich erst anhand der Beispiele für einen sachlichen Grund in § 14 Abs. 1 näher konkretisieren.

215 Nach § 21 des Gesetzes wird auch ein *auflösend bedingter Arbeitsvertrag* durch entsprechende Verweise als Befristungstyp eingestuft. Ein Arbeitsvertrag steht dann unter einer auflösenden Bedingung, wenn das Ende des Arbeitsverhältnisses auf den Eintritt eines zukünftigen Ereignisses gestützt wird. Tritt dieses Ereignis ein, dann soll das Arbeitsverhältnis – ohne dass es einer Kündigung bedarf – enden.

3. Allgemeine Vorschriften über befristete Arbeitsverträge

Für die drei Befristungstypen (kalendermäßig befristet, zweckbefristet oder auflösend bedingt) hat der Gesetzgeber mehrere Vorschriften festgelegt (z.B. Zulässigkeitsvorschriften, Nichtdiskriminierungsvorschriften, Informationspflichten für den Arbeitgeber), die beim Vertragsabschluss zu beachten sind.

216

Ferner enthält das Gesetz auch Regelungen für den Fall, dass die Verträge rechtsunwirksam sind und wie dies unter welchen Bedingungen arbeitsgerichtlich überprüft werden kann.

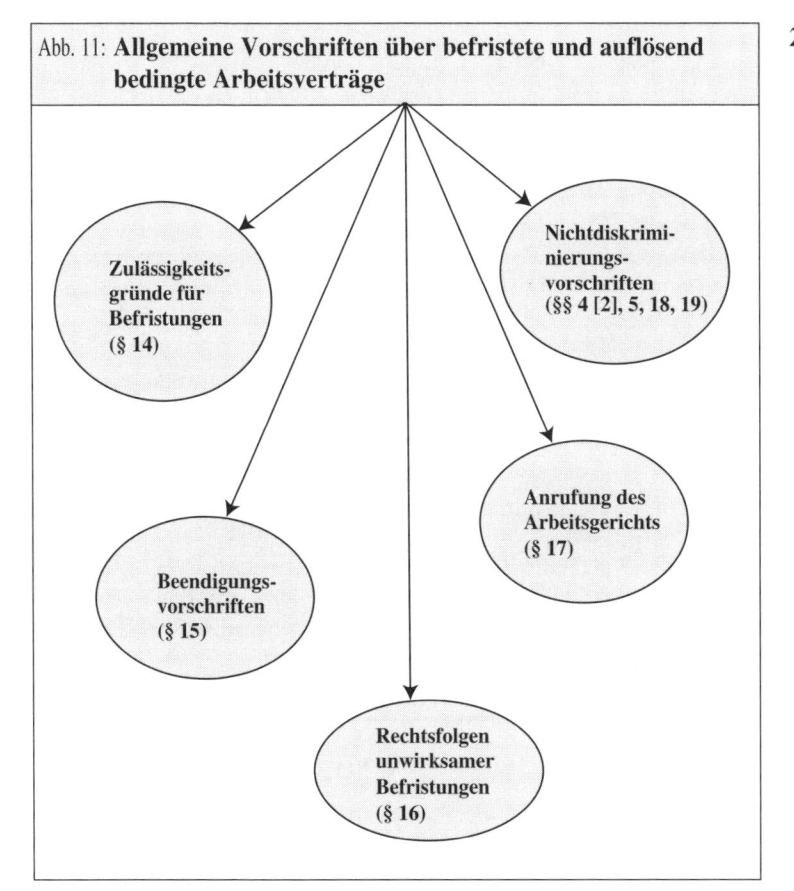

Abb. 11: **Allgemeine Vorschriften über befristete und auflösend bedingte Arbeitsverträge**

217

- Zulässigkeitsgründe für Befristungen (§ 14)
- Nichtdiskriminierungsvorschriften (§§ 4 [2], 5, 18, 19)
- Beendigungsvorschriften (§ 15)
- Anrufung des Arbeitsgerichts (§ 17)
- Rechtsfolgen unwirksamer Befristungen (§ 16)

3.1 Zulässigkeit der Befristung von Arbeitsverträgen (§ 14 Abs. 1 bis 3)

218 § 14 regelt die Zulässigkeit einer Befristung von Arbeitsverträgen sowie Ausnahmen bei kalendermäßig befristeten Arbeitsverträgen. Hierbei geht der Gesetzgeber zunächst davon aus, dass eine Befristung nur beim Vorliegen eines sachlichen Grundes zulässig ist. Im Rahmen einer Beispielaufzählung wird verdeutlicht, wann insbesondere ein sachlicher Grund für die Befristung vorliegt.

Von diesem Grundsatz wird in zwei Fällen abgewichen:

- Bei kalendermäßig befristeten Arbeitsverträgen und
- bei Arbeitnehmern, die zu Beginn des befristeten Arbeitsvertrages das 58. Lebensjahr vollendet haben.

Hierzu bedarf es unter bestimmten Voraussetzungen keines sachlichen Grundes. Zur Zulässigkeit gehört gemäß § 14 Abs. 4 auch das Schriftformerfordernis.

Unter Berücksichtigung, dass das unbefristete Arbeitsverhältnis das Normalarbeitsverhältnis ist, lassen sich die Vorschriften des Teilzeit- und Befristungsgesetzes wie folgt einordnen:

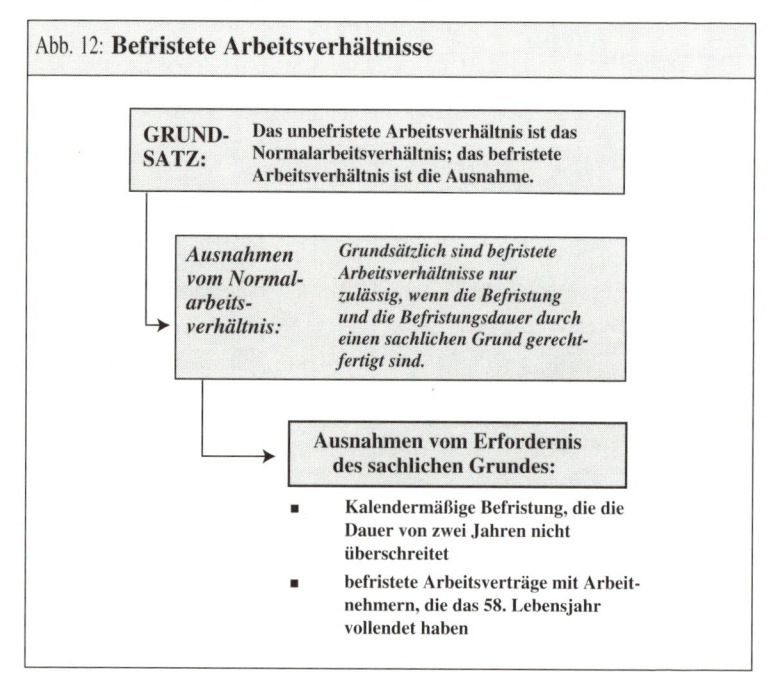

Abb. 12: Befristete Arbeitsverhältnisse

GRUNDSATZ: Das unbefristete Arbeitsverhältnis ist das Normalarbeitsverhältnis; das befristete Arbeitsverhältnis ist die Ausnahme.

Ausnahmen vom Normalarbeitsverhältnis: Grundsätzlich sind befristete Arbeitsverhältnisse nur zulässig, wenn die Befristung und die Befristungsdauer durch einen sachlichen Grund gerechtfertigt sind.

Ausnahmen vom Erfordernis des sachlichen Grundes:

- Kalendermäßige Befristung, die die Dauer von zwei Jahren nicht überschreitet
- befristete Arbeitsverträge mit Arbeitnehmern, die das 58. Lebensjahr vollendet haben

3.1.1 Erfordernis des sachlichen Grundes

3.1.1.1 Allgemeines

Nach § 14 Abs. 1 Satz 1 des vorliegenden Gesetzes ist die Befristung eines Arbeitsvertrages grundsätzlich nur zulässig, wenn die Befristung durch einen sachlichen Grund gerechtfertigt ist. Ausweislich der Gesetzesbegründung wird das Erfordernis des sachlichen Grundes übereinstimmend mit der bisherigen Rechtsprechung des Bundesarbeitsgerichts geregelt.

219

Ausgehend vom unbefristeten Normalarbeitsverhältnis hat das Bundesarbeitsgericht festgestellt, dass die Befristung eines Arbeitsverhältnisses eine Umgehung von Kündigungsschutzbestimmungen in Gesetzen (z.b. im Kündigungsschutzgesetz, Schwerbehindertengesetz, Mutterschutzgesetz, Betriebsverfassungsgesetz, Personalvertretungsgesetz) und Tarifverträgen (z.b. Rationalisierungschutztarifverträge) darstellt. Aber auch Bestimmungen in Betriebs- und Dienstvereinbarungen über Mindestkündigungsfristen oder über den Ausschluss von Kündigungen nach einer bestimmten Beschäftigungsdauer, die die gesetzlichen Kündigungsschutzbestimmungen ergänzen, können hier in Betracht kommen (vgl. BAG Großer Senat, Urt. v. 12.10.1960 – GS 1/59 (3 AZR 65/56) – AP Nr. 16 zu § 620 BGB Befristeter Arbeitsvertrag).

So liegt eine Umgehung vor, wenn der durch die Kündigungsschutzbestimmungen gewährleistete Bestandsschutz des Arbeitsverhältnisses durch den Abschluss eines befristeten Arbeitsvertrages vereitelt wird (vgl. BAG, Urt. v. 26.3.1986 – 7 AZR 599/84 – AP Nr. 103 zu § 620 BGB Befristeter Arbeitsvertrag). Neben den Schutzbestimmungen zum Kündigungsschutzgesetz hat das BAG bei den folgenden Beispielen eine Umgehung von Schutzregelungen angenommen:

220

- **Mutterschutzgesetz**:
  Eine Umgehung liegt vor, wenn eine Schwangere nur wegen der Schwangerschaft nicht weiterbeschäftigt wird (vgl. BAG, Urt. v. 28.11.1963 – 2 AZR 140/63 – AP Nr. 26 zu § 620 BGB Befristeter Arbeitsvertrag)
- **Schwerbehindetengesetz**:
  Wird ein befristeter Arbeitsvertrag nur deshalb abgeschlossen, weil die Zustimmung der Hauptfürsorgestelle bei einer Kündigung umgangen werden soll, so liegt eine unzulässige Rechtsausübung vor (vgl. BAG, Urt. v. 28.02.1963 – 2 AZR 345/62 – AP Nr. 25 zu § 620 BGB Befristeter Arbeitsvertrag).

Befristete Arbeitsverträge

Hingegen stellt eine mögliche Umgehung der Beteiligungsrechte der Betriebs- oder Personalvertretung bei Kündigungen laut BAG keine zu berücksichtigende Schutznorm im obigen Sinne dar, da der Betroffene auf die kollektive Entscheidung der Betriebs- oder Personalvertretung keinen Einfluss hat und sie gerichtlich auch nicht individualrechtlich durchgesetzt werden kann (vgl. BAG, Urt. v. 14.2.1990 – 7 AZR 68/89 – AP Nr. 12 zu § 1 BeschFG 1985). Hingegen stellen die Kündigungsschutznormen für Betriebs- und Personalratsmitglieder aber zu berücksichtigende Schutznormen im obigen Sinne dar. Sie wirken sich aber nur dahin gehend aus, dass bei Arbeitnehmern mit befristeten Arbeitsverträgen, die während des befristeten Arbeitsverhältnisses in den Betriebs- oder Personalrat gewählt werden, an das Vorliegen eines sachlichen Grundes besonders strenge Anforderungen zu stellen sind (vgl. BAG AP Nr. 14 zu § 15 KSchG 1969).

Wichtig: Eine Außerkraftsetzung des Bestandsschutzes ist nach Auffassung des BAG nur dann zu rechtfertigen, wenn ein sachlicher Grund für die Befristung des Arbeitsverhältnisses vorliegt.

221 Aber selbst wenn ein sachlicher Grund vorliegt, muss noch die Frage der Üblichkeit der Befristungsabrede im Arbeitsleben geprüft und darauf abgestellt werden, ob „verständige und verantwortungsbewusste Parteien" auch eine Befristung von Arbeitsverträgen zu vereinbaren pflegen. So kann der Sachgrund eine Befristung nicht tragen, wenn der Arbeitgeber sich nicht durchgängig daran hält: Werden z.B. Arbeitnehmer sowohl in befristeten als auch in unbefristeten Arbeitsverhältnissen mit der gleichen Tätigkeit beschäftigt, so kann der sachliche Grund nicht mehr tragen, da es nicht dem Zufall oder der alleinigen Beurteilung des Arbeitgebers obliegen darf, wer befristet oder wer auf Dauer beschäftigt wird (vgl. BAG, Urt. v. 12.9.1996 – 7 AZR 64/96 – AP Nr. 183 zu § 620 BGB Befristeter Arbeitsvertrag).

222 Das Erfordernis eines sachlichen Grundes muss grundsätzlich in zweierlei Hinsicht erfüllt sein: Zunächst einmal muss für die befristete Gestaltung des Arbeitsvertrages *inhaltlich* ein Grund vorliegen, der es rechtfertigt, dass der Bestandsschutz des Arbeitsvertrages zurücktritt. Ferner muss die vereinbarte Dauer der Befristung in Zusammenhang mit dem inhaltlichen Grund *sachlich* gerechtfertigt sein.

Am Beispiel des öffentlichen Dienstes hat das LAG Berlin im Urt. v. 10.8.1981 (9 Sa 1/81 – AP Nr. 58 zu § 620 BGB Befristeter Arbeitsvertrag) für die inhaltliche Prüfung, ob ein sachlicher Grund vorliegt, weitere Aspekte einbezogen:

> „Soll die Befristung von Arbeitsverträgen im öffentl. Dienst wirksam sein, bedarf es deshalb einer detaillierten Finanz- und Personalplanung auf der Basis einer klaren Bedarfsprognose. Anders kann der ledigl. temporäre Charakter bestimmter Verwaltungstätigkeiten und seiner Auswirkung auf das konkrete Stellengefüge nicht nachgewiesen werden. Gibt es weder das eine noch das andere oder sind diese Planungen aus den verschiedensten Gründen nicht möglich, etwa wegen Unabsehbarkeit der Entwicklung der Konjunktur und dementsprechend der öffentl. Finanzen, aufgrund der Veränderung politischer Prioritäten, usw., muss es beim Regelfall des unbefristeten Arbeitsverhältnisses bleiben."

Ob ein sachlicher Grund in inhaltlicher Hinsicht vorliegt, hängt also vor allem davon ab, ob auf der Grundlage betrieblicher Daten und Planungen – abweichend von der Grundsituation – eine besondere Situation auftritt, die in vorübergehender Weise einen Bedarf an befristeten Arbeitsverträgen schafft.

Bestehen tarifliche Befristungsanforderungen, so sind diese bei Prüfung des sachlichen Grundes zu berücksichtigen, sofern sie diesem Gesetz nicht widersprechen.

223 Neben dem Erfordernis des sachlichen Grundes in *inhaltlicher* Hinsicht ist es nach ständiger Rechtsprechung des BAG auch erforderlich, dass die *zeitliche Dauer* des befristeten Arbeitsverhältnisses durch einen sachlichen Grund gerechtfertigt ist.

So ist die vereinbarte Dauer eines befristeten Arbeitsverhältnisses an den Sachgründen für die Befristung zu orientieren. In jedem Einzelfall der Befristung ist also zu prüfen, ob bei Abschluss des jeweiligen befristeten Vertrages ersichtlich ist, dass die gewählte Zeitdauer des Vertrages sachlich gerechtfertigt ist. Hängen die ausschlaggebenden Umstände von zukünftigen Entwicklungen ab, so hat der Arbeitgeber eine begründete Prognose vorzunehmen, die von den Arbeitsgerichten auf der Grundlage des vorgelegten Materials überprüft werden kann (vgl. BAG, Urt. v. 30.9.1981 – 7 AZR 602/79 – AP Nr. 63 zu § 620 BGB Befristeter Arbeitsvertrag).

Unter Berücksichtigung weiterer BAG-Entscheidungen lässt sich das Erfordernis des sachlichen Grundes im Hinblick auf die zeitliche Dauer wie folgt umreißen:

a) Die bloße Überschreitung der zunächst gesetzten zeitlichen Befristungsdauer ist erst dann geeignet, die Befristungsbegründung in Frage zu stellen, wenn die vereinbarte Dauer derart hinter der voraussichtlichen Dauer des Befristungsgrundes zurückbleibt, dass eine sinnvolle, dem Sachgrund der Befristung entsprechende Beschäftigung des Arbeitnehmers nicht mehr möglich erscheint.

b) Überschreitet hingegen die vereinbarte Vertragsdauer deutlich die bei Vertragsabschluss voraussehbare Dauer des Befristungsgrundes, so lässt sich die Dauer nicht mehr im Nachhinein mit dem Befristungsgrund erklären (vgl. z.B. BAG AP Nr. 125 zu § 620 BGB Befristeter Arbeitsvertrag).

c) Mit zunehmender Zahl von Befristungen, die zwar jeweils von der Dauer her sachlich gerechtfertigt sind, steigen aber zugleich die Anforderungen an den sachlichen Grund generell, weil sich bei längerer Betriebszugehörigkeit auch der Bestandsschutz des Arbeitsverhältnisses festigt (vgl. BAG AP Nr. 63 zu § 620 BGB Befristeter Arbeitsvertrag). Der Arbeitgeber muss somit prüfen, ob nicht aus seiner sozialen Verantwortung heraus und bei Berücksichtigung des schutzwürdigen Interesses des Arbeitnehmers an einer Dauerbeschäftigung sich der Abschluss eines befristeten Arbeitsvertrages verbietet (vgl. BAG AP Nr. 44 zu § 620 BGB Befristeter Arbeitsvertrag).

3.1.1.2 Beispielkatalog für sachliche Gründe

224 Ausgehend von der Übernahme des Erfordernisses eines sachlichen Grundes auf der Grundlage der BAG-Rechtsprechung weist die Gesetzesbegründung auch konsequent darauf hin, dass sich die in § 14 Abs. 1 Satz 2 TzBfG aufgeführten beispielhaften Befristungstatbestände an den vom Bundesarbeitsgericht entwickelten zulässigen Befristungsgründen orientieren sollen. Durch die Formulierung „insbesondere" ist die Aufzählung der Befristungstatbestände nicht abschließend geregelt. Nach dem Willen des Gesetzgebers sollen also weder andere von der Rechtsprechung bisher akzeptierte noch weitere Gründe ausgeschlossen werden. Deshalb können wohl die bisherigen von der Rechtsprechung entwickelten Befristungsgründe zur weiteren Auslegung herangezogen werden, wenn zu beurteilen ist, ob für einen befristeten Arbeitsvertrag ein sachlicher Grund sowohl in inhaltlicher als auch in zeitlicher Hinsicht vorliegt. Dies bedeutet aber auch, dass die jeweiligen Beschränkungen, die die Rechtsprechung zu den einzelnen Befristungsgründen entwickelt hat, nach dem Willen des Gesetzgebers ebenfalls bei der Prüfung, ob ein sachlicher Grund vorliegt, mit einzubeziehen sind.

3. Allgemeine Vorschriften über befristete Arbeitsverträge

Der Gesetzgeber hat in § 14 Abs. 1 Satz 2 acht Beispieltatbestände aufgeführt. Danach liegt ein sachlicher Grund insbesondere dann vor, wenn **225**

1. der betriebliche Bedarf an der Arbeitsleistung nur vorübergehend besteht,
2. die Befristung im Anschluss an eine Ausbildung oder ein Studium erfolgt, um den Übergang des Arbeitnehmers in eine Anschlussbeschäftigung zu erleichtern,
3. der Arbeitnehmer zur Vertretung eines anderen Arbeitnehmers beschäftigt wird,
4. die Eigenart der Arbeitsleistung die Befristung rechtfertigt,
5. die Befristung zur Erprobung erfolgt,
6. in der Person des Arbeitnehmers liegende Gründe die Befristung rechtfertigen,
7. der Arbeitnehmer aus Haushaltsmitteln vergütet wird, die haushaltsrechtlich für eine befristete Beschäftigung bestimmt sind, und er entsprechend beschäftigt wird oder
8. die Befristung auf einem gerichtlichen Vergleich beruht.

Wie die folgende Übersicht auf Seite 132 zeigt, hat sich der Gesetzgeber weitgehend an schon entwickelte Befristungsgründe der Rechtsprechung gehalten, ohne weitere auch bisher schon entschiedene Befristungstatbestände auszuschließen.

Abb. 13: **Befristungsgründe nach TzBfG und Rechtsprechung**

Beispieltatbestände nach § 14 (1) Satz 2	Befristungsgründe (Rechtsprechung)
Vorübergehender betrieblicher Bedarf an der Arbeitsleistung	Vorübergehender Mehrbedarf
Erleichterung zum Übergang in eine Anschlussbeschäftigung nach Ausbildung oder Studium	
Vertretungstätigkeit für einen anderen Arbeitnehmer	Vertretungstätigkeiten
Eigenart der Arbeitsleistung	▪ Befristung für Lektorentätigkeit ▪ Saisonarbeit ▪ Rundfunkfreiheit ▪ Zwischenstaatliche Vereinbarungen ▪ BSHG-Beschäftigung ▪ Wissenschaftlicher Fraktionsmitarbeiter
Erprobung des Arbeitnehmers	Erprobung des Arbeitnehmers
Gründe, die in der Person des Arbeitnehmers liegen	▪ Wunsch des Arbeitnehmers ▪ Befristung als sozialer Überbrückungszweck ▪ Nebentätigkeiten ▪ Fort- und Weiterbildung ▪ Studium ▪ Befristete Aufenthaltserlaubnis
Beschäftigung aufgrund von Mitteln, die haushaltsrechtlich befristet sind	▪ Drittmittelfinanzierung ▪ Haushaltsmittel für vorübergehende Tätigkeit
Gerichtlicher Vergleich	Gerichtlicher Vergleich
	Zukünftiger Personalbedarf
	Freihalten von Arbeitsplätzen für spätere Besetzungen

3.1.1.3 Einzelne Befristungstatbestände mit sachlichem Grund

- Vorübergehender betrieblicher Bedarf

Ein sachlicher Grund für die Befristung soll dann vorliegen, wenn ein vorübergehender betrieblicher Bedarf an der Arbeitsleistung besteht. Laut Gesetzesbegründung kann dieser Bedarf „in Form eines vorübergehenden Arbeitskräftebedarfs (z.b. während der Erntesaison) oder eines künftig wegfallenden Arbeitskräftebedarfs (z.b. aufgrund der Inbetriebnahme einer neuen technischen Anlage, Abwicklungarbeiten bis zur Betriebsschließung)" (vgl. Drucksache 14/4374, S. 19) bestehen. Allerdings setzt dieser vorübergehende Arbeitskräftebedarf voraus, „dass zum Zeitpunkt des Vertragsabschlusses der Arbeitgeber aufgrund greifbarer Tatsachen mit hinreichender Sicherheit annehmen kann, dass der Arbeitskräftebedarf in Zukunft wegfallen wird (Prognose)" (vgl. Drucksache 14/4374, S. 19). Hiervon zu unterscheiden ist die jeder wirtschaftlichen Tätigkeit innewohnende Unsicherheit über den zukünftigen Personalbedarf. Sie stellt keinen sachlichen Grund für eine Befristung dar. 226

Zu dem vom Gesetzgeber unter § 14 Abs. 1 Satz 2 Nr. 1 TzBfG aufgeführten Beispieltatbestand ist auch ein *vorübergehender Mehrbedarf* zu rechnen. Voraussetzung ist, dass bei Abschluss des befristeten Arbeitsvertrages mit einiger Sicherheit feststeht, dass der Mehrbedarf nach Auslaufen der Befristung auch entfällt (vgl. BAG, Urt. v. 14.1.1982 – 2 AZR 254/81 – AP Nr. 65 zu § 620 BGB Befristeter Arbeitsvertrag; vgl. auch BAG AP Nr. 14 zu § 15 KSchG 1969). Damit ist deutlich herausgestellt, dass es sich nicht schlechthin um jeden Mehrbedarf handeln darf, sondern nur um einen vorübergehenden. Das Erfordernis „vorübergehend" liegt dann nicht mehr vor, wenn aufgrund einer Personaleinschränkung ein kontinuierlicher Mehrbedarf auftritt. 227

Am Beispiel mehrfacher Befristungen im Rahmen der Briefverteilung der DBP entschied das BAG (vgl. Urt. v. 12.9.1996 – 7 AZR 790/95 – AP Nr. 182 zu § 620 BGB Befristeter Arbeitsvertrag), dass die bloße Unsicherheit über die künftige Entwicklung des Arbeitskräftebedarfs allein keinen Grund darstellt. Auch die Verweisung auf einzelne Mehrbedarfsgründe wie die Einführung der neuen Postleitzahlen, des Codierungsverfahrens, des Weihnachtsverkehrs usw. genügt nicht. Vielmehr hätte jeweils das erforderliche Grundpersonal in Zusammenhang mit dem Sendungsaufkommen dargelegt werden müssen, um so den jeweiligen Mehrbedarf für den geplanten Zeitraum feststellen zu können. 228

Darüber hinaus rechtfertigt auch ein zeitweiliger Mehrbedarf an Arbeitskräften nicht, dass der Arbeitgeber dies zum Anlass nimmt, beliebig viele Arbeitnehmer einzustellen. Vielmehr muss sich die Zahl der befristet eingestellten Arbeitnehmer im Rahmen des vorübergehenden Mehrbedarfs halten (vgl. BAG, Urt. vom 28.4.1986 – 7 AZR 583/84 [nicht veröffentlicht]; BAG, Urt. vom 15.11.1989 – 7 AZR 529/88 [nicht veröffentlicht] – zit. n. BAG, Urt. v. 12.9.1996 – 7 AZR 790/95 – AP Nr. 182 zu § 620 BGB Befristeter Arbeitsvertrag).

- Erleichterung beim Übergang für eine Anschlussbeschäftigung

229 Dieser in Nr. 2 des § 14 Abs. 1 Satz 2 TzBfG genannte Befristungsgrund ist vom Gesetzgeber neu geschaffen worden und geht über die bisherige Rechtsprechung des BAG hinaus. In der Gesetzesbegründung heißt es, dass so aufgrund tariflicher Regelungen in vielen Wirtschaftszweigen ein Berufsstart erleichtert wird. Insbesondere gilt dies für den Arbeitnehmer, der beim Arbeitgeber als Werkstudent beschäftigt war und so nach Abschluss des Studiums bei diesem Arbeitgeber erneut befristet beschäftigt werden kann (vgl. Drucksache 14/4374, S. 19). Zwischen befristeter Beschäftigung und Übergang in eine Anschlussbeschäftigung muss aber ein Zusammenhang bestehen. Die Anforderungskriterien dürften hier mit dem Befristungsgrund „sozialer Überbrückungszweck" vergleichbar sein (vgl. Rn. 253 f.).

- Vertretungstätigkeiten

230 Ein Vertretungsfall im Sinne der Nr. 3 liegt vor, wenn durch den zeitweiligen Ausfall eines Arbeitnehmers ein vorübergehender Bedarf entsteht, einen anderen Arbeitnehmer zu beschäftigen. In der Gesetzesbegründung (vgl. Drucksache 14/4374, S. 19) werden Umstände wie Vertretungen wegen Krankheit, Beurlaubung, Einberufung zum Wehrdienst, Abordnung ins Ausland angeführt.

231 Die vorstehenden Vertretungsfälle sind bisher auch von der Rechtsprechung als sachlicher Grund für eine Befristung anerkannt worden. Denkbar ist es hiernach auch, dass bei einem derartigen Ausfall ein anderer Mitarbeiter die Aufgaben des Verhinderten wahrnimmt und für die Wahrnehmung von dessen Aufgaben ein Arbeitnehmer befristet eingestellt wird (vgl. BAG AP Nr. 63 zu § 620 Befristeter Arbeitsvertrag).

Aufgrund dieser weitgehenden Bestimmung von Vertretungen besteht die Gefahr, dass der Arbeitgeber – je nach seiner Einschätzung des Bedarfs – beliebig viele Vertretungskräfte in befristeten Arbeits-

verhältnissen beschäftigt. Deshalb sind an Vertretungen mittels befristeter Arbeitsverträge einige Anforderungen zu stellen:
- Die Anzahl der Vertretungskräfte, der Arbeitsumfang und die Dauer müssen sowohl in quantitativer als auch in qualitativer Hinsicht in Zusammenhang mit den „abwesenden" Mitarbeitern stehen (vgl. BAG AP Nr. 61, 63 und 76 zu § 620 BGB Befristeter Arbeitsvertrag).
- Es darf sich bei den Vertretungen nicht um Dauervertretungen handeln. Von einer Dauervertretung kann aber nur gesprochen werden, wenn derselbe Arbeitnehmer aufgrund mehrerer hintereinander geschalteter Zeitverträge über längere Zeit zur Abdeckung eines konkreten Vertretungsbedarfs beschäftigt wird. In diesen Fällen kann von einer dauerhaften Tätigkeit – als so genannter „Springer" – ausgegangen werden (vgl. BAG AP Nr. 83 zu § 620 BGB Befristeter Arbeitsvertrag).
- Ein schultypischer Gesamtvertretungsbedarf an Lehrkräften kann dann eine Befristung rechtfertigen, wenn der Arbeitgeber die planmäßigen Lehrkräfte ungeachtet ihrer Lehrbefähigung und ihres jeweiligen Status zur Abdeckung vorübergehender Bedarfslagen an allen Schulen einsetzen kann. Ist die Befristung auf das Schuljahr bezogen, so muss der Vertretungsbedarf auf einer zeitlich entsprechenden Abwesenheit planmäßiger Lehrkräfte beruhen (vgl. BAG, Urt. v. 20.1.1999 – 7 AZR 640/97 – AP Nr. 138 zu § 611 BGB Lehrer, Dozenten).

Allerdings muss es laut BAG der unternehmerischen Entscheidung überlassen bleiben, ob der Arbeitgeber den befristeten Arbeitsvertrag für die Gesamtdauer der Vertretungszeit oder nur für eine kürzere Frist abschließt, weil er das Fehlen anderweitig überbrücken will. Entscheidend ist es hierbei, dass zum Zeitpunkt des Vertragsabschlusses mit der Rückkehr des zu vertretenden Arbeitnehmers zu rechnen ist (vgl. BAG, Urt. v. 11.11.1998 – 7 AZR 328/97 – AP Nr. 204 zu § 620 BGB Befristeter Arbeitsvertrag).

Allgemein bedeutet dies, dass dann für eine Vertretung kein sachlicher Grund vorliegt, wenn aufgrund von Personalknappheit – z.B. Beurlaubungen, Krankheit usw. – ein Personalbedarf gegeben ist und die für die z.B. beurlaubten Kräfte eingestellten Arbeitnehmer Engpässe in anderen Bereichen ausgleichen sollen.

Sachlich gerechtfertigt ist eine Vertretungsbefristung ebenfalls nicht, wenn beim Abschluss des befristeten Vertrages keine hinreichend sicheren Anhaltspunkte für den endgültigen Wegfall des Vertretungsbedarfs vorliegen. Dies kann beispielsweise dann der Fall sein, wenn sich aus dem objektiven Geschehensablauf im Zeitpunkt des Vertragsschlusses erhebliche Zweifel aufdrängen müssen, ob der zu vertretende Mitarbeiter überhaupt oder in verändertem Umfang seine Tätigkeit wieder aufnimmt (vgl. BAG, Urt. v. 11.11.1998 – 7 AZR 328/97 – AP Nr. 204 zu § 620 BGB Befristeter Arbeitsvertrag).

Darüber hinaus steigen die Anforderungen an den Sachgrund des letzten Arbeitsvertrages, wenn bereits über einen erheblichen Zeitraum Arbeitsverhältnisse mit dem Arbeitnehmer befristet worden sind (vgl. BAG AP Nr. 141 zu § 620 BGB Befristeter Arbeitsvertrag). Hingegen kommt es auf den Zeitpunkt der Rückkehr des vertretenen Arbeitnehmers nicht entscheidend an (vgl. auch BAG AP Nr. 178 zu § 620 BGB Befristeter Arbeitsvertrag). Im vorliegenden Fall bestanden aber schon vor Abschluss des letzten befristeten Arbeitsvertrages sieben Jahre lang unterschiedliche Befristungen. Das BAG entschied daher, dass für den letzten Vertrag nicht hinreichend konkrete Anhaltspunkte vorlagen, die eine Befristung rechtfertigen.

Ein befristetes Arbeitsverhältnis im Rahmen von Vertretungen kann auch unter einer auflösenden Bedingung stehen, wenn das befristete Arbeitsverhältnis bei Rückkehr des zu vertretenden Arbeitnehmers enden soll. Da auch hierfür ein sachlicher Grund erforderlich ist, wird das Arbeitsverhältnis nicht beendet, wenn der zu vertretende Arbeitnehmer z.B. infolge eines Ausscheidens aus dem Arbeitsverhältnis nicht zurückkehrt (vgl. BAG AP Nr. 23 zu § 620 BGB Bedingung).

- ■ Eigenart der Arbeitsleistung

233 Nach der Gesetzesbegründung werden von der „Eigenart der Arbeitsleistung" (§ 14 Abs. 1 Nr. 4 TzBfG) vor allem die Fälle erfasst, die die Rechtsprechung zur Rundfunkfreiheit gemäß Art. 5 Abs. 1 GG (z.B. für programmgestaltende Mitarbeiter) entschieden hat. Gleiches soll auch für befristete Arbeitsverhältnisse gelten, die mit der Freiheit der Kunst (Art. 5 Abs. 3 GG) begründet werden. Als Beispiele führt die Gesetzesbegründung Arbeitsverträge mit Solisten wie Schauspielern, Solosängern, Tänzern u.Ä.m. an (vgl. Drucksache 14/4374, S. 19).

Die Rechtsprechung hat in weiteren vergleichbaren Fällen zur Befristung für Lektorentätigkeit, zur Saisonarbeit, zur BSHG-Beschäftigung und zur Beschäftigung aufgrund zwischenstaatlicher Vereinbarungen die Eigenart der Tätigkeit als Sachbegründung ausreichen lassen. Deshalb können diese Beispiele hier ergänzend angeführt werden.

3. Allgemeine Vorschriften über befristete Arbeitsverträge

Die Tätigkeit von *Lektoren* kann grundsätzlich mittels befristeter Arbeitsverträge erfolgen. Entscheidend ist hierbei aber, dass die Befristung aus der Notwendigkeit, aktualitätsbezogene Kenntnisse in der Heimatsprache zu besitzen, erfolgt. Eine solche ist bei einem aktualitätsbezogenen Unterricht mit aktuellen landeskundlichen Bezügen gegeben. Hierbei ist es aber erforderlich, dass nach einer bestimmten Dauer der Abwesenheit aus dem Heimatland die Fähigkeit nachlässt oder ganz entfällt, einen derartigen aktualitätsbezogenen Unterricht zu erteilen (vgl. BAG, Urt. v. 19.8.1981 – 7 AZR 280/79 AP Nr. 59 zu § 620 BGB Befristeter Arbeitsvertrag). 234

Werden Lektoren sowohl unbefristet als auch befristet beschäftigt, so liegt ein sachlicher Grund für eine Befristung nur dann vor, wenn es feste Regelungen gibt, die die Tätigkeit von Lektoren – auch bei unterschiedlichen Aufgaben – festlegen, so dass es nicht dem Zufall überlassen bleibt, welcher Lektor auf Zeit und welcher Lektor auf Dauer beschäftigt wird oder gar jeder Lektor nur auf Zeit eingestellt wird (vgl. BAG, Urt. v. 19.8.1981 – 7 AZR 280/79 – AP Nr. 59 zu § 620 BGB Befristeter Arbeitsvertrag; BAG, Urt. v. 13.5.1982 – 2 AZR 87/80 – AP Nr. 68 zu § 620 Befristeter Arbeitsvertrag).

Diese eine Befristung rechtfertigenden Anforderungen sind aber nicht mehr erfüllt, wenn 235

- der Arbeitnehmer schon mehrere Jahre außerhalb seines Herkunftslandes gelebt hat

    und/oder

- die Unterrichtstätigkeit trotz der aktualitätsbezogenen Anforderungen auch von Dauerangestellten ausgeführt wird

    und/oder

- der wesentliche Zweck der Lektorentätigkeit vor allem in der Unterstützung der Lehrtätigkeit der Professoren und Dozenten besteht und während einer praktischen Ausbildungstätigkeit erfolgt (vgl. BAG AP Nr. 25 zu § 611 BGB Lehrer, Dozenten).

Nach Auffassung des BAG kann die *Saisonarbeit* einen sachlichen Grund für Befristungen darstellen, wobei sich der sachliche Grund aus der besonderen Struktur der Saisonbetriebe ergeben muss (vgl. BAG AP Nr. 1 zu § 620 BGB Saisonarbeit). Im konkreten Einzelfall sind allerdings die allgemeinen Grundsätze über den sachlichen Grund und die Dauer von Befristungen zu beachten. 236

Die besondere Struktur eines Saisonbetriebes sieht das BAG dann als gegeben an, wenn – wie im vorliegenden Fall – das Eiskremgeschäft nur für die Saison – also für eine vorübergehende Zeit – einen erhöhten Personalbedarf erfordert, während die normale Betriebstätigkeit über das ganze Jahr nur mit einer kleinen Stammbelegschaft bestritten wird. Ergänzend verweist das BAG auf die Betriebsüblichkeit, die sich schließlich im Manteltarifvertrag für Arbeitnehmer der Süßwarenindustrie niedergeschlagen hat (vgl. BAG AP Nr. 1 zu § 620 BGB Saisonarbeit).

237 Allerdings sind *Saisonarbeitsverhältnisse* aufgrund der voraussehbaren, regelmäßigen Weiterbeschäftigung in ihrer rechtlichen Wirkung differenzierter zu betrachten als andere befristete Arbeitsverhältnisse. Dies gilt auf jeden Fall dann, wenn über einen längeren Zeitraum eine Beschäftigung als Saisonarbeiter erfolgt und die Interessenlage des Arbeitnehmers auf ein unbefristetes Arbeitsverhältnis hindeutet. Diese Überlegung bedeutet jedoch nicht, dass die jeweilige Befristung für die Saison unzulässig ist, sondern begründet laut BAG allenfalls einen Wiederbeschäftigungsanspruch für die nächste Saison. Dies gilt insbesondere dann, wenn der Arbeitgeber ganz regelmäßig alle am Ende des vorigen Beschäftigungsabschnittes ohne Vorbehalt entlassenen Arbeitnehmer wieder einstellt und der Arbeitnehmer nach Treu und Glauben mit der Wiedereinstellung fest rechnen konnte (vgl. BAG AP Nr. 1 zu § 620 BGB Saisonarbeit).

Diese Voraussetzungen für einen Wiederbeschäftigungsanspruch liegen vor, wenn der Arbeitnehmer über mehrere Jahre als Saisonarbeiter beschäftigt war, der Arbeitgeber am „schwarzen Brett" auf die Wiedereinstellung zur nächsten Saison hingewiesen hat oder der Arbeitgeber z.B. mit der Auszahlung des Weihnachtsgeldes auf die gute Zusammenarbeit im nächsten Jahr verweist.

238 Die *Rundfunkfreiheit nach Art. 5 Abs. 1 GG* erstreckt sich auf das Recht der Rundfunkanstalten, die Programm- und Organisationsstruktur zu ändern und den dafür erforderlichen Mitarbeiterwechsel sicherzustellen. Der hohe Rang des Grundrechts nach Art. 5 Abs. 1 GG rechtfertigt es daher nach BAG-Auffassung, dass mit Mitarbeitern mit programmgestaltenden Aufgaben befristete Arbeitsverträge abgeschlossen werden können (vgl. BAG, Urt. v. 11.12.1991 – 7 AZR 128/91 – AP Nr. 144 zu § 620 BGB Befristeter Arbeitsvertrag).

Im konkreten Einzelfall ist aber eine Abwägung zwischen Rundfunkfreiheit und Arbeitnehmerinteressen vorzunehmen. Hierbei bewegt sich die sachliche Rechtfertigung der Befristung im Spannungsverhältnis zwischen Intensität der Einflussnahme des Arbeitnehmers auf das Programm der Rundfunkanstalten einerseits und einer lang andauernden Beschäftigung als Indiz für ein fehlendes Bedürfnis nach einem Wechsel andererseits (vgl. BAG, Urt. v. 11.12.1991 – 7 AZR 128/91 – AP Nr. 144 zu § 620 BGB Befristeter Arbeitsvertrag).

3. Allgemeine Vorschriften über befristete Arbeitsverträge

Die gleichen Grundsätze sind auch dann zu beachten, wenn eine Rundfunkanstalt zwecks Erprobung eines Programms befristete Arbeitsverträge abschließt. Hierbei ist aber zu beachten, dass nicht die Ungewissheit über die Fortführung des Programms allein den sachlichen Grund darstellt. Vielmehr muss hinzukommen, dass der betroffene Mitarbeiter programmgestaltende Aufgaben hat, da nur so die Abwägung mit der Rundfunkfreiheit in Betracht kommen kann (vgl. BAG AP Nr. 180 zu § 620 BGB Befristeter Arbeitsvertrag).

Auch *zwischenstaatliche Vereinbarungen* können einen sachlichen Grund für die Befristung von Arbeitsverträgen darstellen. Dies ist z.B. dann der Fall, wenn aufgrund der zwischenstaatlichen Vereinbarung ein Land Lehrkräfte nicht auf Dauer, sondern nur vorübergehend abgibt, da das Lehrer-Dienstverhältnis zum Entsendungsland aufrechterhalten bleibt. (vgl. BAG, Urt. v. 22.3.1985 – 7 AZR 487/84 – AP Nr. 89 zu § 620 BGB Befristeter Arbeitsvertrag). **239**

Bei einem *wissenschaftlichen Mitarbeiter einer Parlamentsfraktion*, der die Fraktion in wirtschaftspolitischen Fragen zu beraten und zu unterstützen hatte, sah das BAG (vgl. Urt. v. 26.8.1998 – 7 AZR 450/97 – AP Nr. 202 zu § 620 BGB Befristeter Arbeitsvertrag) eine Befristung für die Dauer einer Legislaturperiode durch sachliche Gründe als gerechtfertigt an. Das BAG begründete dies damit, dass der wissenschaftliche Mitarbeiter in seinen Beiträgen, Vorschlägen und Konzepten auch politische Vorstellungen zum Ausdruck bringt, die in Einklang mit denen der Fraktion stehen müssen. Da sich aber nach jeder Wahl die Zusammensetzung der Fraktion ändert und mithin auch andere politische Vorstellungen zum Tragen kommen, gebieten es die verfassungsrechtlich verankerten parlamentarischen Teilhaberechte der Abgeordneten und der Fraktion, dass sie sich nach jeder Wahl neu entscheiden können, von welchen wissenschaftlichen Mitarbeitern sie sich zukünftig beraten lassen wollen. **240**

Die Befristung der Beschäftigung im Rahmen der *Hilfe zur Arbeit gemäß §§ 18 ff. BSHG* ist sachlich gerechtfertigt, wenn dadurch Gelegenheit zu gemeinnütziger und zusätzlicher Arbeit (§ 19 Abs. 2 Satz 1, 2. Halbsatz BSHG) geschaffen wird. Gemeinnützig ist eine Arbeit dann, wenn sie ausschließlich und unmittelbar Interessen der Allgemeinheit fördert. Dabei darf sie nicht erwerbswirtschaftlichen Zwecken dienen und keine Konkurrenz zu entsprechend tätigen Privatunternehmen bewirken (vgl. BAG, Urt. v. 22.3.2000 – 7 AZR 824/98 – AP Nr. 222 zu § 620 BGB Befristeter Arbeitsvertrag). Zusätzlich ist die Arbeit dann, wenn sie sonst nicht, nicht in diesem Umfang oder nicht zu diesem Zeitpunkt verrichtet werden würde (vgl. BAG, Urt. v. 7.7.1999 – 7 AZR 661/97 – AP Nr. 216 zu § 620 BGB Befristeter Arbeitsvertrag). **241**

Vom Zusätzlichkeitserfordernis kann nach BAG-Auffassung (vgl. Urt. v. 22.3.2000 – 7 AZR 824/98 – AP Nr. 222 zu § 620 BGB Befristeter Arbeitsvertrag) gemäß § 19 Abs. 2 Satz 2 BSHG abgesehen werden, wenn die Schaffung von Arbeitsmöglichkeiten oder die Wiedereingliederung in den Arbeitsprozess verbessert werden (z.B. Übertragung von Tätigkeiten, die die Inhalte eines späteren Fortbildungskurses betreffen). Das BAG nahm damit eine weite Auslegung des Zusätzlichkeitserfordernisses vor. Hierbei berücksichtigte es die Ausführungsbestimmungen des beklagten Bundeslandes, in dem es auch die Aussicht auf Teilnahme an einer von der Arbeitsverwaltung genehmigten Fortbildungs- oder Umschulungsmaßnahme zu der Ausnahmeregelung nach § 19 Abs. 2 Satz 2 BSHG zählte.

Liegen diese Voraussetzungen aber nicht vor, so wird die befristete Beschäftigung auf der Grundlage der §§ 18 ff. BSHG von keinem sachlichen Grund getragen. Dies gilt insbesondere dann, wenn der befristet beschäftigte Arbeitnehmer weitaus überwiegend mit Aufgaben betraut wird, die zur Normaltätigkeit eines Sachbearbeiters gehörten (vgl. BAG, Urt. v. 7.7.1999 – 7 AZR 661/97 – AP Nr. 216 zu § 620 BGB Befristeter Arbeitsvertrag).

- Erprobung des Arbeitnehmers

242 Der Gesetzgeber stellt bei dem Beispielstatbestand Nr. 5 auf die bisherige BAG-Rechtsprechung ab. Das BAG stellt für einen befristeten Arbeitsvertrag zur Probe besondere Anforderungen an den sachlichen Grund:

- Während der Erprobung eines Arbeitnehmers muss im Rahmen der übertragenen Aufgaben eine Ergebnisfeststellung möglich sein, so dass der Arbeitgeber die Eignung überprüfen kann (vgl. BAG, Urt. v. 19.8.1981 – 7 AZR 280/79 – AP Nr. 60 zu § 620 BGB Befristeter Arbeitsvertrag).

- Sowohl die sachlichen Gründe als auch die Dauer der Befristung müssen im örtlichen und fachlichen Bereich der Vertragsschließenden üblich sein. Hierbei sind z.B. auch tarifvertragliche Bestimmungen zu berücksichtigen (vgl. BAG, Urt. v. 28.11.1963 – 2 AZR 140/63 – AP Nr. 26 zu § 620 BGB Befristeter Arbeitsvertrag).

- Es müssen ferner in der Person des Arbeitnehmers liegende Gründe vorhanden sein, die die Besonderheit eines befristeten Arbeitsvertrages erfordern (z.B. bei bekannten Straftaten im Rahmen der Resozialisierung – vgl. BAG, Urt. v. 28.11.1963 – 2 AZR 140/63 – AP Nr. 26 zu § 620 BGB Befristeter Arbeitsvertrag; befristete Beschäftigung einer Lehrkraft, deren Noten nicht zur Übernahme in das Beamtenverhältnis auf Probe gereicht haben, zwecks Nachweismöglichkeit ihrer Befähigung – vgl. BAG, Urt. v. 31.8.1994 – 7 AZR 983/93 – AP Nr. 163 zu § 620 BGB Befristeter Arbeitsvertrag).

- Der befristete Arbeitsvertrag darf dann nicht abgeschlossen werden, wenn er nur vorgeschoben ist, um z.B. das mit einem Schwerbehinderten geschlossene Arbeitsverhältnis bei Nichteignung ohne Zustimmung der Hauptfürsorgestelle beenden zu können (vgl. BAG, Urt. v. 28.2.1963 – 2 AZR 345/62 – AP Nr. 25 zu § 620 BGB Befristeter Arbeitsvertrag).

Einer befristeten Beschäftigung zwecks Erprobung bedarf es nicht, wenn der Arbeitnehmer bereits ausreichende Zeit bei dem Arbeitgeber mit den nunmehr von ihm zu erfüllenden Aufgaben beschäftigt war und der Arbeitgeber deshalb die Fähigkeiten des betroffenen Arbeitnehmers voll beurteilen konnte (vgl. BAG, Urt. v. 28.2.1963 – 2 AZR 345/62 – AP Nr. 163 zu § 620 BGB Befristeter Arbeitsvertrag).

243 Schließlich bedarf es auch sachlicher Gründe für die Dauer der Befristung. Grundsätzlich muss eine angemessene Zeit gewählt werden, die auch die berechtigten Interessen des Arbeitnehmers an Klarheit über die Weiterbeschäftigung berücksichtigt. Ein Anhaltspunkt für die Dauer ergibt sich aus dem Kündigungsschutzgesetz. Hier geht der Gesetzgeber davon aus, dass im Allgemeinen eine Probezeit von sechs Monaten ausreichend und angemessen ist, da sich der Arbeitgeber während dieser Zeit ohne Angabe von Gründen und gerichtliche Nachprüfbarkeit vom Arbeitnehmer trennen kann. Nach Ablauf dieser Zeit braucht der Arbeitnehmer eine Beendigung des Arbeitsverhältnisses nur hinnehmen, wenn sie sozial gerechtfertigt ist (vgl. BAG, Urt. v. 15.3.1978 – 5 AZR 831/76 – AP Nr. 45 zu § 620 BGB Befristeter Arbeitsvertrag).

Eine Ausnahme von dieser engen Auslegung hinsichtlich der Befristungsdauer kann es nur dann geben, wenn es sich um besondere Tätigkeiten handelt (z.B. geistig-wissenschaftlich tätiges Personal) und längere tarifvertraglich vereinbarte Probezeiten existieren. In jedem Fall darf eine 18-monatige Probezeit nicht vereinbart werden (vgl. BAG, Urt. v. 15.3.1966 – 2 AZR 211/65 – AP Nr. 28 zu § 620 BGB Befristeter Arbeitsvertrag).

- Gründe, die in der Person des Arbeitnehmers liegen

244 Der Beispieltatbestand in § 14 Abs. 1 Nr. 6 erkennt Gründe, die in der Person des Arbeitnehmers liegen als sachlichen Grund für eine Befristung an. In der Gesetzesbegründung (S. 35) wird insbesondere auf soziale Gründe im Sinne der bisherigen Rechtsprechung zum „sozialen Überbrückungszweck" abgestellt. Aber auch die Beschäftigung für die Dauer einer befristeten Aufenthaltserlaubnis wird einbezogen. Unter Berücksichtigung der einzelnen Entscheidungen der Rechtsprechung können diesem Befristungstatbestand auch die Fälle zugeordnet werden, die einen befristeten Arbeitsvertrag auf Wunsch des Arbeitnehmers, für Nebentätigkeiten und zur Fort- und Weiterbildung vorsehen.

245 Auch der eigene *Wunsch des Arbeitnehmers* kann einen sachlichen Befristungsgrund darstellen, wenn zum Zeitpunkt des Vertragsabschlusses *objektive* Anhaltspunkte vorliegen, aus denen gefolgert werden kann, dass der Arbeitnehmer gerade ein Interesse an der befristeten Beschäftigung hat. Nach Auffassung des BAG lässt sich nur so feststellen, ob es der wirkliche, vom Arbeitgeber unbeeinflusste Wunsch war, befristet beschäftigt zu werden. Diese Fallkonstellation kann vorliegen, wenn der Arbeitnehmer aus Gründen, die in seiner Person liegen (z.B. wegen familiärer Verpflichtungen oder wegen einer noch nicht abgeschlossenen Ausbildung), nur für einen begrenzten Zeitraum arbeiten will (vgl. BAG, Urt. v. 26.4.1985 – 7 AZR 316/84 AP Nr. 91 zu § 620 BGB Befristeter Arbeitsvertrag).

Die Tatsache, dass ein Einverständnis des Arbeitnehmers vorliegt, reicht als Indiz nicht aus, da Arbeitnehmer zum Zeitpunkt des Vertragsabschlusses evtl. nur die Wahl haben, einen befristeten Arbeitsvertrag zu erhalten oder überhaupt keinen (vgl. BAG, Urt. v. 22.3.1973 – 2 AZR 274/72 – AP Nr. 38 zu § 620 BGB Befristeter Arbeitsvertrag).

246 Für die Zeit der *Teilnahme an Fort- und Weiterbildungen* (vor allem im Hochschulbereich) können befristete Arbeitsverträge sachlich gerechtfertigt sein. Ein sachlicher Grund für die Befristung eines Arbeitsverhältnisses für einen Fort- und Weiterbildungszweck liegt z.B. dann vor, wenn eine Einrichtung jungen Wissenschaftlern nach dem Hochschulabschluss die Möglichkeit gibt, sich mit den in der Großforschung verfügbaren neuesten wissenschaftlichen Erkenntnissen, technologischen Methoden und Verfahren vertraut zu machen, um diese Erfahrungen später in anderen beruflichen Bereichen nutzen zu können (vgl. BAG , Urt. v. 31.10.1974 – 2 AZR 483/73 – AP Nr. 39 zu § 620 BGB Befristeter Arbeitsvertrag). Auch eine die Promotion begleitende Beschäftigung in einem Projekt kann einen sachlichen Grund darstellen (vgl. BAG AP Nr. 1 zu § 620 Hochschule).

Der spezielle Fort- und Weiterbildungszweck braucht aber nicht auf eine bestimmte wissenschaftliche Formalqualifikation beschränkt zu bleiben. Vielmehr genügt es laut BAG, wenn dem Mitarbeiter für eine bestimmte, von ihm bereits angestrebte wissenschaftliche Tätigkeit innerhalb oder außerhalb der Hochschule dafür benötigtes Spezialwissen vermittelt wird (vgl. BAG AP Nr. 1 zu § 620 BGB Hochschule). **247**

Ein allgemeiner Fort- und Weiterbildungszweck genügt allerdings nicht, da hier die Berechtigung der jeweils vereinbarten Dauer, die aus dem sachlichen Grund abzuleiten ist, kaum nachprüfbar und nur unzureichend zu begründen ist. Wenn aber eine Prognose nicht möglich ist, so kann die Befristung auch nicht sachlich gerechtfertigt sein (vgl. BAG, Urt. v. 19.8.1981 – 7 AZR 252/79 – AP Nr. 60 zu § 620 BGB Befristeter Arbeitsvertrag; BAG, Urt. v. 30.9.1981 – 7 AZR 467/79 – AP Nr. 62 zu § 620 BGB Befristeter Arbeitsvertrag; BAG, Urt. v. 6.5.1982 – 2 AZR 1037/79 – AP Nr. 67 zu § 620 BGB Befristeter Arbeitsvertrag; BAG, Urt. v. 13.5.1982 – 2 AZR 87/80 – AP Nr. 68 zu § 620 Befristeter Arbeitsvertrag).

Bei der Prüfung, ob ein sachlicher Grund für die Befristung zum Zwecke der Fort- und Weiterbildung vorliegt, müssen beispielsweise auch die folgenden Aspekte beachtet werden: **248**

- Dem zur Fort- oder Weiterbildung befristet Beschäftigten muss im Rahmen der vertraglich vereinbarten Arbeitszeit ausreichend Zeit zur eigenen Weiterbildung gegeben werden. Hierfür reicht in der Regel ein Zeitanteil von 30 % aus (vgl. BAG, Urt. v. 2.12.1984 – 7 AZR 204/93 – AP Nr. 85 zu § 620 BGB Befristeter Arbeitsvertrag).

- Die Verwendung befristeter Arbeitsverträge für den Fort- und Weiterbildungszweck muss im Arbeitsleben üblich sein. Es reicht nicht, dass beim betroffenen Arbeitgeber für diesen Zweck überwiegend befristete Arbeitsverträge eingesetzt werden (vgl. BAG, Urt. v. 6.5.1982 – 2 AZR 1037/79 – AP Nr. 67 zu § 620 BGB Befristeter Arbeitsvertrag).

- Die jeweilige Einrichtung, die die Fort- oder Weiterbildung anbietet, muss diese Aufgabe im Interesse der Allgemeinheit durchführen (vgl. BAG, Urt. v. 31.10.1974 – 2 AZR 483/73 – AP Nr. 39 zu § 620 BGB Befristeter Arbeitsvertrag).

Auch die Dauer der Befristung muss im sachlichen Zusammenhang mit der durch die Fort- und Weiterbildung geforderten Zeit stehen (vgl. BAG, Urt. v. 2.12.1984 – 7 AZR 204/93 – AP Nr. 85 zu § 620 **249**

BGB Befristeter Arbeitsvertrag). Das BAG bejahte diesen Zusammenhang z.B. bei einer dreijährigen befristeten Beschäftigung eines Diplom-Physikers für seine Promotion (vgl. BAG, Urt. v. 31.10.1974 – 2 AZR 483/73 – AP Nr. 39 zu § 620 BGB Befristeter Arbeitsvertrag; vgl. auch BAG AP Nrn. 1 und 6 zu § 620 BGB Hochschule).

Hingegen rechtfertigt der Zweck der Nachwuchsförderung einer Hochschule nicht jede zeitliche Ausdehnung eines befristeten Arbeitsvertrages – wie z.B. bei einem wissenschaftlichen Mitarbeiter über fünf Jahre hinaus – (vgl. BAG AP Nr. 3 zu § 620 BGB Hochschule).

Durch die Einfügung von Befristungsregelungen in das Hochschulrahmengesetz (§§ 57a bis 57e) hat der Gesetzgeber für einen Teilbereich spezifische Rechtsnormen geschaffen, die den vorstehenden allgemeinen Anforderungen an befristete Arbeitsverträge vorgehen (vgl. Rn. 366 ff.).

250 Im Rahmen von *Nebentätigkeiten* lässt sich nach BAG-Auffassung nicht der allgemeine Rechtssatz aufstellen, dass Befristungsabreden bei Nebenbeschäftigungen wegen der damit verbundenen geringeren Schutzbedürftigkeit der Arbeitnehmer zulässig sind, weil sie in der Regel nicht unangemessen benachteiligt werden würden (vgl. BAG, Urt. v. 10.8.1994 – 7 AZR 695/93 – AP Nr. 162 zu § 620 BGB Befristeter Arbeitsvertrag). Denn auch Arbeitnehmer mit wenigen Stunden in der Woche sind nicht weniger schutzwürdig als Vollbeschäftigte (vgl. BAG AP Nr. 65 zu § 620 BGB Befristeter Arbeitsvertrag).

Befristete Arbeitsverträge für so genannte Nebentätigkeiten sind nur dann sachgerecht, wenn neben dem Vorliegen dieses sachlichen Grundes auch verständige und verantwortungsbewusste Parteien eine Befristung vereinbaren würden (vgl. BAG, Urt. v. 10.8.1994 – 7 AZR 695/93 – AP Nr. 162 zu § 620 BGB Befristeter Arbeitsvertrag).

251 Grundsätzlich ist auch der Abschluss eines befristeten Arbeitsvertrages mit *Studenten während ihres Studiums*, die so ihr Studium finanzieren wollen, sachgerecht. Voraussetzung ist, dass der Abschluss des Studiums in normaler Zeit ermöglicht bleibt und den Studenten dabei die Möglichkeit eröffnet wird, die Erfordernisse des Studiums in Einklang mit dem Arbeitsverhältnis zu bringen (z.B. befristete Arbeitsverträge für Nachtwachen bzw. Pflegedienstschichten – vgl. BAG Urt. v. 18.8.1982 – 7 AZR 353/80 und Urt. v. 13.2.1985 – 7 AZR 345/82). In diesen Fällen – so das BAG – liegt die befristete Beschäftigung im Interesse der Studenten.

3. Allgemeine Vorschriften über befristete Arbeitsverträge

Wird hingegen durch die flexible Gestaltung des Arbeitsvertrages bereits den Erfordernissen des Studiums Genüge getan, so bedarf es vom Standpunkt des Studenten her nicht auch noch einer Befristung (vgl. BAG, Urt. v. 10.8.1994 – 7 AZR 695/93 – AP Nr. 162 zu § 620 BGB Befristeter Arbeitsvertrag; BAG, Urt. v. 29.10.1998 – 7 AZR 561/97 – AP Nr. 206 zu § 620 BGB Befristeter Arbeitsvertrag.)

Bei den folgenden Möglichkeiten hat das BAG einen *sozialen Überbrückungszweck* als sachlichen Grund anerkannt: **252**

- Ein wirksam gekündigter Arbeitnehmer wird zur Überwindung von Übergangsschwierigkeiten aus sozialen Gründen für einen begrenzten Zeitraum befristet weiterbeschäftigt (vgl. BAG, Urt. v. 12.12.1985 – 2 AZR 9/85 – AP Nr. 96 zu § 620 BGB Befristeter Arbeitsvertrag).

- Einem Auszubildenden wird nach abgeschlossener Berufsausbildung ein befristeter Arbeitsvertrag angeboten, um sofortige Arbeitslosigkeit zu überbrücken (vgl. BAG, Urt. v. 12.12.1985 – 2 AZR 9/85 – AP Nr. 96 zu § 620 BGB Befristeter Arbeitsvertrag).

- Einem Angestellten, dem nach der Ausbildung kein Beamtendienstposten angeboten werden konnte, wird zur Erlangung von Berufspraxis ein befristeter Arbeitsvertrag angeboten (vgl. BAG, Urt. v. 2.12.1984 – 7 AZR 204/83 – AP Nr. 85 zu § 620 BGB Befristeter Arbeitsvertrag; BAG, Urt. v. 3.10.1984 – 7 AZR 132/83 – AP Nr. 88 zu § 620 BGB Befristeter Arbeitsvertrag).

- Auch die befristete Weiterbeschäftigung nach Eintritt der Vollendung des 65. Lebensjahres bis zur Erfüllung der Voraussetzungen für die Rentenzahlung kann einen sozialen Überbrückungszweck darstellen und somit die Befristung sachlich rechtfertigen (vgl. BAG, Urt. v. 24.5.1961 – 4 AZR 102/60 – AP Nr. 18 zu § 620 BGB Befristeter Arbeitsvertrag).

Ein *sozialer Überbrückungszweck* kann jedoch nur unter strengen Anforderungen einen sachlichen Grund für eine Befristungsabrede darstellen: **253**

- Der befristet eingestellte Arbeitnehmer darf nicht zur Bewältigung laufender Aufgaben eingesetzt werden (vgl. BAG, Urt. v. 12.12.1985 – 2 AZR 9/85 – AP Nr. 96 zu § 620 BGB Befristeter Arbeitsvertrag).

- Die Dauer der Befristung muss mit dem angestrebten sozialen Überbrückungszweck in sachlichem Zusammenhang stehen (vgl. BAG, Urt. v. 3.10.1984 – 7 AZR 132/83 – AP Nr. 88 zu § 620 BGB Befristeter Arbeitsvertrag).

- Ohne den bestehenden sozialen Überbrückungszweck wäre es überhaupt nicht zum Abschluss eines Arbeitsverhältnisses gekommen, auch nicht zu einem befristeten. Der Arbeitgeber hat dabei im Streitfall die Tatsachen vorzutragen, die verdeutlichen, dass betriebliche Interessen nicht im Vordergrund stehen (vgl. BAG, Urt. v. 7.7.1999 – 7 AZR 232/98 – AP Nr. 211 zu § 620 BGB Befristeter Arbeitsvertrag).

Ein sozialer Überbrückungszweck liegt aber nicht vor, wenn das Arbeitgeberinteresse (z.b. Aufrechterhaltung des Sportunterrichts infolge Ausscheidens von zwei Lehrkräften) im Vordergrund steht (vgl. BAG AP Nr. 3 zu § 1 BeschFG).

254 Die Befristung einer Aufenthaltserlaubnis kann einen sachlichen Grund für den Abschluss eines befristeten Arbeitsvertrages darstellen, wenn aus der Sicht des Arbeitgebers die begründete Besorgnis besteht, nach Ablauf der Aufenthaltserlaubnis könne der Arbeitnehmer seine vertraglich geschuldete Arbeitsleistung nicht mehr erbringen. Mithin kommt es darauf an, dass zum Zeitpunkt des Vertragsabschlusses eine hinreichend zuverlässige Prognose erstellt werden kann, eine Verlängerung der Aufenthaltserlaubnis werde nicht erfolgen.

Die Befristung wird aber dann nicht mehr von einem sachlichen Grund getragen, wenn sich in der Vergangenheit Prognosen der vorliegenden Art als unzutreffend erwiesen haben. Im Streitfall hat der Arbeitgeber bei unsicherer Prognose Tatsachen vorzutragen, die seine Schlussfolgerung für die Prognose hinreichend belegen.

- Haushaltsrechtlich befristete Mittel

255 Nach § 14 Abs. 1 Nr. 7 TzBfG liegt für einen befristeten Arbeitsvertrag ein sachlicher Grund vor, wenn der Arbeitnehmer aus Haushaltsmitteln vergütet wird, die haushaltsrechtlich für eine befristete Beschäftigung bestimmt sind und der Arbeitnehmer auch entsprechend beschäftigt wird. In der Begründung (vgl. Drucksache 14/4374, S. 19) zum vorliegenden Gesetz wird auf die bisherige Rechtsprechung verwiesen.

Das BAG (vgl. Urt. v. 7.7.1999 – 7 AZR 609/97 – AP Nr. 215 zu § 620 BGB Befristeter Arbeitsvertrag) geht davon aus, dass die Entscheidung des Haushaltsgesetzgebers die Befristung eines Arbeitsverhältnisses auch dann sachlich rechtfertigen kann, wenn ein Dauerbedarf an einer Beschäftigung besteht. Entscheidend ist hierbei, dass der öffentliche Arbeitgeber gehalten ist, nur in dem Umfang Verpflichtungen einzugehen, in dem Mittel für die Beschäftigung von Arbeitnehmern zur Verfügung gestellt werden. Insofern genügt es für die Prognose des öffentlichen Arbeitgebers für einen vorübergehenden Bedarf, dass die für die Beschäftigung des Arbeitnehmers konkret zur Verfügung gestellten Mittel nur zeitlich begrenzt zur Verfügung stehen. Ferner muss mit dem Wegfall der haushaltsrechtlich begrenzten Mittel, aus denen der Arbeitnehmer vergütet wird, zu rechnen sein. Schließlich ist es erforderlich, dass der Arbeitnehmer auch mit Tätigkeiten beschäftigt wird, die aus eben diesen begrenzten Haushaltsmitteln finanziert werden sollen.

Ein sachlicher Grund liegt hingegen nicht mehr vor, wenn der Arbeitnehmer mit Tätigkeiten beschäftigt wird, die mit den befristet zur Verfügung gestellten Haushaltsmitteln nicht im Einklang stehen und/oder mit dem Wegfall der Mittel nicht zu rechnen ist.

Im Rahmen von früheren Entscheidungen hat das BAG sich ausführlich zu Befristungen und haushaltsrechtlichen Überlegungen geäußert. Mit dem vorstehenden Urteil (AP Nr. 215 zu § 620 BGB Befristeter Arbeitsvertrag) ist das BAG hiervon zwar teilweise abgerückt, gleichwohl können aber die folgenden BAG-Argumente noch Geltung beanspruchen: **256**

- Weder die allgemeine Begrenzung der Haushaltsmittel auf ein Haushaltsjahr noch die Erwartung allgemeiner Mittelkürzungen oder die haushaltsrechtliche Anordnung allgemeiner Einsparungen haben vorübergehenden Charakter (vgl. BAG, Urt. v. 14.1.1982 – 2 AZR 245/80 – AP Nr. 64 zu § 620 BGB Befristeter Arbeitsvertrag; Urt. v. 14.1.1982 – 2 AZR 254/81 – AP Nr. 65 zu § 620 BGB Befristeter Arbeitsvertrag). Sie können somit eine Befristung nicht tragen.
- Allein der Umstand, dass auf einer bestimmten Haushaltsstelle nur befristete Verträge abgeschlossen werden, stellt noch keinen sachlichen Grund dar, wenn die Haushaltsmittel für die entsprechende Arbeitsaufgabe zeitlich nicht begrenzt worden sind (vgl. BAG, Urt. v. 13.5.1982 – 2 AZR 87/80 – AP Nr. 68 zu § 620 BGB Befristeter Arbeitsvertrag).
- Auch sog. „kw-Vermerke" können keinen sachlichen Grund darstellen, da sich diese Wegfallvermerke auf künftige Haushaltsjahre beziehen und „Erinnerungsposten" darstellen, die nicht die Feststellung begründen, dass die Stelle auch tatsächlich mit einiger Sicherheit entfallen wird (vgl. BAG, Urt. v. 16.1.1987 – 7 AZR 487/85 – AP Nr. 111 zu § 620 BGB Befristete Arbeitsverträge).

Drittmittel stellen dann einen sachlichen Grund für die Befristung von Arbeitsverhältnissen dar, wenn die finanzierten Aufgaben von begrenzter Dauer und projektbezogen sind und für die gleichen Aufgaben keine eigenen Haushaltsmittel eingesetzt werden können. **257**

Bei Vertragsabschluss muss absehbar sein, dass die entsprechenden Arbeiten, an denen der Arbeitnehmer unmittelbar oder mittelbar beteiligt war, zum Zeitpunkt des Auslaufens des Vertrages abgeschlossen sein müssen; ansonsten besteht für den Arbeitnehmer Vertrauensschutz, weil er mit der Fortsetzung der Beschäftigung rechnen konnte. Mithin ist die Befristungsabrede dann unwirksam (vgl. BAG, Urt. v. 26.5.1983 – 2 AZR 439/81 – AP Nr. 78 zu § 620 BGB Befristeter Arbeitsvertrag).

Die soziale Rechtfertigung einer Befristung hat das BAG bei vom Arbeitsamt geförderten Maßnahmen mit den folgenden Punkten begründet:

- Förderung der Maßnahme erfolgt nach detaillierten Richtlinien hinsichtlich der Inhalte und Personalaufteilung (Lehrkräfte, Sozialpädagogen usw.), so dass die typische Planungskompetenz hinsichtlich des personellen Bedarfs nicht beim jeweiligen Arbeitgeber liegt.

- Anzahl des Personals ist bedarfsabhängig von der Anzahl der an der Maßnahme teilnehmenden Personen.

- Durchführung der Maßnahme ist nicht staatliche Daueraufgabe, sondern aufgrund von fremden Mitteln finanzierte Sonderaufgabe

(vgl. BAG, Urt. v. 28.5.1986 – 7 AZR 25/85 – AP Nr. 102 zu § 620 BGB Befristeter Arbeitsvertrag).

258 Werden die Drittmittel nicht nur für eine Aufgabe von begrenzter Dauer benutzt, sondern zur Aufrechterhaltung kontinuierlicher Aufgaben, dann liegt kein sachlicher Grund für die Befristungsabrede vor (vgl. BAG, Urt. v. 25.1.1980 – 7 AZR 69/78 – AP Nr. 52 zu § 620 BGB Befristeter Arbeitsvertrag).

Auch die allgemeine Unsicherheit über das Weiterlaufen von Drittmitteln reicht für die Befristung nicht aus. Vielmehr müssen hinreichend sichere und konkrete Anhaltspunkte dafür vorliegen, dass die Drittmittelfinanzierung auch tatsächlich mit dem Endzeitpunkt des Arbeitsvertrages endgültig ausläuft. Dies ist z.B. dann nicht der Fall, wenn es in der Vergangenheit immer wieder gelungen war, – auch verschiedene – Geldgeber für die Arbeiten (hier Forschungsvorhaben) zu gewinnen (vgl. BAG AP Nr. 4 zu § 620 BGB Hochschule; vgl. auch BAG, Urt. 11.12.1991 – 7 AZR 170/91 – AP Nr. 145 zu § 620 BGB Befristeter Arbeitsvertrag).

Unter Berücksichtigung der obigen Ausführungen können ferner drittmittelfinanzierte befristete Arbeitsverträge dann unzulässig sein, wenn

3. Allgemeine Vorschriften über befristete Arbeitsverträge

- die Mittel nicht an inhaltliche und personelle Vorgaben gebunden sind,
- die Planungskompetenz über Beginn, Ende und Verlauf beim jeweiligen Arbeitgeber liegt,
- die Anzahl des Personals nur bedingt von den Teilnehmenden abhängt,
- die Arbeiten schon seit längerem vom Arbeitgeber wahrgenommen werden.

Eine besondere Form der Drittmittelfinanzierung stellen *Arbeitsbeschaffungsmaßnahmen* dar. Grundsätzlich sind sie sachlicher Grund für die Befristung, da dem Arbeitgeber die Person, die Befristungsdauer und die Finanzierungshöhe vorgegeben werden. Hieran ändert sich auch dann nichts, wenn die mittels einer Arbeitsbeschaffungsmaßnahme beschäftigte Person zur Erledigung von Daueraufgaben eingesetzt wird. Dies gilt allerdings nur, wenn der Arbeitgeber die Daueraufgabe ohne Zuweisung nicht bzw. nicht sofort hätte verrichten lassen können. **259**

Diese Voraussetzungen an eine sachliche Rechtfertigung sind nicht erfüllt, wenn die im Rahmen einer ABM beschäftigte Person zur Erledigung unaufschiebbarer Daueraufgaben eingesetzt wird, die im Zeitpunkt des Vertragsschlusses auch nicht von anderen Arbeitnehmern hätten wahrgenommen werden können (vgl. BAG, Urt. v. 20.12.1995 – 7 AZR 194/95 – AP Nr. 177 zu § 620 BGB Befristeter Arbeitsvertrag).

- Gerichtlicher Vergleich

Nach der Rechtsprechung des BAG kann sowohl ein gerichtlicher als auch ein außergerichtlicher Vergleich als sachlicher Befristungsgrund anerkannt werden, da hier der Arbeitnehmer bewusst auf seine Rechtsposition verzichtet. Das gegenseitige Nachgeben ist dann der sachliche Grund, der die Vermutung einer Umgehung des zwingenden Kündigungsschutzrechts ausschließt (vgl. BAG, Urt. v. 18.12.1979 – 2 AZR 129/78 – AP Nr. 51 zu § 620 BGB Befristeter Arbeitsvertrag, vgl. auch AP Nr. 3 zu § 57a HRG). **260**

- Zukünftiger Personalbedarf

Im Rahmen der Beschäftigung von Aushilfs- und Vertretungslehrern hat das BAG entschieden, dass auch ein zukünftiger (Personal-)Lehrerbedarf einen sachlichen Grund für die Befristung darstellen **261**

Befristete Arbeitsverträge

kann. Hierfür bedarf es einer Prognose über den zukünftigen Personalbedarf (vgl. BAG AP Nr. 68 zu § 620 BGB Befristeter Arbeitsvertrag).

Eine allgemeine Schätzung auf der Grundlage haushaltspolitischer Entscheidungen kann diese Anforderungen aber nicht erfüllen, denn für eine Prognose sind die verschiedensten Daten zu berücksichtigen. So hat das BAG im Falle der Einschätzung des zukünftigen Lehrerbedarfs im Rahmen einer umfangreichen Personalbedarfsplanung auch die Berücksichtigung von Zu- und Abgängen auf Lehrer- und Schülerseite, Beurlaubungen, Krankenstand und -entwicklung u.Ä.m. verlangt (vgl. BAG, Urt. v. 29.9.1982 – 7 AZR 147/80 – AP Nr. 70 zu § 620 BGB Befristeter Arbeitsvertrag). Ferner verlangt das BAG, dass der befristete Einsatz von Lehrern auch unmittelbar aus dem Haushaltsplan hervorgehen muss. Eine allgemeine Ausweisung von Sondermitteln für ein Haushaltsjahr genügt nicht (vgl. BAG, Urt. v. 27.1.1988 – 7 AZR 292/87 – AP Nr. 116 zu § 620 BGB Befristeter Arbeitsvertrag).

Eine Befristung von Lehrkräften kann auch dann gerechtfertigt sein, wenn die Haushaltsmittel für die Beschäftigung nur vorübergehend verfügbar waren. Entscheidend ist also, dass sichergestellt sein muss, dass die Vergütung befristet eingestellter Lehrer insgesamt aus den vorübergehend freien Planstellentiteln erfolgt (vgl. BAG, Urt. v. 28.9.1988 – 7 AZR 451/87 – AP Nr. 125 zu § 620 BGB Befristeter Arbeitsvertrag). Also rechtfertigt die bloße Unsicherheit der künftigen Entwicklung des Arbeitskräftebedarfs keine Befristung (vgl. auch BAG, Urt. v. 22.3.2000 – 7 AZR 758/98 – AP Nr. 221 zu § 620 BGB Befristeter Arbeitsvertrag).

- Freihalten von Arbeitsplätzen für spätere Besetzungen

262 In mehreren Entscheidungen hat das BAG dazu Stellung genommen, ob eine spätere Besetzung von Arbeitsplätzen, sei es um zwischenzeitlich ein Bewerbungsverfahren durchzuführen, um später die selbst ausgebildeten Auszubildenden zu übernehmen u.Ä.m., einen sachlichen Grund für den Abschluss befristeter Arbeitsverträge darstellen kann (vgl. auch BAG, Urt. v. 21.4.1993 – 7 AZR 388/92 – AP Nr. 148 zu § 620 BGB Befristeter Arbeitsvertrag).

Grundsätzlich ist dies vom BAG bejaht worden, wenn folgende Anforderungen insgesamt erfüllt werden:

- Das befristete Arbeitsverhältnis muss in unmittelbarem Zusammenhang mit z.B. einem eingeleiteten Stellenbesetzungsverfahren stehen und die auszuübenden Aufgaben können nicht anderweitig erledigt werden.

- Die Anzahl der befristeten Arbeitsverhältnisse muss unmittelbar im Zusammenhang z.b. mit den tatsächlich zu besetzenden Arbeitsplätzen stehen.
- Die Dauer der Befristung muss im sachlichen Zusammenhang mit dem Zweck der Befristung stehen

(vgl. BAG, Urt. v. 6.6.1984 – 7 AZR 458/82 – AP Nr. 83 zu § 620 BGB Befristeter Arbeitsvertrag: Urt. v. 2.12.1984 – 7 AZR 204/83 – AP Nr. 85 zu § 620 BGB Befristeter Arbeitsvertrag; Urt. v. 3.10.1984 – 7 AZR 192/83 – AP Nr. 87 zu § 620 BGB Befristeter Arbeitsvertrag).

- Arbeitsverträge mit auflösender Bedingung

Grundsätzlich kann ein Arbeitsvertrag auch durch eine auflösende Bedingung befristet werden. Hierbei müssen auflösend bedingte Arbeitsverträge die sachliche Rechtfertigung derart beinhalten, dass die Kündigungsvorschriften hierdurch nicht beeinträchtigt werden. Fehlt es an einem sachlich rechtfertigenden Grund, so kann sich der Arbeitgeber nicht auf diesen Befristungstatbestand wirksam berufen (vgl. BAG AP Nr. 17 zu § 620 BGB Bedingung). **263**

3.1.1.4 Befristungstatbestände ohne sachlichen Grund

- Drittinteressen

Drittinteressen stellen grundsätzlich keinen Befristungsgrund dar. Als Drittinteresse hat das BAG z.B. das Freihalten von Arbeitsplätzen für zukünftige Bewerber angesehen (vgl. BAG, Urt. v. 3.7.1970 – 2 AZR 380/69 – AP Nr. 33 zu § 620 BGB Befristeter Arbeitsvertrag; Urt. v. 14.1.1982 – 2 AZR 245/80 – AP Nr. 64 zu § 620 BGB Befristeter Arbeitsvertrag). In den vorerwähnten Entscheidungen ging es um die Frage, ob im Hinblick auf die zukünftige Einstellung von Lehrkräften im Beamtenverhältnis zwischenzeitlich Lehrkräfte im Angestelltenverhältnis befristet beschäftigt werden können. Das BAG verneinte dies auch aus der Erwägung, dass der Zweck zu unbestimmt sei, so dass es nicht billigenswert wäre, einen Arbeitsvertrag aus diesen Gründen zu befristen. **264**

- Eigeninteressen des Arbeitgebers

265 Eigeninteressen können zwar grundsätzlich einen sachlichen Grund für befristete Arbeitsverträge darstellen, aber auch hier sind im Einzelfall die Anforderungen an Befristungsabreden zu prüfen.

So entschied das BAG im Falle eines Korrespondenten, den der Arbeitgeber befristet eingestellt hatte, um ihn jeweils nur an einem Ort für bestimmte Zeiten einzusetzen, dass der Arbeitgeber einen unbefristeten Arbeitsvertrag hätte abschließen müssen, denn mittels eines Zusatzvertrages oder nach Maßgabe des § 315 BGB hätte dieser seine Versetzungsbefugnis wahrnehmen können (vgl. BAG, Urt. v. 9.11.1977 – 5 AZR 388/76 – AP Nr. 43 zu § 620 BGB Befristeter Arbeitsvertrag).

- Unsichere Nachfrage bei dauerhaften Dienstleistungen

266 Der unzulässige Befristungsfall „unsichere Nachfrage bei Dauerhaften Dienstleistungen" unterscheidet sich vom „vorübergehenden Mehrbedarf" dadurch, dass der „normale Umfang" der Daueraufgabe unsicher ist, ggf. bis zum Wegfall sinken kann.

Diese Situation kann aber keine Befristungsabrede rechtfertigen, denn ein nicht oder nur schwer voraussehbarer Bedarf an bestimmten Arbeitskräften in Abhängigkeit vom quantitativen Umfang der Dienstleistung gehört zum Beschäftigungsrisiko, das der Arbeitgeber zu tragen hat. Soweit derartige externe Faktoren zu einem Personalüberhang führen, ist der Arbeitgeber berechtigt, das Arbeitsverhältnis aus betriebsbedingten Gründen unter Beachtung der kündigungsschutzrechtlichen Bestimmungen ordentlich zu kündigen (vgl. BAG AP Nr. 5 zu § 620 BGB Hochschule; vgl. auch BAG, Urt. v. 11.12.1991 – 7 AZR 170/91 – AP Nr. 145 zu § 620 BGB Befristeter Arbeitsvertrag).

- Einarbeitungszuschüsse

267 Im Gegensatz zu den §§ 91 ff. AFG (Arbeitsförderungsmaßnahmen als sachlicher Grund – jetzt §§ 260 ff. SGB III) dient § 49 AFG (Einarbeitungszuschuss – jetzt §§ 217 ff. SGB III) weder der Schaffung zusätzlicher Arbeitsplätze und Beschäftigungsmöglichkeiten noch der Finanzierung von Arbeitsplätzen. Der Zuschuss nach § 49 AFG (jetzt: § 217 SGB III) soll den Nachteil ausgleichen, den der Arbeitgeber dadurch erleidet, dass der Arbeitnehmer während seiner Einarbeitung auf einem Arbeitsplatz mit dauerhafter Aufgabe eine Minderleistung erbringt (vgl. BAG, Urt. v. 11.12.1991 – 7 AZR

170/91 – AP Nr. 145 zu § 620 BGB Befristeter Arbeitsvertrag). Ein die Befristung rechtfertigender sachlicher Grund kann sich demnach hieraus nicht ergeben.

- Bildungsmaßnahmen als Daueraufgabe

Im Urteil vom 8.4.1992 – 7 AZR 135/91 – (AP Nr. 146 zu § 620 BGB Befristeteter Arbeitsvertrag) setzte sich das BAG mit der Frage auseinander, ob von der Bundesanstalt für Arbeit finanzierte Hauptschulabschlusskurse bei Volkshochschulen befristete Arbeitsverträge mit den Unterrichtenden sachlich rechtfertigen können. Das BAG lehnte dies bei Vorliegen der folgenden Voraussetzungen ab: **268**

- Die Hauptschulabschlusskurse stellten bei der betroffenen VHS eine freiwillige Daueraufgabe dar.
- Die Bundesanstalt für Arbeit finanzierte keine begrenzte Sonderaufgabe der VHS, sondern ermöglichte nur die Teilnahme eines weiteren Personenkreises. Von daher stellen die jeweils finanzierten HSA-Kurse keine selbständigen Projekte dar.
- Die VHS sah in den Kursen kein zeitlich begrenztes Weiterbildungsangebot.
- Die Bundesanstalt für Arbeit hatte für die Förderung der Kurse keine genauen Richtlinien über Aufgaben, Ziele, Inhalt und Organisation vorgegeben.
- Die personelle Planungskompetenz der VHS blieb unberührt.
- Inhalte und Lernziele der HSA-Kurse hingen nicht von der Finanzierungsart ab.

Deshalb ändert die Unsicherheit im Hinblick auf die Zahl der Teilnehmenden und die Finanzierung nichts an der fehlenden sachlichen Rechtfertigung für die Befristung.

3.1.1.5 Ablösung eines unbefristeten Arbeitsverhältnisses durch einen befristeten Arbeitsvertrag

Zwar sieht § 14 Abs. 2 Satz 2 TzBfG vor, dass die Befristung eines Arbeitsvertrages unzulässig ist, wenn zuvor ein unbefristetes oder befristetes Arbeitsverhältnis mit demselben Arbeitgeber bestanden hat. Diese Unzulässigkeit bezieht sich aber auf den Abschluss von kalendermäßigen Befristungen ohne sachlichen Grund nach § 14 Abs. 2 Satz 1 TzBfG. Zweckbefristete Arbeitsverträge werden hiervon also nicht erfasst! **269**

Mithin stellt sich die Frage, ob die Ablösung eines unbefristeten Arbeitsverhältnisses durch einen befristeten Arbeitsvertrag allgemein zulässig ist und welche Anforderungen ggf. an den ablösenden befristeten Arbeitsvertrag zu stellen sind.

Nach gefestigter Rechtsprechung ist eine allgemeine Zulässigkeit der Ablösung eines unbefristeten Arbeitsverhältnisses durch einen befristeten Vertrag nicht gegeben (vgl. Urt. v. 24.1.1996 – 7 AZR 496/95 – AP Nr. 179 zu § 620 BGB Befristeter Arbeitsvertrag; Urt. v. 14.10.1997 – 7 AZR 599/96 (nicht veröffentl.); Urt. v. 28.1.1998 – 7 AZR 656/96 – AP Nr. 1 zu § 48 HRG; Urt. v. 8.7.1998 – 7 AZR 245/97 – AP Nr. 201 zu § 620 BGB Befristeter Arbeitsvertrag; Urt. v. 26.8.1998 – 7 AZR 349/97 – AP Nr. 203 zu § 620 BGB Befristeter Arbeitsvertrag). Das BAG verlangt, dass ein sachlicher Grund auch dann vorliegen muss, wenn die Arbeitsvertragsparteien nachträglich oder im Anschluss an ein unbefristetes Arbeitsverhältnis einen befristeten Arbeitsvertrag abschließen. Dies gilt insbesondere dann, wenn der Arbeitgeber dem Arbeitnehmer zu erkennen gibt, dass er zu einer unbefristeten Fortsetzung des Arbeitsverhältnisses nicht bereit ist und eine Kündigung eines unbefristeten Arbeitsverhältnisses durch den Arbeitgeber vorausgegangen ist (vgl. BAG, Urt. v. 8.7.1998 – 7 AZR 245/97 – AP Nr. 201 zu § 620 BGB Befristeter Arbeitsvertrag). Ein sachlicher Grund für die Befristung im Anschluss an ein unbefristetes Arbeitsverhältnis liegt auch dann nicht vor, wenn der befristete Arbeitsvertrag günstigere Arbeitsbedingungen vorsieht, der Arbeitnehmer aber keine Wahl hat, weil ihm die günstigeren Arbeitsbedingungen auch nicht alternativ im unbefristeten Arbeitsverhältnis angeboten worden sind (Urt. v. 26.8.1998 – 7 AZR 349/97 – AP Nr. 203 zu § 620 BGB Befristeter Arbeitsvertrag).

3.1.2 Ausnahmen vom Erfordernis des sachlichen Grundes

270 § 14 Abs. 2 und 3 TzBfG regeln Ausnahmen vom Erfordernis des sachlichen Grundes für den Abschluss eines befristeten Arbeitsvertrages

- bei kalendermäßiger Befristung bis zu einer zweijährigen Gesamtdauer (vgl. Rn. 271 ff.) und

- bei befristetem Arbeitsvertrag mit Arbeitnehmern, die bei Vertragsschluss das 58. Lebensjahr vollendet haben (vgl. Rn. 279 ff.).

Für diese Ausnahmen hat der Gesetzgeber verschiedene Zulässigkeitsanforderungen festgelegt.

3. Allgemeine Vorschriften über befristete Arbeitsverträge

Nicht ausdrücklich wird im Gesetz geregelt, dass es ggf. für einen befristeten Arbeitsvertrag mit einer Dauer von weniger als sechs Monaten keines sachlichen Grundes bedarf, weil eine Umgehung des Kündigungsschutzgesetzes wegen der Nichterfüllung der Voraussetzungen in § 1 KSchG nicht in Betracht kommen kann. Das Gleiche gilt für befristete Arbeitsverträge mit Arbeitnehmern, die in einem Betrieb mit fünf oder weniger Arbeitnehmern beschäftigt werden sollen (vgl. Rn. 283 f.). Hierauf wird nur im Rahmen der Gesetzesbegründung hingewiesen (vgl. Drucksache 14/4374, S. 18).

3.1.2.1 Kalendermäßige Befristung bis zu einer zweijährigen Gesamtdauer

- **Voraussetzungen**

§ 14 Abs. 2 TzBfG ermöglicht die Befristung eines Arbeitsvertrages ohne Vorliegen eines sachlichen Grundes, wenn **271**

- die Befristung kalendermäßig bestimmt ist (vgl. Rn. 213) und
- die Gesamtdauer – einschließlich einer höchstens dreimaligen Verlängerung – von zwei Jahren nicht überschritten wird (vgl. Rn. 272) und
- mit demselben Arbeitgeber zuvor kein unbefristetes oder befristetes Arbeitsverhältnis bestanden hat (vgl. Rn. 273).

Die Gesamtdauer der kalendermäßigen Befristung nach § 14 Abs. 2 **272** Satz 1 TzBfG darf zwei Jahre nicht überschreiten. Diese kann durch einen bis maximal vier (ein erstmaliger Vertrag kann dreimal verlängert werden) befristete Arbeitsverträge ausgefüllt werden. Eine Verlängerung liegt nach BAG-Auffassung – bezogen auf die Verlängerungsvorschrift in § 1 Abs. 1 Satz 2 BeschFG – aber nur vor, wenn die vorherige Befristung schon auf derselben gesetzlichen Grundlage erfolgt ist (vgl. BAG, Urt. v. 26.7.2000 – 7 AZR 256/99 – AP Nr. 3 zu § 1 BeschFG 1966). Eine Verlängerung nach § 14 Abs. 2 TzBfG kommt mithin nur für Verträge in Betracht, die bereits gemäß dieser Grundlage befristet worden sind. Andernfalls handelt es sich um eine Neueinstellung. Zur Frage von Verlängerungen aufgrund des BeschFG nach dem 31.12.2000 vergleiche die Ausführungen unter Rn. 274a/274b.

Eine Verlängerung liegt aber nur dann vor, wenn sie vor Ablauf des zu verlängernden Vertrages vereinbart worden ist (vgl. BAG, Urt. v. 26.7.2000 – 7 AZR 51/99 – AP Nr. 4 zu § 1 BeschFG 1996). Das

BAG widerspricht in der Urteilsbegründung auch ausdrücklich Literaturmeinungen (z.b. Schiefer/Worzalla, Das arbeitsrechtliche Beschäftigungsförderungsgesetz und seine Auswirkungen auf die betriebliche Praxis, Rn. 376; Wohlleben, RdA 1998, 277, 279 f.), die eine mehr oder weniger kurzzeitige Unterbrechung für unschädlich halten, wenn die Verlängerungsvereinbarung rückwirkend an den Ablauf des zu verlängernden Vertrages anschließt. Schließlich liegt nach BAG-Auffassung (vgl. Urt. v. 26.7.2000 – 7 AZR 51/99 – AP Nr. 4 zu § 1 BeschFG 1996) eine Verlängerung auch nur dann vor, wenn die bisherigen Vertragsbedingungen – bis auf die Befristungsdauer – unverändert bleiben. Nach dem Wortlaut bezieht sich der Begriff Verlängerung eben nur auf die Laufzeit des Vertrages. Werden hingegen die anderen Vertragsbestandteile (z.B. Arbeitszeit) geändert, so handelt es sich um einen Neuabschluss.

Unter Berücksichtigung dieser Aspekte hat der Arbeitgeber nach § 14 Abs. 2 TzBfG z.B. die folgenden Gestaltungsmöglichkeiten:

- Ein Arbeitsvertrag über zwei Jahre;
- ein Arbeitsvertrag zunächst über ein Jahr und anschließend eine Verlängerung um ein weiteres Jahr;
- ein Arbeitsvertrag über sechs Monate und anschließend jeweils drei Verlängerungen mit jeweiliger Dauer von sechs Monaten.

273 Nach Satz 2 ist ein kalendermäßig befristeter Arbeitsvertrag unzulässig, wenn mit demselben Arbeitgeber bereits zuvor ein unbefristetes oder befristetes Arbeitsverhältnis bestanden hat.

Während sich sowohl die Höchstdauer als auch die Verlängerungsmöglichkeiten an § 1 Abs. 1 BeschFG 1996 orientieren, hat der Gesetzgeber die Unzulässigkeitsbestimmung des § 1 Abs. 3 BeschFG („wenn zu einem vorhergehenden unbefristeten Arbeitsvertrag oder zu einem vorhergehenden befristeten Arbeitsvertrag ... mit demselben Arbeitgeber ein enger sachlicher Zusammenhang besteht") in § 14 Abs. 2 TzBfG nicht übernommen. Mit der abweichenden Formulierung wollte der Gesetzgeber sicherstellen, dass im Gegensatz zum bisherigen Recht der Anschluss einer erleichterten Befristung (Befristungsabrede ohne sachlichen Grund) in den folgenden Fällen ausgeschlossen sein soll (vgl. Drucksache 14/4374, S. 19):

- Zunächst Befristung eines Arbeitsvertrages mit sachlichem Grund und anschließend eine Befristung ohne sachlichen Grund.
- Zunächst Befristung ohne sachlichen Grund, anschließende Unterbrechung und dann erneute Befristung ohne sachlichen Grund.

3. Allgemeine Vorschriften über befristete Arbeitsverträge

- Zunächst Befristung mit sachlichem Grund, anschließende Unterbrechung und dann erneute Befristung ohne sachlichen Grund.

Da nach den neuen gesetzlichen Bestimmungen zuvor mit demselben Arbeitgeber weder ein unbefristetes noch ein befristetes Arbeitsverhältnis bestanden haben darf, ist das Erfordernis eines „engen sachlichen Zusammenhangs" hinfällig: Jedwedes vorherige Arbeitsverhältnis zu demselben Arbeitgeber macht eine Befristung nach § 14 Abs. 2 TzBfG unzulässig. Diese Auffassung findet auch Bestätigung durch die Vorschriften des § 14 Abs. 3 TzBfG; hier hat der Gesetzgeber für die befristete Beschäftigung von Arbeitnehmern, die zum Zeitpunkt des Vertragsabschlusses das 58. Lebensjahr vollendet haben, die bisherigen Voraussetzungen des § 1 Abs. 3 BeschFG („enger sachlicher Zusammenhang") übernommen.

Folgerichtig wird in der Gesetzesbegründung (vgl. Drucksache 14/4374, S. 2 und 19) auch hervorgehoben, dass die Befristungsmöglichkeit nach § 14 Abs. 2 TzBfG – ohne Vorliegen eines sachlichen Grundes – nur für Neueinstellungen in Betracht kommt. Dort heißt es ferner, dass dem Arbeitgeber auch ein Fragerecht gegenüber dem Arbeitnehmer gemäß der §§ 123, 242 BGB dahin gehend zusteht, ob nicht schon zuvor ein Arbeitsverhältnis mit ihm bestanden hat, worauf der Arbeitnehmer wahrheitsgemäß zu antworten hat. Hieraus kann nur gefolgert werden, dass auch ein jahrelang zurückliegendes Arbeitsverhältnis in Betracht kommt, das schon jenseits des Erinnerungsvermögens des Arbeitsgebers Bestand hatte. Mithin lässt § 14 Abs. 2 Satz 1 TzBfG nur befristete Arbeitsverträge ohne sachlichen Grund mit Arbeitnehmern zu, die echte Neueinstellungen darstellen.

274 Entsprechend der bisherigen Rechtsprechung, nach der das Berufsausbildungsverhältnis kein Arbeitsverhältnis ist (vgl. BAG AP Nr. 20 zu § 1 BeschFG), geht auch der Gesetzgeber davon aus, dass im Anschluss an eine Berufsausbildung befristete Arbeitsverträge ohne sachlichen Grund gemäß § 14 Abs. 2 Satz 1 TzBfG möglich sind.

Bei der Frage, ob zuvor schon ein Arbeitsverhältnis bestanden hat, stellt der Gesetzgeber auf die Arbeitsvertragsparteien ab. Die vorherige Beschäftigung beim Arbeitgeber als Leiharbeitnehmer wird nicht erfasst, so dass im Anschluss an eine zulässige Tätigkeit als Leiharbeitnehmer der Entleiher den Leiharbeitnehmer nach § 14 Abs. 2 Satz 1 befristet beschäftigen kann.

Schließlich ist zu berücksichtigen, dass im Anschluss an einen befristeten Arbeitsvertrag nach § 14 Abs. 2 Satz 1 TzBfG (Befristung ohne sachlichen Grund) eine weitere befristete Beschäftigung bei Vorliegen eines sachlichen Grundes zulässig bleibt.

- TzBfG und bestehende Befristungen nach § 1 BeschFG

274a Das Teilzeit- und Befristungsgesetz beinhaltet keine Übergangsregelungen im Hinblick auf bereits bestehende befristete Arbeitsverhältnisse ohne sachlichen Grund, die nach § 1 BeschFG vor dem 1.1.2001 abgeschlossen worden sind. Insoweit stellt sich vor dem Hintergrund der neuen Regelung in § 14 Abs. 2 TzBfG, die eine sachgrundlose Befristung nur noch zulässt, wenn zuvor zu demselben Arbeitgeber kein Arbeitsverhältnis bestanden hat, die Frage, welche Auswirkungen dies auf die so genannten Altverträge hat.

Für bis zum 31.12.2000 abgeschlossene befristete Arbeitsverträge gelten die Zulässigkeitsbestimmungen des § 1 BeschFG bis zum Ende der vereinbarten Befristungsdauer. Auch bei möglichen Rechtsstreitigkeiten über die Wirksamkeit der Befristung ist auf diese Bestimmungen abzustellen, da für die Wirksamkeitsüberprüfung der Abschlusszeitpunkt maßgeblich ist. Im Übrigen sind die sonstigen Vorschriften des TzBfG – soweit nicht im Beschäftigungsförderungsgesetz 1996 besondere Regelungen bestehen – anwendbar. Wird durch diesen befristeten Arbeitsvertrag die Zweijahresfrist nicht ausgeschöpft, so ist eine Verlängerung in 2001 ohne Sachgrund nicht mehr möglich.

Unter Berücksichtigung der vom BAG (vgl. Urt. v. 26.7.2000 – 7 AZR 51/99 – AP Nr. 4 zu § 1 BeschFG 1996) gesetzten Anforderungen, dass eine Verlängerung vor Auslaufen der bestehenden Befristung erfolgen muss, wird man davon ausgehen können, dass noch vor dem 1.1.2001 vereinbarte Verlängerungen für in 2001 auslaufende Befristungen zulässig sind. An der Zulässigkeit dürfte es aber dann fehlen, wenn vor 2001 Verlängerungen vereinbart worden sind, die erst nach Monaten in 2001 zum Tragen kommen. Wenn entgegen der betrieblichen Praxis Verlängerungen so vorzeitig vereinbart werden, dann kann hier von einem rechtswidrigen Umgehungsversuch des TzBfG ausgegangen werden. Diese Vermutung dürfte sich verstärken, wenn die Verlängerung noch vor In-Kraft-Treten, aber nach Verabschiedung, des TzBfG vorgenommen worden ist.

274b In der Literatur wird dagegen vereinzelt die Auffassung vertreten, dass dann eine Verlängerung eines befristeten Arbeitsvertrages nach § 1 BeschFG (sachgrundlose Befristung) auch noch nach dem 31.12.2000 – ohne Vorliegen der Voraussetzungen nach § 14 Abs. 2 TzBfG – möglich sei, da § 14 Abs. 2 TzBfG nur auf Neueinstellungen und nicht auf Verlängerungen abstellt (vgl. Sowka, Der Betrieb 2000, S. 2427 f.). Andere Meinungen gehen davon aus, dass eine Verlängerung einer sachgrundlosen Befristung nach § 1 BeschFG nach dem 31.12.2000 nur bei Vorliegen der Voraussetzungen nach

§ 14 Abs. 2 TzBfG möglich ist (vgl. Worzalla, a.a.O., Rn. 76 zu § 14 TzBfG; Preis/Gotthardt, a.a.O., S. 152). Dies wäre dann der Fall, wenn es sich bei der Befristung nach § 1 BeschFG vor dem 1.1.2001 um eine Neueinstellung gehandelt hätte. Hierbei sollen dann die Zeiten aus dem befristeten Arbeitsverhältnis nach § 1 BeschFG auf die zweijährige Höchstdauer nach § 14 Abs. 2 TzBfG angerechnet werden (vgl. Worzalla, a.a.O., Rn. 77 zu § 14 TzBfG).

Diesen Auffassungen kann unter Beachtung der BAG-Rechtsprechung zu § 1 BeschFG nicht gefolgt werden. Im Urteil vom 26.7.2000 (– 7 AZR 256/99 – AP Nr. 3 zu § 1 BeschFG 1996) hatte das BAG entschieden, dass eine Verlängerung i.S.d. § 1 Abs. 1 Satz 2 BeschFG nur dann in Betracht kommt, wenn die vorherige Befristung schon eine Befristung nach dem BeschFG – in der jeweiligen Fassung – war. Wenn also das BAG bei der Verlängerungsmöglichkeit schon auf die jeweilige Fassung eines Befristungsgesetzes abstellt, dann muss dies umso mehr gelten, wenn der Gesetzgeber für die sachgrundlose Befristung eine neue gesetzliche Regelung – ohne Übergangsregelungen – schafft. Mithin können sachgrundlose Befristungen nach dem BeschFG nicht mehr nach dem 31.12.2000 – selbst bei Einhaltung der zweijährigen Höchstdauer – verlängert werden. Zum Begriff der Verlängerung vergleiche Rn. 272.

- Tariflich abweichende Regelungen

§ 14 Abs. 2 Satz 3 TzBfG regelt die Möglichkeit, durch Tarifvertrag die Anzahl der Verlängerungen oder die Höchstdauer der Befristungsvorschriften nach Satz 1 abweichend festzulegen. Damit sind zunächst die folgenden Abweichungen denkbar: **275**

- Verminderung der Anzahl der Verlängerungsmöglichkeiten bei gleich bleibender Höchstdauer,
- Verminderung der Höchstdauer bei gleich bleibender Anzahl der Verlängerungsmöglichkeiten.

Allerdings bestimmt § 22 Abs. 1 TzBfG, dass die Tarifvertragsparteien im Fall des § 14 Abs. 2 Satz 3 TzBfG auch zuungunsten der Arbeitnehmer von § 14 Abs. 2 Satz 1 TzBfG abweichen können. Damit sind insbesondere folgende weitere Abweichungen möglich:

- Erhöhung der Anzahl der Verlängerungsmöglichkeiten bei gleich bleibender Höchstdauer von zwei Jahren,
- Erhöhung der Gesamtdauer bei gleich bleibender Anzahl der Verlängerungsmöglichkeiten.

Hierbei hat der Gesetzgeber außer der alternativen Veränderungsmöglichkeit (Anzahl der Verlängerungen oder Höchstdauer) keine diesbezüglichen Grenzen festgelegt, inwieweit die Tarifvertragsparteien zuungunsten der Arbeitnehmer abweichen können.

- Sonderregelungen

276 § 14 Abs. 2 Satz 4 eröffnet die Möglichkeit, dass nicht tarifgebundene Arbeitgeber und Arbeitnehmer im Geltungsbereich eines Tarifvertrages nach Satz 3 die entsprechenden tariflichen Regelungen auch einzelvertraglich vereinbaren können. Da § 22 Abs. 1 abweichende Regelungen auch zuungunsten des Arbeitnehmers zulässt, können nach § 14 Abs. 2 Satz 4 auch die tariflichen Regelungen einzelvertraglich vereinbart werden, die zuungunsten der Arbeitnehmer tariflich festgelegt worden sind.

Hingegen ist es unzulässig, ohne entsprechende tarifliche Regelung die Anzahl der Verlängerungen oder die Höchstdauer von zwei Jahren zu erweitern. Hierfür spricht, dass § 22 Abs. 1 TzBfG ausdrücklich auf die tarifliche Regelungsbefugnis nach § 14 Abs. 2 Satz 3 TzBfG verweist. Da Satz 4 nur in Anbindung an eine entsprechende tarifliche Regelung greift, ergibt sich mithin ohne einen solchen Bezug keine einzelvertraglich abweichende Regelungsmöglichkeit von den gesetzlichen Bestimmungen.

277 Eine weitere Sonderregelung beinhaltet § 22 Abs. 2 TzBfG. Wenn ein Tarifvertrag für den öffentlichen Dienst abweichende Regelungen über die Anzahl der Verlängerungen oder die Höchstdauer im Sinne von § 14 Abs. 1 TzBfG beinhaltet, können diese Regelungen auch zwischen nicht tarifgebundenen Arbeitnehmern und Arbeitgebern außerhalb des öffentlichen Dienstes vereinbart werden. Dies setzt aber voraus, dass die Anwendung des jeweiligen Tarifvertrages des öffentlichen Dienstes zwischen den nicht tarifgebundenen Arbeitnehmern und Arbeitgebern einzelvertraglich vereinbart worden ist und der betreffende Arbeitgeber die Kosten des Betriebes überwiegend mit Zuwendungen im Sinne des Haushaltsrechts deckt.

- Zusammenfassung

278 Die neue Regelung zur Befristung ohne sachlichen Grund in § 14 Abs. 2 Satz 1 TzBfG löst die bisher befristeten Regelungen im Beschäftigungsförderungsgesetz dauerhaft ab. Sie stellt eine Ausnahmeregelung vom Grundsatz dar, dass ein befristetes Arbeitsverhältnis nur mit sachlichem Grund gerechtfertigt ist.

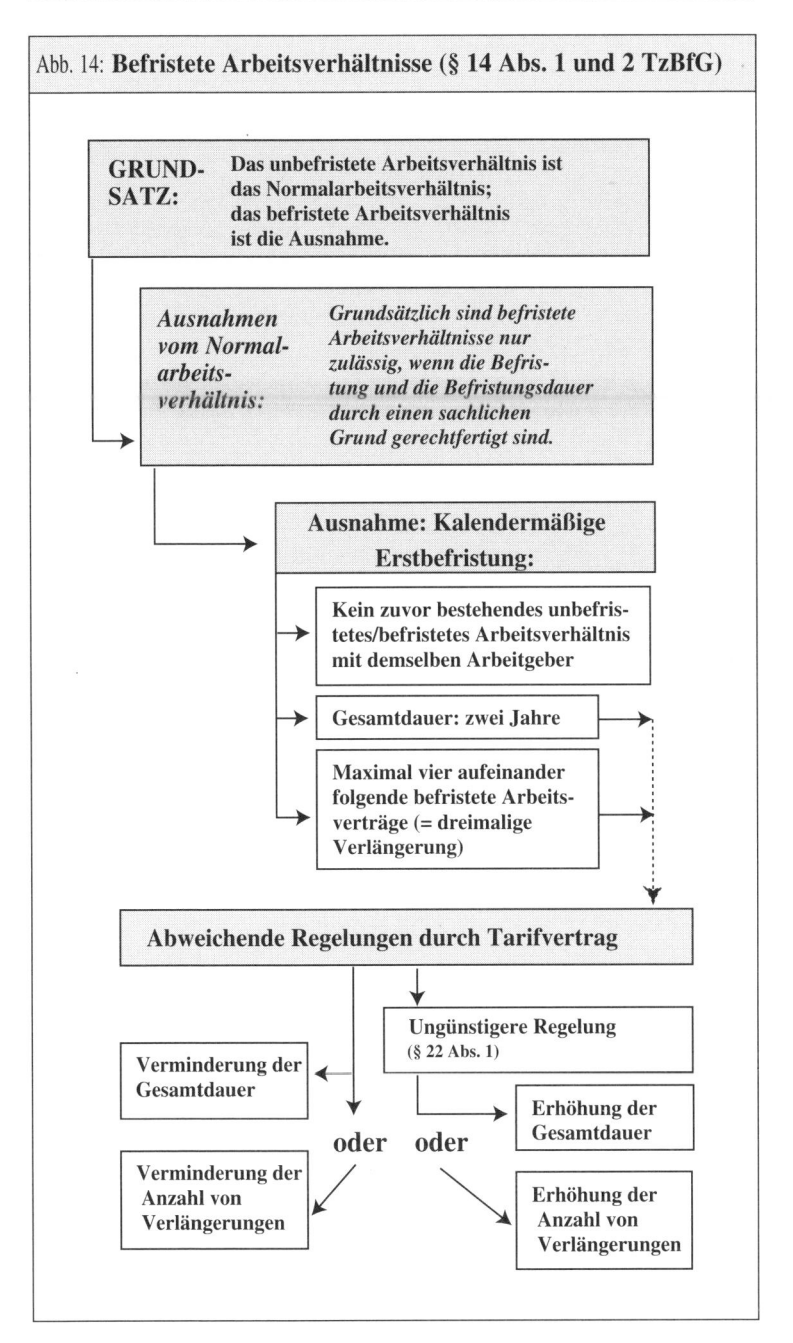

3. Allgemeine Vorschriften über befristete Arbeitsverträge

Abb. 14: Befristete Arbeitsverhältnisse (§ 14 Abs. 1 und 2 TzBfG)

GRUNDSATZ: Das unbefristete Arbeitsverhältnis ist das Normalarbeitsverhältnis; das befristete Arbeitsverhältnis ist die Ausnahme.

Ausnahmen vom Normalarbeitsverhältnis: Grundsätzlich sind befristete Arbeitsverhältnisse nur zulässig, wenn die Befristung und die Befristungsdauer durch einen sachlichen Grund gerechtfertigt sind.

Ausnahme: Kalendermäßige Erstbefristung:

- Kein zuvor bestehendes unbefristetes/befristetes Arbeitsverhältnis mit demselben Arbeitgeber
- Gesamtdauer: zwei Jahre
- Maximal vier aufeinander folgende befristete Arbeitsverträge (= dreimalige Verlängerung)

Abweichende Regelungen durch Tarifvertrag

Ungünstigere Regelung (§ 22 Abs. 1)

- Verminderung der Gesamtdauer
- Erhöhung der Gesamtdauer

oder oder

- Verminderung der Anzahl von Verlängerungen
- Erhöhung der Anzahl von Verlängerungen

Hierbei zieht der Gesetzgeber aber einen engeren Rahmen als das BeschFG: Ein befristeter Arbeitsvertrag ohne sachlichen Grund kommt nur noch in Betracht, wenn zuvor – unabhängig, wann dies war – kein Arbeitsverhältnis mit demselben Arbeitgeber bestanden hat.

Eine Abweichung hiervon ist auch nicht durch einen Tarifvertrag möglich! Allerdings können für erstmalige Arbeitsverträge zwischen einem Arbeitnehmer und einem Arbeitgeber mittels Tarifvertrag die Gesamtdauer oder die Anzahl der Verlängerungen von Befristungen ohne sachlichen Grund auch zuungunsten des Arbeitnehmers festgelegt werden.

Im Hinblick darauf, dass der Gesetzgeber die sachgrundlose Befristung nach § 14 Abs. 2 TzBfG nun im Gegensatz zum BeschFG als dauerhafte Regelung ausgestaltet hat, stellt sich aber die Frage, ob dies noch mit dem sozialstaatlichen Grundsatz, dass die Befristung des Arbeitsvertrages eines Sachgrundes bedarf, vereinbar ist. Mit der Regelung in § 14 Abs. 2 TzBfG greift der Gesetzgeber dauerhaft in den sozialstaatlichen Grundsatz ein, dass das unbefristete Arbeitsverhältnis das Normalarbeitsverhältnis darstellt. Dieser Eingriff muss aber durch gewichtige, grundrechtlich geschützte Belange gerechtfertigt sein. Bei der sachgrundlosen Befristung nach dem Beschäftigungsförderungsgesetz wurde versucht, diesen Eingriff mit der besonderen arbeitsmarktpolitischen Situation zu rechtfertigen (vgl. KR-Weller, Rn. 1 zu § 1 BeschFG 1985): Die Möglichkeit einer sachgrundlosen Befristung sollte nur unter eingeschränkten Bedingungen möglich sein und dazu beitragen, dass über erleichterte Neueinstellungen die Massenarbeitslosigkeit abgebaut werden sollte. Die zeitlich begrenzte Geltungsdauer des BeschFG resultierte aus der Annahme, dass sich nach ihrem Auslaufen die Arbeitsmarktsituation entscheidend entspannt haben würde (vgl. KR-Weller, Rn. 6 zu § 1 BeschFG). Unterstellt, die Begründung hätte den Eingriff in den sozialstaatlichen Schutz des unbefristeten Arbeitsverhältnisses aus damaliger Sicht gerechtfertigt, so wird man heute zu Recht bezweifeln können, ob die sachgrundlose Befristung als Dauerausnahmeregelung noch mit dem Sozialstaatsgebot vereinbar ist. Dies muss insbesondere deshalb bezweifelt werden, weil bis heute der wissenschaftliche Beweis fehlt, dass die sachgrundlose Befristung nach dem BeschFG tatsächlich zu positiven Entwicklungen am Arbeitsmarkt beigetragen hat.

3.1.2.2 Befristete Arbeitsverträge mit älteren Arbeitnehmern

- Voraussetzungen

§ 14 Abs. 3 TzBfG beinhaltet eine weitere Ausnahme vom Erfordernis des sachlichen Grundes für einen befristeten Arbeitsvertrag, und zwar für ältere Arbeitnehmer. | 279

Hierfür hat der Gesetzgeber die folgenden Voraussetzungen festgelegt:

- Vollendung des 58. Lebensjahres zum Zeitpunkt des Abschlusses des befristeten Arbeitsvertrages,
- Kein enger Zusammenhang zu einem vorhergehenden unbefristeten Arbeitsvertrag mit demselben Arbeitgeber (vgl. Rn. 280).

Die Befristung nach § 14 Abs. 3 TzBfG ist unzulässig, wenn ein enger sachlicher Zusammenhang zu einem vorhergehenden unbefristeten Arbeitsverhältnis mit demselben Arbeitgeber besteht. Dieser enge gesetzliche Zusammenhang soll insbesondere dann anzunehmen sein, wenn zwischen den Arbeitsverträgen ein Zeitraum von weniger als sechs Monaten liegt. Hiermit hat der Gesetzgeber die Anforderung aus § 1 Abs. 3 Satz 2 BeschFG 1996 nicht nur übernommen, sondern, bezogen auf das Merkmal des engen sachlichen Zusammenhangs, auch noch zeitlich auf sechs Monate ausgedehnt. Gleichwohl kann zur näheren Auslegung auf die hierzu ergangene Rechtsprechung zurückgegriffen werden, da sich nur das Zeitmoment geändert hat. | 280

Wird folglich der nach § 14 Abs. 3 TzBfG mögliche befristete Arbeitsvertrag nach einer kürzeren Frist als sechs Monate mit demselben Arbeitgeber abgeschlossen, ist anzunehmen, dass die Befristung unzulässig ist.

Eine Umgehung dieser Anforderung kann aber auch dann vorliegen, wenn die Sechsmonatsfrist überschritten wird. Durch die Einfügung des Wortes „insbesondere" hat der Gesetzgeber deutlich gemacht, dass die jetzige Sechsmonatsfrist nur beispielhaft gemeint ist und unabhängig davon noch weitere Kriterien für die Annahme eines engen sachlichen Zusammenhangs sprechen könnten (vgl. LAG Köln, LAGE Nr. 7 zu § 1 BeschFG). | 281

Nach BAG-Auffassung (vgl. AP Nr. 13 zu § 1 BeschFG) ist zudem auf eine Gesamtbetrachtung abzustellen, die deutlich machen muss, dass es sich nicht um die bloße, lediglich durch den Mindestzeitraum unterbrochene Fortsetzung des bisherigen Arbeitsverhältnisses handelt. Dieser Fall liegt beispielsweise dann vor, wenn sich aus den Umständen ergibt, dass die jetzige Sechsmonatsfrist ausdrücklich nur eingehalten worden ist, um danach den gleichen Arbeitnehmer wieder einzustellen und mit den gleichen Tätigkeiten wieder zu beschäftigen (vgl. LAG Köln, LAGE Nr. 7 zu § 1 BeschFG).

Für die Prüfung, ob die jetzige Sechsmonatsfrist nur zum Schein eingehalten worden ist, können die folgenden Fragestellungen zur Klärung herangezogen werden:

- Auf wen ist die Beendigung des früheren Arbeitsverhältnisses zurückzuführen?
- Welche Gründe haben zur Beendigung geführt?
- Soll der befristet Beschäftigte dieselbe Tätigkeit wie bisher ausüben?
- Welche Beweggründe haben zum Abschluss des neuen Arbeitsverhältnisses geführt – wenn man einmal von der Altersgrenze absieht?

- Zusammenfassung

282 Mit dem Befristungstatbestand des § 14 Abs. 3 TzBfG formuliert der Gesetzgeber einen weiteren Ausnahmetatbestand vom Erfordernis des sachlichen Grundes. Hierbei übernimmt der Gesetzgeber weitgehend die entsprechenden Vorschriften aus § 1 BeschFG.

Allerdings wird die Altersgrenze von 60 auf 58 Jahre abgesenkt. Für diesen Ausnahmetatbestand gelten nicht die Beschränkungen nach § 14 Abs. 2 TzBfG: Maximale Höchstdauer von zwei Jahren bei dreimaliger Verlängerungsmöglichkeit.

Da ein befristeter Arbeitsvertrag nach Abs. 3 nur dann unzulässig ist, wenn ein enger sachlicher Zusammenhang zu einem vorhergehenden unbefristeten Arbeitsvertrag mit demselben Arbeitgeber besteht, kann im Anschluss an ein befristetes Arbeitsverhältnis nach Abs. 2 noch ein weiteres befristetes Arbeitsverhältnis nach Abs. 3 folgen. Umgekehrt ist dies nicht möglich.

Im Hinblick auf die Höchstdauer der Befristung hat der Gesetzgeber ebenfalls keine Beschränkung festgelegt. Unter Berücksichtigung, dass erst bei einer Altersgrenze von 65 Jahren ein Übergang in die Altersversorgung erfolgt, könnte im Rahmen dieses Ausnahmetatbestandes ein befristeter Arbeitsvertrag bis zu einer Dauer von sieben Jahren abgeschlossen werden.

Abweichende tarifvertragliche Regelungen zuungunsten des Arbeitnehmers sind mangels ausdrücklichen Bezugs im Gesetz nicht möglich.

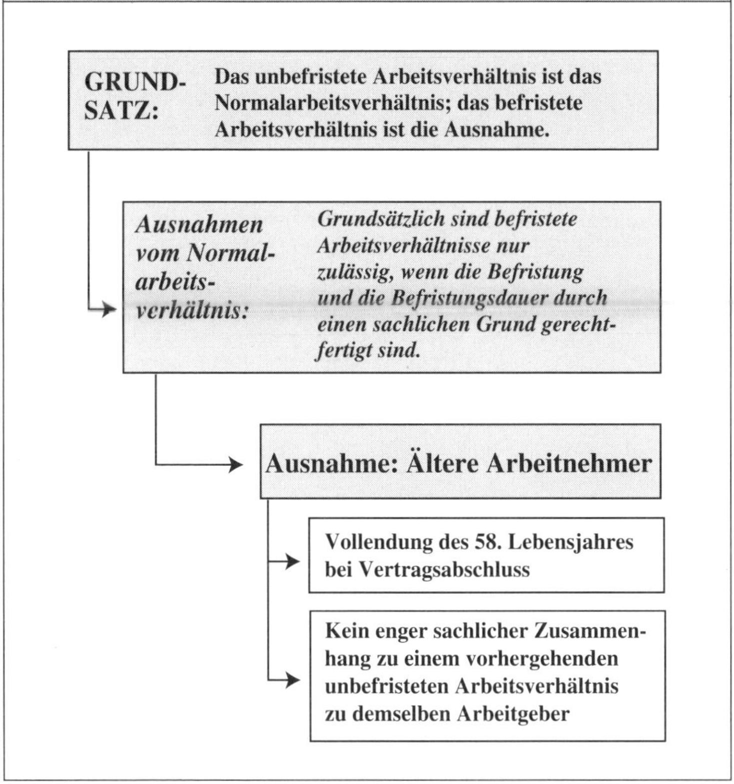

3. Allgemeine Vorschriften über befristete Arbeitsverträge

Abb. 15: Befristete Arbeitsverhältnisse (§ 14 Abs. 3 TzBfG)

GRUNDSATZ: Das unbefristete Arbeitsverhältnis ist das Normalarbeitsverhältnis; das befristete Arbeitsverhältnis ist die Ausnahme.

Ausnahmen vom Normalarbeitsverhältnis: *Grundsätzlich sind befristete Arbeitsverhältnisse nur zulässig, wenn die Befristung und die Befristungsdauer durch einen sachlichen Grund gerechtfertigt sind.*

Ausnahme: Ältere Arbeitnehmer

- Vollendung des 58. Lebensjahres bei Vertragsabschluss
- Kein enger sachlicher Zusammenhang zu einem vorhergehenden unbefristeten Arbeitsverhältnis zu demselben Arbeitgeber

3.1.2.3 Nichtanwendung des allgemeinen Kündigungsschutzes

Ausgehend vom Grundsatz, dass durch die Befristung eines Arbeitsvertrages die Kündigungsschutzbestimmungen umgangen werden, verlangte die Rechtsprechung das Vorliegen eines sachlichen Grundes. Hiervon wurde grundsätzlich dann eine Ausnahme zugelassen, wenn

a) das befristete Arbeitsverhältnis nicht länger als sechs Monate andauert oder

b) im Betrieb nicht mehr als fünf Arbeitnehmer beschäftigt werden.

Allerdings hat das BAG bei einzelnen Fällen (vgl. Rn. 284 f.) trotzdem das Vorliegen eines sachlichen Grundes verlangt. Das TzBfG

283

beinhaltet gegenüber der bisherigen Rechtsprechung hier keine Einschränkung. Die Anwendung der Bestimmungen für befristete Arbeitsverträge wird weder von einer Mindestbeschäftigtenzahl noch von einer Wartezeit abhängig gemacht, so dass auch in Kleinbetrieben oder bei kurzzeitigen Befristungen grundsätzlich ein sachlicher Grund für die Befristung von Arbeitsverträgen erforderlich ist (Ausnahme: Befristungen ohne Sachgrund gemäß § 14 Abs. 2 und 3 TzBfG).

Unklarheiten ergeben sich aber dann, wenn aufgrund einer arbeitsvertraglichen Vereinbarung oder einer tarifvertraglichen Regelung eine vorzeitige Kündigung des befristeten Arbeitsverhältnisses möglich ist (§§ 15 Abs. 3, 16 Satz 1 TzBfG), denn in diesen Fällen stellt sich erneut die Frage, ob die Prüfung der sozialen Rechtfertigung der Kündigung entfällt, weil das Kündigungsschutzrecht keine Anwendung findet. Soll allerdings der Schutzcharakter des TzBfG nicht verloren gehen, dann wird auch für diese Fälle das KSchG heranzuziehen sein, wenn die vorzeitige Kündigung rechtsmissbräuchlich erfolgt oder andere kündigungsschutzrechtliche Vorschriften umgangen werden.

284 Aufgrund des Schwellenwerts von mehr als fünf Arbeitnehmern in § 23 Abs. 1 Satz 2 KSchG gelten die allgemeinen Kündigungsschutzbestimmungen nicht für Arbeitsverhältnisse in den so genannten Kleinbetrieben. Im Urt. v. 2.12.1998 (– 7 AZR 579/97 – AP Nr. 207 zu § 620 BGB Befristeter Arbeitsvertrag) hat das BAG entschieden, dass auch die Befristung eines Arbeitsvertrags in so genannten Kleinbetrieben eines sachlichen Grundes bedarf, wenn die Befristung zur Umgehung des Kündigungsschutzes nach § 613a Abs. 4 Satz 1 BGB objektiv geeignet ist. Im vorliegenden Fall war zum Zeitpunkt der Befristung deutlich, dass ein Betriebsübergang erfolgen sollte. Der Arbeitgeber – Betriebsveräußerer – konnte zum Zeitpunkt des Vertragsabschlusses keine Prognose dahin gehend erstellen, dass der Bedarf an einer Weiterbeschäftigung des Arbeitnehmers durch die Veräußerung entfallen würde.

285 Nach § 1 Abs. 1 KSchG unterliegt ein Arbeitsverhältnis dem Bestandsschutz, wenn es länger als sechs Monate in demselben Betrieb oder Unternehmen ohne Unterbrechung bestanden hat. Bei der Berechnung der sechsmonatigen Wartefrist sind jedoch die Zeiten früherer Arbeitsverhältnisse einzurechnen, wenn zu diesen ein zeitlicher und sachlicher Zusammenhang besteht (vgl. BAG, Urt. v. 26.7.2000 – 7 AZR 43/99 – AP Nr. 26 zu § 1 BeschFG 1985). Befristete Arbeitsverhältnisse von einer Dauer von weniger als sechs Monaten unterliegen nicht diesem Bestandsschutz und bedürfen für die Befristung mithin keines sachlichen Grundes, es sei denn, dass andere kündigungsrechtliche Bestandsschutzbestimmungen objektiv umgangen werden. Dies gilt auch für auflösend bedingte Arbeitsverträge.

Unter Berücksichtigung dieser Grundsätze hat das BAG (vgl. Urt. v. 20.10.1999 – 7 AZR 658/98 – AP Nr. 25 zu § 620 BGB Bedingung) entschieden, dass die fristlose Beendigung eines auflösend bedingten Arbeitsvertrages mit einer Dauer von weniger als sechs Monaten den in § 622 Abs. 1 BGB gewährten zeitlichen Bestandsschutz umgeht und daher die Beendigung rechtsunwirksam ist, wenn nicht die in § 622 Abs. 1 BGB enthaltene Mindestkündigungsfrist eingehalten wird. Das Arbeitsverhältnis endet in diesem Fall mit Auslaufen der Mindestkündigungsfrist.

Ferner kommt eine Beendigung nur dann in Betracht, wenn der Arbeitgeber den Arbeitnehmer nach Auslaufen seines Arbeitsvertrages mit einer auflösenden Bedingung nicht an anderer Stelle im Betrieb weiterbeschäftigen kann (vgl. BAG, Urt. v. 20.10.1999 – 7 AZR 658/98 – AP Nr. 25 zu § 620 BGB Bedingung).

3.1.3 Schriftformerfordernis

Nach § 14 Abs. 4 TzBfG bedarf die Befristung eines Arbeitsvertrages zu ihrer Wirksamkeit der Schriftform i.S.d. §§ 125, 126 BGB. Wird diese nicht eingehalten, ist die Befristung unwirksam. In Verbindung mit § 16 Satz 1 TzBfG ergibt sich die Rechtsfolge, dass das Arbeitsverhältnis als auf unbestimmte Zeit geschlossen gilt. Nach § 16 Abs. 1 Satz 2 TzBfG kann der Arbeitgeber den Arbeitsvertrag aber bei Vorliegen der Anforderungen an eine sozialgerechtfertigte Kündigung gemäß § 1 KSchG vor Ablauf des vereinbarten Endes ordentlich kündigen (vgl. Rn. 307 ff.). Der Gesetzgeber hat damit in das TzBfG die früher in § 623 BGB enthaltene Norm aufgenommen. Dort wurde sie gemäß Art. 2 Nr. 2 des Gesetzes über Teilzeitarbeit und befristete Arbeitsverträge und zur Änderung und Aufhebung arbeitsrechtlicher Bestimmungen gestrichen.

286

Allerdings verlangt § 14 Abs. 4 TzBfG aber nicht ausdrücklich ein schriftliches Festhalten des Befristungsgrundes oder den Hinweis darauf, dass eine sachgrundlose Befristung nach § 14 Abs. 2 TzBfG erfolgt (Zitiergebot). Gleiches gilt für die Befristung mit älteren Arbeitnehmern nach § 14 Abs. 3 TzBfG. Auch aus § 2 Nr. 3 Nachweisgesetz ergibt sich kein ausdrückliches Zitiergebot, da hier nur die Angabe der vorhersehbaren Dauer der Befristung verlangt wird. Hieraus kann und sollte aber nicht die Schlussfolgerung gezogen werden, dass es ratsam ist, sich grundsätzlich nur auf die Vereinba-

286a

rung der Befristungsdauer zu beschränken. Vielmehr bedarf es einer differenzierten Betrachtung im Hinblick auf die Befristungsart.

Schon in Zusammenhang mit der sachgrundlosen Befristung nach § 1 Abs. 1 BeschFG 1996 hatte das BAG (vgl. Urt. v. 26.7.2000 – 7 AZR 256/99 – AP Nr. 3 zu § 1 BeschFG 1996; Urt. v. 26.7.2000 – 7 AZR 546/99 – AP Nr. 5 zu § 1 BeschFG 1996) festgestellt, dass § 1 BeschFG kein Zitiergebot enthält. Deshalb sei der Parteiwille bezüglich einer sachgrundlosen Befristung aus den Umständen heraus zu klären. Danach käme eine sachgrundlose Befristung dann in Betracht – auch wenn sie nicht ausdrücklich vereinbart wurde –, wenn an sich die Befristung einer Rechtfertigung bedurft hätte, aber die Vertragsparteien zum Zeitpunkt des Vertragsschlusses nicht über andere allgemeine oder spezialgesetzliche Befristungstatbestände oder über Sachgründe gesprochen hätten (vgl. BAG, Urt. v. 26.7.2000 – 7 AZR 546/99 – AP Nr. 5 zu § 1 BeschFG 1996). Anders wäre die rechtliche Situation zu beurteilen, wenn der Befristungsabrede spezialgesetzliche Befristungstatbestände oder Sachgründe zugrunde gelegt werden oder die Voraussetzungen des § 1 Abs. 1 BeschFG ersichtlich nicht vorliegen.

Hieraus könnte abgeleitet werden, dass es bei einer sachgrundlosen Befristung nach § 14 Abs. 2 TzBfG keiner ausdrücklichen Benennung bedarf. Da aber den Arbeitgeber im Streit um die Wirksamkeit der Befristung aufgrund der Gesetzesformulierung in § 14 Abs. 1 TzBfG (Befristung bedarf grundsätzlich der sachlichen Rechtfertigung) die volle Darlegungs- und Beweislast trifft, ist es angebracht, entweder im Arbeitsvertrag oder im Nachweis den Bezug zur sachgrundlosen Befristung herzustellen, da ansonsten Probleme auftreten können, wenn der Arbeitgeber darlegen muss, dass nicht bei Vertragsabschluss über andere Befristungstatbestände oder Sachgründe gesprochen worden ist. Schließlich ist hier zu bedenken, dass bei einem Verlängerungsvertrag das Anschlussverbot nach § 14 Abs. 2 TzBfG zu beachten ist, da im Streitfall geprüft wird, ob es für den vorangegangenen Vertrag einen Sachgrund oder eine spezialgesetzliche Befristungsmöglichkeit gegeben hat (vgl. BAG, Urt. v. 26.7.2000 – 7 AZR 546/99 – AP Nr. 5 zu § 1 BeschFG 1996).

Bei einer kalendermäßigen Befristung nach § 14 Abs. 1 TzBfG bedarf es ebenfalls nicht der schriftlichen Angabe des Befristungsgrundes. Gleichwohl erscheint es auch hier im Hinblick auf die Darlegungs- und Beweislast ratsam, den Befristungsgrund anzugeben. Bei einer Zweckbefristung und bei Arbeitsverträgen mit auflösender Bedingung ergibt sich die Angabe des Befristungsgrundes und der auflösenden Bedingung nämlich schon aus der Natur der Befristung, da nur bei ihrer Angabe später auch festgestellt werden kann, ob der Zweck erreicht oder die auflösende Bedingung eingetreten ist.

Bei den spezialgesetzlichen Befristungstatbeständen (z.B. § 21 BErzGG) ist die Angabe des Befristungsgrundes im Arbeitsvertrag ohnehin zwingend erforderlich, da ansonsten ein Berufen auf diesen Befristungsgrund nicht mehr möglich ist.

3.1.4 Zulässigkeitsvoraussetzungen und EU-Recht

Die Definition, was befristet Beschäftigte sind, hält sich im Rahmen der durch Paragraph 3 der Rahmenvereinbarung der Sozialpartner in der EU-Richtlinie 1999/70 EG festgehaltenen Vorgaben. 287

Nach Paragraph 5 der Rahmenvereinbarung (EU-Richtlinie) sollte der Gesetzgeber zur Umsetzung der EU-Richtlinie eine oder mehrere der folgenden Maßnahmen ergreifen:

  a) Festlegung der sachlichen Gründe, die die Verlängerung von solchen Verträgen (befristete Arbeitsverträge – d.V.) oder Verhältnissen (befristete Arbeitsverhältnisse – d.V.) rechtfertigen;

  b) Festlegung der insgesamt maximal zulässigen Dauer aufeinander folgender Arbeitsverträge oder Arbeitsverhältnisse;

  c) Festlegung der zulässigen Zahl der Verlängerungen solcher Verträge (befristete Arbeitsverträge – d.V.) oder Verhältnisse (befristete Arbeitsverhältnisse – d.V.).

Die EU-Richtlinie überlässt es also dem jeweiligen nationalen Gesetzgeber, ob er die Maßnahmen a) bis c) umsetzt oder nur Maßnahmen nach Buchstabe a) oder b) oder c) gesetzlich festlegt. Der deutsche Gesetzgeber hat mit § 14 Abs. 1 bis 3, §§ 21, 22 und 23 versucht, alle vorstehend geforderten Maßnahmen umzusetzen.

Mit § 14 Abs. 1 des Gesetzes ist der Gesetzgeber der EU-Vorgabe nach dem obigen Buchstaben a) gefolgt und hat sachliche Gründe für die Zulässigkeit von befristeten Arbeitsverhältnissen festgelegt. 288

Wenn die EU-Richtlinie die Festlegung der insgesamt maximal zulässigen Dauer aufeinander folgender Arbeitsverträge oder Arbeitsverhältnisse verlangt, so kann davon ausgegangen werden, dass die EU-Richtlinie diese Festlegung für alle Arten von befristeten Arbeitsverträgen verlangt. Der deutsche Gesetzgeber hat diese Festlegung aber nur für Befristungen ohne sachlichen Grund getroffen.

Im Hinblick auf Befristungen mit sachlichem Grund hat der deutsche Gesetzgeber ferner die geforderte Festlegung nach Buchstabe c) ebenfalls nur für Befristungen ohne sachlichen Grund umgesetzt. Deshalb bleibt es zweifelhaft, ob der deutsche Gesetzgeber die europarechtlichen Vorgaben adäquat umgesetzt hat, wenn er die zulässige Zahl von Befristungen nur für sachgrundlose Befristungen geregelt hat. Nun mag eingewendet werden, dass es ja dem jeweiligen Gesetzgeber überlassen bleibt, ob er nur eine, zwei oder alle europarechtlichen Anforderungen an die Zulässigkeit von befristeten Arbeitsverträgen umsetzt. So wäre danach auch eine Regelung ohne die Festlegung von sachlichen Gründen gemäß Buchstabe a) möglich gewesen. Hätte der Gesetzgeber aber davon Gebrauch gemacht, so wäre der Grundpfeiler für die Verhinderung eines Missbrauchs von befristeten Arbeitsverträgen beseitigt worden. Dies kann aber nicht die Intention gewesen sein, denn bereits in Art. 2 Abs. 4 des Vorschlags der Kommission für eine Richtlinie des Rates über bestimmte Arbeitsverhältnisse hinsichtlich der Arbeitsbedingungen (Text unter Rn. 406) war die Verpflichtung enthalten, dass der Arbeitgeber im Zeitvertrag die Entscheidung für diese Art Arbeitsverhältnis begründen muss.

Es bleibt also abzuwarten, inwieweit die Arbeitsgerichte oder der Europäische Gerichtshof hier eine Korrektur durch die Heranziehung europarechtlicher Vorschriften vornehmen.

3.2 Beendigungsvorschriften (§ 15)

289 Im § 15 TzBfG hat der Gesetzgeber die Modalitäten für die Beendigung von befristeten Arbeitsverträgen geregelt:

- Beendigung eines kalendermäßig befristeten Arbeitsvertrages (vgl. Rn. 290 f.),
- Beendigung eines zweckbefristeten Arbeitsvertrages (vgl. Rn. 292 ff.) und
- Beendigung eines Arbeitsvertrages mit auflösender Bedingung (vgl. Rn. 295 f.).

Neben den Beendigungsvorschriften, die jeweils auf den vertraglichen Endtermin oder auf den voraussichtlichen Ablauf des Befristungszweckes bzw. -zieles ausgerichtet sind, eröffnet § 15 Abs. 3 unter bestimmten Voraussetzungen auch die Kündigungsmöglichkeit während der Laufzeit der Befristung (vgl. Rn. 297).

Für den Fall, dass das Arbeitsverhältnis für die Lebenszeit einer Person oder für längere Zeit als fünf Jahre eingegangen worden ist, regelt § 15 Abs. 4 TzBfG eine besondere Kündigungsmöglichkeit, von welcher nur der Arbeitnehmer Gebrauch machen kann (vgl. Rn. 299 ff.).

Schließlich regelt § 15 Abs. 5 TzBfG die Rechtsfolgen für den Fall, dass nach Ablauf eines befristeten Arbeitsverhältnisses das Arbeitsverhältnis mit Wissen des Arbeitgebers fortgesetzt wird (vgl. Rn. 302 ff.).

3.2.1 Beendigungsmöglichkeiten bei befristeten Arbeitsverträgen

3.2.1.1 Kalendermäßig befristeter Arbeitsvertrag

Nach § 15 Abs. 1 TzBfG endet ein kalendermäßig befristeter Arbeitsvertrag mit Ablauf der vereinbarten Zeit. Einer Kündigung bedarf es nicht. Insofern legt der Gesetzgeber in Einklang mit § 620 Abs. 1 BGB fest, dass es nach Ablauf der Befristung für die Beendigung keiner gesonderten Kündigungserklärung bedarf. Es wird hier nicht bestimmt, ob nicht während der vereinbarten Befristungszeit das Arbeitsverhältnis gekündigt werden kann.

290

§ 15 Abs. 1 TzBfG stellt insgesamt auf den kalendermäßig befristeten Arbeitsvertrag ab, so dass diese Beendigungsvorschrift sowohl für die entsprechenden befristeten Arbeitsverträge mit sachlichem Grund als auch für die Ausnahmeregelung in § 14 Abs. 2 TzBfG (Befristung ohne sachlichen Grund) gilt.

Nach § 15 Abs. 3 TzBfG kann der kalendermäßig befristete Arbeitsvertrag auch während der Laufzeit des befristeten Arbeitsverhältnisses ordentlich gekündigt werden, wenn dies einzelvertraglich oder im anwendbaren Tarifvertrag vereinbart ist.

291

Damit schafft der Gesetzgeber Klarheit über die Kündigungsmöglichkeiten, unabhängig davon, ob bei einem befristeten Arbeitsvertrag von einer Vereinbarung über die Mindest- oder Höchstdauer auszugehen ist. Beinhaltet die Vertragsformulierung nicht eindeutig, ob eine Höchst- oder Mindestdauer vereinbart worden ist, so ist im Zweifel davon auszugehen, dass die Vereinbarung einer Mindestdauer vorliegt, die eine Kündigung während der vereinbarten Vertragszeit ausschließt, es sei denn, der anwendbare Tarifvertrag regelt etwas anderes. Liegt hingegen die Vereinbarung einer Höchstdauer vor, so kann das befristete Arbeitsverhältnis während des Befristungszeitraums gekündigt werden (vgl. Staudinger/Preis, Rn. 28 zu § 620 BGB). § 15 Abs. 3 TzBfG regelt nun einheitlich die ordentliche Kündigungsmöglichkeit. Der Wertungsunterschied zu den bisherigen Rechtsauffassungen zu § 620 Abs. 1 BGB wird zudem durch Art. 2 Nr. 2 des vorliegenden Gesetzes beseitigt, da hier der Gesetzgeber in einem neuen Absatz 3 zu § 620 BGB ausdrücklich festlegt, dass für befristete Arbeitsverträge das Gesetz über Teilzeitarbeit und befristete Arbeitsverträge gilt. Mithin gilt also auch dessen § 15 Abs. 3.

Zur Kündigung während der Laufzeit vergleiche auch Rn. 297.

Unberührt hiervon bleibt das Recht der außerordentlichen (fristlosen) Kündigung aus wichtigem Grund gemäß § 626 BGB.

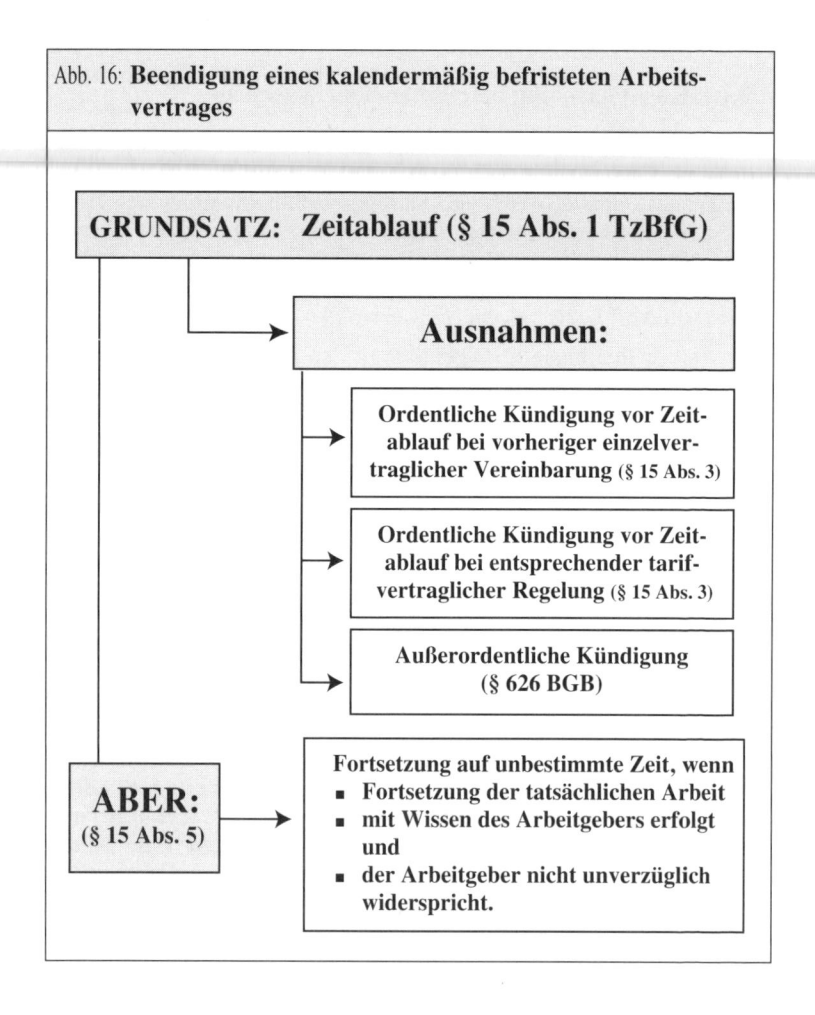

Abb. 16: **Beendigung eines kalendermäßig befristeten Arbeitsvertrages**

GRUNDSATZ: Zeitablauf (§ 15 Abs. 1 TzBfG)

Ausnahmen:

- Ordentliche Kündigung vor Zeitablauf bei vorheriger einzelvertraglicher Vereinbarung (§ 15 Abs. 3)
- Ordentliche Kündigung vor Zeitablauf bei entsprechender tarifvertraglicher Regelung (§ 15 Abs. 3)
- Außerordentliche Kündigung (§ 626 BGB)

ABER: (§ 15 Abs. 5)

Fortsetzung auf unbestimmte Zeit, wenn
- Fortsetzung der tatsächlichen Arbeit
- mit Wissen des Arbeitgebers erfolgt und
- der Arbeitgeber nicht unverzüglich widerspricht.

3.2.1.2 Zweckbefristeter Arbeitsvertrag

Nach § 15 Abs. 2 Satz 1 Halbsatz 1 TzBfG endet ein zweckbefristeter Arbeitsvertrag grundsätzlich mit Erreichen des Zwecks. Allerdings muss nach Halbsatz 2 diese Zweckerreichung dem Arbeitnehmer mitgeteilt werden, so dass das Arbeitsverhältnis frühestens zwei Wochen nach Zugang der schriftlichen Mitteilung durch den Arbeitgeber endet.   **292**

Nach bisheriger Rechtsauffassung sollte ein zweckbefristeter Arbeitsvertrag mit Erreichen des Zwecks enden, wenn dem Arbeitnehmer die Zweckerreichung bei Vertragsschluss voraussehbar war oder rechtzeitig angekündigt worden ist (vgl. Staudinger/Preis, Rn. 16 zu § 620 BGB).

Hiernach musste der Arbeitgeber die Frist einhalten, die der gesetzlichen oder tariflichen Kündigungsfrist entspricht, die gelten würde, wenn statt des zweckbefristeten ein unbefristetes Arbeitsverhältnis vereinbart worden wäre (vgl. Staudinger/Preis, Rn. 16 zu § 620 BGB).

Damit stellte die bisherige Rechtsauffassung auch auf die zurückgelegte Dauer des Arbeitsverhältnisses ab: Die aus § 622 BGB abgeleitete Ankündigungsfrist betrug danach mindestens vier Wochen und konnte z.B. für ein Arbeitsverhältnis, das fünf Jahre bestanden hatte, zwei Monate zum Ende des Kalendermonats betragen.

Mit § 15 Abs. 2 Satz 1 TzBfG legt der Gesetzgeber die Ankündigungsfrist ausdrücklich auf zwei Wochen fest. Dies gilt nun unabhängig davon, ob zum Zeitpunkt des Vertragsabschlusses die Zweckerreichung vorhersehbar gewesen ist oder nicht.

§ 15 Abs. 2 Satz 1 Halbsatz 2 TzBfG regelt nicht ausdrücklich den Fall, dass der Arbeitgeber die Ankündigungsfrist versäumt und dem Arbeitnehmer erst später den Zeitpunkt der Zweckerreichung mitteilt. Wie lange kann dann noch die Mitteilung des Arbeitgebers zur Beendigung des Arbeitsverhältnisses führen und wann treten die Folgewirkungen des § 15 Abs. 5 TzBfG ein? Hierbei ist zwischen der Mitteilung über die Zweckerreichung nach Abs. 2 und der unverzüglichen Mitteilung nach Abs. 5 zu unterscheiden. Eine Mitteilung gemäß § 15 Abs. 2 TzBfG, die die Auslauffrist von zwei Wochen auslöst, kann nur noch bis einschließlich des Tages der Zweckerreichung erfolgen. Geht diese Mitteilung dem Arbeitnehmer noch rechtzeitig zu, so stellt die weitere Tätigkeit während der zweiwöchigen Auslauffrist keine Fortsetzung des befristeten Arbeitsverhältnisses im Sinne von § 15 Abs. 5 TzBfG dar. Wird hingegen der Tag der Zweckerreichung überschritten, so kann der Arbeitgeber nur noch gemäß § 15 Abs. 5 TzBfG verfahren (vgl. auch Rn. 302 ff.).   **293**

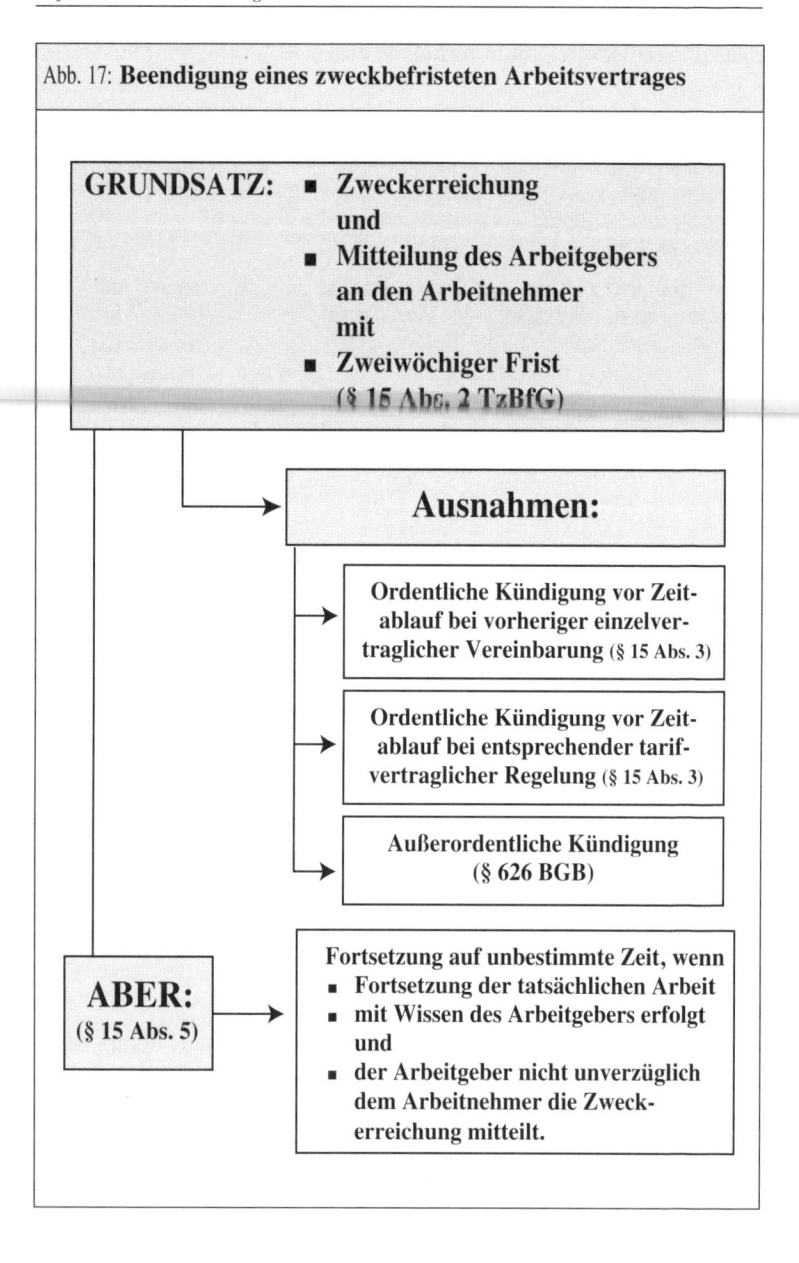

Abb. 17: Beendigung eines zweckbefristeten Arbeitsvertrages

GRUNDSATZ:
- Zweckerreichung
und
- Mitteilung des Arbeitgebers an den Arbeitnehmer
mit
- Zweiwöchiger Frist
(§ 15 Abs. 2 TzBfG)

Ausnahmen:

Ordentliche Kündigung vor Zeitablauf bei vorheriger einzelvertraglicher Vereinbarung (§ 15 Abs. 3)

Ordentliche Kündigung vor Zeitablauf bei entsprechender tarifvertraglicher Regelung (§ 15 Abs. 3)

Außerordentliche Kündigung (§ 626 BGB)

ABER: (§ 15 Abs. 5)

Fortsetzung auf unbestimmte Zeit, wenn
- Fortsetzung der tatsächlichen Arbeit
- mit Wissen des Arbeitgebers erfolgt
und
- der Arbeitgeber nicht unverzüglich dem Arbeitnehmer die Zweckerreichung mitteilt.

Die unverzügliche Mitteilung über die Zweckerreichung beinhaltet dann zugleich auch einen Widerspruch gegen die unbefristete Fortsetzung des Arbeitsverhältnisses. Allerdings ist auch hierbei zu beachten, dass das Arbeitsverhältnis nicht mit Zugang der Mitteilung beendet wird, sondern erst nach Ablauf der zweiwöchigen Auslauffrist gemäß § 15 Abs. 2 TzBfG.

Insofern lässt der Gesetzgeber im Gegensatz zur bisherigen Rechtsprechung zu zweckbefristeten Arbeitsverträgen nun bei Überschreiten des Zweckerreichungszeitpunktes keine Auslauffrist mit Dauer der Mindestkündigungsfrist mehr zu.

Mit der generellen Festlegung auf zwei Wochen sollte die Auslauffrist – ausweislich der Gesetzesbegründung (vgl. Drucksache 14/ 4374, S. 19) – an der gesetzlichen Kündigungsfrist ohne Kündigungstermin gemäß § 622 Abs. 3 BGB orientiert werden. Dieser in der Gesetzesbegründung hergestellte Zusammenhang ist allerdings nicht sachgerecht, denn § 622 Abs. 3 BGB bezieht sich ausschließlich auf eine vereinbarte Probezeit, die die Dauer von sechs Monaten nicht überschreitet. Auf der Grundlage einer fehlerhaften Begründung führt der Gesetzgeber hiermit eine Verkürzung der Auslauffrist von vier auf zwei Wochen ein.

294

Zur Kündigungsmöglichkeit während der Laufzeit des befristeten Arbeitsverhältnisses vergleiche die Ausführungen unter Rn. 297.

3.2.1.3 Auflösend bedingter Arbeitsvertrag

In Verbindung mit § 21 finden die Vorschriften des § 15 Abs. 2 TzBfG auch auf auflösend bedingte Arbeitsverträge Anwendung. Die Vorschriften über zweckbefristete Arbeitsverträge sind auch auf auflösend bedingte Arbeitsverträge anzuwenden. Dies ist sachgerecht, denn auch hier hängt die Beendigung des Arbeitsverhältnisses von einem künftigen Ereignis ab. Allerdings beinhaltet die auflösende Bedingung gegenüber der Zweckbefristung weitergehende Unsicherheitsfaktoren, die je nach Gegenstand der Bedingung für die Vertragsparteien, insbesondere für den Arbeitnehmer, derart belastend sein können, dass auch sie zu einer Umgehung des Kündigungsschutzes führen können (vgl. Staudinger/Preis, Rn. 20 zu § 620 BGB).

295

Mit dem Erfordernis des sachlichen Grundes ist daher nicht vereinbar, wenn ein auflösend bedingter Arbeitsvertrag bei Eintritt der Bedingung ohne Auslauffrist – quasi fristlos im Sinne von § 626 BGB – endet, denn der Arbeitnehmer hätte keine Möglichkeit, sich um einen anderen Arbeitsplatz zu bemühen und der Arbeitgeber wird daran gehindert zu prüfen, ob ein anderweitiger Arbeitsplatzeinsatz möglich und geboten wäre (vgl. BAG, Urt. v. 25.8.1999 – 7 AZR 75/98 – AP Nr. 24 zu § 620 BGB Bedingung). Mithin verlangen die bisherige Rechtsprechung und Rechtsauffassung, dass ein auflösend bedingter Arbeitsvertrag nur dann beendet werden kann, wenn der Arbeitgeber den Arbeitnehmer nicht anderweitig beschäftigen kann und die Auslauffrist, die der gesetzlichen Kündigungsfrist von vier Wochen entspricht, abgelaufen ist.

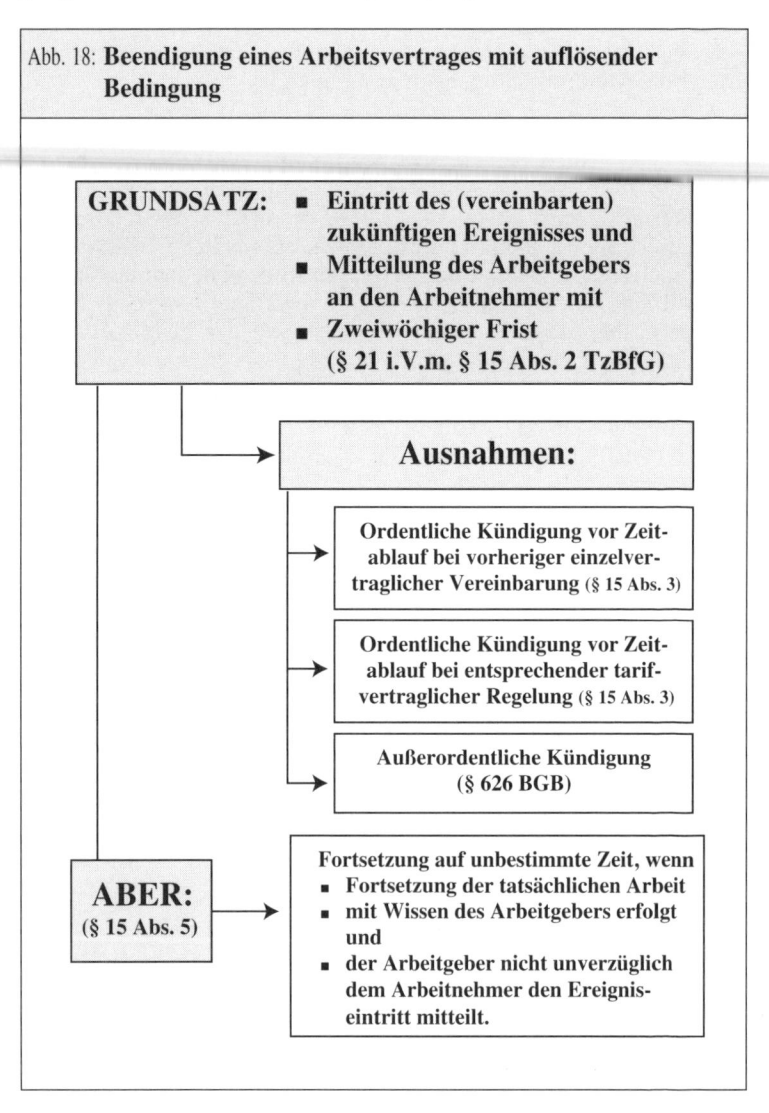

Abb. 18: **Beendigung eines Arbeitsvertrages mit auflösender Bedingung**

GRUNDSATZ:
- Eintritt des (vereinbarten) zukünftigen Ereignisses und
- Mitteilung des Arbeitgebers an den Arbeitnehmer mit
- Zweiwöchiger Frist (§ 21 i.V.m. § 15 Abs. 2 TzBfG)

Ausnahmen:

Ordentliche Kündigung vor Zeitablauf bei vorheriger einzelvertraglicher Vereinbarung (§ 15 Abs. 3)

Ordentliche Kündigung vor Zeitablauf bei entsprechender tarifvertraglicher Regelung (§ 15 Abs. 3)

Außerordentliche Kündigung (§ 626 BGB)

ABER: (§ 15 Abs. 5)

Fortsetzung auf unbestimmte Zeit, wenn
- Fortsetzung der tatsächlichen Arbeit
- mit Wissen des Arbeitgebers erfolgt und
- der Arbeitgeber nicht unverzüglich dem Arbeitnehmer den Ereigniseintritt mitteilt.

In entsprechender Anwendung von § 15 Abs. 2 Satz 1 Halbs. 1 **296**
TzBfG endet ein auflösend bedingter Arbeitsvertrag grundsätzlich
mit Eintritt der vereinbarten Bedingung. Da diese – wie bereits ausgeführt – mit größerer Unsicherheit verbunden ist als eine Zweckbefristung, dürfte eine vorherige Mitteilung des Arbeitgebers über den Bedingungseintritt kaum möglich sein. Deshalb dürfte § 15 Abs. 2 Satz 1 Halbsatz 2 TzBfG zur Anwendung kommen: Das Arbeitsverhältnis endet zwei Wochen nach Zugang der schriftlichen Unterrichtung des Arbeitnehmers durch den Arbeitgeber über den Zeitpunkt des Bedingungseintritts (Ereigniseintritts).

Wenn aber der Arbeitgeber den Bedingungseintritt (Ereigniseintritt) wegen der Unsicherheit erst bei tatsächlichem Eintritt feststellen kann, so dürfte in diesem Fall § 15 Abs. 1 Satz 1 Halbsatz 1 TzBfG nur sinngemäß angewendet werden, also der auflösend bedingte Arbeitsvertrag erst nach Eintritt der Bedingung und einer Auslauffrist von zwei Wochen enden. Im Gegensatz zur bisherigen Rechtsprechung – Mitteilungsfrist von vier Wochen gemäß der Mindestkündigungsfrist nach § 622 Abs. 1 BGB – (vgl. BAG, Urt. v. 25.8.1999 – 7 AZR 75/98 – AP Nr. 24 zu § 620 BGB Bedingung), verkürzt der Gesetzgeber auch hier die Frist auf zwei Wochen.

Im Hinblick auf die Regelung des § 15 Abs. 5 TzBfG kommt eine Fortsetzung des befristeten Arbeitsverhältnisses erst dann in Betracht, wenn der Arbeitgeber in Kenntnis des Bedingungseintritts die Mitteilungsfrist von zwei Wochen verstreichen lässt. Zu den Kündigungsmöglichkeiten während der Laufzeit des Arbeitsvertrages mit auflösender Bedingung vergleiche Rn. 297.

3.2.1.4 Kündigungsmöglichkeit während der Laufzeit

Mit § 15 Abs. 3 TzBfG ermöglicht der Gesetzgeber, dass ein befristetes Arbeitsverhältnis auch während der Laufzeit der Befristung ordentlich gekündigt werden kann. Diese Kündigung soll nur dann möglich sein, wenn sie entweder einzelvertraglich oder im anwendbaren Tarifvertrag vereinbart worden ist. Allerdings hat der Gesetzgeber hierfür im TzBfG keine Regelungen über Kündigungsfristen aufgenommen. Es ist daher davon auszugehen, dass die Kündigungsfristen nach § 622 BGB oder die tariflichen zur Anwendung kommen. **297**

Einzelvertraglich kann von den Kündigungsfristen des § 622 Abs. 1 bis 3 BGB nur zugunsten des Arbeitnehmers abgewichen werden. Eine kürzere Kündigungsfrist als nach § 622 Abs. 1 (vier Wochen zum 15. oder zum Schluss eines Kalendermonats) kann nur unter den Bedingungen des Absatzes 4 (vorübergehende Aushilfstätigkeit von maximal 3 Monaten oder wenn der Arbeitgeber nicht mehr als 20 Arbeitnehmer beschäftigt) vereinbart werden.

Unberührt von dieser Regelung bleibt das Recht des Arbeitgebers, aus einem wichtigen Grund das befristete Arbeitsverhältnis nach § 626 BGB fristlos zu kündigen.

298 § 22 Abs. 2 TzBfG sieht eine Sonderregelung im Hinblick auf die Regelung des § 15 Abs. 3 TzBfG vor. Wenn ein Tarifvertrag für den öffentlichen Dienst eine Regelung beinhaltet, die eine ordentliche Kündigung eines befristeten Arbeitsverhältnisses während der Laufzeit des befristeten Arbeitsverhältnisses vorsieht, so kann diese Regelung auch zwischen nicht tarifgebundenen Arbeitnehmern und Arbeitgebern außerhalb des öffentlichen Dienstes vereinbart werden. Dies setzt voraus, dass die Anwendung des jeweiligen Tarifvertrages des öffentlichen Dienstes zwischen den nicht tarifgebundenen Arbeitnehmern und Arbeitgebern einzelvertraglich vereinbart worden ist und der betreffende Arbeitgeber die Kosten des Betriebes überwiegend mit Zuwendungen im Sinne des Haushaltsrechts deckt.

3.2.2 Beendigungsmöglichkeit bei Arbeitsverträgen auf Lebenszeit einer Person oder für länger als fünf Jahre

299 Die Vorschrift des § 15 Abs. 4 TzBfG regelt die Möglichkeit des Arbeitnehmers, einen Arbeitsvertrag, der für die Lebenszeit einer Person oder für längere Zeit als fünf Jahre eingegangen ist, nach Ablauf von fünf Jahren mit einer Kündigungsfrist von sechs Monaten zu kündigen. Der Gesetzgeber (vgl. Drucksache 14/4374, S. 20) hat diese Regelung dem § 624 BGB entnommen, sie redaktionell auf Arbeitsverhältnisse angepasst und im Interesse einer zusammenhängenden und überschaubaren Regelung ins TzBfG aufgenommen. Gesetzessystematisch verdrängt § 15 Abs. 4 TzBfG die in § 622 BGB geregelten Kündigungsfristen. Da diese Vorschrift nicht in § 22 TzBfG aufgenommen worden ist, kann sie auch nicht zuungunsten des Arbeitnehmers abbedungen werden.

Für sog. freie Dienstverhältnisse, die nicht Arbeitsverhältnisse sind, gilt hingegen § 624 BGB weiter. Da der Gesetzgeber aber § 15 Abs. 4 TzBfG inhaltsgleich im Verhältnis zu § 624 BGB ausgestaltet hat, können zur Auslegung dieser Vorschrift die Ausführungen in der Literatur zu § 624 BGB herangezogen werden.

300 Der Abschluss eines Arbeitsvertrages nach Abs. 4 liegt insbesondere dann vor, wenn das *Arbeitsverhältnis für die Dauer der Le-*

3. Allgemeine Vorschriften über befristete Arbeitsverträge

benszeit einer Person eingegangen worden ist. Das Arbeitsverhältnis kann hierbei für die Lebenszeit des Arbeitnehmers, des Arbeitgebers oder einer dritten Person eingegangen worden sein (vgl. Arbeitsrechtshandbuch, Rn. 24 zu § 42). Um als Arbeitsverhältnis für die Dauer der Lebenszeit einer Person eingestuft werden zu können, muss das Arbeitsverhältnis ausdrücklich auf die Lebenszeit des Arbeitnehmers, des Arbeitgebers oder einer dritten Person (z.B. Arbeitsverhältnis zur Pflege) bezogen sein. Eine lediglich unbefristete Einstellung genügt diesen Anforderungen nicht. Ferner muss der Wille der Arbeitsvertragsparteien deutlich zum Ausdruck kommen, dass der Rechtscharakter des Vertragsverhältnisses so gestaltet worden ist, dass während der Laufzeit des Arbeitsverhältnisses eine ordentliche Kündigung durch den Arbeitgeber ausgeschlossen ist (vgl. Staudinger/Preis, Rn. 16 zu § 624 BGB).

Ist der Arbeitsvertrag sachgerecht auf Lebenszeit einer Person geschlossen worden, so ist der Arbeitgeber an den auf Lebenszeit geschlossenen Vertrag gebunden, da § 15 Abs. 4 TzBfG nur dem Arbeitnehmer ein besonderes Kündigungsrecht zugesteht.

Dem Arbeitgeber verbleibt nur das Recht zur außerordentlichen Kündigung nach § 626 Abs. 1 BGB (vgl. Staudinger/Preis, Rn. 26 zu § 624 BGB).

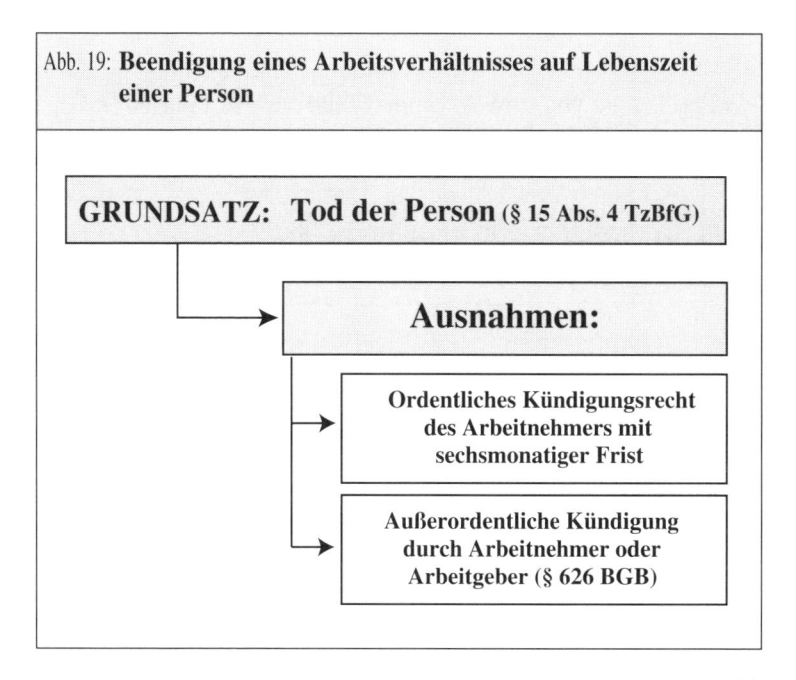

Abb. 19: Beendigung eines Arbeitsverhältnisses auf Lebenszeit einer Person

GRUNDSATZ: Tod der Person (§ 15 Abs. 4 TzBfG)

Ausnahmen:

- Ordentliches Kündigungsrecht des Arbeitnehmers mit sechsmonatiger Frist
- Außerordentliche Kündigung durch Arbeitnehmer oder Arbeitgeber (§ 626 BGB)

301 Die 2. Alternative eines Arbeitsverhältnisses nach § 15 Abs. 4 TzBfG besteht in einer kalendermäßigen Befristung (Grundfall), die erst nach Ablauf von fünf Jahren endet. Aber auch das zweckbefristete Arbeitsverhältnis oder der Arbeitsvertrag mit auflösender Bedingung kommen hier in Betracht, wenn die Bedingung und die Zweckerreichung erst nach Ablauf von fünf Jahren eintreten (vgl. Staudinger/Preis, Rn. 18 zu § 624 BGB).

Während das BAG die Verlängerung eines auf fünf Jahre befristeten Arbeitsvertrages vor Ablauf des ersten Fünfjahreszeitraums oder jeweils zu Beginn der nächsten Fünfjahresfrist für zulässig hält und den § 624 BGB nicht anwendet, wenn dem Arbeitnehmer zuvor eine angemessene Kündigungsfrist entsprechend den Vorschriften des § 622 BGB eingeräumt wird, geht die Literatur zumindest dann von einer Umgehung des § 624 BGB aus, wenn die Vertragsgestaltung einen Missbrauch belegt (vgl. Staudinger/Preis, Rn. 20 f. zu § 624 BGB). Insoweit bedarf es für die jeweilige fünfjährige Befristung eines sachlichen Grundes.

Ist eine Arbeitsvertragsdauer aber von über fünf Jahren vereinbart worden, so ist der Arbeitgeber hieran gebunden. Er kann allenfalls das Arbeitsverhältnis gemäß § 626 BGB außerordentlich kündigen. Auf Arbeitnehmerseite besteht gemäß § 15 Abs. 4 TzBfG zusätzlich ein Kündigungsrecht nach Ablauf von fünf Jahren mit einer Frist von sechs Monaten.

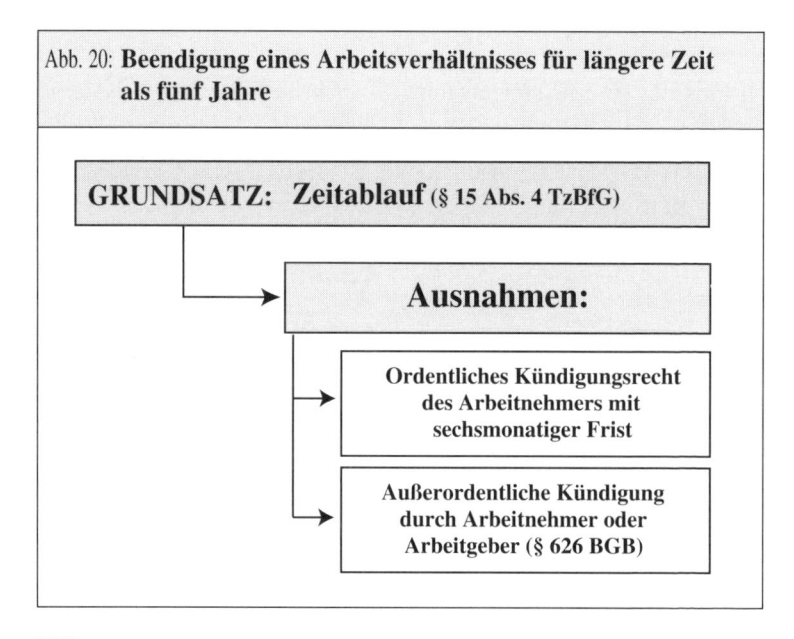

Abb. 20: **Beendigung eines Arbeitsverhältnisses für längere Zeit als fünf Jahre**

GRUNDSATZ: Zeitablauf (§ 15 Abs. 4 TzBfG)

→ **Ausnahmen:**

- **Ordentliches Kündigungsrecht des Arbeitnehmers mit sechsmonatiger Frist**
- **Außerordentliche Kündigung durch Arbeitnehmer oder Arbeitgeber (§ 626 BGB)**

3.2.3 Beendigungsmöglichkeit bei Fortsetzung des befristeten Arbeitsverhältnisses

Wird das Arbeitsverhältnis nach Ablauf der Zeit (kalendermäßige Befristung), für die es eingegangen ist, oder nach Zweckerreichung (zweckbefristeter Arbeitsvertrag) mit Wissen des Arbeitgebers fortgesetzt, so gilt es gemäß § 15 Abs. 5 auf unbestimmte Zeit verlängert, wenn der Arbeitgeber nicht unverzüglich widerspricht oder dem Arbeitnehmer die Zweckerreichung nicht unverzüglich mitteilt. Die gleiche Rechtsfolge tritt gemäß § 21 auch für auflösend bedingte Arbeitsverträge ein, wenn der Arbeitgeber dem Arbeitnehmer nicht unverzüglich den Eintritt des unbestimmten Ereignisses mitteilt.

302

Voraussetzungen für den Eintritt der vorstehenden Rechtsfolge sind:

- Ablauf des befristeten Arbeitsvertrages bzw. des Arbeitsvertrages mit auflösender Bedingung;
- Fortsetzung der Arbeitstätigkeit durch den Arbeitnehmer über den Ablauftermin hinaus;
- Fortsetzung der Tätigkeit mit Wissen des Arbeitgebers und
- fehlender unverzüglicher Widerspruch des Arbeitgebers gegen die Fortsetzung oder fehlende unverzügliche Mitteilung über die Zweckerreichung oder den Eintritt der auflösenden Bedingung.

Liegen die Voraussetzungen vor, so verlängert sich das Arbeitsverhältnis mit dem bisherigen Inhalt – auch hinsichtlich der bei einer ordentlichen Kündigung einzuhaltenden Fristen – auf unbestimmte Zeit. Dies hatte das BAG (vgl. Urt. v. 11.8.1988 – 2 AZR 53/88 – AP Nr. 5 zu § 625 BGB) bereits schon zur sinngleichen Regelung in § 625 BGB entschieden. Zur näheren Auslegung kann daher auf die entsprechenden Erläuterungen und die Entscheidungen zu § 625 BGB zurückgegriffen werden, da das BAG die Anwendung von § 15 Abs. 5 TzBfG wohl entsprechend beurteilen wird.

Mit der vorliegenden Regelung in § 15 Abs. 5 TzBfG hat der Gesetzgeber gegenüber einer echten Vertragsverlängerung durch schlüssiges Verhalten eine Besonderheit dergestalt geschaffen, dass aufgrund der unwiderleglichen gesetzlichen Vermutung ein Geschäftswille auf Fortsetzung des Arbeitsverhältnisses ohne Rücksicht, ob dieser tatsächlich vorgelegen hat, unterstellt wird (vgl. Staudinger/Preis, Rn. 7 zu § 625 BGB). Deshalb findet § 15 Abs. 5 TzBfG auch keine Anwendung, wenn es vor oder nach Ablauf des befristeten Arbeitsvertrages zu einer Vereinbarung über die Verlängerung des Arbeitsverhältnisses kommt (vgl. BAG, Urt. v. 2.12.1998

– 7 AZR 508/97 – AP Nr. 8 zu § 625 BGB). § 15 Abs. 5 TzBfG findet auch dann keine Anwendung, wenn der Arbeitgeber bereits vor Ablauf des befristeten Arbeitsvertrages dem Arbeitnehmer gegenüber zum Ausdruck gebracht hat, dass es zu einer Verlängerung oder Fortführung des befristeten Arbeitsverhältnisses kommt und die Parteien auch in zeitlichem Zusammenhang eine Fortführung vereinbaren (vgl. BAG, Urt. v. 26.7.2000 – 7 AZR 51/99 – AP Nr. 4 zu § 1 BeschFG 1996).

Im Gegensatz zu § 625 BGB ist § 15 Abs. 5 TzBfG aber nicht dispositiv, d.h. ein Abbedingen der durch § 625 BGB ermöglichten stillschweigenden Verlängerung des befristeten Arbeitsverhältnisses durch vertragliche Vereinbarung ist bezüglich § 15 Abs. 5 TzBfG nicht zulässig. Dies ergibt sich auch aus Art. 2 des TzBfG i.V.m. § 620 BGB, der § 625 BGB ausdrücklich nicht mit einbezieht.

303 § 625 BGB und auch § 15 Abs. 5 TzBfG verlangen damit zunächst den *Ablauf des befristeten Arbeitsverhältnisses*. Liegt hingegen eine Kündigung vor, so kommt § 625 BGB bzw. § 15 Abs. 5 TzBfG wohl nicht zum Tragen, da es sich hier bei einer Fortsetzung in der Regel um eine erfolgte Zurücknahme der Kündigung handelt (vgl. Staudinger/Neumann, Rn. 97 zur Vorbemerkung zu §§ 620–630). Ebenfalls schließt eine rechtlich zulässige zeit- oder zweckbefristete Weiterbeschäftigung die Anwendung des § 625 BGB aus (vgl. LAG Köln, LAGE Nr. 26 zu § 620 BGB) und damit wohl auch die des § 15 Abs. 5 TzBfG.

304 Unter der Fortsetzung des befristeten Arbeitsverhältnisses verstehen die Rechtsprechung (vgl. BAG, Urt. v. 2.12.1998 – 7 AZR 508/97 – AP Nr. 8 zu § 625 BGB) und die Literatur (vgl. Staudinger/Preis Rn. 20 zu § 625 BGB) die *tatsächliche Fortsetzung der Arbeit* durch den Arbeitnehmer. Es muss unmittelbar nach Ablauf des befristeten Arbeitsvertrages mithin zu einer tatsächlichen Arbeitsleistung seitens des Arbeitnehmers kommen. Ein vom Arbeitnehmer lediglich konkludent zum Ausdruck gebrachter Wille zur Fortsetzung des Arbeitsverhältnisses genügt nicht (vgl. BAG, Urt. v. 2.12.1998 – 7 AZR 508/97 – AP Nr. 8 zu § 625 BGB).

Mithin kommt es auch auf die Gründe, die den Arbeitnehmer daran hindern, die tatsächliche Arbeitsleistung zu erbringen, nicht an. Hat der Arbeitnehmer unmittelbar nach Ablauf der Befristung eine gewährte Arbeitsbefreiung, Überstundenausgleich oder Urlaub genommen, so kann dies allenfalls ein Indiz dafür sein, dass sich die Parteien vor Ablauf des Zeitvertrages bereits auf eine befristete oder unbefristete Fortsetzung des Arbeitsverhältnisses geeinigt haben (vgl. BAG, Urt. v. 2.12.1998 – 7 AZR 508/97 – AP Nr. 8 zu § 625 BGB), so dass eine Anwendung des § 625 BGB ausscheidet.

Eine Fortsetzung liegt beispielsweise nicht vor, wenn einem arbeitsunfähig erkrankten Arbeitnehmer versehentlich für die Zeit nach Vertragsende die Vergütung fortgezahlt wird (vgl. LAG Hamm, LAGE Nr. 1 zu § 625 BGB).

Die Fortsetzung der Arbeitsleistung nach Ablauf der Befristung muss mit Wissen des Arbeitgebers erfolgen. **305**

Hierbei bedeutet Wissen nach dem allgemeinen Sprachgebrauch, durch eigene Erfahrungen oder Mitteilungen von außen Kenntnis von etwas zu erlangen, so dass man zuverlässig Aussagen über die betreffende Sache machen kann (vgl. Duden, Stichwort „Wissen", S. 1748). Der Arbeitgeber muss also Kenntnis über die Fortsetzung der Arbeitsleistung erlangen, so dass er den damit verbundenen Sachverhalt beurteilen und ggf. den Widerspruch oder die erforderliche Mitteilung an den Arbeitnehmer aussprechen kann. Probleme bereitet hierbei allenfalls die Frage, ob es erforderlich ist, dass der Arbeitgeber tatsächlich Kenntnis von der Fortsetzung erlangen muss oder ob es genügt, wenn er von der Fortsetzung Kenntnis hätte erlangen können.

Da die rechtsgeschäftlichen Regeln auch im Bereich des § 625 BGB anzuwenden sind, dürfte der Zugang der Information über die Fortsetzung der Arbeitsleistung genügen. Ist der Arbeitgeber also in der Lage die Information zur Kenntnis zu nehmen, weil sie z.B. in der zuständigen Geschäftsstelle/Büro eingegangen ist, und ist sie nur aus Gründen, die der Arbeitgeber zu vertreten hat, nicht weiter bearbeitet worden, so ist das damit verbundene Nichtwissen dennoch als Wissen im Sinne des Gesetzes auszulegen. Wenn in dieser Situation aus Versehen des Arbeitgebers eine Weiterbeschäftigung erfolgt, so liegt eine Fortsetzung mit Wissen des Arbeitgebers vor (vgl. LAG Frankfurt, Urt. v. 19.4.1955; BB 1955, 573).

Auf der anderen Seite liegt aber keine Fortsetzung mit Wissen vor, wenn z.B. ein Außendienstmitarbeiter, ohne dass der Arbeitgeber dies zunächst feststellen kann, einfach weiterarbeitet (vgl. LAG Frankfurt, Urt. v. 15.10.1971, AR-Blattei Kündigungsschutz E 131; aus: Staudinger/Preis Rn. 21 zu § 625 BGB).

Arbeitgeber im Sinne des § 625 BGB ist diejenige Person, die zur Vertretung in arbeitsvertraglichen Fragen gemäß den Regeln über die Stellvertretung (§§ 164 ff. BGB) befugt ist.

Es genügt daher nicht, dass zu Personalentscheidungen nicht befugte Arbeitnehmer von der Fortsetzung der Arbeitsleistung Kenntnis erlangt haben (vgl. Staudinger/Preis Rn. 21 zu § 625 BGB).

So kommt es in einer Universität auch nicht darauf an, dass der zuständige Hochschullehrer oder der Dekan eines Fachbereichs Kenntnis von der Fortsetzung erlangt. Vielmehr ist allein auf das Wissen der zuständigen Personalverwaltung bzw. des Kanzlers der Universität abzustellen. Anders ist die Situation aber zu beurteilen, wenn der Arbeitnehmer davon ausgehen durfte, dass der zuständige Hochschullehrer oder Dekan befugt sind, die Universität in Personalfragen zu vertreten (vgl. BAG, Urt. v. 18.9.1991 – 7 AZR 364/90; aus Staudinger/Preis Rn. 11 zu § 625 BGB).

Mithin kommt es vorliegend vor allem auf die konkrete Gestaltung der Arbeitsorganisation, der praktizierten Vertretungsregelung und darauf an, ob der Arbeitnehmer darauf vertrauen konnte, dass die ihm vorgesetzte Person befugt ist, den Arbeitgeber in Personalangelegenheiten zu vertreten.

306 Schließlich verlangt § 15 Abs. 5 TzBfG, dass der Arbeitgeber bei voller Kenntnis der Fortsetzung der Arbeitsleistung durch den befristet beschäftigten Arbeitnehmer unverzüglich widerspricht oder ihm die Zweckerreichung oder den Eintritt der Bedingung unverzüglich mitteilt.

Unverzüglich bedeutet nach der gesetzlichen Legaldefinition in § 121 BGB, dass der Arbeitgeber ohne schuldhaftes Zögern handeln muss. Unverzüglich bedeutet aber nicht sofort. Vielmehr hat der Arbeitgeber eine angemessene Überlegungsfrist. Während dieser Überlegungsfrist kann er auch Rechtsauskünfte einholen. Verzögerungen gehen aber zu seinen Lasten. In der Literatur werden für diese Überlegungszeit unterschiedliche Fristen erörtert. Von einem Teil wird die Auffassung vertreten, dass von Verspätung auszugehen ist, wenn mit dem Widerspruch oder der Mitteilung länger als eine Woche gewartet wird (vgl. Staudinger/Preis Rn. 23 zu § 625 BGB). In Verbindung mit § 121 BGB wird ein Handeln innerhalb von zwei Wochen nach Kenntnisnahme verlangt (vgl. Palandt/Heinrichs Rn. 2b zu § 121 BGB).

Da der Widerspruch oder die geforderte Mitteilung einseitig empfangsbedürftige Willenserklärungen darstellen, gelten für den Zugang die §§ 130 ff. BGB entsprechend.

3.2.4 Zusammenfassung

307 In § 15 TzBfG hat der Gesetzgeber im Wesentlichen die bisher schon bestehenden Beendigungsmöglichkeiten und die von der Rechtsprechung entwickelten Grundsätze einheitlich für befristete und auflösend bedingte Arbeitsverträge zusammengefasst.

Die dem TzBfG zu Grunde liegende EU-Richtlinie 1999/70/EG enthält keine Vorgaben für den nationalen Gesetzgeber zur Gestaltung der Beendigungsvorschriften.

3.3 Folgen unwirksamer Befristung (§ 16)

§ 16 TzBfG legt die Rechtsfolgen einer unzulässigen Befristung fest. Unterschieden wird zwischen der unwirksamen Befristung wegen Fehlens sachlicher Gründe oder weil die Voraussetzungen für eine sachliche Befristung nicht vorliegen und der Unwirksamkeit der Befristung mangels Einhaltung der Schriftform.

308

Anders, als noch im Gesetzesentwurf vorgesehen, soll bei einer unwirksamen Befristung wegen fehlender Sachgründe oder bei Nichteinhaltung der Voraussetzungen einer sachgrundlosen Befristung nur der Arbeitgeber mindestens an die Befristungsdauer gebunden sein. Während bei Formmangel der Befristung auch der Arbeitgeber die Möglichkeit erhalten sollte, den Arbeitsvertrag vor dem vereinbarten Ende unter Einhaltung der sonstigen kündigungsschutzrechtlichen Bestimmungen ordentlich zu kündigen (vgl. Drucksache 14/4625, S. 21).

3.3.1 Unwirksamkeit der Befristung – unbefristetes Arbeitsverhältnis? (§ 16 i.V.m. § 14 Abs. 1 bis 3 und § 21)

Nach § 16 Satz 1 Halbsatz 1 TzBfG ist die Befristung insbesondere dann rechtsunwirksam, wenn

309

a) bei einem kalendermäßig befristeten oder bei einem zweckbefristeten oder bei einem auflösend bedingten Arbeitsvertrag (§ 21 i.V.m. § 16 TzBfG) kein sachlicher Grund für die Befristung vorliegt,

b) bei einer kalendermäßigen Befristung – ohne sachlichen Grund – die Höchstdauer von zwei Jahren und/oder die Anzahl von maximal drei Verlängerungen überschritten wird und/oder die Befristung sich an ein zuvor bestehendes unbefristetes/befristetes Arbeitsverhältnis anschließt,

c) bei Befristungen mit älteren Arbeitnehmern das Mindestalter von 58 Jahren zum Zeitpunkt des Vertragsabschlusses nicht eingehalten wird und/oder zu einem vorhergehenden unbefristeten Arbeitsverhältnis mit demselben Arbeitgeber ein enger sachlicher Zusammenhang besteht.

Ist die Befristung rechtsunwirksam, so gilt der befristete Arbeitsvertrag als auf unbestimmte Zeit geschlossen.

Mit dieser Regelung sollte die bisherige Rechtsprechung dahin gehend festgeschrieben werden, dass die Rechtsunwirksamkeit eines befristeten Arbeitsvertrages nicht zur Nichtigkeit des Arbeitsvertrages führt, sondern dass an die Stelle eines unwirksamen befristeten Arbeitsverhältnisses ein unbefristetes Arbeitsverhältnis tritt (vgl. Drucksache 14/4374, S. 21).

310 Aufgrund des Gesetzeswortlautes kann die bisherige Rechtsprechung zur Frage, ob ein unwirksames befristetes Arbeitsverhältnis in ein unbefristetes Arbeitsverhältnis übergeht, nur noch eingeschränkt herangezogen werden. Zwar folgerte in der Vergangenheit die Rechtsprechung beim Fehlen eines sachlichen Grundes aus der Unwirksamkeit der Befristungsabrede, dass dann ein Abschlusszwang für ein unbefristetes Arbeitsverhältnis besteht (vgl. BAG, Urt. v. 8.9.1983 – 2 AZR 438/82 – AP Nr. 77 zu § 620 BGB Befristeter Arbeitsvertrag), aber im Rahmen von Zweckbefristungen wurden Ausnahmen dann zugelassen, wenn lediglich für die Dauer der Befristung ein sachlicher Grund fehlte.

So hat das BAG im Rahmen von Zweckbefristungen (z.B. Urlaubsvertretungen) bei mehrmals verlängerter Befristung nicht zwingend den Übergang in ein unbefristetes Arbeitsverhältnis gefolgt, da die Unwirksamkeit einer Zweckbefristung wegen Umgehung des § 622 BGB nur bedeuten könne, dass das Arbeitsverhältnis ohne fristgemäße Ankündigung nicht allein mit der Zweckerreichung, sondern erst nach Ablauf einer der Mindestkündigungsfrist entsprechenden Auslauffrist endet. Diese Auslauffrist beginnt mit der Mitteilung des Arbeitgebers oder Kenntnisnahme des Arbeitnehmers. Mithin führte bei Zweckbefristungen das Fehlen eines sachlichen Grundes für die Befristungsdauer nicht zu einem unbefristeten Arbeitsverhältnis, sondern nur zur Verlängerung des befristeten Arbeitsverhältnisses bis zum nächstmöglichen Kündigungstermin (vgl. BAG, Urt. v. 26.3.1986 – 7 AZR 599/84 – AP Nr. 103 zu § 620 BGB Befristeter Arbeitsvertrag; BAG, Urt. v. 12.6.1987 – 7 AZR 8/86 – AP Nr. 113 zu § 620 BGB Befristeter Arbeitsvertrag). Diese Auffassung kann nun aufgrund des Gesetzeswortlautes wohl nicht mehr aufrechterhalten werden.

311 Die Rechtsprechung hat bei zulässigen Befristungen dann ein unbefristetes Arbeitsverhältnis angenommen, wenn nach den Grundsätzen von Treu und Glauben eine Bindung des Arbeitgebers an den Arbeitsvertrag über die vorgesehene Befristung hinaus geboten ist. Damit eine solche Bindung eintritt, muss der Arbeitgeber den Arbeitnehmer in dessen subjektiver Auffassung entweder durch sein Verhalten bei Vertragsschluss oder während der Dauer des befristeten Arbeitsverhältnisses bestärkt haben (vgl. BAG, Urt. v. 16.3.1989 – 2 AZR 325/88 – AP Nr. 8 zu § 1 BeschFG 1985).

3. Allgemeine Vorschriften über befristete Arbeitsverträge

Erklärt der Arbeitgeber bei Abschluss eines befristeten Arbeitsvertrages, dass er nach Prüfung bestimmter Voraussetzungen ein unbefristetes Arbeitsverhältnis in Erwägung zieht und hält er diese Vorstellung noch während der Abwicklung des befristeten Arbeitsverhältnisses aufrecht, so kann es dem Rechtsgedanken des § 315 BGB widersprechen, wenn der Arbeitgeber sich trotz Hinzutreten der vorher gesetzten Umstände weiterhin auf die Befristung beruft. In diesem Fall ergibt sich ggf. ein Abschlusszwang für ein unbefristetes Arbeitsverhältnis aus der Selbstbindung des Arbeitgebers (vgl. BAG, Urt. v. 16.3.1989 – 2 AZR 325/88 – AP Nr. 8 zu § 1 BeschFG 1985).

Nach § 16 Satz 1 Halbsatz 2 TzBfG kann das aufgrund der unwirksamen Befristung entstandene unbefristete Arbeitsverhältnis frühestens zum vereinbarten Ende vom Arbeitgeber ordentlich gekündigt werden. Hierbei stellt der Gesetzgeber darauf ab (vgl. Drucksache 14/4374, S. 21), dass infolge der unwirksamen Befristungshöchstdauer die vereinbarte Befristungsdauer als Mindestdauer des Arbeitsverhältnisses bestehen bleibt, da diese ausdrücklich vereinbart worden ist. Aus der Zulässigkeit der vereinbarten Mindestvertragsdauer folgt aber dann auch, dass das Arbeitsverhältnis erst zum vereinbarten Ende ordentlich gekündigt werden kann. Durch die Beschränkung, dass nur der Arbeitgeber frühestens zum vereinbarten Ende der Befristungsdauer kündigen darf, wollte der Gesetzgeber erreichen, dass vor allem der Arbeitnehmer vor einer unzulässigen Befristung geschützt wird (vgl. Drucksache 14/4625, S. 21), denn dieser kann auch vor Ablauf der Befristung das unwirksam befristete Arbeitsverhältnis kündigen. **312**

Eine Ausnahme von dieser Kündigungsbeschränkung für den Arbeitgeber soll aber dann bestehen, wenn gemäß § 15 Abs. 3 TzBfG die ordentliche Kündigung zu einem früheren Zeitpunkt möglich ist, wenn also einzelvertraglich oder im anwendbaren Tarifvertrag die ordentliche Kündigungsmöglichkeit vereinbart worden ist. **313**

Die ordentliche Kündigung unterliegt hierbei den sonstigen kündigungsschutzrechtlichen Bestimmungen – insbesondere dem Kündigungsschutzgesetz.

Der Gesetzgeber hat aber in § 16 TzBfG keine Kündigungsfristen aufgenommen. Deshalb ist davon auszugehen, dass bei einer einzelvertraglichen Vereinbarung über die vorzeitige ordentliche Kündigung die gesetzlichen Kündigungsfristen gemäß § 622 BGB zur Anwendung kommen. Bei einem anwendbaren Tarifvertrag gelten die dort festgelegten Kündigungsfristen.

Unberührt von dieser ordentlichen Kündigungsmöglichkeit bleibt die außerordentliche Kündigung gemäß § 626 BGB.

3.3.2 Formmangel der Befristung – unbefristetes Arbeitsverhältnis? (§ 16 i.V.m. § 14 Abs. 4 und § 21)

314 Auch bei einem Formmangel der Befristung liegt eine rechtsunwirksame Befristung vor, die bewirkt, dass das Arbeitsverhältnis als auf unbestimmte Zeit geschlossen gilt. Allerdings hat der Gesetzgeber hier in § 16 Satz 2 TzBfG die Möglichkeit vorgesehen, dass der Arbeitsvertrag auch vor dem vereinbarten Ende ordentlich gekündigt werden kann. Neben dem Arbeitnehmer sollte hierdurch auch der Arbeitgeber die Möglichkeit haben, den Arbeitsvertrag vor dem vereinbarten Ende ordentlich zu kündigen (vgl. Drucksache 14/4625, S. 21).

Die ordentliche Kündigung kann aber auch hier nur unter Einhaltung der sonstigen Kündigungsvorschriften – insbesondere des Kündigungsschutzgesetzes – vorgenommen werden.

Der Gesetzgeber hat aber in § 16 TzBfG keine Kündigungsfristen aufgenommen. Deshalb ist davon auszugehen, dass bei einer einzelvertraglichen Vereinbarung über die vorzeitige ordentliche Kündigung die gesetzlichen Kündigungsfristen gemäß § 622 BGB zur Anwendung kommen. Bei einem anwendbaren Tarifvertrag gelten die dort festgelegten Kündigungsfristen.

3.3.3 Zusammenfassung

314a Die vorstehenden Folgen einer unwirksamen Befristungsabrede unterliegen keiner europarechtlichen Vorgabe.

Hier hat der Gesetzgeber eine Vereinheitlichung bei befristeten und auflösend bedingten Arbeitsverträgen vorgenommen. Im Verhältnis zur bisherigen Rechtsprechung ist durch § 16 TzBfG klargestellt worden, dass bei jeder Art von befristeten Arbeitsverträgen und Arbeitsverträgen mit einer auflösenden Bedingung, die unwirksam sind, ein unbefristetes Arbeitsverhältnis entsteht. Damit dürfte die bisherige Rechtsprechung, die z.B. bei Zweckbefristungen, bei denen der sachliche Grund für die Befristungsdauer fehlte, nur eine Auslauffrist im Umfang der Mindestkündigungsfrist gemäß § 622 Abs. 1 BGB vorsah, nicht mehr zur Anwendung kommen. Hingegen können die allgemeinen Rechtsgrundsätze über den Vertrauensschutz, die auch bei zulässiger Befristung einen Übergang in ein unbefristetes Arbeitsverhältnis ermöglichen, weiterhin angewendet werden.

3. Allgemeine Vorschriften über befristete Arbeitsverträge

> § 16 TzBfG bedeutet für den Arbeitnehmer bei unwirksamer Befristung also zunächst ein unbefristetes Arbeitsverhältnis, das vom Arbeitgeber nur bei Erfüllung der jeweiligen Voraussetzungen ordentlich unter Einhaltung der gesetzlichen oder tariflichen Kündigungsfrist gekündigt werden kann.

3.4 Anrufung des Arbeitsgerichts (§ 17)

3.4.1 Allgemeine Grundsätze

315 Entsprechend der bisherigen Regelung in § 1 Abs. 5 BeschFG legt der Gesetzgeber in § 17 TzBfG einheitlich für kalendermäßig befristete, zweckbefristete und für auflösend bedingte (i.V.m. § 21 TzBfG) Arbeitsverträge fest, dass der Arbeitnehmer, der geltend machen will, dass die Befristung eines Arbeitsvertrages rechtsunwirksam ist, dies innerhalb von drei Wochen nach dem vereinbarten Ende des befristeten Arbeitsvertrages durch Klageerhebung beim Arbeitsgericht geltend machen muss. Hierbei hat er zu beantragen, dass das Arbeitsverhältnis nicht aufgrund der Befristung beendet worden ist.

§ 17 Satz 3 TzBfG sieht für den Fall, dass das Arbeitsverhältnis nach dem vereinbarten Ende fortgesetzt wird, eine Sonderregelung im Hinblick auf den Beginn der dreiwöchigen Klagefrist vor:

Die Frist beginnt erst mit dem Zugang der schriftlichen Erklärung des Arbeitgebers, dass das Arbeitsverhältnis aufgrund der Befristung beendet ist. Hiermit sollte klargestellt werden, dass der Arbeitnehmer die Unwirksamkeit der Befristung auch dann noch gerichtlich geltend machen kann, wenn sich der Arbeitgeber erst nach Ablauf der vereinbarten Befristungsdauer auf die Wirksamkeit der Befristung beruft (vgl. Drucksache 14/4625, S. 21).

Der Gesetzgeber wollte mit § 17 Satz 3 TzBfG die Fallgestaltung auffangen, dass bei zweckbefristeten und auflösend bedingten Arbeitsverträgen das vereinbarte Ende mit dem tatsächlichen Ende nicht zusammenfallen muss (vgl. Preis/Gotthardt, a.a.O., S. 152). Ist aber bereits gemäß § 15 Abs. 5 TzBfG ein unbefristetes Arbeitsverhältnis entstanden, kommt demnach § 17 Satz 3 TzBfG nicht zur Anwendung.

316 Ausweislich der Gesetzesbegründung (vgl. Drucksache 14/4374, S. 21) soll diese Sonderregelung auch für die Befristungsabreden auf der Grundlage der besonderen gesetzlichen Vorschriften zur Befristung von Arbeitsverträgen gelten (z.B. für die Befristungen nach dem Bundeserziehungsgeldgesetz, Hochschulrahmengesetz, Arbeitnehmerüberlassungsgesetz). Damit folgt der Gesetzgeber der bisherigen Rechtsprechung des Bundesarbeitsgerichts. So hatte das BAG bereits zu § 1 Abs. 5 BeschFG entschieden, dass die hier enthaltene dreiwöchige Klagefrist auch für die Prüfung aller übrigen Befristungsregelungen zu beachten ist, da der § 1 Abs. 5 BeschFG sich aufgrund der damaligen Bezugnahme nicht nur auf die besonderen Regelungen für die Befristung im § 1 Abs. 1 bis 3 bezogen hatte, sondern auch auf Abs. 4, in dem auf die übrigen Befristungsregelungen abgestellt worden ist. Hierfür sprechen der Sinn und Zweck der Regelung sowie die amtliche Begründung zum damaligen Gesetzesentwurf (vgl. BAG, Urt. v. 20.1.1999 – 7 AZR 715/97 – AP Nr. 21 zu § 1 BeschFG 1985).

317 Im Urteil v. 23.2.2000 (– 7 AZR 906/98 – AP Nr. 25 zu § 1 BeschFG 1985) entschied das BAG, dass die in § 1 Abs. 5 BeschFG geregelte dreiwöchige Klagefrist nicht bei der Prüfung eines Arbeitsvertrages mit auflösender Bedingung anzuwenden ist. Ausgehend vom Wortlaut stellte das BAG fest, dass der Gesetzgeber damals ausschließlich für befristete Arbeitsverträge eine Regelung schaffen wollte. Von einer einheitlichen Regelung für alle Beendigungstatbestände habe er abgesehen, da Regelungen zum Beginn der Klagefrist für Beendigungstatbestände außerhalb von Befristungsvereinbarungen und Kündigungen damals gefehlt hatten.

Wichtig: Mit dem Verweis in § 21 (auflösend bedingte Arbeitsverträge) auf § 17 hat der Gesetzgeber diese Lücke nun ausgefüllt, so dass die vorstehende Rechtsprechung nicht mehr anzuwenden ist.

3.4.2 Anwendung der §§ 5 bis 7 des Kündigungsschutzgesetzes

318 § 17 Satz 2 TzBfG bestimmt, dass die §§ 5 bis 7 des Kündigungsschutzgesetzes für die Klageerhebung aufgrund der Vorschriften des vorliegenden Gesetzes entsprechend gelten. Aufgrund des Verweises in § 21 auf § 17 TzBfG gilt die Anwendung der Bestimmung nicht nur für kalendermäßig befristete und zweckbefristete Arbeitsverträge, sondern auch für Arbeitsverträge mit auflösender Bedingung.

§ 5 KSchG regelt die Voraussetzungen für die arbeitsgerichtliche Zulassung verspäteter Klagen, wenn ein Arbeitnehmer trotz Anwendung aller ihm nach Lage der Umstände zuzumutenden Sorgfalt verhindert ist, die Klage innerhalb von drei Wochen zu erheben.

§ 6 KSchG eröffnet dem Arbeitnehmer die Möglichkeit im Kündigungsschutzverfahren noch bis zum Schluss der mündlichen Verhandlung erster Instanz die Unwirksamkeit der Befristung geltend zu machen, wenn er die Unwirksamkeit der Befristung vorher innerhalb der dreiwöchigen Klagefrist aus anderen als im TzBfG aufgeführten Unwirksamkeitsgründen geltend gemacht hat.

Die entsprechende Anwendung des § 7 KSchG bewirkt, dass bei nicht rechtzeitiger gerichtlicher Geltendmachung der Unwirksamkeit der Befristung die vereinbarte Befristung als von Anfang an rechtswirksam gilt. Diese Rechtsfolge hatte das BAG in einer Reihe von Urteilen entschieden (vgl. BAG, Urt. v. 9.2.2000 – 7 AZR 730/98 – AP Nr. 22 zu § 1 BeschFG 1985; BAG, Urt. v. 22.3.2000 – 7 AZR 581/98 – AP Nr. 1 zu § 1 BeschFG 1996; BAG, Urt. v. 28.6.2000 – 7 AZR 920/98 – AP Nr. 2 zu § 1 BeschFG 1996). Vom BAG abgelehnt wurden Literaturmeinungen (vgl. u.a. Buschmann, AuR 1996, 286, 289; Preis, NJW 1996, 3369, 3373), nach denen der erforderliche Sachgrund auch noch nach Ablauf der dreiwöchigen Klagefrist geprüft werden kann, weil diese Auffassungen nicht mit dem Wortlaut des § 1 Abs. 5 BeschFG und der entsprechenden Anwendung des § 7 KSchG vereinbar sind (vgl. BAG, Urt. v. 9.2.2000 – 7 AZR 730/98 – AP Nr. 22 zu § 1 BeschFG 1985). Gleiches muss auch für die Auslegung des in § 17 Satz 2 TzBfG enthaltenen Verweises auf § 7 Kündigungsschutzgesetz gelten.

3.4.3 Befristeter Arbeitsvertrag – Welcher Vertrag ist zu prüfen?

Im Gesetz über Teilzeitarbeit und befristete Arbeitsverträge hat der Gesetzgeber keine besondere Regelung getroffen, welcher befristete Arbeitsvertrag zu prüfen ist, wenn – mit oder ohne sachlichen Grund – mehrere Verträge einander folgen. Gleichwohl ist diese Frage für Arbeitnehmer von Bedeutung. Denn in der Praxis ist es höchst selten, dass ein Arbeitnehmer nach jeder Befristung die Zulässigkeit überprüft oder überprüfen lassen würde, wenn der Abschluss eines weiteren befristeten Arbeitsvertrages in Aussicht steht. Die Überprüfung könnte ggf. dazu führen, dass es keinen Anspruch auf Weiterbeschäftigung gibt und somit die soziale Not noch größer würde. Deshalb wird der Arbeitnehmer dazu neigen, erst bei endgültiger Entscheidung über eine Nichtweiterbeschäftigung eine arbeitsgerichtliche Überprüfung anzustrengen.

319

Diese Arbeitnehmerüberlegungen spielen allerdings für die Arbeitsgerichte keine Rolle, da diese grundsätzlich nur auf den jeweils letzten befristeten Arbeitsvertrag abstellen. Vorherige befristete Arbeitsverträge werden nur in engem Rahmen zusätzlich herangezogen.

320 Nachdem der 7. Senat des BAG seine Rechtsprechung zu befristeten Arbeitsverträgen geändert und sich der Auslegung des 2. Senats angeschlossen hat (vgl. BAG, Urt. v. 8.5.1985 – 7 AZR 191/84 – AP Nr. 97 zu § 620 BGB Befristeter Arbeitsvertrag), spricht die Aneinanderreihung von befristeten Arbeitsverträgen (sog. Kettenarbeitsverträge) nicht grundsätzlich für eine unzulässige Befristungsabrede. Vielmehr ist zunächst nur der letzte abgeschlossene befristete Arbeitsvertrag im Hinblick auf das Vorliegen eines sachlichen Grundes zu prüfen.

Das BAG begründet diese Auslegung folgendermaßen (vgl. Urt. v. 8.5.1985 – 7 AZR 191/84 – AP Nr. 97 zu § 620 BGB Befristeter Arbeitsvertrag):

> *„Wollen die Arbeitsvertragsparteien im Anschluss an einen früheren befristeten Arbeitsvertrag ihr ArbVerh für eine bestimmte Zeit fortsetzen und schließen sie deshalb einen weiteren befristeten Arbeitsvertrag ab, so bringen sie damit jedenfalls regelmäßig zum Ausdruck, daß der neue Vertrag fortan für ihre Rechtsbeziehungen maßgebl. sein soll. Eines neuen Arbeitsvertrages hätte es nicht bedurft, wenn die Befristung des vorangegangenen Vertrages unwirksam gewesen wäre und die Parteien sich deshalb bereits in einem unbefristeten Arbeitsverhältnis befunden hätten. ...*
>
> *Hieraus folgt, daß bei mehreren aufeinander folgenden befristeten Arbeitsverträgen grundsätzl. nur die Befristung des letzten Vertrages auf ihre sachl. Berechtigung und damit auf ihre Wirksamkeit hin zu überprüfen ist. Dieses Ergebnis entspricht auch dem Erfordernis der Rechtssicherheit, die gebietet, daß die Parteien nicht noch nach Jahr und Tag über ihre Rechtsbeziehungen im Ungewissen bleiben. Das wäre aber der Fall, wenn der Arb-Geb etwa nach dem Ablauf mehrerer aufeinander folgender befristeter Verträge und damit unter Umständen noch nach Jahren damit rechnen müßte, aus dem ersten dieser Arbeitsverträge wegen Unwirksamkeit der darin vereinbarten Befristung auf eine Fortsetzung des ArbVerh in Anspruch genommen zu werden. ...*
>
> *Dieses Ergebnis vermeidet schließl. auch eine Besserstellung des befristet eingestellten gegenüber dem unbefristet eingestellten ArbN. Letzterer muss innerhalb von 3 Wochen nach Zugang einer ihm gegenüber erklärten Kündigung Kündigungsschutzklage erheben, andernfalls gilt die Kündigung als sozial gerechtfertigt."*

Vereinbart der Arbeitnehmer ohne Vorbehalt einen neuen befristeten Arbeitsvertrag, so kann damit zugleich die Auflösung eines zuvor bestandenen unbefristeten Arbeitsverhältnisses einhergehen.

Diese Entscheidung des BAG stieß allerdings nicht nur auf Zustimmung, sondern wurde sowohl im Hinblick auf die sozialen Folgewirkungen als auch aufgrund rechtlicher Probleme kritisiert (vgl. H. Planden, Zeitverträge; in: Arbeitsrecht im Betrieb 5/87, S. 104 ff.). Im Mittelpunkt stehen hierbei die folgenden Kritikpunkte:

- Schwierigkeiten bestehen beim Nachweis, ob vor Abschluss weiterer Befristungsabreden darüber gestritten worden ist, ob man das unbefristete Arbeitsverhältnis durch ein befristetes ablösen wollte.
- Problematisch dürfte der Nachweis sein, ob das Einverständnis des Arbeitnehmers zu der neuen Befristungsabrede auch ohne Druck zustande gekommen wäre.
- Kann eine durch die neue Befristungsabrede erfolgte Vertragsaufhebung eines unbefristeten Arbeitsverhältnisses angesichts der fehlenden faktischen Vertragsgleichheit zwischen Arbeitgeber und Arbeitnehmer überhaupt wirksam sein?
- Bekommt der Arbeitgeber – wie das BAG zur Begründung anführt – überhaupt eine Rechtssicherheit, wenn der Arbeitnehmer gemäß § 119 Abs. 1 BGB seine Zustimmung wegen Inhaltsirrtum anficht?
- Läuft der Bezug auf die Klagefrist nach § 4 KSchG (Dreiwochenfrist zur Klageerhebung) nicht darauf hinaus, dass der Arbeitnehmer nicht erst bei Ablauf, sondern schon im Rahmen der Dreiwochenfrist unmittelbar nach Vertragsabschluss Klage erheben muss? Wird hierdurch nicht gerade das Arbeitsverhältnis erheblich belastet?

Nur der letzte Kritikpunkt dürfte durch § 17 TzBf seine Erledigung gefunden haben.

Eine Ausnahme von der Prüfung des letzten befristet abgeschlossenen Arbeitsvertrages besteht nur dann, wenn der letzte Vertrag nach den Umständen des Einzelfalles lediglich ein unselbständiges Anhängsel zu den vorhergehenden befristet abgeschlossenen Arbeitsverträgen darstellt, weil die Arbeitsvertragsparteien dem letzten Vertrag keine selbständige Bedeutung beimessen wollten, sondern der neue befristete Arbeitsvertrag nur den Endzeitpunkt der Befristung des vorherigen Vertrages modifizieren soll.

Dies ist dann der Fall, wenn sich die Korrektur am gleichen Sachgrund orientiert und die Korrektur allein in der Anpassung der ursprünglich vereinbarten Vertragszeit an später eingetretene, nicht vorhersehbare Umstände besteht (vgl. BAG AP Nr. 4 zu § 620 BGB Hochschule).

Ferner liegt eine Ausnahme vor, wenn die Parteien einen weiteren befristeten Vertrag nur für den Fall abschließen, dass nicht bereits aufgrund vorangegangener Verträge ein unbefristetes Arbeitsverhältnis besteht. Dies gilt auch dann, wenn der Arbeitgeber zumindest stillschweigend durch Abschluss weiterer Verträge die Vorbehalte des Arbeitnehmers bezüglich der sachlichen Rechtfertigung der Befristung akzeptiert (vgl. LAG Köln, LAGE Nr. 20 zu § 620 BGB).

323 Als Konsequenzen aus dieser Situation können z.B. die folgenden Schritte abgeleitet werden:

- Die Arbeitnehmervertretung muss sich intensiver als bisher mit befristeten Arbeitsverträgen beschäftigten, die Betroffenen intensiver informieren und ggf. alle Möglichkeiten ausschöpfen, um unzulässige befristete Arbeitsverträge zu verhindern.

- Mit befristeten Arbeitsverträgen beschäftigte Arbeitnehmer sollten bei Bedenken gegen deren Rechtmäßigkeit Vorbehalte zur Befristung geltend machen, um sich später die Möglichkeiten offen halten zu können, eine Klage gegen die Befristung erheben zu können.

Vorbehaltszusatz zur Unterschrift:
„Die Befristungsabrede erfolgt unter dem Vorbehalt, dass sich aus der vorangegangen Befristung nicht schon ein unbefristetes Arbeitsverhältnis ergeben hat."

- Bei mehreren befristeten Arbeitsverträgen könnte dem Arbeitgeber gegenüber unverzüglich nach Abschluss der Befristungsabrede erklärt werden, dass die Vereinbarung insoweit vorsorglich angefochten wird, als ihr entnommen werden kann, dass eine Zustimmung zur Aufhebung eines bereits bestehenden unbefristeten Arbeitsvertrages seitens des Arbeitnehmers vorliegt.

- Erhebung einer Feststellungsklage, dass die Befristungsabrede des vorangegangenen Arbeitsvertrages unwirksam ist. Da nach Auffassung des BAG (Urt. v. 26.7.2000 – 7 AZR 43/99 – AP Nr. 26 zu § 1 BeschFG 1985) der vorbehaltlos abgeschlossene Folgevertrag keinen Verzicht auf Feststel-

3. Allgemeine Vorschriften über befristete Arbeitsverträge

lung der Unwirksamkeit der Befristung des vorangegangenen Vertrages enthält, kann der Arbeitnehmer die Befristungsabrede des vorangegangenen Vertrages auch nach Abschluss des Folgevertrages im Hinblick auf die Wirksamkeit überprüfen lassen. Diese Rechtsprechung lässt sich auf § 17 TzBfG übertragen, weil § 1 BeschFG insoweit als Vorläuferregelung angesehen werden muss. Hierbei ist dann aber die Klagefrist nach § 17 Satz 1 TzBfG (drei Wochen nach Ende der vereinbarten Befristung) einzuhalten.

3.4.4 Zusammenfassung

Mit § 17 TzBfG hat der Gesetzgeber eine einheitliche Regelung für die Anrufung des Arbeitsgerichts geschaffen und mit dem Verweis auf die §§ 5 bis 7 Kündigungsschutzgesetz insbesondere sichergestellt, dass bei Nichteinhaltung der dreiwöchigen Klagefrist ein unwirksamer Arbeitsvertrag als rechtswirksam von Anfang an fingiert wird. Damit ist die bisherige Rechtsprechung übernommen worden. Da die umzusetzende EU-Richtlinie 1999/70/EG hierzu keine Vorgaben macht, bestand für den Gesetzgeber wohl kein Anlass, von der bisherigen Rechtsprechung hierzu abzuweichen. **324**

Problematisch ist aber, dass der Gesetzgeber nicht von der bisherigen Rechtsprechung zur grundsätzlichen Prüfung des letzten befristeten Arbeitsvertrages nicht zugunsten der Arbeitnehmer abgewichen ist. Hierdurch entstehen entscheidende, kaum zu rechtfertigende Vorteile für den Arbeitgeber, der nun nicht dazu gezwungen wird, sich nach mehreren befristeten Arbeitsverträgen und nach Verstreichung von mehreren Jahren mit der gerichtlichen Prüfung, ob frühere befristete Arbeitsverträge sachlich begründet waren, auseinandersetzen muss. Unter Berücksichtigung von § 14 Abs. 1 TzBfG (Erfordernis des sachlichen Grundes für eine zulässige Befristung) dürfte nun aber eindeutig geklärt sein, dass den Arbeitgeber die volle Darlegungs- und Beweislast für die Wirksamkeitsvoraussetzungen eines befristeten Arbeitsvertrages trifft.

3.5 Information über unbefristete Arbeitsplätze (§ 18)

§ 18 TzBfG verpflichtet den Arbeitgeber, befristet beschäftigte Arbeitnehmer und Arbeitnehmer mit einem auflösend bedingten Arbeitsvertrag (§ 21 i.V.m. § 18) über entsprechende unbefristete Arbeitsplätze, die besetzt werden sollen, zu informieren. Mit dieser Vorschrift kommt der Gesetzgeber den europarechtlichen Vorgaben **325** nach § 6 Abs. 1 der Rahmenvereinbarung der europäischen Sozialpartner, die der EU-Richtlinie 1999/70/EG zugrunde liegt, nach. Auch im Rahmen von Satz 2 orientiert sich der Gesetzgeber an den europarechtlichen Vorgaben, wenn er die Art und Weise der Informationsverpflichtung festlegt:

> „Die Information kann durch allgemeine Bekanntgabe an geeigneter, den Arbeitnehmern zugänglicher Stelle im Betrieb und Unternehmen erfolgen."

Wenn der Gesetzgeber eine allgemeine Bekanntgabe verlangt, so erstreckt sich die arbeitgeberische Verpflichtung nicht darauf, dem befristet beschäftigten Arbeitnehmer persönlich eine Mitteilung zukommen zu lassen. Für die Informationspflicht über zu besetzende unbefristete Arbeitsplätze soll vielmehr die Bekanntgabe an Arbeitnehmern zugänglichen Stellen genügen. In der betrieblichen Praxis sind dies wohl die sog. Mitteilungswände in Abteilungen oder Betriebsstätten, an denen z.B. die innerbetrieblichen Stellenausschreibungen bekannt gemacht werden. In Betrieben und Unternehmen, in denen dies bisher nicht der Fall ist, müssten entsprechende Verfahren unter Beteiligung der Arbeitnehmervertretung entwickelt werden.

Die Informationspflicht des Arbeitgebers bezieht sich aber nur auf entsprechende unbefristete Arbeitsplätze. Zur Anforderung „entsprechend" vergleiche die Ausführungen unter den Rn. 106 f.

326 Der Gesetzgeber hat zwar in § 18 eine Informationspflicht des Arbeitgebers über entsprechende unbefristete Arbeitsplätze, die besetzt werden sollen, festgelegt, um so befristet Beschäftigten die Chance auf einen Dauerarbeitsplatz zu eröffnen. Diese Regelung erscheint aber – auch wenn die europarechtlichen Vorgaben keine weitergehenden Vorschriften verlangen – unzureichend. Denn selbst wenn es keine unbefristeten Arbeitsplätze gibt, wohl aber andere befristete, die in keinem Zusammenhang zu dem bisherigen Arbeitsverhältnis stehen, so sollte dem befristet Beschäftigten gleichwohl unter Einhaltung der Zulässigkeitsanforderungen nach diesem Gesetz ein weitergehendes Informationsrecht über Beschäftigungsmöglichkeiten eingeräumt werden.

Darüber hinaus schreibt der Gesetzgeber auch nicht vor, wie mit der Bewerbung verfahren werden soll. So fehlt z.B. eine Vorschrift, dahin gehend, dass bei gleicher Qualifikation und vergleichbaren Kenntnissen befristet Beschäftigte bei der Besetzung unbefristeter Stellen z.B. gegenüber externen Bewerbern bevorzugt berücksichtigt werden sollen.

327 Unter Beachtung der verschiedenen Beteiligungsrechte von Betriebs- und Personalräten sowie Mitarbeitervertretungen in personellen Angelegenheiten (vgl. hierzu die Ausführungen unter Rn. 395 könnten hier die Betriebsparteien zur Klarstellung und zwecks Vermeidung von Rechtsstreitigkeiten eine Betriebs- oder Dienstvereinbarung abschließen, die die folgenden Regelungen beinhalten sollte:

- Umfang und Inhalt der Bekanntgabe,
- Ort der Bekanntgabe,
- Bewerbungsmodalitäten und
- ggf. Anforderungen und Voraussetzungen für eine bevorzugte Berücksichtigung der befristet Beschäftigten bei der Besetzung der unbefristeten Stellen (z.B. gegenüber externen Bewerbern).

3.6 Aus- und Weiterbildung (§ 19)

3.6.1 Allgemeine Grundsätze

328 Die Vorschrift setzt die europarechtlichen Vorgaben in § 6 Abs. 2 der Rahmenvereinbarung der europäischen Sozialpartner, die der EU-Richtlinie 1999/70/EG zugrunde liegt, um. Hiermit legt der Gesetzgeber fest, dass der Arbeitgeber dafür Sorge zu tragen hat, dass auch befristet beschäftigte Arbeitnehmer und Arbeitnehmer mit einem auflösend bedingten Arbeitsvertrag (§ 21 i.V.m. § 19 TzBfG) an angemessenen Aus- und Weiterbildungsmaßnahmen zur Förderung der beruflichen Entwicklung und Mobilität teilnehmen können. Eine Ausnahme hiervon soll nur dann gelten, wenn dringende betriebliche Gründe oder Aus- und Weiterbildungswünsche anderer Arbeitnehmer entgegenstehen.

Der Gesetzgeber hat in § 19 TzBfG nicht weiter ausgeführt, was unter der Formulierung „Sorge zu tragen" zu verstehen ist. Von daher ist auf den allgemeinen Sprachgebrauch zurückzugreifen. „Sorgen" bedeutet hier u.a. „sich um etwas kümmern", (Wahrig, S. 852, Stichwort „Sorgen"). Wenn sich aber der Arbeitgeber grundsätzlich darum zu kümmern hat, dass befristet Beschäftigte an Aus- und Weiterbildungsmaßnahmen teilnehmen können, trifft ihn sogar eine Verpflichtung, entsprechend aktiv zu werden. Den Arbeitgeber trifft mithin auch eine entsprechende Förderpflicht.

Abb. 21: Teilnahme an Aus- und Weiterbildung

```
GRUNDSATZ: Förderungspflicht des Arbeitgebers für
           die berufliche Entwicklung und Mobilität
           des befristet Beschäftigten
                    │
                    ▼
            Voraussetzung: ──▶ Angemessene Aus-
                               und Weiterbildungs-
                               maßnahme

            Ausnahmen:
                    ├──▶ Dringende betriebliche Gründe
                    │
                    └──▶ Entgegenstehende
                         Aus- und Weiterbildungswünsche
                         anderer Arbeitnehmer
```

Arbeitgeber, aber auch Arbeitnehmervertretung (im Rahmen ihrer Beteiligungsrechte), haben also beim betrieblichen Aus- und Weiterbildungsprogramm zu prüfen, wie die Teilnahme von befristet beschäftigten Arbeitnehmern sichergestellt werden kann. Zu den Aus- und Weiterbildungsmaßnahmen gehören nicht nur solche, die sich unmittelbar auf den Arbeitsplatz des befristet Beschäftigten beziehen (vgl. Drucksache 14/4374, S. 21). Allerdings kommen nur angemessene Aus- und Weiterbildungsmaßnahmen in Betracht.

3.6.2 Förderung der beruflichen Entwicklung und Mobilität

329 Die arbeitgeberische Verpflichtung bezieht sich auf Aus- und Weiterbildungsmaßnahmen. Die Begriffe werden hierbei nicht näher

3. Allgemeine Vorschriften über befristete Arbeitsverträge

ausgeführt. Da der Gesetzgeber aber im Zusammenhang mit der Ausbildung nicht die Begriffe „Berufsausbildung" oder „anerkannte Berufsausbildung" benutzt, ist davon auszugehen, dass er unter „Ausbildung" jegliche Vermittlung von Kenntnissen und Fertigkeiten für die Ausübung eines bestimmten Berufs oder einer bestimmten Tätigkeit im Sinne des allgemeinen Sprachgebrauchs versteht (vgl. Duden, S. 171, Stichwort „Ausbildung").

Ausgehend vom Adjektiv „weiter", das nach allgemeinem Sprachgebrauch (vgl. Duden, S. 1726, Stichwort „weiter"), für „hinzukommend, hinzutretend, sich als Fortsetzung ergebend" steht, kann eine Weiterbildung jede zielgerichtete Vermittlung von Kenntnissen und Fertigkeiten sein, die die bisher erlangten Qualifikationen verbessert, vertieft, verbreitert und/oder verstärkt.

In der Gesetzesbegründung (vgl. Drucksache 14/4374, S. 21) wird hervorgehoben, dass die Teilnahme an Aus- und Weiterbildungsmaßnahmen sich inbesondere auch auf die Verbesserung der beruflichen Qualifikation als Voraussetzung für die Übernahme einer qualifizierten Tätigkeit beziehen soll. Damit sollen die Chancen des befristet Beschäftigten auf einen Dauerarbeitsplatz verbessert werden. **330**

Unter beruflicher Entwicklung kann die bessere Arbeitserledigung oder die Eröffnung von Aufstiegsmöglichkeiten im bisherigen Arbeitsbereich verstanden werden. Aber auch die Verbesserung der Einsatzmöglichkeiten an anderen Arbeitsplätzen in ähnlichen oder artverwandten Berufen kommt in Betracht.

Wenn der Gesetzgeber auch die Förderung der Mobilität einbezieht, so soll der befristet Beschäftigte sowohl inhaltlich, zeitlich und räumlich in die Lage versetzt werden, seine Chancen auf einen Dauerarbeitsplatz – ggf. auch bei einem anderen Arbeitgeber – zu verbessern.

3.6.3 Angemessene Aus- und Weiterbildung

Ein Teilnahmerecht an einer Aus- und Weiterbildungsmaßnahme besteht für den befristet Beschäftigten aber nicht generell. Vielmehr schränkt der Gesetzgeber dieses Recht auf angemessene Aus- und Weiterbildungsmaßnahmen ein. Ausweislich der Gesetzesbegründung (vgl. Drucksache 14/4374, S. 21) ist eine Aus- und Weiterbildungsmaßnahme dann als angemessen anzusehen, wenn bei der Prüfung eine Interessenabwägung stattgefunden hat, bei der die Art der Tätigkeit des Arbeitnehmers, die vorgesehene Dauer der befristeten Beschäftigung, die Dauer der Aus- und Weiterbildungsmaßnahmen und der für den Arbeitgeber entstehende Kostenaufwand berücksichtigt worden ist. **331**

Mithin ist eine Aus- und Weiterbildungsmaßnahme wohl nicht mehr angemessen, wenn sie für den Arbeitgeber mit einem hohen Kostenaufwand verbunden und die Dauer der Aus- und Weiterbildungsmaßnahme im Verhältnis zur Dauer der befristeten Beschäftigungszeit sehr hoch ist. Sollte zudem für die Art der Tätigkeit des Arbeitnehmers die Aus- oder Weiterbildungsmaßnahme nachrangig sein, so dürfte ein Teilnahmerecht wohl nicht in Betracht kommen. Andererseits kann eine Aus- und Weiterbildungsmaßnahme, die nur kurze Zeit in Anspruch nimmt, den Arbeitgeber wenig kostet (ggf. aufgrund von Zuschüssen Dritter) und im Hinblick auf die Art der Tätigkeit zwecks kontinuierlicher Arbeitsausführung erforderlich ist, als angemessen eingestuft werden.

Da die vorstehende Konstellation für die Angemessenheit in der Praxis nicht immer auftritt, ist in jedem Einzelfall eine Interessenabwägung vorzunehmen.

Aber selbst wenn eine angemessene Aus- und Weiterbildungsmaßnahme vorliegt, ist die Teilnahme von befristet Beschäftigten nur dann möglich, wenn nicht dringende betriebliche Gründe oder Aus- und Weiterbildungswünsche anderer Arbeitnehmer entgegenstehen. Mithin ist zunächst immer die Aus- und Weiterbildungsmaßnahme auf ihre Angemessenheit hin zu beurteilen. Wird die Angemessenheit bejaht, so ist für ein Teilnahmerecht nach diesem Gesetz im Anschluss zu prüfen, ob gesetzesrelevante Hinderungsgründe vorliegen.

3.6.4 Hinderungsgründe für eine Teilnahme

332 Die Hinderungsgründe räumen unbefristet Beschäftigten im Betrieb und Unternehmen keinen direkten Vorrang bei der Teilnahme an den Aus- und Weiterbildungsmaßnahmen beim Vorliegen der genannten Voraussetzungen ein. Hierfür spricht auch die Gesetzesbegründung (vgl. Drucksache 14/4374, S. 21). Dort heißt es, dass die arbeitgeberische Verpflichtung gegenüber einem befristet Beschäftigten nicht weiter geht als die gegenüber einem unbefristet Beschäftigten.

Ferner soll mit der Berücksichtigung betrieblicher Gründe dem Arbeitgeber ein entsprechender Entscheidungsspielraum dahin gehend eingeräumt werden, welche Qualifikationen er an welcher Stelle im betrieblichen Ablauf benötigt. Hieraus kann sich unter Umständen – aber keinesfalls immer – ein Vorrang für unbefristet Beschäftigte ergeben, weil die zu erwerbenden Qualifikationen für den Betrieb so in der Regel längerfristig nutzbar gemacht werden können.

333 Nach der gesetzlichen Festlegung sollen dringende betriebliche Gründe einem Teilnahmerecht von befristet Beschäftigten an Aus- und Weiterbildungsmaßnahmen entgegenstehen. Der Gesetzgeber hat vorliegend aber darauf verzichtet, eine Legaldefinition vorzunehmen oder durch Beispiele zu verdeutlichen, was unter dringenden betrieblichen Gründen zu verstehen ist. Deshalb könnte auf vergleichbare Anforderungen zurückgegriffen werden. Bezogen auf die Formulierung „dringende betriebliche Gründe" bietet sich die Anforderung „dringende betriebliche Erfordernisse" in § 1 Abs. 2 Satz 1 KSchG an. Zwar verwendet der Gesetzgeber dort den Begriff „Erfordernisse", der nach dem allgemeinen Sprachgebrauch als notwendige, unerlässliche Bedingung oder Voraussetzung interpretiert wird (vgl. Duden, S. 448, Stichwort „Erfordernis"/„erforderlich"), während unter einem Grund ein Umstand oder Tatbestand verstanden wird, durch den jemand bewogen wird etwas zu tun (vgl. Duden, S. 637, Stichwort „Grund"). Beide Begriffe sind zwar unterschiedlich in ihrer Gewichtung, sie erfordern aber jeweils das Vorliegen von bestimmten Umständen, mit denen der Arbeitgeber eine unternehmerische Entscheidung sachgerecht begründen kann. Hierbei stellt ein Erfordernis engere Rahmenbedingungen als ein Grund. Gleichwohl können die Anhaltspunkte, die zum dringenden betrieblichen Erfordernis entwickelt worden sind, herangezogen werden. Wenn nämlich ein dringendes betriebliches Erfordernis vorliegt, sind die Voraussetzungen für das Vorliegen eines dringenden betrieblichen Grundes – wegen dessen niedrigeren Anforderungsprofils – immer mitgegeben.

Das Merkmal der Dringlichkeit (vgl. entspr. KR-Becker, Rn. 296 zu § 1 KSchG) beinhaltet den Grundsatz der Verhältnismäßigkeit (ultima-ratio-Prinzip), so dass der Arbeitgeber die Teilnahme von befristet Beschäftigten an einer Aus- und Weiterbildungsmaßnahme aus dringenden betrieblichen Gründen nur verweigern kann, wenn er zuvor versucht hat, durch andere zumutbare technische, organisatorische oder wirtschaftliche Maßnahmen den im Wege stehenden betrieblichen Grund zu beheben. Mithin kann die Dringlichkeit bejaht werden, wenn dem Arbeitgeber keine alternativen Maßnahmen zur Verfügung stehen, der Arbeitgeber also die Teilnahme deshalb verweigern muss.

Als betriebliche Gründe kommen eine Fülle von externen und internen Faktoren in Betracht, die im betrieblichen Geschehensablauf einen Einfluss auf die unternehmerische Entscheidung haben. *Externe Faktoren* sind z.B. Aspekte der wirtschaftlichen und technischen Entwicklung, strukturelle Anpassungsprozesse, Auftragsmangel und Umsatzrückgang.

Interne Faktoren sind z.B. technisch oder organisatorisch bedingte Änderungen des Arbeitsablaufs, Rationalisierungsvorhaben, Einführung von neuen Arbeitsmethoden und Fertigungsverfahren.

Inwieweit der Arbeitgeber dringende betriebliche Gründe anführt oder darlegt, obliegt seinem unternehmerischen Ermessen. Allerdings sind sie im Streitfalle arbeitsgerichtlich zu überprüfen. Der Arbeitgeber trägt für das Vorliegen der behaupteten Gründe die Beweislast.

334 Ein weiterer Hinderungsgrund kann sich aus entgegenstehenden Aus- und Weiterbildungswünschen anderer Arbeitnehmer ergeben. Gegenüber dem Gesetzesentwurf wurde hier auf eine weitere Konkretisierung verzichtet. Im Entwurf sollte ein Hinderungsgrund nur dann bestehen, wenn Aus- und Weiterbildungswünsche anderer Arbeitnehmer, die unter beruflichen oder sozialen Gesichtspunkten vorrangig sind, entgegenstehen. Die Herausnahme dieser Anforderungen wird damit begründet, dass der Arbeitgeber bei gleichzeitigen Aus- und Weiterbildungswünschen anderer Arbeitnehmer nun unter diesen nach billigem Ermessen frei entscheiden kann (vgl. Drucksache 14/4625, S. 21).

Gleichwohl dürften berufliche oder soziale Gesichtspunkte bei der Prüfung, ob eine Teilnahme des befristet beschäftigten Arbeitnehmers möglich ist, im Rahmen der Interessenabwägung Berücksichtigung finden. Allerdings entfällt die Einschränkung, dass nur vorrangige berufliche oder soziale Gesichtspunkte einer Teilnahme entgegenstehen. Vielmehr können nach dem jetzt geltenden Wortlaut auch gleichrangige Gesichtspunkte genügen. Welche Gründe bei der Interessenabwägung wie ins Gewicht fallen, hat der Arbeitgeber unter Beachtung der Beteiligung der Arbeitnehmervertretung nach den Grundsätzen des billigen Ermessens zu beurteilen.

335 Als berufliche Gesichtspunkte kommen insbesondere die folgenden Umstände in Betracht:
- Erlangung weiterer Kenntnisse oder Fertigkeiten zwecks Erhalt des Arbeitsplatzes oder der Arbeitsleistung,
- Eröffnung von Aufstiegsmöglichkeiten,
- Erlangung der Anerkennung für eine Tätigkeitsausübung.

336 Als soziale Gesichtspunkte kommen hier in Anlehnung an § 1 Abs. 3 KSchG – wegen der Vergleichbarkeit der verwendeten Begriffe – das Lebensalter, die Dauer der Betriebszugehörigkeit und Unterhaltsverpflichtungen in Betracht. Aber auch weitere soziale Gesichtspunkte wie Familienstand, Vorhandensein eines Vermögens, Verschuldung, Gesundheitszustand des Arbeitnehmers, Chancen auf dem Arbeitsmarkt können berücksichtigt werden.

Soziale Gesichtspunkte dürften vor allem dann zum Tragen kommen, wenn einerseits eine Entscheidung zwischen mehreren Arbeitnehmern zu treffen ist, die Aus- und Weiterbildungswünsche geäußert haben, und andererseits zwischen befristet Beschäftigten und anderen Arbeitnehmern. Die Berücksichtigung von sozialen Gesichtspunkten soll hierbei die Entscheidungsfindung des Arbeitgebers erleichtern. Es stellt sich die Frage, ob die Aus- und Weiterbildungswünsche anderer Arbeitnehmer als vorrangig zu betrachten sind.

Wie schwer solche beruflichen oder sozialen Gesichtspunkte zu gewichten und zu bewerten sind, hat gerade die Rechtsprechung im Rahmen von Kündigungsstreitigkeiten belegt. Deshalb sind die Betriebsparteien gefordert, entsprechende Verfahrensregelungen für eine sachgerechte Umsetzung zu vereinbaren.

3.6.5 Betriebliche Regelungserfordernisse

Im Rahmen der Beteiligungsrechte von Betriebs- und Personalräten bei Aus-, Fort- und Weiterbildungsmaßnahmen sowie bei Maßnahmen der betrieblichen Berufsbildung (vgl. auch Rn. 395 ff.) sollte die Arbeitnehmervertretung mit dem Arbeitgeber Betriebs- oder Dienstvereinbarungen abschließen, die eine sachgerechte Umsetzung der gesetzlichen Vorschriften des § 19 TzBfG gewährleisten und die unbestimmte Rechtsbegriffe mit Inhalt füllen. So kann dazu beigetragen werden, Rechtsstreitigkeiten zu minimieren.

337

Die Betriebs- und Dienstvereinbarungen sollten hierbei die folgenden Angelegenheiten regeln:

- Grundsätze über die Teilnahme von befristet Beschäftigten an Aus- und Weiterbildungsmaßnahmen;
- Festlegung, welche Kriterien zur Konkretisierung der Anforderung „angemessen" herangezogen werden können;
- Besondere Kennzeichnung von Aus- und Weiterbildungsmaßnahmen im betrieblichen Geschehen, die der Anforderung „angemessen" entsprechen;
- Festlegung von Kriterien für betriebliche Gründe, die einer Teilnahme entgegenstehen können;
- Auflistung maßgeblicher beruflicher Gesichtspunkte, die die Vorrangigkeit von Aus- und Weiterbildungswünschen anderer Arbeitnehmer belegen können;

- Auflistung maßgeblicher sozialer Gesichtspunkte, die die Vorrangigkeit von Aus- und Weiterbildungswünschen anderer Arbeitnehmer belegen können;
- Gewichtung der sozialen Gesichtspunkte und Verfahrensregelungen im Rahmen der Auswahlentscheidung sowie
- Regelungen über Meinungsverschiedenheiten zwischen Arbeitgeber und Arbeitnehmer einerseits und Arbeitgeber und Arbeitnehmervertretung andererseits.

Ein entsprechender Formulierungsvorschlag für eine Betriebs- oder Dienstvereinbarung ist unter Rn. 420 abgedruckt.

3.6.6 Zusammenfassung und EU-Vorgaben

338 Mit den Bestimmungen erfüllt der nationale Gesetzgeber die europarechtlichen Vorgaben, wenn berücksichtigt wird, dass die Anforderung „Förderung des beruflichen Fortkommens" von befristet Beschäftigten auch vom Ziel der vorliegenden Vorschriften in § 19 (Förderung der beruflichen Entwicklung und Mobilität) erfasst wird.

Allerdings hat der Gesetzgeber die arbeitgeberische Verpflichtung mit einer Reihe von Ausnahmen versehen, die in der betrieblichen Praxis nicht nur zu Problemen führen können, sondern die auch die Möglichkeiten der befristet Beschäftigten, ein Teilnahmerecht an Bildungsmaßnahmen zu erwirken, stark einschränken.

Deshalb kommt es zur Vermeidung von Problemen und der Minimierung von Rechtsstreitigkeiten bei der Auslegung wesentlich darauf an, wie die Betriebsparteien den Umgang mit der vorliegenden Problematik sachgerecht regeln.

3.7 Benachteiligungs- und Diskriminierungsverbot (§ 4 Abs. 2, § 5)

3.7.1 Allgemeine Grundsätze

339 Entsprechend der Zielsetzung des TzBfG stellen die Vorschriften über die Zulässigkeit von befristeten und auflösend bedingten Arbeitsverträgen, die Beendigungsvorschriften und die Bestimmungen über die Information über unbefristete Arbeitsverträge, die Teilnahme an Aus- und Weiterbildungsmaßnahmen schon gesetzliche Maßnahmen zur Vermeidung einer Diskriminierung von befristet Beschäftigten dar, die in übergreifender Weise durch das Diskriminierungsverbot in § 4 Abs. 2 bezüglich der Gestaltung der Arbeitsbedingungen im Verhältnis zu unbefristet Beschäftigten und durch das Benachteiligungsverbot bezüglich der Inanspruchnahme von Rechten in § 5 TzBfG ihren allgemeinen Ausdruck und gleichzeitig ihre Ergänzung finden. Diese allgemeinen Vorschriften sind deshalb bei der Auslegung der Detailvorschriften zu berücksichtigen.

3.7.2 Benachteiligungsverbot (§ 5)

Nach § 5 darf der Arbeitgeber einen Arbeitnehmer wegen der Inanspruchnahme von Rechten nach dem vorliegenden Gesetz nicht benachteiligen. Eine Benachteiligung kann sich insbesondere aus den folgenden Umständen ergeben: **340**

- keine Verlängerung des befristeten Vertrages,
- keine Übernahme in ein unbefristetes Arbeitsverhältnis,
- Erschwernisse bei der Arbeitserledigung,
- Ablehnung der Teilnahme an einer Aus- und Weiterbildungsmaßnahme.

Eine Inanspruchnahme von Rechten nach dem vorliegenden Gesetz liegt insbesondere bei den folgenden Tatbeständen vor:

- Geltendmachung der Unzulässigkeit der Befristung oder der auflösenden Bedingung,
- Bestehen auf der Einhaltung von Beendigungsvorschriften,
- Bestehen auf der Informationsverpflichtung des Arbeitgebers über unbefristete Arbeitsplätze,
- Teilnahme an Aus- und Weiterbildungsmaßnahmen.

Für das Vorliegen einer Benachteiligung ist der betroffene Arbeitnehmer darlegungs- und beweispflichtig. Liegt eine Benachteiligung vor, so ist die jeweilige arbeitgeberische Handlung gemäß § 134 BGB nichtig. Bei Erfüllung der entsprechenden Voraussetzungen kommt dem Arbeitnehmer bei Wiederholungsgefahr auch ein Unterlassungsanspruch gegen die benachteiligende Handlung des Arbeitgebers zu. Gegebenenfalls kann auch ein Schadenersatzanspruch des benachteiligten Arbeitnehmers in Betracht kommen, wenn die benachteiligende Handlung des Arbeitgebers einen Schaden bewirkt hat.

3.7.3 Diskriminierungsverbot (§ 4 Abs. 2)

341 Nach § 4 Abs. 2 Satz 1 TzBfG darf ein befristet Beschäftigter wegen der Befristung des Arbeitsvertrages nicht schlechter behandelt werden als ein vergleichbarer unbefristet beschäftigter Arbeitnehmer. Eine Ausnahme soll dann bestehen, wenn sachliche Gründe eine unterschiedliche Behandlung rechtfertigen. In Verbindung mit § 21 gilt dieses Diskriminierungsverbot auch für Arbeitnehmer mit auflösend bedingten Arbeitsverträgen.

Dieses allgemeine Diskriminierungsverbot wird durch Satz 2 ergänzt. Danach ist ein Arbeitsentgelt und/oder eine teilbare geldwerte Leistung, die für einen bestimmten Bemessungszeitraum gewährt wird, mindestens in dem Umfang an den befristet Beschäftigten zu zahlen, in dem die Befristungsdauer zum Bemessungszeitraum steht. Unter Berücksichtigung von § 21 TzBfG gilt dies auch für Arbeitnehmer mit auflösend bedingten Arbeitsverträgen.

Schließlich legt § 4 Abs. 2 Satz 3 TzBfG fest, dass bei Beschäftigungsbedingungen, die von der Dauer des Bestehens des Arbeitsverhältnisses abhängig sind, bei befristet Beschäftigten dieselben Zeiten berücksichtigt werden müssen, wie dies für unbefristet Beschäftigte geschieht. Eine Ausnahme hiervon soll nur dann gelten, wenn eine unterschiedliche Berücksichtigung aus sachlichen Gründen gerechtfertigt ist.

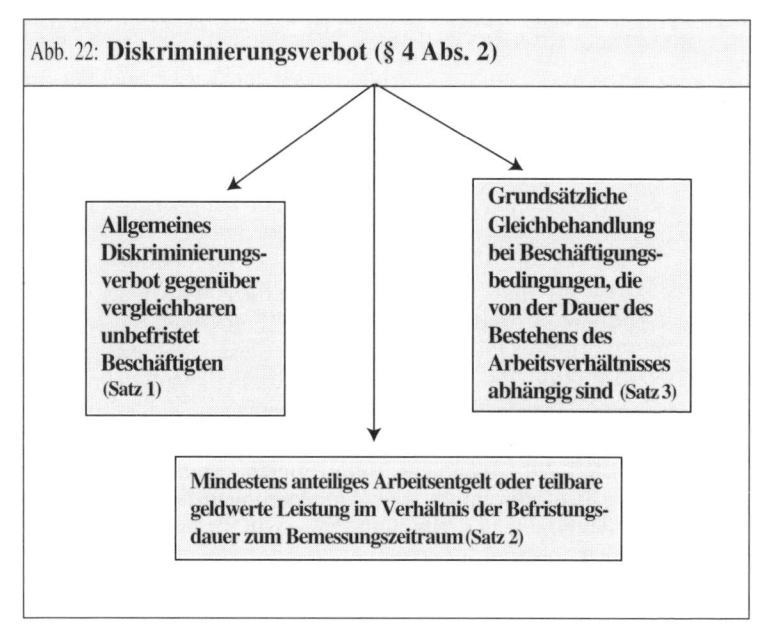

Abb. 22: **Diskriminierungsverbot (§ 4 Abs. 2)**

- **Allgemeines Diskriminierungsverbot gegenüber vergleichbaren unbefristet Beschäftigten** (Satz 1)
- **Grundsätzliche Gleichbehandlung bei Beschäftigungsbedingungen, die von der Dauer des Bestehens des Arbeitsverhältnisses abhängig sind** (Satz 3)
- Mindestens anteiliges Arbeitsentgelt oder teilbare geldwerte Leistung im Verhältnis der Befristungsdauer zum Bemessungszeitraum (Satz 2)

3.7.3.1 Allgemeines Diskriminierungsverbot (§ 4 Abs. 2 Satz 1)

Mit dieser Vorschrift will der Gesetzgeber eine schlechtere Behandlung von Arbeitnehmern mit befristeten Arbeitsverträgen zu vergleichbaren unbefristet Beschäftigten dann unterbinden, wenn die unterschiedliche Behandlung nicht durch einen sachlichen Grund gerechtfertigt ist.

342

Hierbei muss die schlechtere Behandlung ursächlich auf die Befristung zurückzuführen sein. Sie liegt dann vor, wenn mit dem Arbeitnehmer wegen der Befristung des Arbeitsvertrages z.B. schlechtere Arbeitsbedingungen vereinbart worden sind oder die betriebliche Arbeitsgestaltung benachteiligend gegenüber vergleichbaren unbefristet Beschäftigten erfolgt. Das Verbot der schlechteren Behandlung bezieht sich aber genauso auf Regelungen in Betriebs- oder Dienstvereinbarungen und auf tarifvertragliche Regelungen. Mithin haben sowohl die Betriebsparteien als auch die Tarifvertragsparteien ihr jeweiliges Regelwerk daraufhin zu überprüfen, ob sie nicht Regelungen vereinbart haben, die dem vorstehenden Diskriminierungsverbot entgegenstehen. Mit Inkrafttreten des Gesetzes sind solche vertraglichen, betrieblichen und tarifvertraglichen Regelungen nicht mehr anzuwenden.

Für die Feststellung, ob eine schlechtere Behandlung des befristet Beschäftigten vorliegt, hat der Gesetzgeber auf die Regelungen und Bedingungen abgestellt, die für vergleichbare Beschäftigte mit unbefristetem Arbeitsverhältnis gelten. Die schlechtere Behandlung kann also nicht abstrakt festgestellt werden. Vielmehr ist es zunächst erforderlich, dass der vergleichbare unbefristet beschäftigte Arbeitnehmer bestimmt wird. Zu diesem Zweck hat der Gesetzgeber in § 3 Abs. 2 TzBfG eine Legaldefinition vorgenommen.

343

Zunächst soll es bei der Vergleichbarkeit auf den Betrieb ankommen, in dem der befristet Beschäftigte seine vertragliche Arbeitsleistung zu erbringen hat. Vergleichbar ist ein unbefristet beschäftigter Arbeitnehmer mit gleicher oder ähnlicher Tätigkeit. Nach allgemeinem Sprachgebrauch wird unter gleich „in allen Merkmalen, in jeder Hinsicht übereinstimmend", „mit einem Vergleichsobjekt in bestimmten Merkmalen, in der Art, im Typ übereinstimmend" (Duden, S. 615, Stichwort „gleich") verstanden.

Die Tätigkeit eines befristet Beschäftigten ist mit der eines unbefristet beschäftigten Arbeitnehmers mithin gleich, wenn die Tätigkeit insbesondere in ihren qualitativen Anforderungen (z.B. geforderte Kenntnisse, Fähigkeiten, Ausbildung, usw.), in ihrem Arbeitsablauf und ihrer Arbeitsumgebungsgestaltung und ggf. in der Arbeitszeitregelung mit der eines unbefristet Beschäftigten übereinstimmt.

Fehlt es an einer gleichen Tätigkeit, so genügt nach den gesetzlichen Vorgaben auch eine ähnliche Tätigkeit. Nach dem allgemeinen Sprachgebrauch liegt eine ähnliche Tätigkeit vor, wenn sie mit dem Vergleichsgegenstand „in wesentlichen Merkmalen übereinstimmt" (Duden, S. 85, Stichwort „ähnlich"). Eine Tätigkeit ist mithin ähnlich, wenn sie insbesondere bei den qualitativen Anforderungen sowie der Arbeitsplatz- und Arbeitszeitgestaltung in den Punkten, die arbeitsvertraglich und tarifvertraglich von Bedeutung sind, Übereinstimmung aufweist.

344 Ist auf der Betriebsebene kein vergleichbarer unbefristet Beschäftigter vorhanden, so ist die Vergleichbarkeit aufgrund des anwendbaren Tarifvertrages zu prüfen. Eine gleiche Tätigkeit bemisst sich hierbei danach, wie die Tätigkeit des befristet Beschäftigten tarifvertraglich im Hinblick auf die Eingruppierung und die sonstigen Arbeitsbedingungen einzuordnen ist. Wenn der Gesetzgeber vorliegend von einem „anwendbaren" Tarifvertrag spricht, so wird damit nicht gefordert, dass der Tarifvertrag unmittelbar und zwingend gemäß § 4 Abs. 1 TVG gelten muss. Vielmehr genügt es, wenn der Tarifvertrag für die betreffende Tätigkeit unter der Maßgabe, dass die Arbeitsvertragsparteien Mitglied einer Tarifvertragspartei wären, auf das Arbeitsverhältnis Anwendung finden würde.

345 Kann auch mittels des anwendbaren Tarifvertrages keine Vergleichbarkeit hergestellt werden, so ist zu prüfen, wer im jeweiligen Wirtschaftszweig üblicherweise als vergleichbarer unbefristet beschäftigter Arbeitnehmer anzusehen ist. Auch hier ist grundsätzlich auf die in Satz 1 formulierten Grundsätze „gleiche oder ähnliche Tätigkeit" zurückzugreifen. Insoweit ist zunächst die Tätigkeit des befristet Beschäftigten einem Wirtschaftszweig zuzuordnen und anschließend die Vergleichbarkeit mit einem unbefristet beschäftigten Arbeitnehmer auf der Grundlage der allgemeinen Kriterien (vgl. Rn. 343) zu überprüfen.

346 Ist die Tätigkeit eines befristet beschäftigten mit der eines unbefristet beschäftigten Arbeitnehmers nach den vorstehenden Grundsätzen vergleichbar, so kann eine schlechtere Behandlung trotzdem erfolgen, wenn es hierfür sachliche Gründe gibt. Der Gesetzgeber hat im § 4 Abs. 2 Satz 1 Halbsatz 2 nicht näher festgelegt, was unter sachlichen Gründen zu verstehen ist. Die Lücke der fehlenden Legaldefinition kann aber im Wege der Auslegung erschlossen werden. So hatte der nationale Gesetzgeber in § 2 Abs. 1 BeschFG schon bestimmt, dass eine unterschiedliche Behandlung von Teilzeitbeschäftigten gegenüber Vollzeitbeschäftigten durch sachliche Gründe gerechtfertigt sein kann. Hierzu hat die Rechtsprechung in einer Vielzahl von Entscheidungen Stellung genommen, die auch hier zur Gewinnung von Anhaltspunkten herangezogen werden können (vgl. daher die Ausführungen zum Diskriminierungsverbot bei Teilzeitbeschäftigten unter Rn. 97 ff.).

Ferner kann auf die Rechtsprechung zur mittelbaren Geschlechterdiskriminierung zurückgegriffen werden. Auch hier werden zur Rechtfertigung einer unterschiedlichen Behandlung sachliche Gründe benötigt (vgl. auch Rn. 95).

Auf das allgemeine Diskriminierungsverbot in § 4 Abs. 2 Satz 1 TzBfG bezogen, liegen sachliche Gründe, die eine unterschiedliche Behandlung von befristet Beschäftigten gegenüber vergleichbaren unbefristet Beschäftigten rechtfertigen können, dann vor,

a) wenn die unterschiedliche Behandlung durch objektive Faktoren begründet ist, die nichts mit der Befristung zu tun haben;

und

b) wenn sie für die Erreichung des Unternehmensziels bzw. Tätigkeitsziels geeignet und erforderlich sind;

und

c) wenn die Verhältnismäßigkeitsprüfung zwischen Unternehmerinteresse einerseits und Ausmaß der Ungleichbehandlung andererseits ergibt, dass das durch a) und b) begründete Unternehmerinteresse überwiegt.

Hierbei ist zu beachten, dass die Anforderungen an die objektiven Faktoren und die Unternehmerinteressen umso strenger zu beachten sind, je mehr der Arbeitgeber befristet Beschäftigte gegenüber unbefristet beschäftigten Arbeitnehmern ungleich behandeln will. Zudem dürfen die Unternehmerinteressen nicht vorgeschoben sein, sie müssen vielmehr tatsächlich vorliegen.

Unter Berücksichtigung der vorstehenden Ausführungen müssen tarifvertragliche Regelungen – wie z.B. Nr. 4 der Sonderregelung 2y zum BAT –, die zulassen, dass für befristet Beschäftigte der Tag für die Vergütungszahlung vom 15. eines Monats (Termin für unbefristet Beschäftigte) auf das Monatsende verschoben werden kann, als Verstoß gegen das Diskriminierungsverbot des § 4 Abs. 2 Satz 1 TzBfG gelten. Ein sachlicher Grund für die negative Abweichung von der Regelung (für unbefristet Beschäftigte) in § 36 BAT ist nämlich nicht erkennbar.

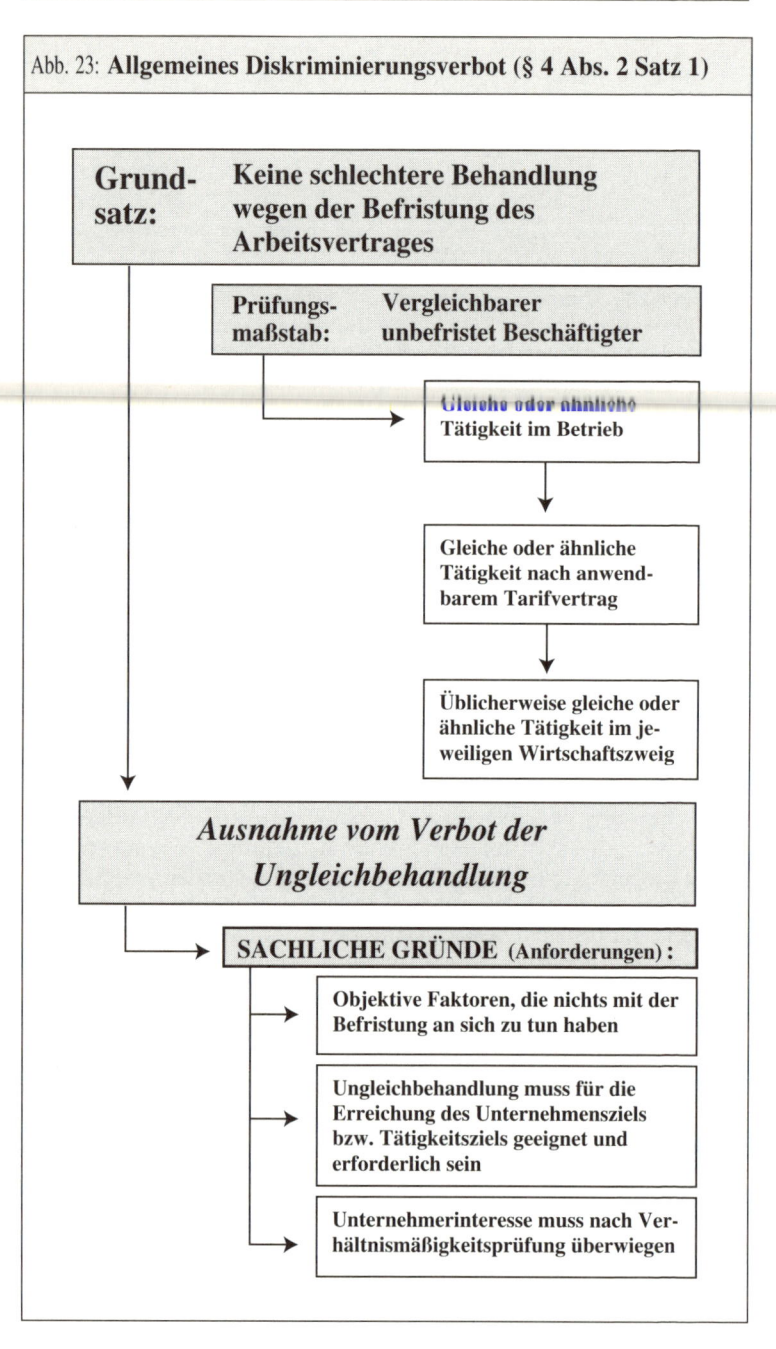

Abb. 23: **Allgemeines Diskriminierungsverbot (§ 4 Abs. 2 Satz 1)**

Grundsatz: Keine schlechtere Behandlung wegen der Befristung des Arbeitsvertrages

Prüfungsmaßstab: Vergleichbarer unbefristet Beschäftigter

- Gleiche oder ähnliche Tätigkeit im Betrieb
- Gleiche oder ähnliche Tätigkeit nach anwendbarem Tarifvertrag
- Üblicherweise gleiche oder ähnliche Tätigkeit im jeweiligen Wirtschaftszweig

Ausnahme vom Verbot der Ungleichbehandlung

SACHLICHE GRÜNDE (Anforderungen):

- Objektive Faktoren, die nichts mit der Befristung an sich zu tun haben
- Ungleichbehandlung muss für die Erreichung des Unternehmensziels bzw. Tätigkeitsziels geeignet und erforderlich sein
- Unternehmerinteresse muss nach Verhältnismäßigkeitsprüfung überwiegen

3.7.3.2 Diskriminierungsverbot bei Arbeitsentgelt (§ 4 Abs. 2 Satz 2)

Satz 2 ergänzt den in Satz 1 enthaltenen Grundsatz für allgemeine Arbeitsbedingungen (z.B. Arbeitszeit und Urlaub) dahin gehend, dass dem befristet Beschäftigten ein Arbeitsentgelt oder eine andere teilbare geldwerte Leistung, die für einen bestimmten Bemessungszeitraum gewährt wird, mindestens in dem Umfang zu gewähren ist, der dem Anteil seiner Beschäftigungsdauer im Bemessungszeitraum entspricht.

347

Unter *Arbeitsentgelt* wird die arbeitgeberische Lohn- oder Vergütungszahlung verstanden. Sie umfasst neben dem monatlichen Entgelt z.B. auch das Urlaubsgeld, Zulagen und Zuwendungen (z.B. 13. Monatsentgelt) oder vermögenswirksame Leistungen. Ist der Bemessungszeitraum für die jeweilige Leistung beispielsweise ein Jahr, so ist mindestens der Anteil an der Leistung zu zahlen, der dem Verhältnis der Beschäftigungszeit des befristet Beschäftigten zum gesamten Bemessungszeitraum entspricht.

Im Hinblick auf *andere geldwerte Leistungen* hat der Gesetzgeber keine Legaldefinition vorgenommen. Ausweislich der Gesetzesbegründung (vgl. Drucksache 14/4374, S. 16) können hierunter z.B. Deputate und Personalrabatte fallen. Der Arbeitgeber gewährt mithin zusätzlich zum Arbeitsentgelt dem Arbeitnehmer während der Dauer des Arbeitsverhältnisses weitere Leistungen. Diese müssen einerseits geldlich bewertbar, d.h. sie müssen einen bestimmten Geldwert haben, und andererseits teilbar sein, d.h. der Geldwert muss auch anteilig gemäß dem Verhältnis zwischen Beschäftigungszeit und Bemessungszeitraum aufteilbar sein.

Unter Einbeziehung der steuerrechtlichen Vorschriften zum Entgeltbegriff bei unselbständiger Arbeit können unter geldwerten Leistungen alle Leistungen verstanden werden, die der Arbeitgeber im überwiegenden betrieblichen Interesse für den Arbeitnehmer erbringt. Nach Ziff. H. 70 der Lohnsteuerrichtlinien werden hierzu die folgenden Beispiele genannt:

- Überlassung von Dienstfernsprechern für private Ferngespräche oder Übernahme der festen oder laufenden Kosten für einen Telefonanschluss,
- Erlass einer Schadensersatzforderung,
- Übernahme von Kosten für Reisen, bei denen touristische Interessen im Vordergrund stehen,
- Sachbezüge – soweit sie zu geldwerten Vorteilen des Arbeitnehmers führen –,
- Nutzung von vom Arbeitgeber gemieteten Anlagen,

- Beihilfen und Unterstützungen wegen einer Hilfsbedürftigkeit,
- Erstattung von Mehraufwendungen für z.B. doppelte Haushaltsführung.

348 Satz 2 beinhaltet im Gegensatz zu Satz 1 keine Ausnahmeregelung in Form eines sachlichen Grundes für eine unterschiedliche Behandlung zwischen befristet und unbefristet Beschäftigten. Gleichwohl wird in der Gesetzesbegründung (vgl. Drucksache 14/4374, S. 25) davon ausgegangen, dass auch hier eine Ausnahme wegen Vorliegens eines sachlichen Grundes gerechtfertigt sein kann.

Ein sachlicher Grund für die Ausnahme soll laut Gesetzesbegründung (vgl. Drucksache 14/4374, S. 15) dann vorliegen, wenn bei einem nur kurzzeitigen Arbeitsverhältnis die anteilige Gewährung von bestimmten Zusatzleistungen nur zu sehr geringfügigen Beträgen führt, die in keinem angemessenen Verhältnis zum Zweck der Leistung stehen.

Anhaltspunkte dafür, was unter „geringfügigen Beträgen" zu verstehen ist, gibt die Gesetzesbegründung nicht. Unter Berücksichtigung des allgemeinen Sprachgebrauchs (vgl. Duden, S. 593, Stichwort „geringfügig") muss es sich um unbedeutende, nicht ins Gewicht fallende Beträge handeln. Wann aber ein Betrag nicht ins Gewicht fällt, kann nicht abstrakt bestimmt werden, denn die Gesetzesbegründung hat als zweite Anforderung festgelegt, dass diese Beträge in keinem angemessenen Verhältnis zum Zweck der Leistung stehen müssen. Deshalb ist eine Festlegung nur in jedem Einzelfall zu treffen. Wenn beispielsweise eine Zuwendung (z.B. 13. Monatsgehalt als Jahressonderzuwendung) bei einer Beschäftigungszeit von einem Monat gezwölftelt werden muss, so ist der sich daraus ergebende Betrag sicherlich nicht als geringfügig einzustufen. Auch als anteilige Treueprämie dürfte dieser Betrag noch in angemessenem Verhältnis zum Zweck der Leistung stehen. Es bleibt daher abzuwarten, wie die Rechtsprechung eine Konkretisierung vornimmt.

Die Gesetzesbegründung erscheint aber nicht schlüssig, wenn sowohl in Satz 1 und Satz 3 eine Einschränkung bei der Gleichbehandlung durch vorliegende sachliche Gründe ausdrücklich festgelegt wird, im Satz 2 diese Einschränkung aber nicht aufgenommen worden ist. Warum sollte dann hier entgegen dem Wortlaut trotzdem eine Einschränkung Platz greifen. Dies ist nur dann verständlich, wenn der Gesetzgeber den Begriff der Beschäftigungsbedingungen so weit ausgelegt wissen wollte, dass dieser auch die Entgeltbedingungen umfasst. In diesem Fall hätte es aber einer gesonderten Entgeltregelung in Satz 2 nicht bedurft. Für den Fall, dass der Gesetzesbegründung gefolgt wird, wird man aber annehmen müssen, dass die

Hürde für sachliche Gründe hier sehr hoch angelegt ist (vgl. Hinrichs, a.a.O., S. 67).

Eine Diskriminierung dürfte dann nicht vorliegen, wenn Zahlungen in gleicher Weise für alle Arbeitnehmer von einem bestimmten Stichtag für ein bestehendes Arbeitsverhältnis abhängig gemacht werden (vgl. Hinrichs, a.a.O., S. 67). Erfüllt ein befristet Beschäftigter die Anspruchsvoraussetzungen am Stichtag und besteht keine Quotelung nach Beschäftigungsmonaten, so steht ihm z.b. die volle Jahressonderleistung zu (vgl. Nielebrock, a.a.O., S. 76). Wird demgegenüber eine Zuwendung – z.B. für ein Dienstjubiläum – gezahlt, so ist eine anteilige Zahlung vor Erreichung des Stichtages für das Dienstjubiläum nicht denkbar, da die Zahlung eben an eine zu einem bestimmten Stichtag vollendete Beschäftigungszeit geknüpft ist.

3.7.3.3 Sonstige Beschäftigungsbedingungen (§ 4 Abs. 2 Satz 3)

Nach Satz 3 sind bei befristet Beschäftigten dieselben Zeiten wie bei unbefristet Beschäftigten dann zu berücksichtigen, wenn bestimmte Beschäftigungsbedingungen von der Dauer des Bestehens des Arbeitsverhältnisses in demselben Betrieb oder Unternehmen abhängen. Ausweislich der Gesetzesbegründung (vgl. Drucksache 14/4374, S. 16) wollte der Gesetzgeber mit dieser Nichtdiskriminierungsvorschrift Beschäftigungsbedingungen, wie z.B. Anspruch auf vollen Jahresurlaub nach sechsmonatiger Wartezeit, tarifliche Entgelt- oder Urlaubsansprüche von zurückliegenden Beschäftigungszeiten, erfassen. Auch hier ist auf den Einzelfall abzustellen. **349**

Eine Ausnahme vom Verbot der unterschiedlichen Anrechnung soll dann gelten, wenn sachliche Gründe vorliegen. Da der Gesetzgeber hier die gleiche Ausnahmeregelung wie in Satz 1 formuliert, können die dortigen Ausführungen zur Auslegung entsprechend herangezogen werden (vgl. Rn. 346).

3.7.4 Zusammenfassung und EU-Vorgaben

Der Gesetzgeber hat sich eng an die europarechtlichen Vorgaben gehalten. Sowohl die Inhalte des Diskriminierungsverbots als auch die Festlegung, wer vergleichbarer unbefristet Beschäftigter ist, entsprechen den europarechtlichen Bestimmungen. **350**

Allerdings dürfte die praktische Umsetzung wegen der allgemeinen Formulierungen in manchen Einzelfällen (z.B. bei Beschäftigungsbedingungen, die von der Dauer des Bestehens des Arbeitsverhältnisses abhängen) Schwierigkeiten bereiten. Es erscheint daher aus Arbeitgebersicht zweckmäßig, bei allen Arbeitsbedingungen, die er durch seine unternehmerische Entscheidung beeinflussen kann, befristet Beschäftigte so zu behandeln wie unbefristet beschäftigte Arbeitnehmer.

3.8 Information der Arbeitnehmervertretung (§ 20)

351 Ausgehend von der europarechtlichen Vorgabe, die Arbeitnehmervertretung angemessen zu informieren, wurde im TzBfG der Informationsumfang näher festgelegt. So hat der Arbeitgeber die Arbeitnehmervertretung, auch wenn diese es nicht verlangt, über die folgenden Daten zu unterrichten:

- Anzahl der befristet beschäftigten Arbeitnehmer,
- Anteil der befristet beschäftigten Arbeitnehmer an der Gesamtbelegschaft des Betriebes und des Unternehmens.

In Verbindung mit § 21 gilt dieser Informationsumfang auch für Arbeitsverträge mit auflösender Bedingung.

Zu weiteren Beteiligungsrechten der Arbeitnehmervertretung nach den jeweiligen Bundes- bzw. Landesgesetzen vergleiche die Ausführungen in Rn. 395 ff.

4. Besondere gesetzliche Regelungen über befristete Arbeitsverträge

352 Nach § 23 TzBfG bleiben die besonderen Regelungen über die Befristung von Arbeitsverträgen unberührt. In die Regelungsgehalte dieser Gesetze sollte bewusst nicht eingegriffen werden. Die betreffenden besonderen gesetzlichen Regelungen sollen hier kurz dargestellt werden.

4.1 Arbeitnehmerüberlassungsgesetz (AÜG)

353 Nach § 3 Abs. 1 Nr. 3 AÜG (Rn. 411) ist die Erlaubnis oder ihre Verlängerung für eine Arbeitnehmerüberlassung zu versagen, wenn

der Antragsteller (Verleiher) mit dem Leiharbeitnehmer wiederholt einen befristeten Arbeitsvertrag abschließt, ohne dass die gesetzlichen Rechtfertigungsgründe vorliegen. Der Tatbestand der Wiederholung liegt vor, wenn der Verleiher vorher mindestens schon einmal mit demselben Arbeitnehmer einen befristeten Arbeitsvertrag abgeschlossen hat. Eine wiederholte Befristung setzt immer voraus, dass die vormalige Befristung wirksam war und nicht schon rechtlich als unbefristet zu behandelnder Arbeitsvertrag zu werten ist (vgl. Ulber, Rn. 70 zu § 3 AÜG).

Nach Auffassung des Bundessozialgerichts (Urt. v. 29.7.1992 – 11 Rar 51/91 – AP Nr. 3 zu § 3 AÜG) fällt die Vereinbarung einer Beschäftigung auf Abruf für ein Beschäftigungsjahr unter den vorstehenden Tatbestand. Sie ist unzulässig, wenn zwischenzeitlich die gegenseitigen Rechte und Pflichten zwischen Verleiher und dem Leiharbeitnehmer ruhen.

Eine Ausnahme vom Verbot der wiederholten Befristung soll möglich sein, wenn

- sich für die Befristung aus der Person des Leiharbeitnehmers ein sachlicher Grund ergibt oder
- die Befristung für einen Arbeitsvertrag vorgesehen ist, der unmittelbar an einen mit demselben Verleiher geschlossenen Arbeitsvertrag anschließt.

354 Ein sachlicher Grund für die Befristung, der sich aus der Person des Leiharbeitnehmers ergibt, liegt vor, wenn der Leiharbeitnehmer aus begründeten Erwägungen, die sich nicht der Sphäre des Verleihers zuordnen lassen, auf eine Daueranstellung verzichtet (vgl. Ulber, Rn. 81 zu § 3 AÜG). Hierbei sind an das Vorliegen eines sachlichen Grundes strenge Anforderungen zu stellen. Nähere Einzelheiten siehe Rn. 356.

Die zweite Ausnahme setzt voraus, dass der befristete Arbeitsvertrag unmittelbar an einen mit demselben Verleiher geschlossenen befristeten Arbeitsvertrag anschließt. Unmittelbar bedeutet hierbei, dass zwischen den Arbeitsverhältnissen keine Unterbrechung liegen darf.

355 § 3 AÜG legt als Grundsatz einen Ausschluss von Befristungen beim Leiharbeitsverhältnis fest. In Verbindung mit § 3 Abs. 1 Nr. 1 sind die allgemeinen arbeitsrechtlichen Grundsätze für zulässige Befristungen (sachliche Gründe) zu beachten. Dazu zählt aber nicht § 1 BeschFG und auch nicht § 14 TzBfG. Die dortige weitergehende Zulässigkeit für befristete Arbeitsverträge greift nicht für Leiharbeit im Sinne des AÜG, da die spezielleren Bestimmungen des AÜG den allgemeinen Vorschriften des § 14 TzBfG vorgehen.

Zusätzlich zum sachlichen Grund muss noch geprüft werden, ob Schutzzweck und Normensystem des AÜG eingehalten werden.

So kann ein sachlicher Grund nur dann akzeptiert werden, wenn das Interesse des Verleihers an einer Befristung aufgrund besonderer Umstände dem Arbeitnehmerschutz vorgeht. Nach der Literaturmeinung (z.B. Ulber, Rn. 72 zu § 3 AÜG) kann dies dann der Fall sein, wenn berechtigte Zweifel an der Geeignetheit oder Zuverlässigkeit des Arbeitnehmers bestehen (z.B. Nichtvorlage von Zeugnissen, Gesundheitsbescheinigungen, u.Ä.m.).

356 Nach § 9 Nr. 2 AÜG sind wiederholte Befristungen des Arbeitsverhältnisses zwischen Verleiher und Leiharbeitnehmer grundsätzlich unwirksam. Eine Ausnahme ist dann möglich, wenn sich für die Befristung aus der Person des Leiharbeitnehmers ein sachlicher Grund ergibt oder die Befristung für einen Arbeitsvertrag vorgesehen ist, der unmittelbar an einen mit demselben Verleiher geschlossenen Arbeitsvertrag anschließt. Damit bestehen für die Unwirksamkeit die gleichen Tatbestandsvoraussetzungen und Ausnahmen wie für § 3 Abs. 1 Nr. 3 AÜG.

Ein sachlicher Grund in der Person des Leiharbeitnehmers liegt in der Regel nur vor, wenn der Leiharbeitnehmer aus nicht in der Sphäre des Verleihers begründeten Erwägungen auf eine Dauerstellung verzichtet. Als Tatbestände kommen die folgenden Gründe in Betracht:

- familiäre Pflichten, die nur einen zeitlich befristeten Arbeitseinsatz erlauben,
- schulische Verpflichtung und Gründe der Aus- und Fortbildung,
- Aufrechterhaltung des beruflichen Kontakts,
- gesundheitliche und altersbedingte Gründe,
- bevorstehende Ereignisse im persönlichen Bereich (z.B. Wohnortwechsel),
- Überbrückung eines Zeitraums bis zum Antritt eines neuen Dauerarbeitsverhältnisses.

(LAG Hamm, Urt. v. 8.8.1991 – 4 Sa 603/81 – LAGE Nr. 4 zu § 9 AÜG).

Auch der ausdrückliche Wunsch des Leiharbeitnehmers nach Befristung kommt in Betracht, wenn er bei Vertragsschluss in seiner Entscheidungsfreiheit nicht eingeschränkt ist. Die bloße formelhafte Angabe im Leiharbeitsvertrag, dass die Befristung auf Wunsch des Leiharbeitnehmers erfolgt ist, genügt nicht. Vielmehr müssen objektive Anhaltspunkte für seinen Wunsch vorliegen (LAG Hamm, Urt. v. 8.8.1991 – 4 Sa 603/81 – LAGE Nr. 4 zu § 9 AÜG).

Wichtig: Das Erfordernis eines sachlichen Grundes in der Person des Leiharbeitnehmers gilt auch für Leiharbeitsverhältnisse von weniger als sechs Monaten, da die Spezialvorschrift in § 9 Nr. 2 AÜG keinerlei zeitliche Begrenzung enthält (LAG Hamm, Urt. v. 8.8.1991 – 4 Sa 603/81 – LAGE Nr. 4 zu § 9 AÜG).

Trotz des Befristungsverbots ist ausnahmsweise ein Probearbeitsverhältnis zulässig, wenn ausschließlich sachliche Gründe auf Seiten des Leiharbeitnehmers dies rechtfertigen (z.b. Zweifel an der ordnungsgemäßen Betriebsorganisation des Verleihers) (LAG Hamm, Urt. v. 8.8.1991 – 4 Sa 603/81 – LAGE Nr. 4 zu § 9 AÜG).

Zur Auslegung bestimmter, im AÜG nicht erwähnter Regelungsbereiche ist auf die allgemeinen Regeln im Gesetz über Teilzeitarbeit und befristete Arbeitsverträge zurückzugreifen, da das AÜG zur Frage der Zulässigkeit, zur Beendigung und zu den sonstigen Nichtdiskriminierungsvorschriften keine Spezialregelungen beinhaltet.

4.2 Bürgerliches Gesetzbuch (BGB)

357 Die bisher von der Rechtsprechung zum **§ 620 BGB** (Rn. 409) entwickelten Anhaltspunkte über die Zulässigkeit von befristeten Arbeitsverträgen sind z.T. in § 14 Abs. 1 TzBfG eingegangen. Der in § 620 BGB neu eingefügte Absatz 3 (Art. 2 des TzBfG) bestimmt, dass für Arbeitsverträge, die auf bestimmte Zeit abgeschlossen werden, das Gesetz über Teilzeitarbeit und befristete Arbeitsverträge gilt. Insofern kann auf die entsprechenden Ausführungen zum TzBfG verwiesen werden.

Die weiteren, aufgrund von Art. 2 des Gesetzes über Teilzeitarbeit und befristete Arbeitsverträge und zur Änderung und Aufhebung arbeitsrechtlicher Bestimmungen vorgenommenen Änderungen in § 620 BGB (Ersetzung der Bezugnahme „§§ 621,622" durch „§§ 621 bis 623", Streichung der Worte „sowie der Befristung" in § 623 BGB) haben rein redaktionellen Charakter und führen zu keiner Änderung in der rechtlichen Beurteilung.

4.3 Beschäftigungsförderungsgesetz (BeschFG)

358 Durch Art. 3 des Gesetzes über Teilzeitarbeit und befristete Arbeitsverträge und zur Änderung und Aufhebung arbeitsrechtlicher Bestimmungen wird das Beschäftigungsförderungsgesetz vom 26. April 1985 i.d.F. vom 25. September 1996 (BGBl. I S. 1476) aufgehoben.

Die Bestimmungen über die Voraussetzungen für den Abschluss von befristeten Arbeitsverträgen ohne sachlichen Grund bleiben anwendbar für Arbeitsverträge, die bis zum 31.12.2000 abgeschlossen worden sind.

Dies ergibt sich sowohl aus dem Wortlaut des § 1 Abs. 1 BeschFG als auch aus der Gesetzesbegründung (vgl. Drucksache 10/3206, S. 30), denn die Befristungsregelungen stellen auf den Zeitpunkt des Abschlusses des befristeten Arbeitsvertrages ab (vgl. KR-Weller, Rn. 6 zu § 1 BeschFG 1985).

Da das Beschäftigungsförderungsgesetz nur Fragen der Zulässigkeit von befristeten Arbeitsverträgen ohne sachlichen Grund regelt, kommen mangels einer Übergangsvorschrift die folgenden Bestimmungen des Teilzeit- und Befristungsgesetzes auch bei befristeten Arbeitsverträgen zur Anwendung, die bis zum 31.12.2000 nach dem BeschFG abgeschlossen worden sind:

- Diskriminierungs- und Benachteiligungsverbot (§ 4 Abs. 2 i.V.m. § 3 Abs. 2, § 5),
- Folgen unwirksamer Befristung (§ 16),
- Anrufung des Arbeitsgerichts (§ 17),
- Information über unbefristete Arbeitsplätze (§ 18),
- Teilnahmerecht an Aus- und Weiterbildungsmaßnahmen (§ 19) und
- Information der Arbeitnehmervertretung (§ 20).

4.4 Bundeserziehungsgeldgesetz (BErzGG)

359 Als Spezialtatbestand regelt § 21 BErzGG (Rn. 410) die Zulässigkeit von befristeten Arbeitsverträgen für den Fall, dass eine Arbeitnehmerin/ein Arbeitnehmer vorübergehend die Arbeitsleistung nicht erbringen kann und deshalb eine Vertretung beschäftigt wird. Der sachliche Grund ergibt sich ausschließlich aus in § 21 Abs. 1 BErzGG genannten Gründen. Liegen diese nicht vor, so hat eine Befristung nach den allgemeinen Regeln im Gesetz über Teilzeitarbeit und befristete Arbeitsverträge zu erfolgen.

Mit Gesetz vom 12.10.2000 (BGBl I S. 1426) ist das Bundeserziehungsgeldgesetz geändert worden. Gemäß § 24 Abs. 1 BErzGG bleiben die Bestimmungen in der alten Fassung für vor dem 1. Januar 2001 geborene Kinder oder die vor diesem

4. Besondere gesetzliche Regelungen über befristete Arbeitsverträge

Zeitpunkt mit dem Ziel der Adoption in Obhut genommenen Kinder anwendbar. Die Änderungen, die für den Abschluss von befristeten Arbeitsverträgen von Bedeutung sind, wurden jeweils durch den Hinweis „ab 1.1.2001" kenntlich gemacht.

Ein **sachlicher Grund** nach § 21 Abs. 1 BErzGG liegt vor, wenn der befristete Arbeitsvertrag der Vertretung eines Arbeitnehmers dient, der abwesend ist aufgrund 360

- eines Beschäftigungsverbotes nach dem Mutterschutzgesetz,
- eines Erziehungsurlaubs (ab 1.1.2001: Elternzeit) oder
- einer Arbeitsfreistellung zur Betreuung eines Kindes aufgrund eines Tarifvertrages, einer Betriebsvereinbarung oder einer einzelvertraglichen Vereinbarung.

Ist eine der vorstehenden Voraussetzungen erfüllt, so wird das Vorliegen eines sachlichen Grundes für die Befristung unwiderleglich vermutet. Dies bedeutet, dass die strengeren Maßstäbe der allgemeinen Befristungskontrolle nicht anzuwenden sind. Insbesondere sind keine strengeren Maßstäbe im Falle der zunehmenden Dauer an den sachlichen Grund zu stellen (vgl. LAG Köln, Urt. v. 10.10.1997 – 11 Sa 308/97 – LAGE Nr. 1 zu § 21 BErzGG).

Sinkt die Gesamtzahl der aktuell eingesetzten Stammbelegschaft infolge der Inanspruchnahme von Erziehungsurlaub, so soll die befristete Beschäftigung einen Ausgleich schaffen. Hierbei kann der Arbeitseinsatz auf den vakant gewordenen oder auf einen anderen Arbeitsplatz erfolgen, der durch Umsetzung des Arbeitsplatzinhabers auf dem vakant gewordenen Arbeitsplatz frei geworden ist – mittelbare Vertretung – (vgl. LAG Köln, Urt. v. 21.10.1997 – 11 Sa 385/97 – LAGE Nr. 2 zu § 21 BErzGG). Eine zulässige mittelbare Vertretung liegt allerdings dann nicht mehr vor, wenn die Befristung auf „Vorrat" erfolgt. Die Konsequenz wäre ansonsten, dass infolge künftig zu erwartender Umsetzungen, z.B. aufgrund eventueller anderer Inanspruchnahmen von Erziehungsurlaub, auch eine Befristung möglich sein würde (vgl. LAG Köln, Urt. v. 14.1.1999 – 6 Sa 1165/98 – LAGE Nr. 3 zu § 21 BErzGG).

Die Befristung des Arbeitsverhältnisses kann für verschiedene Zeiträume abgeschlossen werden, da § 21 Abs. 1 BErzGG den Zusatz „oder für diese Zeiten zusammen oder für Teile davon" enthält. Der befristete Arbeitsvertrag kann also schon zum Zeitpunkt des Bestehens eines Beschäftigungsverbotes nach dem MuSchG auch für die Zeit des Erziehungsurlaubs (ab 1.1.2001: Elternzeit) abgeschlossen 361 werden, falls dieser schon bekannt ist. Der Abschluss kann aber auch zusätzlich über ggf. eingeräumte Zeiten eines tariflichen Betreuungsurlaubes oder nur für die jeweiligen Abwesenheitszeiten (z.B. nur für die Zeit eines Beschäftigungsverbotes nach dem Mutterschutzgesetz oder nur für die Zeit des Erziehungsurlaubs usw.) erfolgen.

Damit stellt der § 21 Abs. 1 BErzGG im Verhältnis zu den Anforderungen an den allgemeinen Befristungsgrund „Vertretung" geringere Anforderungen.

362 Im Hinblick auf die *Dauer der Befristung* hat der Gesetzgeber zwei Ausnahmen von der allgemeinen Rechtsprechung zu Befristungen festgeschrieben. Zunächst braucht der Arbeitgeber sich nicht an die tatsächliche Abwesenheit des Arbeitnehmers zu halten. Steht fest, dass der Arbeitnehmer z.b. neben dem gesetzlichen Erziehungsurlaub auch noch eine tarifliche Arbeitsfreistellung zur Betreuung des Kindes wahrnimmt, so braucht der Arbeitgeber z.B. die Vertretung nur auf die Abwesenheit auf der Grundlage des gesetzlichen Erziehungsurlaubs zu befristen. Dies ergibt sich durch die Alternative, Befristungen auf Teile oder für alle Zeiten zusammen vornehmen zu können.

Ferner kann die Befristung über die erforderliche Vertretungsdauer hinausgehen, wenn der befristet einzustellende Beschäftigte eingearbeitet werden muss. Da die Einarbeitung in unmittelbarem Zusammenhang mit dem Vertretungsgrund steht, kann die erforderliche Zeitdauer auch nur auf der Grundlage der geforderten Qualifikationen eingeschätzt werden. Eine Verlängerung wäre allerdings dann rechtsmissbräuchlich, wenn die Dauer der Einarbeitungszeit ausgedehnt wird, damit der befristet Beschäftigte so auch für andere Arbeiten eingesetzt werden kann.

363 **§ 21 Abs. 3 BErzGG** legt fest, dass die Dauer der Befristung kalendermäßig bestimmt werden oder bestimmbar sein muss. Hiermit wollte der Gesetzgeber erreichen, dass der Endzeitpunkt des befristeten Arbeitsvertrages für die Vertragspartner von Anfang an klar ist (vgl. BAG AP Nr. 1 zu § 21 BErzGG).

Wenn aber der Gesetzgeber verlangt, dass der Endzeitpunkt festgelegt wird, so richtet sich der Beendigungszeitpunkt ausschließlich nach einem bestimmten Kalenderdatum. Zweckbefristungen dergestalt, dass die Befristung „für die Dauer des Erziehungsurlaubs, längsten bis zu einem bestimmten Kalenderdatum" erfolgen soll, sind nach § 21 Abs. 3 BErzGG unzulässig (vgl. BAG AP Nr. 1 zu § 21 BErzGG).

Mögliche Einwände gegen eine rein kalendermäßige Festlegung, z.B. dergestalt, dass der Arbeitnehmer früher wieder zurückkommen

4. Besondere gesetzliche Regelungen über befristete Arbeitsverträge

kann, greifen nicht, da § 21 Abs. 4 und 5 BErzGG die Regelung enthält, dass das befristete Arbeitsverhältnis vorzeitig durch Kündigung – ohne Berücksichtigung des Kündigungsschutzgesetzes – beendet werden kann.

Der größte Einschnitt in die Schutzbestimmungen ist durch § 21 Abs. 4 und 5 BErzGG erfolgt. Damit hat der Gesetzgeber seine Zielsetzung, eine erleichterte befristete Beschäftigungsmöglichkeit zu schaffen, umgesetzt. Denn hiernach kann das befristete Arbeitsverhältnis mit einer Frist von drei Wochen auch vor dem Endzeitpunkt gemäß § 21 Abs. 3 BErzGG gekündigt werden. Das tatsächliche Ende des Erziehungsurlaubs (ab 1.1.2001: Elternzeit) ist dann der frühestmögliche Kündigungstermin. **364**

Eine Kündigung ist also unter den folgenden Voraussetzungen möglich:

- Der Arbeitnehmer kehrt vorzeitig aus dem Erziehungsurlaub (ab 1.1.2001: Elternzeit) zurück.

  und

- Die vorzeitige Rückkehr ist rechtlich ohne Zustimmung des Arbeitgebers möglich.

  oder

  Der Arbeitgeber darf die vorzeitige Beendigung der Elternzeit in den Fällen des § 16 Abs. 3 Satz 2 nicht ablehnen *(Neuregelung ab dem 1.1.2001).*

  und

- Der Arbeitnehmer hat dem Arbeitgeber die vorzeitige Rückkehr mitgeteilt.

Sind diese Voraussetzungen erfüllt, so kann der Arbeitgeber das befristete Arbeitsverhältnis vorzeitig kündigen. Auf diese Kündigung finden die Bestimmungen des Kündigungsschutzgesetzes keine Anwendung (§ 21 Abs. 5 BErzGG).

Eine Ausnahme von der Kündigungsmöglichkeit infolge einer vorzeitigen Rückkehr des Arbeitnehmers aus dem Erziehungsurlaub (ab 1.1.2001: Elternzeit) besteht dann, wenn die Arbeitsvertragsparteien gemäß § 21 Abs. 6 BErzGG auf die vorzeitige Beendigungsmöglichkeit einzelvertraglich verzichtet haben.

Unter Berücksichtigung der Regelungsinhalte der vorliegenden Spezialvorschrift kommen die folgenden allgemeinen Befristungsregelungen im Gesetz über Teilzeitarbeit und befristete Arbeitsverträge ergänzend zur Anwendung: **365**

- Diskriminierungs- und Benachteiligungsverbot (§ 4 Abs. 2 i.V.m. § 3 Abs. 2, § 5 TzBfG),
- Folgen unwirksamer Befristung (§ 16 TzBfG),
- Anrufung des Arbeitsgerichts (§ 17 TzBfG),
- Information über unbefristete Arbeitsplätze (§ 18 TzBfG),
- Teilnahmerecht an Aus- und Weiterbildungsmaßnahmen (§ 19 TzBfG) und
- Information der Arbeitnehmervertretung (§ 20 TzBfG).

Hingegen werden die allgemeinen Regelungen über die Zulässigkeit und die Beendigungsvorschriften im Gesetz über Teilzeitarbeit und befristete Arbeitsverträge von der vorstehenden Spezialvorschrift verdrängt.

4.5 Hochschulrahmengesetz (HRG)

4.5.1 Allgemeine Grundsätze

366 Die §§ 57a bis 57f HRG (Rn. 412) beinhalten Spezialregelungen für befristete Arbeitsverträge im Hochschulbereich. § 57a HRG legt den erfassten Personenkreis fest

- wissenschaftliche und künstlerische Mitarbeiter – § 53 HRG –,
- Personal mit ärztlichen Aufgaben – § 54 –,
- Lehrkräfte mit besonderen Aufgaben – § 56 –

und

- wissenschaftliche Hilfskräfte.

Nach Auffassung des BAG unterscheiden sich wissenschaftliche Mitarbeiter von wissenschaftlichen Hilfskräften hinsichtlich der Dienstaufgaben nicht wesentlich. Deshalb kommt als Unterscheidungsmerkmal nur die unterschiedliche Arbeitszeit in Betracht. So liegt eine Tätigkeit einer wissenschaftlichen Hilfskraft dann vor, wenn sie quasi nebenberuflich erfolgt – also mit weniger als der Hälfte der regelmäßigen wöchentlichen Arbeitszeit eines Vollzeitbeschäftigten ausgeübt wird (vgl. BAG, Urt. v. 20.9.1995 – 7 AZR 78/95 – AP Nr. 2 zu § 57c HRG).

§ 57b HRG bestimmt den sachlichen Grund für die Befristung. Die Dauer der Befristung wird in § 57c HRG geregelt. § 57d HRG beinhaltet eine Kündigungsregelung bei Wegfall von Mitteln Dritter. Gemäß § 57e HRG gelten die § 57a Satz 2 und die §§ 57b bis 57d auch für sog. Privatdienstverträge. § 57f regelt die erstmalige Anwendung der §§ 57a bis 57e HRG.

Nach § 57a Satz 2 HRG sind arbeitsrechtliche Vorschriften und Grundsätze über befristete Arbeitsverträge nur insoweit anzuwenden, als sie den Vorschriften dieses Gesetzes nicht widersprechen. In Verbindung mit § 23 TzBfG wird dieser Grundsatz bestätigt. Ferner hat der Gesetzgeber mit dieser Formulierung auch die Anwendbarkeit abweichender tarifvertraglicher Regelungen ausgeschlossen.

§ 57b HRG regelt die Modalitäten für das Erfordernis eines sachlichen Grundes für die Befristung. Abs. 1 bestimmt zunächst, dass ein sachlicher Grund für die Befristung vorliegen muss, es sei denn, dass es keines sachlichen Grundes für die Befristung bedarf. Dieser Bezug dient zur Verdeutlichung, dass die in den Abs. 2 bis 4 geregelten Tatbestände als sachlicher Grund für eine Befristung angesehen werden. **367**

Für die einzelnen in § 57a Satz 1 HRG aufgeführten Personengruppen sind die Befristungsregelungen vom Gesetzgeber unterschiedlich geregelt worden. Allen Befristungsregelungen nach den §§ 57b bis 57e HRG ist das Erfordernis gemeinsam, dass der Grund für die Befristung im Arbeitsvertrag anzugeben ist. Erfolgt dies nicht, so kann sich der Arbeitgeber nicht auf die Befristungsgründe nach § 57b Abs. 2 bis 4 berufen (§ 57b Abs. 5). Hingegen sind genauere inhaltliche Angaben – wie etwa eine genauere Beschreibung der Art der Mittel oder ihre genaue Herkunft – nicht erforderlich (vgl. BAG, Urt. v. 31.1.1990 – 7 AZR 125/89 – AP Nr. 1 zu § 57b HRG).

4.5.2 Einzelne Befristungstatbestände (§ 57b Abs. 2)

Nach **§ 57b Abs. 2** HRG liegen bei wissenschaftlichen oder künstlerischen Mitarbeitern nach § 53 HRG und bei Personal mit ärztlichen Aufgaben nach § 54 HRG sachliche Gründe für eine Befristung vor, wenn die in den Nr. 1 bis 5 aufgeführten Tatbestände vorliegen. **368**

Diese Aufzählung hat der Gesetzgeber durch den Zusatz „auch" nicht abschließend formuliert, so dass weitere sachliche Gründe in Betracht kommen können, die dann allerdings nicht von den §§ 57b ff. HRG erfasst werden (vgl. BAG, Urt. v. 13.4.1994 – 7 AZR 551/93 – AP Nr. 1 zu § 57c HRG).

Nach **§ 57b Abs. 2 Nr. 1 HRG** ist eine Befristung zulässig, wenn die zu erledigenden wissenschaftlichen Dienstleistungen auch der Weiterbildung zum wissenschaftlichen oder künstlerischen Nachwuchs oder der beruflichen Aus-, Fort- oder Weiterbildung dienen. Damit hat der Gesetzgeber zwei Alternativen aufgeführt. **369**

Die erste Alternative betrifft die Weiterbildung für eine Tätigkeit innerhalb der Hochschule.

Die zweite Alternative zielt auf eine spätere Berufstätigkeit außerhalb der Hochschule ab. In diesem Rahmen braucht keine formelle Qualifikation (z.B. Promotion) angestrebt zu werden (vgl. BAG, Urt. v. 25.8.1999 – 7 AZR 23/98 – AP Nr. 23 zu § 57b HRG).

Hierbei ist erforderlich, dass zwischen der Dienstleistung und dem Qualifikationszweck ein enger sachlicher Zusammenhang besteht, da im Rahmen der ersten Alternative der Befristungsgrund mit Erlangung der formellen Qualifikation abgeschlossen ist und ein weiterer befristeter Arbeitsvertrag kaum einer weiteren Qualifizierung als Nachwuchswissenschaftler dienen kann (vgl. BAG, Urt. v. 4.12.1996 – 7 AZR 205/96 – AP Nr. 12 zu § 57b HRG).

Im Rahmen der zweiten Alternative genügt ein allgemeiner Weiterbildungseffekt aber nicht. Vielmehr bedarf es konkreter Vorstellungen über eine nach Ablauf der Befristung auszuübende Berufstätigkeit.

Erfolgt die befristete Beschäftigung für einen Mitarbeiter mit höherem Lebensalter, so müssen die zukünftigen Berufsperspektiven ausführlicher dargelegt werden (vgl. BAG, Urt. v. 4.12.1996 – 7 AZR 205/96 – AP Nr. 12 zu § 57b HRG).

Ergänzend bestimmt § 57b Abs. 6 HRG, dass der erstmalige Abschluss eines befristeten Arbeitsvertrages nicht später als vier Jahre nach der letzten Hochschulprüfung oder der Staatsprüfung des wissenschaftlichen oder künstlerischen Mitarbeiters erfolgen soll.

370 Mit dem Befristungstatbestand in **§ 57b Abs. 2 Nr. 2 HRG** (Mitarbeiter wird aus Haushaltsmitteln vergütet, die für eine befristete Beschäftigung bestimmt sind) erleichtert der Gesetzgeber die Befristung gegenüber der allgemeinen Befristungskontrolle gemäß § 620 BGB (jetzt: § 14 Abs. 1 TzBfG). Es genügt, wenn der Haushaltsgeber mit der Anordnung der Mittelverwendung für befristete Beschäftigung eine konkrete nachvollziehbare Zwecksetzung trifft und der Arbeitnehmer entsprechend dieser Zweckbindung eingestellt und beschäftigt wird und seine Vergütung zu Lasten dieser Mittel erfolgt. Eine Festlegung im Hinblick auf konkret einzurichtende Stellen ist dabei nicht erforderlich (vgl. BAG, Urt. v. 24.1.1996 – 7 AZR 942/95 – AP Nr. 7 zu § 57b HRG).

371 **§ 57b Abs. 2 Nr. 3 HRG** regelt die Befristung eines Arbeitsverhältnisses, wenn der Mitarbeiter besondere Kenntnisse und Erfahrungen in der Lehre, der Forschungsarbeit oder in der künstlerischen Betätigung erwerben oder vorübergehend einbringen soll. Auch hier hat der Gesetzgeber zwei Alternativen von Befristungsgründen geschaffen.

Sinn der ersten Alternative ist der Wissenstransfer in Bereiche außerhalb des bisherigen Arbeitsbereichs der Hochschule nach entsprechendem Erwerb besonderer Kenntnisse und Erfahrungen. Die zweite Alternative setzt dagegen voraus, dass der Mitarbeiter bereits außerhalb der Hochschule oder in einer anderen Hochschule besondere Erfahrungen und Kenntnisse gesammelt hat, die er in die Forschungsarbeit der Hochschule einbringen kann (vgl. BAG, Urt. v. 23.2.2000 – 7 AZR 825/98 – AP Nr. 26 zu § 57b HRG). Das BAG verlangt hierbei, dass neben dem Erwerb oder der Nutzbarmachung von besonderen Kenntnissen ein durch Personalaustausch stattfindender Wissenstransfer zwischen Bereichen innerhalb und außerhalb der Hochschule einerseits oder von einem Fachgebiet der Hochschule in einen anderen Arbeitsbereich der Hochschule erfolgt (vgl. BAG, Urt. v. 23.2.2000 – 7 AZR 825/98 – AP Nr. 26 zu § 57b HRG). Demzufolge rechtfertigt ein allgemeiner Wissensaustausch einen befristeten Arbeitsvertrag nicht.

Auch die Drittmittelfinanzierung kann einen sachlichen Grund für die Befristung darstellen (**§ 57b Abs. 2 Nr. 4 HRG**). Drittmittel sind hierbei Mittel, die Forschungseinrichtungen oder einzelnen Wissenschaftlern in diesen Einrichtungen über die von den Unterhaltsträgern zur Verfügung gestellten laufenden Haushaltsmitteln und Investitionen hinaus zufließen (vgl. BAG, Urt. v. 15.1.1997 – 7 AZR 158/96 – AP Nr. 14 zu § 57b HRG). Demnach sind Drittmittel bei Hochschulen auch Mittel des Hochschulträgers (z.B. Lotto-Mittel), die den Hochschulen außerhalb der ordentlichen Haushaltstitel zur Verfügung gestellt werden (vgl. BAG, Urt. v. 31.1.1990 – 7 AZR 125/89 – AP Nr. 1 zu § 57b HRG). Nicht zu den Drittmitteln gehören Mittel für Arbeitsbeschaffungsmaßnahmen nach den §§ 91 bis 96 AFG (jetzt: §§ 260 ff. SGB III), da sie der Förderung einzelner Mitarbeiter dienen und nicht der Förderung eines Forschungsprojekts oder einer Forschungseinrichtung (vgl. BAG, Urt. v. 13.4.1994 – 7 AZR 551/93 – AP Nr. 1 zu § 57c HRG).

Die Drittmittelfinanzierung muss die überwiegende Finanzierungsgrundlage darstellen. Sie kann auch durch verschiedene Drittmittelgeber erfolgen. Die Voraussetzung ist ferner erfüllt, wenn bei Vertragsabschluss mit hinreichender Sicherheit davon ausgegangen werden konnte, dass die Vergütung des wissenschaftlichen Mitarbeiters nur für einen geringeren Teil der vereinbarten Vertragsdauer aus laufenden Haushaltsmitteln erbracht werden muss (vgl. BAG, Urt. v. 22.11.1995 – 7 AZR 248/95 – AP Nr. 8 zu § 57b HRG).

Der Mitarbeiter muss allerdings mit Tätigkeiten beschäftigt werden, die der Zweckbestimmung dieser Mittel entsprechen. Hierbei kann die Zweckbestimmung auch vom Hochschulangehörigen festgelegt werden, wenn etwa Restbestände aus abgeschlossenen Drittmittelprojekten, die vom Drittmittelgeber nicht zurückverlangt werden, für andere Forschungsprojekte eingesetzt werden (vgl. BAG, Urt. v. 15.1.1997 – 7 AZR 158/96 – AP Nr. 14 zu § 57b HRG).

Die Zweckbestimmung der Drittmittel verlangt keine ausschließliche oder nahezu ausschließliche Tätigkeit in dem geförderten Projekt. Da der Befristungstatbestand nur verhindern soll, dass die Drittmittelfinanzierung nur vorgeschoben ist und die Interessen des Drittmittelgebers nicht beeinträchtigt werden sollen, genügt es, wenn die Beschäftigung mit diesen Interessen und Erwartungen in Einklang steht. Hierbei sind Zweckbestimmung und die vom Drittmittelgeber erkennbaren Tätigkeitsverhältnisse im beauftragten Hochschulinstitut zu berücksichtigen. Der Zweckbestimmung wird mithin Genüge getan, wenn der Einsatz für das Drittmittelprojekt der Gesamttätigkeit deutlich das Gepräge gibt (vgl. BAG, Urt. v. 15.4.1999 – 7 AZR 645/97 – AP Nr. 18 zu § 57b HRG).

Der Zweckbestimmung im Sinne von § 57b Abs. 2 Nr. 4 HRG widerspricht es, die Vorschrift auch außerhalb von Forschungsvorhaben pauschal anzuwenden, da Hochschulen zur Erfüllung ihrer sonstigen, durch § 2 HRG vorgegebenen Aufgaben ohnehin eigenes Personal einstellen und aus Haushaltsmitteln oder sonstigen Einnahmen finanzieren müssen (vgl. BAG, Urt. v. 25.8.1999 – 7 AZR 760/97 – AP Nr. 19 zu § 57b HRG). Vorliegend verneinte das BAG den Befristungsgrund nach § 57b Abs. 2 Nr. 4 HRG bei einem Einsatz für ein Weiterbildungsprogramm an der Hochschule, das über Teilnahmegebühren finanziert wird. Die Einnahmen wurden in den Haushalt eingestellt, Überschüsse anderweitig verwendet.

373 Nach **§ 57b Abs. 2 Nr. 5 HRG** bedarf es keines Befristungsgrundes bei der erstmaligen Einstellung eines wissenschaftlichen oder künstlerischen Mitarbeiters (*nicht Personal mit ärztlichen Aufgaben*).

Ergänzend bestimmt § 57b Abs. 6 HRG, dass der erstmalige Abschluss eines befristeten Arbeitsvertrages nicht später als vier Jahre nach der letzten Hochschulprüfung oder der Staatsprüfung des wissenschaftlichen oder künstlerischen Mitarbeiters erfolgen soll.

374 **§ 57b Abs. 3 HRG** bestimmt, dass die Befristungsgründe nach § 57b Abs. 2 HRG auch für einen befristeten Arbeitsvertrag mit einer **Lehrkraft für besondere Aufgaben im Sinne von § 56 HRG** gelten. Diese Befristungsregelung ist anlässlich der EuGH-Rechtsprechung (Urt. v. 20.10.1993 – Rs C-272/92 (Spotti) – AP Nr. 17 zu Art. 48 EWG-Vertrag und Urteile vom 2.8.1993 – Rs C-259/91, 331/91 und 332/91) und der anschließend hierzu ergangenen BAG-Rechtsprechung (Urt. v. 20.9.1995 – 7 AZR 70/95 – AP Nr. 4 zu § 57b HRG; Urt. v. 24.4.1996 – 7 AZR 605/95 – AP Nr. 9 zu § 57b

HRG; Urt. v. 12.2.1997 – 7 AZR 133/96 – AP Nr. 13 zu § 57b HRG) neu in das HRG aufgenommen worden. Sowohl in den vorstehenden Entscheidungen als auch in den nachfolgenden Rechtsstreitigkeiten stellte das BAG klar (Urt. v. 25.2.1998 – 7 AZR 31/97 – AP Nr. 15 zu § 57b HRG), dass § 57b Abs. 3 HRG a.F. nicht mit Art. 48 Abs. 2 EWG-Vertrag (jetzt: Art. 39 Abs. 2 EG-Vertrag) vereinbar gewesen ist, weil die unterschiedlichen Anforderungen an den Befristungsgrund bei Lektoren gegenüber den sonstigen Lehrkräften mit besonderen Aufgaben zu einer Ungleichbehandlung führen, die geeignet ist, ausländische Staatsangehörige zu diskriminieren. In zwei weiteren Entscheidungen (Urt. v. 22.3.2000 – 7 AZR 225/98 (A) – AP Nr. 25 zu § 57b HRG; Urt. v. 22.3.2000 – 7 AZR 226/98 – AP Nr. 24 zu § 57b HRG) stellte das BAG fest, dass die mögliche Diskriminierung durch § 57b Abs. 3 HRG a.F. auch wegen der Assoziierungsabkommen zwischen der Türkei/EWG und der Europäischen Union mit Polen rechtswidrig ist.

Nach Auffassung des BAG (Urt. v. 20.9.1995 – 7 AZR 70/95 – AP Nr. 4 zu § 57b HRG) unterscheidet sich die Tätigkeit einer Lehrkraft für besondere Aufgaben i.S. von § 56 HRG (Tätigkeit in Studiengängen, bei denen die Vermittlung von praktischen Fähigkeiten und Kenntnissen umfangreicher ist als die wissenschaftliche Ausbildung) von der einer fremdsprachlichen Lehrkraft – Lektor – (Vermittlung praktischer Fertigkeiten und Kenntnisse in Fremdsprachen durch selbständige Wahrnehmung von Lehrveranstaltungen oder durch unterstützende Beschäftigung bei Lehrveranstaltungen). Deshalb können für die Auslegung der neuen Fassung des § 57b Abs. 3 HRG keine Anhaltspunkte aus den Entscheidungen zur alten Fassung abgeleitet werden.

Im Hinblick auf wissenschaftliche Hilfskräfte bestimmt **§ 57b Abs. 4 HRG**, dass die Befristungstatbestände des § 57b Abs. 2 Nr. 1, 2 und 4 HRG entsprechend anzuwenden sind (vgl. hierzu die Ausführungen unter Rn. 368). 375

4.5.3 Regelungen über die Befristungsdauer (§ 57c HRG)

§ 57c HRG enthält eine Ausschließlichkeitsregelung, die keinen Raum für weitergehende – abweichende – landesrechtliche Bestimmungen lässt (vgl. BAG, Urt. v. 14.2.1996 – 7 AZR 613/95 – AP Nr. 4 zu § 57c HRG). 376

Die Befristungsdauer soll sich in den Fällen des § 57b Abs. 2 bis 4 (im Rahmen der Bestimmungen der Absätze 2 bis 6 des § 57c HRG) ausschließlich nach der vertraglichen Vereinbarung richten. Deshalb kommt es nur darauf an, ob ein sachlicher Grund für die Befristung gemäß § 57b Abs. 2 bis 4 HRG vorliegt. Die Dauer der Befristung bedarf ihrerseits keines sachlichen Grundes. Vom Arbeitgeber wird also keine Prognose verlangt, wie lange sachliche Gründe für die Befristung vorliegen werden. Der erforderliche Schutz wird mit der vorgeschriebenen Höchstdauer erreicht (vgl. BAG, Urt. v. 13.4.1994 – 7 AZR 551/93 – AP Nr. 1 zu § 57c HRG).

Die Befristung muss kalendermäßig bestimmt oder bestimmbar sein. Kalendermäßig bestimmt ist die Dauer dann, wenn der Vertragsbeginn und das Vertragsende durch ein Kalenderdatum festgelegt werden.

Eine kalendermäßige Bestimmbarkeit liegt beispielsweise vor, wenn die Vertragsbeendigung allgemein auf das Ende des Semesters bezogen wird. Die Nichteinhaltung solcher Voraussetzungen führt zur Entfristung des befristeten Arbeitsvertrages.

Innerhalb des Rahmens der Absätze 2 bis 6 hat der Gesetzgeber für die verschiedenen von § 57a erfassten Personengruppen unterschiedliche Regelungen über die Befristungsdauer festgelegt. Innerhalb der jeweiligen Höchstgrenzen können die Vertragsparteien mehrere Befristungen mit unterschiedlicher Dauer abschließen (vgl. auch H. Walter, Rn. 1 zu § 57c HRG).

377 Bei **wissenschaftlichen** oder **künstlerischen** Mitarbeitern (§ 53 HRG) beträgt die Befristungshöchstdauer eines Arbeitsvertrages bei den Befristungstatbeständen des § 57b Abs. 2 Nr. 1 (Dienstleistungen mit qualifizierendem Zweck), Nr. 2 (befristete Haushaltsmittel), Nr. 3 (Erwerbung oder Einbringung von besonderen Erfahrungen oder Kenntnissen) und Nr. 4 (Drittmittel) nach **§ 57c Abs. 2 Satz 1 HRG** grundsätzlich fünf Jahre. Nach Satz 2 dürfen mehrere befristete Arbeitsverträge bei derselben Hochschule diese Höchstgrenze nicht überschreiten. Allerdings lässt das Gesetz bei der Berechnung der Befristungshöchstdauer mehrere Ausnahmen zu (vgl. Rn. 380 ff.).

Demgegenüber können aber Zeiten berücksichtigt werden, die zwar arbeitsvertraglich nicht auf § 57b Abs. 2 Nr. 1 bis 4 HRG gestützt sind, wohl aber hätten gestützt werden können (vgl. BAG, Urt. v. 14.12.1994 – 7 AZR 342/94 – AP Nr. 3 zu § 57b HRG; BAG, Urt. v. 20.10.1999 – 7 AZR 739/98 – AP Nr. 22 zu § 57b HRG), da ansonsten durch Außerachtlassung der Angabe des Befristungsgrundes eine Umgehung der Befristungshöchstgrenze stattfinden könnte.

378 Bei Berechnung der Befristungshöchstdauer ist zunächst zu berücksichtigen, dass sie sich nur auf Beschäftigungsverhältnisse bei derselben Hochschule bezieht. Die gleichen Befristungstatbestände im Rahmen einer neuen Befristungshöchstgrenze können bei Beschäftigungsverhältnissen an einer anderen Hochschule also wieder neu aufleben.

4. Besondere gesetzliche Regelungen über befristete Arbeitsverträge

Ferner ist zu beachten, dass § 57c Abs. 2 Satz 2 HRG keine wissenschaftlichen Hilfskräfte (§ 57b Abs. 4 HRG) aufführt, so dass Zeiten einer Beschäftigung als wissenschaftliche Hilfskraft nicht in die Höchstbefristungsdauer eingerechnet werden (vgl. BAG, Urt. v. 20.9.1995 – 7 AZR 78/95 – AP Nr. 2 zu § 57c HRG).

Schließlich unterliegen sog. ABM-Verträge nicht der Anrechnungsvorschrift bezüglich der Befristungshöchstdauer, da für die Anrechnung eben nur die Tatbestände nach § 57b Abs. 2 Nr. 1 bis 4 HRG in Betracht kommen und Mittel für Arbeitsbeschaffungsmaßnahmen (ABM-Mittel) keine Drittmittel i.S.v. § 57b Abs. 2 Nr. 4 sind (vgl. BAG, Urt. v. 13.4.1994 – 7 AZR 551/93 – AP Nr. 1 zu § 57c HRG).

Eine Sonderregelung für befristete Arbeitsverträge mit einem wissenschaftlichen oder künstlerischen Mitarbeiter beinhaltet **§ 57c Abs. 2 Satz 3 HRG i.V.m. § 57b Abs. 2 Nr. 5 HRG**. Danach kann auch ohne Vorliegen der Befristungstatbestände des § 57b Abs. 2 Nr. 1 bis 4 HRG für eine Dauer von zwei Jahren ein erstmaliger befristeter Arbeitsvertrag geschlossen werden. Im Anschluss an diese erstmalige Befristung kann ein weiterer oder können mehrere weitere, befristete Arbeitsverträge folgen. Die Befristungshöchstdauer von fünf Jahren darf dabei nicht überschritten werden, wobei aber keine Anrechnung der vorangegangenen zweijährigen erstmaligen Befristung stattfindet. **379**

Sowohl von der Befristungshöchstdauer als auch von der Anzahl der Befristungen innerhalb dieser Höchstdauer lässt der Gesetzgeber weitere Ausnahmen zu: **380**

Sog. Vorzeiten – befristete Arbeitsverträge mit den Befristungstatbeständen des § 57b Abs. 2 Nr. 1 bis 4 HRG – werden nicht auf die aktuelle Befristungshöchstdauer angerechnet, wenn dem befristet Beschäftigten während dieser Zeiten (innerhalb oder außerhalb der Arbeitszeit) Gelegenheit zur Vorbereitung auf eine Promotion gegeben worden ist **(§ 57c Abs. 3 HRG)**.

Die Voraussetzung „Gelegenheit zur Vorbereitung einer Promotion" ist nur dann erfüllt, wenn sie

- vertraglich vereinbart und
- die Promotion Bestandteil der Dienstaufgabe ist (Freistellung von Dienstaufgaben während der Arbeitszeit).

Diese Anforderung wird nicht erfüllt, wenn der Mitarbeiter außerhalb der Dienstaufgabe Geräte und Räumlichkeiten u.Ä.m. nutzen kann (vgl. BAG, Urt. v. 20.11.1995 – 7 AZR 184/95 – AP Nr. 3 zu § 57c HRG).

Nach Auffassung des BAG lässt der Wortlaut des § 57c Abs. 3 HRG nicht erkennen, dass eine zeitliche Unterbrechung zwischen befristeten Arbeitsverträgen mit Gelegenheit zur Promotion und allgemeinen befristeten Verträgen nach § 57b HRG anrechnungshemmend sein soll. Die Anrechnungsvorschrift stellt laut BAG nicht auf die zeitliche Lage der Vertragszeiten zueinander, sondern allein darauf ab, ob die Zeiten an derselben Hochschule abgeleistet werden (vgl. BAG, Urt. v. 5.4.2000 – 7 AZR 392/99 – AP Nr. 6 zu § 57c HRG). Ausschlaggebend für die Nichtanrechnung ist demnach allein, dass Gelegenheit zur Promotion gegeben wird.

381 Ferner sind gemäß **§ 57c Abs. 6** im Einverständnis mit dem Mitarbeiter die folgenden Zeiten nicht auf die Befristungsdauer des jeweiligen Arbeitsvertrages nach den Befristungstatbeständen des § 57b Abs. 2 Nr. 1 bis Nr. 4 HRG anzurechnen (erstmalige Geltung für Verträge ab dem 22.12.1990 gem. § 57f Satz 2 HRG):

- Zeiten einer Beurlaubung oder einer Ermäßigung der Arbeitszeit um mindestens ein Fünftel der regelmäßigen Arbeitszeit für die Dauer von höchstens zwei Jahren, die für die Betreuung oder Pflege eines Kindes unter 18 Jahren oder eines pflegebedürftigen Angehörigen gewährt worden sind;

- Zeiten einer Beurlaubung von höchsten zwei Jahren für eine wissenschaftliche Tätigkeit oder eine außerhalb des Hochschulbereichs oder im Ausland durchgeführte wissenschaftliche oder berufliche Aus-, Fort- oder Weiterbildung;

- Zeiten einer Beurlaubung nach dem BErzGG und Zeiten eines Beschäftigungsverbots nach den §§ 3, 4, 6 und 8 MuSchG, soweit eine Beschäftigung, unbeschadet einer zulässigen Teilzeitbeschäftigung, nicht erfolgt ist;

- Zeiten des Grundwehr- und Zivildienstes und

- Zeiten einer Freistellung zur Wahrnehmung von Aufgaben in einer Personal- oder Schwerbehindertenvertretung oder Aufgaben der Frauenförderung, soweit die Freistellung mindestens ein Fünftel der regelmäßigen Arbeitszeit beträgt und die Dauer von zwei Jahren nicht überschreitet.

Liegen die Voraussetzungen vor, dann kann der betroffene Arbeitnehmer den Abschluss eines weiteren Zeitvertrages verlangen, dessen Dauer dem zulässigen Unterbrechungs- bzw. Nichtanrechnungszeitraum entspricht (vgl. BAG, Urt. v. 3.3.1999 – 7 AZR 672/99 – AP Nr. 5 zu § 57c HRG).

382 Damit hat der Gesetzgeber für wissenschaftliches und künstlerisches Personal weitgehende zusätzliche Befristungsmöglichkeiten eröffnet, die sich durch die Aneinanderreihung verschiedener Tatbestände auf bis zu 15 Jahre summieren können.

4. Besondere gesetzliche Regelungen über befristete Arbeitsverträge

Beispiel:

(1)	Erstmalige Befristung (§ 57c Abs. 2 Satz 3)	2 Jahre
(2)	Verlängerung der erstmaligen Befristung um zwei Jahre, da gemäß § 57c Abs. 6 Nr. 1 eine Arbeitszeitermäßigung um 1/5 stattfindet	2 Jahre
(3)	Promotionszeit (§ 57c Abs. 3 i.V.m. § 57b Abs. 2 Nr. 1)	2 Jahre
(3)	Befristung über 2 Jahre (§ 57c Abs. 2 Satz 1 i.V.m. § 57b Abs. 2 Nr. 2)	2 Jahre
(4)	Verlängerung der Befristung um zwei Jahre, da gemäß § 57c Abs. 6 Nr. 1 eine Arbeitszeitermäßigung um 1/5 stattfindet	2 Jahre
(5)	Befristung über 2 Jahre (§ 57c Abs. 2 Satz 1 i.V.m. § 57b Abs. 2 Nr. 4)	2 Jahre
(6)	Verlängerung der Befristung um zwei Jahre, da gemäß § 57c Abs. 6 Nr. 5 eine Freistellung für Personalratsarbeit im Umfang von 1/5 vorliegt	2 Jahre
(7)	Letztmalige Befristung um ein Jahr	1 Jahr

Wird ferner berücksichtigt, dass sich die Befristungshöchstgrenzen gemäß § 57c Abs. 2 Satz 2 HRG nur auf befristete Arbeitsverträge mit derselben Hochschule beziehen, so könnte (siehe vorstehendes Beispiel) eine noch längere Zeit mit weiteren befristeten Arbeitsverträgen auf der Grundlage des HRG möglich sein, wenn zwischenzeitlich ein Hochschulwechsel vorgenommen worden ist.

Bei einer **Lehrkraft für besondere Aufgaben** (§ 56) beträgt die Befristung höchsten fünf Jahre. Diese Höchstgrenze kann durch einen oder mehrere Arbeitsverträge ausgefüllt werden. Allerdings können auch hier gemäß § 57c Abs. 6 HRG (vgl. oben unter Rn. 381) Zeiten unberücksichtigt bleiben. **383**

Für eine **wissenschaftliche Hilfskraft** bestimmt § 57c Abs. 5 HRG, dass die Befristungshöchstdauer 4 Jahre beträgt. Diese Höchstgrenze darf nicht durch mehrere befristete Verträge bei derselben Hochschule überschritten werden. Allerdings bleiben Zeiten eines befristeten Arbeitsvertrages als wissenschaftliche Hilfskraft, die vor dem Abschluss des Studiums liegen, unberücksichtigt. **384**

Ferner können auch hier gemäß § 57c Abs. 6 HRG (vgl. oben unter Rn. 381) Zeiten unberücksichtigt bleiben.

Für **Personal mit ärztlichen Aufgaben** (§ 54 HRG), das sich in einer zeitlich und inhaltlich strukturierten Weiterbildung zum Fach- **385** arzt oder zum Erwerb einer Zusatzbezeichnung befindet, kommen zunächst die Vorschriften des § 57c Abs. 2 Satz 1 und 2 HRG über die Befristungshöchstdauer zur Anwendung. Als Befristungstatbestand ist hierbei nur § 57b Abs. 2 Nr. 1 HRG zu beachten (vgl. auch unter Rn. 381), da sich diese Regelung der Befristungsdauer auf einen speziellen Zweck, nämlich die Weiterbildung des Personals mit ärztlichen Aufgaben bezieht.

Unberührt bleiben aber die Befristungsmöglichkeiten, wenn sich das Personal nicht in der Weiterbildung zum Facharzt oder zum Erwerb einer Zusatzbezeichnung befindet, sondern z.B. wie das übrige wissenschaftliche Personal eingesetzt wird.

Von der für die vorstehende spezielle Weiterbildung in § 57c Abs. 2 HRG vorgesehenen Befristungshöchstdauer kann in den folgenden Fällen eine Ausnahme gemacht werden:

- Für den Erwerb der Anerkennung als Facharzt oder der Zusatzbezeichnung reicht die Zeit von fünf Jahren nicht aus (§ 57c Abs. 4 Satz 1 Halbsatz 3 HRG).
- Für den Erwerb einer Anerkennung für einen Schwerpunkt oder um für die Weiterbildung zum Facharzt anschließend eine Zusatzbezeichnung, einen Fachkundenachweis oder eine Bescheinigung über eine fakultative Weiterbildung zu erlangen (§ 57c Abs. 4 Satz 2 HRG) reicht die Zeit von fünf Jahren nicht aus.

In beiden Fällen kann die Fünfjahresfrist jeweils um bis zu drei Jahre überschritten werden. § 57c Abs. 4 Satz 3 HRG bestimmt zudem, dass die jeweiligen Höchstgrenzen auch bei mehreren befristeten Arbeitsverträgen mit derselben Hochschule beachtet werden müssen.

Ferner können auch hier gemäß § 57c Abs. 6 HRG (vgl. Rn. 381) Zeiten unberücksichtigt bleiben.

386 Eine Sonderform der Beschäftigung regelt § 57e HRG. Danach gelten die §§ 57a Satz 2 und die §§ 57b bis 57d HRG entsprechend für befristete Arbeitsverträge, die ein Mitglied der Hochschule, das Aufgaben seiner Hochschule selbständig wahrnimmt, mit einem Mitarbeiter abschließt. Dieser Vertrag muss der Unterstützung des Hochschulmitglieds bei der Erfüllung seiner Aufgaben dienen und die Mitarbeitervergütung muss aus Drittmitteln erfolgen (sog. **Privatdienstverträge**). Da § 57e HRG nicht § 57a Satz 1 einbezieht, muss es sich bei dem betreffenden Personenkreis, der hier mittels eines befristeten Arbeitsvertrages tätig ist, weder um wissenschaftliche oder künstlerische Mitarbeiter, Personal mit ärztlichen Aufgaben, eine Lehrkraft mit besonderen Aufgaben, noch um eine wissenschaftliche Hilfskraft handeln.

4. Besondere gesetzliche Regelungen über befristete Arbeitsverträge

Zwar weist der Gesetzgeber pauschal auf die §§ 57b bis 57d HRG hin. In Betracht kommt aufgrund der Spezialregelung aber nur der Befristungstatbestand in § 57b Abs. 2 Nr. 4 HRG. Mithin sind die §§ 57c (Befristungshöchstdauer) u. 57d (Beendigungsregelungen) HRG in diesem Zusammenhang bezogen auf § 57b Abs. 2 Nr. 4 nur entsprechend heranzuziehen.

4.5.4 Beendigungsregelungen (§ 57d HRG)

Nach § 57d kann ein befristetes Arbeitsverhältnis beim Befristungstatbestand des § 57b Abs. 2 Nr. 4 HRG (Drittmittelfinanzierung) ohne dass es einer vertraglichen Kündigungsregelung bedarf, frühestens zum Zeitpunkt des Wegfalls der Drittmittel gekündigt werden, wenn feststeht, dass die Drittmittel wegfallen werden. Dies ist dem betroffenen Mitarbeiter unverzüglich mitzuteilen. Hierbei ist die Kündigungsfrist (gesetzliche) einzuhalten. Sollte der Wegfall der Drittmittel so vorzeitig erfolgen, dass die Kündigungsfristen nicht mehr eingehalten werden können, so ist trotz fehlender Drittmittel das befristete Arbeitsverhältnis bis zum Ende der jeweiligen Kündigungsfrist fortzusetzen. 387

In Verbindung mit § 57b Abs. 4 und § 57b Abs. 2 Nr. 4 HRG gelten die vorstehenden Regelungen auch für wissenschaftliche Hilfskräfte, deren befristetes Arbeitsverhältnis über Drittmittel finanziert wird.

4.5.5 Zusammenfassung

Da die Befristungsbestimmungen im Hochschulrahmengesetz sich vor allem auf die Zulässigkeitsmodalitäten, die Befristungshöchstdauer und auf die Beendigungsvorschriften beim Wegfall von Drittmitteln beziehen, sind die folgenden Regelungen im Gesetz über Teilzeitarbeit und befristete Arbeitsverträge auch für befristete Arbeitsverträge nach dem HRG anzuwenden: 388

- Diskriminierungs- und Benachteiligungsverbot (§ 4 Abs. 2 i.V.m. § 3 Abs. 2, § 5 TzBfG),
- Beendigungsregelungen (§ 15 TzBfG) – mit Ausnahme des Wegfalls bei Drittmitteln,
- Folgen unwirksamer Befristung (§ 16 TzBfG),
- Anrufung des Arbeitsgerichts (§ 17 TzBfG),

- Information über unbefristete Arbeitsplätze (§ 18 TzBfG),
- Aus- und Weiterbildung (§ 19 TzBfG) und
- Information der Arbeitnehmervertretung (§ 20 TzBfG).

4.6 Gesetz über befristete Arbeitsverträge mit wissenschaftlichem Personal an Forschungseinrichtungen

389 Nach § 1 gelten für den Abschluss von befristeten Arbeitsverträgen mit wissenschaftlichem Personal und mit Personal mit ärztlichen Aufgaben an staatlichen Forschungseinrichtungen sowie an überwiegend staatlich oder auf der Grundlage von Artikel 91b des Grundgesetzes finanzierten Forschungseinrichtungen die §§ 57a Satz 2, 57b bis 57f des Hochschulrahmengesetzes entsprechend. Deshalb kann auf die obigen Ausführungen unter den Rn. 366 ff. verwiesen werden.

Unter staatlichen Forschungseinrichtungen werden Einrichtungen, Betriebe, Gesellschaften u.Ä. verstanden, die z.B. vom Bund oder den Ländern in besonderer Rechtsform betrieben werden.

Bei überwiegend staatlich finanzierten Forschungseinrichtungen stellen staatliche Stellen Dritten Mittel zur Erledigung von Forschungsaufgaben zur Verfügung. Ihr Anteil muss nur die überwiegende Finanzierung der Forschungseinrichtungen sicherstellen. Eine vollständige Förderung einzelner Projekte im Rahmen der Erledigung der Gesamtaufgaben ist nicht notwendig, um unter den Geltungsbereich dieses Gesetzes zu fallen.

Nach Artikel 91b GG können Bund und Länder mittels „von Vereinbarungen bei der Bildungsplanung und bei der Förderung von Einrichtungen und Vorhaben der wissenschaftlichen Forschung von überregionaler Bedeutung" zusammenwirken. Artikel 91b GG bezieht sich nicht auf die Forschungseinrichtungen selbst, sondern auf Einrichtungen, die aufgrund von Vereinbarungen und Richtlinien z.B. Forschungsaufgaben vergeben und die entsprechende Finanzierung festlegen.

§ 2 enthält eine Legaldefinition der „Mittel Dritter" im Sinne der §§ 57b Abs. 2 Nr. 4, 57d und 57e HRG. Danach sind „Mittel Dritter" diejenigen finanziellen Mittel, die den Forschungseinrichtungen oder einzelnen Wissenschaftlern in diesen Einrichtungen – über die von den Unterhaltsträgern zur Verfügung gestellten laufenden Haushaltsmittel und Investitionen hinaus – zufließen.

Aufgrund der Bezugnahme auf die entsprechenden Befristungsbestimmungen im Hochschulrahmengesetz kommen demnach auch die folgenden Regelungen im Gesetz über Teilzeitarbeit und befristete Arbeitsverträge zur Anwendung:

- Diskriminierungs- und Benachteiligungsverbot (§ 4 Abs. 2 i.V.m. § 3 Abs. 2, § 5 TzBfG),
- Beendigungsregelungen (§ 15 TzBfG) – mit Ausnahme des Wegfalls bei Drittmitteln,
- Folgen unwirksamer Befristung (§ 16 TzBfG),
- Anrufung des Arbeitsgerichts (§ 17 TzBfG),
- Information über unbefristete Arbeitsplätze (§ 18 TzBfG),
- Aus- und Weiterbildung (§ 19 TzBfG) und
- Information der Arbeitnehmervertretung (§ 20 TzBfG).

4.7 Gesetz über befristete Arbeitsverträge mit Ärzten in der Weiterbildung (ÄArbVtrG)

Mit der Regelung für Ärzte in der Weiterbildung hat der Gesetzgeber eine weitere Spezialregelung geschaffen. Sie kommt dann zur Anwendung, wenn nicht ein befristeter Arbeitsvertrag auf der Grundlage der §§ 57a bis 57f HRG oder nach dem Gesetz über befristete Arbeitsverträge mit wissenschaftlichem Personal an Hochschulen oder Forschungseinrichtungen geschlossen worden ist (§ 1 Abs. 6). Ferner sollen die allgemeinen Vorschriften und Grundsätze über befristete Arbeitsverträge nur dann zur Anwendung kommen, wenn sie den Vorschriften nach § 1 Abs. 1 bis 4 ÄArbVtrG nicht widersprechen.

390

Nach Auffassung des BAG ist die Angabe des Befristungsgrundes entsprechend § 57b Abs. 5 HRG hier nicht erforderlich, da das ÄArbVtrG vor § 57b Abs. 5 HRG in Kraft getreten ist und daher nicht davon ausgegangen werden kann, dass der Gesetzgeber den im HRG geregelten Sonderfall auf alle gesetzlich geregelten Befristungsgründe übertragen wollte (vgl. BAG, Urt. v. 24.4.1996 – 7 AZR 428/95 – AP Nr. 10 zu § 57b HRG).

Für den Abschluss eines befristeten Arbeitsvertrages mit einem Arzt liegt dann ein rechtfertigender Grund vor, wenn die Beschäftigung des Arztes zeitlich und inhaltlich eine strukturierte Weiterbildung

391

zum Facharzt oder zum Erwerb einer Anerkennung für einen Schwerpunkt oder dem Erwerb einer Zusatzbezeichnung, eines Fachkundenachweises oder einer Bescheinigung über eine fakultative Weiterbildung dient (§ 1 Abs. 1). Im Rahmen der Regelungen zur Befristungsdauer nach den Absätzen 3 und 4 kommt es auf die vertragliche Vereinbarung an, in der die Befristung kalendermäßig bestimmt oder bestimmbar festgelegt sein muss (vgl. auch Rn. 380).

Hierbei verlangt der Befristungstatbestand nicht, dass der Arzt ausschließlich zu seiner Weiterbildung beschäftigt wird, vielmehr genügt es, wenn die Beschäftigung diesen Zweck fördert, denn der Befristungstatbestand nach § 1 Abs. 1 ÄArbVtrG sollte die Befristungsmöglichkeiten für Ärzte in der Weiterbildung erleichtern und die mit der arbeitsgerichtlichen Kontrolle verbundenen Risiken und rechtlichen Unsicherheiten beseitigen (vgl. BAG, Urt. v. 24.4.1996 – 7 AZR 428/95 – AP Nr. 10 zu § 57b HRG).

392 Nach § 1 Abs. 3 ÄArbVtrG ergeben sich die folgenden Regelungen bezüglich der Befristungsdauer:

- Höchstdauer von acht Jahren für die notwendige Zeit zum Erwerb der Anerkennung als Facharzt oder für den Erwerb einer Zusatzbezeichnung;
- Verlängerung des befristeten Arbeitsvertrages um die Zeit, die zum Erwerb einer Anerkennung für einen Schwerpunkt oder des an die Weiterbildung zum Facharzt anschließenden Erwerbs einer Zusatzbezeichnung, eines Fachkundenachweises oder einer Bescheinigung über eine fakultative Weiterbildung vorgeschrieben ist.

Diese Zeiten können überschritten werden, wenn die Weiterbildung in Teilzeitbeschäftigung erfolgt. Die zulässige Dauer einer Überschreitung ergibt sich aus der durch die Teilzeitbeschäftigung bewirkten verlängerten Weiterbildungszeit.

§ 1 Abs. 3 Satz 4 ÄArbVtrG bestimmt, dass auch durch mehrere befristete Arbeitsverträge diese Höchstgrenzen nicht überschritten werden dürfen. Darüber hinaus darf der Zeitraum nicht überschritten werden, für den der weiterbildende Arzt eine Weiterbildungsbefugnis besitzt.

Erreicht der weiterzubildende Arzt bereits zu einem früheren Zeitpunkt den von ihm angestrebten Weiterbildungsabschluss, so kann der Arbeitsvertrag auf diesen voraussichtlichen Zeitpunkt befristet werden.

393 Ferner können auch hier verschiedene Zeiten bei der Anrechnung unberücksichtigt bleiben. Da die Formulierung in § 1 Abs. 4 ÄArbVtrG inhaltsgleich mit § 57c Abs. 6 HRG ist, kann auf die dortigen Ausführungen verwiesen werden (vgl. Rn. 381).

Liegen die Voraussetzungen nach § 1 Abs. 4 ÄArbVtrG vor, dann kann der betroffene Arbeitnehmer den Abschluss eines weiteren Zeitvertrages verlangen, dessen Dauer dem zulässigen Unterbrechungs- bzw. Nichtanrechnungszeitraum entspricht. Der Arbeitgeber unterliegt in diesem Fall einem Kontrahierungszwang (vgl. BAG, Urt. v. 24.4.1996 – 7 AZR 428/95 – AP Nr. 10 zu § 57b HRG). Demgegenüber führt ein Antrag auf Fortsetzung des Arbeitsverhältnisses nicht dazu, dass sich die Vertragslaufzeit automatisch um die Unterbrechungs- bzw. Nichtanrechnungszeit verlängert. Nach Auffassung des BAG kann diese Rechtsfolge nicht dem Wortlaut der vorliegenden Vorschrift entnommen werden. Mithin muss der betroffene Arbeitnehmer immer einen Antrag auf Abschluss eines neuen Arbeitsvertrages mit der Befristungsdauer des Unterbrechungs- bzw. Nichtanrechnungszeitraums stellen, damit die Verlängerung zustande kommt.

Dauert der Unterbrechungs- bzw. Nichtanrechnungszeitraum über das vertraglich vereinbarte Ende des Arbeitsverhältnisses hinaus, so ist eine tatsächliche Beschäftigung des Arztes nicht möglich. Da der Gesetzgeber nach BAG-Auffassung (vgl. BAG, Urt. v. 24.4.1996 – 7 AZR 428/95 – AP Nr. 10 zu § 57b HRG) den Beschäftigungsanspruch nicht von der zeitlichen Lage des Unterbrechungszeitraumes abhängig machen wollte, kann der Arbeitnehmer den Abschluss eines weiteren Arbeitsvertrages im Anschluss an die Vertragslaufzeit oder – bei einer darüber hinaus fortdauernden Unterbrechung – im Anschluss an den Unterbrechungszeitraum verlangen.

Ausgehend von der beschäftigungsbezogenen Zweckbestimmung lässt sich aus der vorstehenden Vorschrift nicht entnehmen, dass die Anrechnung der in § 1 Abs. 4 ÄArbVtrG aufgeführten Zeiten nur insoweit möglich ist, als die nach den Weiterbildungsordnungen vorgeschriebenen Beschäftigungszeiten noch nicht zurückgelegt worden sind (vgl. BAG, Urt. v. 24.4.1996 – 7 AZR 428/95 – AP Nr. 10 zu § 57b HRG).

Zusätzlich zu den Spezialregelungen über die Befristung von Ärzten in der Weiterbildung kommen die folgenden Regelungen im Gesetz über Teilzeitarbeit und befristete Arbeitsverträge zur Anwendung: **394**

- Diskriminierungs- und Benachteiligungsverbot (§ 4 Abs. 2 i.V.m. § 3 Abs. 2, § 5 TzBfG),
- Beendigungsregelungen (§ 15 TzBfG) – mit Ausnahme des vorzeitigen Erreichens des Weiterbildungszweckes,
- Folgen unwirksamer Befristung (§ 16 TzBfG),

- Anrufung des Arbeitsgerichts (§ 17 TzBfG),
- Information über unbefristete Arbeitsplätze (§ 18 TzBfG),
- Aus- und Weiterbildung (§ 19 TzBfG) und
- Information der Arbeitnehmervertretung (§ 20 TzBfG).

5. Beteiligungsrechte der Arbeitnehmervertretungen

395 Unabhängig von den in § 20 TzBfG festgelegten Informationsrechten der Arbeitnehmervertretung sehen das Betriebsverfassungsgesetz, das Bundespersonalvertretungsgesetz und die jeweiligen Länderpersonalvertretungsgesetze eine Reihe von weiteren Beteiligungsmöglichkeiten in Zusammenhang mit befristeten Arbeitsverträgen vor. Für Mitarbeitervertretungen in kirchlichen Einrichtungen haben die jeweiligen Kirchen gesonderte Regelungen festgelegt. Da bereits die einzelnen Beteiligungsrechte in Teil 1 (vgl. Rn. 131 ff.) dargestellt worden sind, kann auf die dortigen Ausführungen verwiesen werden.

396 In Zusammenhang mit der Umsetzung der Vorschriften des Teilzeit- und Befristungsgesetzes sind im Bereich der befristeten Beschäftigung von Arbeitnehmern insbesondere die folgenden betriebsverfassungsrechtlichen Beteiligungsrechte von Betriebsräten zu berücksichtigen:

- Allgemeine Aufgaben nach § 80 BetrVG (vgl. Rn. 132),
- Personalplanung (vgl. Rn. 133),
- Ausschreibung von Arbeitsplätzen (vgl. Rn. 134),
- Berufsbildung (vgl. Rn. 135 ff.) und
- personelle Einzelmaßnahmen (vgl. Rn. 140 ff.).

397 Zu den Beteiligungsrechten der Personalvertretung nach dem Bundespersonalvertretungsgesetz vergleiche die Ausführungen unter Rn. 145 f. Eine Übersicht zu den vergleichbaren Rechten der Personalvertretung nach den jeweiligen Landespersonalvertretungsgesetzen befindet sich unter Rn. 147. Hervorzuheben ist, dass § 78 Abs. 2 Nr. 2 RhPfPersVG eine Mitbestimmung zu Zweck- und Zeitbefristungen vorsieht.

398 Für den Bereich der katholischen Kirche regelt die Mitarbeitervertretungsordnung – MAVO – die Beteiligungsrechte (vgl. hierzu Rn. 148). Bei der evangelischen Kirche werden diese durch das Mitarbeitervertretungsgesetz – MVG – geregelt (vgl. Rn. 149).

Gesetze, Richtlinien, Vorschläge

3

Befristete Arbeitsverträge und Teilzeitarbeit

1. Gesetz über Teilzeitarbeit und befristete Arbeitsverträge und zur Änderung und Aufhebung arbeitsrechtlicher Bestimmungen 241

Teilzeitarbeit

2. Richtlinie des Rates zu der EGB-UNICE-CEEP-Rahmenvereinbarung über Teilzeitarbeit (97/81/EWG) 251

3. Altersteilzeitgesetz (ATG) 258

4. Bundeserziehungsgeldgesetz (BErzGG) 261

5. Frauenfördergesetz (FFG) 264

Befristete Arbeitsverträge

6. Richtlinie des Rates zu der EGB-UNICE-CEEP-Rahmenvereinbarung über befristete Arbeitsverträge (1999/70/EG) 267

7. Vorschlag der Kommission für eine Richtlinie des Rates über bestimmte Arbeitsverhältnisse hinsichtlich der Arbeitsbedingungen 275

8. Vorschlag der Kommission für eine Richtlinie des Rates über bestimmte Arbeitsverhältnisse im Hinblick auf Wettbewerbsverzerrungen ... 277

9. Geänderter Vorschlag der Kommission für eine Richtlinie des Rates über bestimmte Arbeitsverhältnisse im Hinblick auf Wettbewerbsverzerrungen 278

10. Bürgerliches Gesetzbuch (BGB) 279

11. Bundeserziehungsgeldgesetz (BErzGG) 280

12. Arbeitnehmerüberlassungsgesetz (AÜG) 282

13. Hochschulrahmengesetz (HRG) 283

14. Gesetz über befristete Arbeitsverträge mit Ärzten in der Weiterbildung 286

15. Gesetz über befristete Arbeitsverträge mit wissenschaftlichem Personal an Forschungseinrichtungen 288

Befristete Arbeitsverträge und Teilzeitarbeit

1. Gesetz über Teilzeitarbeit und befristete Arbeitsverträge und zur Änderung und Aufhebung arbeitsrechtlicher Bestimmungen
(Gesetz vom 21.12.2000 – BGBl. I S. 1966)

Artikel 1
Gesetz über Teilzeitarbeit u. befristete Arbeitsverträge
(Teilzeit- und Befristungsgesetz – TzBfG)

Erster Abschnitt: Allgemeine Vorschriften

§ 1 Zielsetzung
Ziel des Gesetzes ist, Teilzeitarbeit zu fördern, die Voraussetzungen für die Zulässigkeit befristeter Arbeitsverträge festzulegen und die Diskriminierung von teilzeitbeschäftigten und befristet beschäftigten Arbeitnehmern zu verhindern.

§ 2 Begriff des teilzeitbeschäftigten Arbeitnehmers
(1) Teilzeitbeschäftigt ist ein Arbeitnehmer, dessen regelmäßige Wochenarbeitszeit kürzer ist als die eines vergleichbaren vollzeitbeschäftigten Arbeitnehmers. Ist eine regelmäßige Wochenarbeitszeit nicht vereinbart, so ist ein Arbeitnehmer teilzeitbeschäftigt, wenn seine regelmäßige Arbeitszeit im Durchschnitt eines bis zu einem Jahr reichenden Beschäftigungszeitraums unter der eines vergleichbaren vollzeitbeschäftigten Arbeitnehmers liegt. Vergleichbar ist ein vollzeitbeschäftigter Arbeitnehmer des Betriebes mit derselben Art des Arbeitsverhältnisses und der gleichen oder einer ähnlichen Tätigkeit. Gibt es im Betrieb keinen vergleichbaren vollzeitbeschäftigten Arbeitnehmer, so ist der vergleichbare vollzeitbeschäftigte Arbeitnehmer aufgrund des anwendbaren Tarifvertrages zu bestimmen; in allen anderen Fällen ist darauf abzustellen, wer im jeweiligen Wirtschaftszweig üblicherweise als vergleichbarer vollzeitbeschäftigter Arbeitnehmer anzusehen ist.

(2) Teilzeitbeschäftigt ist auch ein Arbeitnehmer, der eine geringfügige Beschäftigung nach § 8 Abs. 1 Nr. 1 des Vierten Buches Sozialgesetzbuch ausübt.

§ 3 Begriff des befristet beschäftigten Arbeitnehmers

(1) Befristet beschäftigt ist ein Arbeitnehmer mit einem auf bestimmte Zeit geschlossenen Arbeitsvertrag. Ein auf bestimmte Zeit geschlossener Arbeitsvertrag (befristeter Arbeitsvertrag) liegt vor, wenn seine Dauer kalendermäßig bestimmt ist (kalendermäßig befristeter Arbeitsvertrag) oder sich aus Art, Zweck oder Beschaffenheit der Arbeitsleistung ergibt (zweckbefristeter Arbeitsvertrag).

(2) Vergleichbar ist ein unbefristet beschäftigter Arbeitnehmer des Betriebes mit der gleichen oder einer ähnlichen Tätigkeit. Gibt es im Betrieb keinen vergleichbaren unbefristet beschäftigten Arbeitnehmer, so ist der vergleichbare unbefristet beschäftigte Arbeitnehmer auf Grund des anwendbaren Tarifvertrages zu bestimmen; in allen anderen Fällen ist darauf abzustellen, wer im jeweiligen Wirtschaftszweig üblicherweise als vergleichbarer unbefristet beschäftigter Arbeitnehmer anzusehen ist.

§ 4 Verbot der Diskriminierung

(1) Ein teilzeitbeschäftigter Arbeitnehmer darf wegen der Teilzeitarbeit nicht schlechter behandelt werden als ein vergleichbarer vollzeitbeschäftigter Arbeitnehmer, es sei denn, dass sachliche Gründe eine unterschiedliche Behandlung rechtfertigen. Einem teilzeitbeschäftigten Arbeitnehmer ist Arbeitsentgelt oder eine andere teilbare geldwerte Leistung mindestens in dem Umfang zu gewähren, der dem Anteil seiner Arbeitszeit an der Arbeitszeit eines vergleichbaren vollzeitbeschäftigten Arbeitnehmers entspricht.

(2) Ein befristet beschäftigter Arbeitnehmer darf wegen der Befristung des Arbeitsvertrages nicht schlechter behandelt werden als ein vergleichbarer unbefristet beschäftigter Arbeitnehmer, es sei denn, dass sachliche Gründe eine unterschiedliche Behandlung rechtfertigen. Einem befristet beschäftigten Arbeitnehmer ist Arbeitsentgelt oder eine andere teilbare geldwerte Leistung, die für einen bestimmten Bemessungszeitraum gewährt wird, mindestens in dem Umfang zu gewähren, der dem Anteil seiner Beschäftigungsdauer am Bemessungszeitraum entspricht. Sind bestimmte Beschäftigungsbedingungen von der Dauer des Bestehens des Arbeitsverhältnisses in demselben Betrieb oder

Unternehmen abhängig, so sind für befristet beschäftigte Arbeitnehmer dieselben Zeiten zu berücksichtigen wie für unbefristet beschäftigte Arbeitnehmer, es sei denn, dass eine unterschiedliche Berücksichtigung aus sachlichen Gründen gerechtfertigt ist.

§ 5 Benachteiligungsverbot

Der Arbeitgeber darf einen Arbeitnehmer nicht wegen der Inanspruchnahme von Rechten nach diesem Gesetz benachteiligen.

Zweiter Abschnitt: Teilzeitarbeit

§ 6 Förderung von Teilzeitarbeit

Der Arbeitgeber hat den Arbeitnehmern, auch in leitenden Positionen, Teilzeitarbeit nach Maßgabe dieses Gesetzes zu ermöglichen.

§ 7 Ausschreibung; Information über freie Arbeitsplätze

(1) Der Arbeitgeber hat einen Arbeitsplatz, den er öffentlich oder innerhalb des Betriebes ausschreibt, auch als Teilzeitarbeitsplatz auszuschreiben, wenn sich der Arbeitsplatz hierfür eignet.

(2) Der Arbeitgeber hat einen Arbeitnehmer, der ihm den Wunsch nach einer Veränderung von Dauer und Lage seiner vertraglich vereinbarten Arbeitszeit angezeigt hat, über entsprechende Arbeitsplätze zu informieren, die im Betrieb oder Unternehmen besetzt werden sollen.

(3) Der Arbeitgeber hat die Arbeitnehmervertretung über Teilzeitarbeit im Betrieb und Unternehmen zu informieren, insbesondere über vorhandene oder geplante Teilzeitarbeitsplätze und über die Umwandlung von Teilzeitarbeitsplätzen in Vollzeitarbeitsplätze oder umgekehrt. Der Arbeitnehmervertretung sind auf Verlangen die erforderlichen Unterlagen zur Verfügung zu stellen; § 92 des Betriebsverfassungsgesetzes bleibt unberührt.

§ 8 Verringerung der Arbeitszeit

(1) Ein Arbeitnehmer, dessen Arbeitsverhältnis länger als sechs Monate bestanden hat, kann verlangen, dass seine vertraglich vereinbarte Arbeitszeit verringert wird.

(2) Der Arbeitnehmer muss die Verringerung seiner Arbeitszeit und den Umfang der Verringerung spätestens drei Monate vor deren Beginn geltend machen. Er soll dabei die gewünschte Verteilung der Arbeitszeit angeben.

(3) Der Arbeitgeber hat mit dem Arbeitnehmer die gewünschte Verringerung der Arbeitszeit mit dem Ziel zu erörtern, zu einer Vereinbarung zu gelangen. Er hat mit dem Arbeitnehmer Einvernehmen über die von ihm festzulegende Verteilung der Arbeitszeit zu erzielen.

(4) Der Arbeitgeber hat der Verringerung der Arbeitszeit zuzustimmen und ihre Verteilung entsprechend den Wünschen des Arbeitnehmers festzulegen, soweit betriebliche Gründe nicht entgegenstehen. Ein betrieblicher Grund liegt insbesondere vor, wenn die Verringerung der Arbeitszeit die Organisation, den Arbeitsablauf oder die Sicherheit im Betrieb wesentlich beeinträchtigt oder unverhältnismäßige Kosten verursacht. Die Ablehnungsgründe können durch Tarifvertrag festgelegt werden. Im Geltungsbereich eines solchen Tarifvertrages können nicht tarifgebundene Arbeitgeber und Arbeitnehmer die Anwendung der tariflichen Regelungen über die Ablehnungsgründe vereinbaren.

(5) Die Entscheidung über die Verringerung der Arbeitszeit und ihre Verteilung hat der Arbeitgeber dem Arbeitnehmer spätestens einen Monat vor dem gewünschten Beginn der Verringerung schriftlich mitzuteilen. Haben sich Arbeitgeber und Arbeitnehmer nicht nach Absatz 3 Satz 1 über die Verringerung der Arbeitszeit geeinigt und hat der Arbeitgeber die Arbeitszeitverringerung nicht spätestens einen Monat vor deren gewünschtem Beginn schriftlich abgelehnt, verringert sich die Arbeitszeit in dem vom Arbeitnehmer gewünschten Umfang. Haben Arbeitgeber und Arbeitnehmer über die Verteilung der Arbeitszeit kein Einvernehmen nach Absatz 3 Satz 2 erzielt und hat der Arbeitgeber nicht spätestens einen Monat vor dem gewünschten Beginn der Arbeitszeitverringerung die gewünschte Verteilung der Arbeitszeit schriftlich abgelehnt, gilt die Verteilung der Arbeitszeit entsprechend den Wünschen des Arbeitnehmers als festgelegt. Der Arbeitgeber kann die nach Satz 3 oder Absatz 3 Satz 2 festgelegte Verteilung der Arbeitszeit wieder ändern, wenn das betriebliche Interesse daran das Interesse des Arbeitnehmers an der Beibehaltung erheblich überwiegt und der Arbeitgeber die Änderung spätestens einen Monat vorher angekündigt hat.

(6) Der Arbeitnehmer kann eine erneute Verringerung der Arbeitszeit frühestens nach Ablauf von zwei Jahren verlangen, nach-

dem der Arbeitgeber einer Verringerung zugestimmt oder sie berechtigt abgelehnt hat.

(7) Für den Anspruch auf Verringerung der Arbeitszeit gilt die Voraussetzung, dass der Arbeitgeber, unabhängig von der Anzahl der Personen in Berufsbildung, in der Regel mehr als 15 Arbeitnehmer beschäftigt.

§ 9 Verlängerung der Arbeitszeit

Der Arbeitgeber hat einen teilzeitbeschäftigten Arbeitnehmer, der ihm den Wunsch nach einer Verlängerung seiner vertraglich vereinbarten Arbeitszeit angezeigt hat, bei der Besetzung eines entsprechenden freien Arbeitsplatzes bei gleicher Eignung bevorzugt zu berücksichtigen, es sei denn, dass dringende betriebliche Gründe oder Arbeitszeitwünsche anderer teilzeitbeschäftigter Arbeitnehmer entgegenstehen.

§ 10 Aus- und Weiterbildung

Der Arbeitgeber hat Sorge zu tragen, dass auch teilzeitbeschäftigte Arbeitnehmer an Aus- und Weiterbildungsmaßnahmen zur Förderung der beruflichen Entwicklung und Mobilität teilnehmen können, es sei denn, dass dringende betriebliche Gründe oder Aus- und Weiterbildungswünsche anderer teilzeit- oder vollzeitbeschäftigter Arbeitnehmer entgegenstehen.

§ 11 Kündigungsverbot

Die Kündigung eines Arbeitsverhältnisses wegen der Weigerung eines Arbeitnehmers, von einem Vollzeit- in ein Teilzeitarbeitsverhältnis oder umgekehrt zu wechseln, ist unwirksam. Das Recht zur Kündigung des Arbeitsverhältnisses aus anderen Gründen bleibt unberührt.

§ 12 Arbeit auf Abruf

(1) Arbeitgeber und Arbeitnehmer können vereinbaren, dass der Arbeitnehmer seine Arbeitsleistung entsprechend dem Arbeitsanfall zu erbringen hat (Arbeit auf Abruf). Die Vereinbarung muss eine bestimmte Dauer der wöchentlichen und täglichen Arbeitszeit festlegen. Wenn die Dauer der wöchentlichen Arbeitszeit nicht festgelegt ist, gilt eine Arbeitszeit von zehn Stunden als vereinbart. Wenn die Dauer der täglichen Arbeitszeit nicht festgelegt ist, hat der Arbeitgeber die Arbeitsleistung des

Arbeitnehmers jeweils für mindestens drei aufeinander folgende Stunden in Anspruch zu nehmen.

(2) Der Arbeitnehmer ist nur zur Arbeitsleistung verpflichtet, wenn der Arbeitgeber ihm die Lage seiner Arbeitszeit jeweils mindestens vier Tage im Voraus mitteilt.

(3) Durch Tarifvertrag kann von den Absätzen 1 und 2 auch zuungunsten des Arbeitnehmers abgewichen werden, wenn der Tarifvertrag Regelungen über die tägliche und wöchentliche Arbeitszeit und die Vorankündigungsfrist vorsieht. Im Geltungsbereich eines solchen Tarifvertrages können nicht tarifgebundene Arbeitgeber und Arbeitnehmer die Anwendung der tariflichen Regelungen über die Arbeit auf Abruf vereinbaren.

§ 13 Arbeitsplatzteilung

(1) Arbeitgeber und Arbeitnehmer können vereinbaren, dass mehrere Arbeitnehmer sich die Arbeitszeit an einem Arbeitsplatz teilen (Arbeitsplatzteilung). Ist einer dieser Arbeitnehmer an der Arbeitsleistung verhindert, sind die anderen Arbeitnehmer zur Vertretung verpflichtet, wenn sie der Vertretung im Einzelfall zugestimmt haben. Eine Pflicht zur Vertretung besteht auch, wenn der Arbeitsvertrag bei Vorliegen dringender betrieblicher Gründe eine Vertretung vorsieht und diese im Einzelfall zumutbar ist.

(2) Scheidet ein Arbeitnehmer aus der Arbeitsplatzteilung aus, so ist die darauf gestützte Kündigung des Arbeitsverhältnisses eines anderen in die Arbeitsplatzteilung einbezogenen Arbeitnehmers durch den Arbeitgeber unwirksam. Das Recht zur Änderungskündigung aus diesem Anlass und zur Kündigung des Arbeitsverhältnisses aus anderen Gründen bleibt unberührt.

(3) Die Absätze 1 und 2 sind entsprechend anzuwenden, wenn sich Gruppen von Arbeitnehmern auf bestimmten Arbeitsplätzen in festgelegten Zeitabschnitten abwechseln, ohne dass eine Arbeitsplatzteilung im Sinne des Absatzes 1 vorliegt.

(4) Durch Tarifvertrag kann von den Absätzen 1 und 3 auch zuungunsten des Arbeitnehmers abgewichen werden, wenn der Tarifvertrag Regelungen über die Vertretung der Arbeitnehmer enthält. Im Geltungsbereich eines solchen Tarifvertrages können nicht tarifgebundene Arbeitgeber und Arbeitnehmer die Anwendung der tariflichen Regelungen über die Arbeitsplatzteilung vereinbaren.

Dritter Abschnitt: Befristete Arbeitsverträge

§ 14 Zulässigkeit der Befristung

(1) Die Befristung eines Arbeitsvertrages ist zulässig, wenn sie durch einen sachlichen Grund gerechtfertigt ist. Ein sachlicher Grund liegt insbesondere vor, wenn

1. der betriebliche Bedarf an der Arbeitsleistung nur vorübergehend besteht,
2. die Befristung im Anschluss an eine Ausbildung oder ein Studium erfolgt, um den Übergang des Arbeitnehmers in eine Anschlussbeschäftigung zu erleichtern,
3. der Arbeitnehmer zur Vertretung eines anderen Arbeitnehmers beschäftigt wird,
4. die Eigenart der Arbeitsleistung die Befristung rechtfertigt,
5. die Befristung zur Erprobung erfolgt,
6. in der Person des Arbeitnehmers liegende Gründe die Befristung rechtfertigen,
7. der Arbeitnehmer aus Haushaltsmitteln vergütet wird, die haushaltsrechtlich für eine befristete Beschäftigung bestimmt sind, und er entsprechend beschäftigt wird oder
8. die Befristung auf einem gerichtlichen Vergleich beruht.

(2) Die kalendermäßige Befristung eines Arbeitsvertrages ohne Vorliegen eines sachlichen Grundes ist bis zur Dauer von zwei Jahren zulässig; bis zu dieser Gesamtdauer von zwei Jahren ist auch die höchstens dreimalige Verlängerung eines kalendermäßig befristeten Arbeitsvertrages zulässig. Eine Befristung nach Satz 1 ist nicht zulässig, wenn mit demselben Arbeitgeber bereits zuvor ein befristetes oder unbefristetes Arbeitsverhältnis bestanden hat. Durch Tarifvertrag kann die Anzahl der Verlängerungen oder die Höchstdauer der Befristung abweichend von Satz 1 festgelegt werden. Im Geltungsbereich eines solchen Tarifvertrages können nicht tarifgebundene Arbeitgeber und Arbeitnehmer die Anwendung der tariflichen Regelungen vereinbaren.

(3) Die Befristung eines Arbeitsvertrages bedarf keines sachlichen Grundes, wenn der Arbeitnehmer bei Beginn des befristeten Arbeitsverhältnisses das 58. Lebensjahr vollendet hat. Die Befristung ist nicht zulässig, wenn zu einem vorhergehenden unbefristeten Arbeitsvertrag mit demselben Arbeitgeber ein enger sachlicher Zusammenhang besteht. Ein solcher enger sachlicher

Zusammenhang ist insbesondere anzunehmen, wenn zwischen den Arbeitsverträgen ein Zeitraum von weniger als sechs Monaten liegt.

(4) Die Befristung eines Arbeitsvertrages bedarf zu ihrer Wirksamkeit der Schriftform.

§ 15 Ende des befristeten Arbeitsvertrages

(1) Ein kalendermäßiger befristeter Arbeitsvertrag endet mit Ablauf der vereinbarten Zeit.

(2) Ein zweckbefristeter Arbeitsvertrag endet mit Erreichen des Zwecks, frühestens jedoch zwei Wochen nach Zugang der schriftlichen Unterrichtung des Arbeitnehmers durch den Arbeitgeber über den Zeitpunkt der Zweckerreichung.

(3) Ein befristetes Arbeitsverhältnis unterliegt nur dann der ordentlichen Kündigung, wenn dies einzelvertraglich oder im anwendbaren Tarifvertrag vereinbart ist.

(4) Ist das Arbeitsverhältnis für die Lebenszeit einer Person oder für längere Zeit als fünf Jahre eingegangen, so kann es von dem Arbeitnehmer nach Ablauf von fünf Jahren gekündigt werden. Die Kündigungsfrist beträgt sechs Monate.

(5) Wird das Arbeitsverhältnis nach Ablauf der Zeit, für die es eingegangen ist, oder nach Zweckerreichung mit Wissen des Arbeitgebers fortgesetzt, so gilt es als auf unbestimmte Zeit verlängert, wenn der Arbeitgeber nicht unverzüglich widerspricht oder dem Arbeitnehmer die Zweckerreichung nicht unverzüglich mitteilt.

§ 16 Folgen unwirksamer Befristung

Ist die Befristung rechtsunwirksam, so gilt der befristete Arbeitsvertrag als auf unbestimmte Zeit geschlossen; er kann vom Arbeitgeber frühestens zum vereinbarten Ende ordentlich gekündigt werden, sofern nicht nach § 15 Abs. 3 die ordentliche Kündigung zu einem früheren Zeitpunkt möglich ist. Ist die Befristung nur wegen des Mangels der Schriftform unwirksam, kann der Arbeitsvertrag auch vor dem vereinbarten Ende ordentlich gekündigt werden.

§ 17 Anrufung des Arbeitsgerichts

Will der Arbeitnehmer geltend machen, dass die Befristung eines Arbeitsvertrages rechtsunwirksam ist, so muss er innerhalb von drei Wochen nach dem vereinbarten Ende des befristeten Arbeitsvertrages Klage beim Arbeitsgericht auf Feststellung erheben, dass das Arbeitsverhältnis auf Grund der Befristung nicht beendet ist. Die §§ 5 bis 7 des Kündigungsschutzgesetzes gelten entsprechend. Wird das Arbeitsverhältnis nach dem vereinbarten Ende fortgesetzt, so beginnt die Frist nach Satz 1 mit dem Zugang der schriftlichen Erklärung des Arbeitgebers, dass das Arbeitsverhältnis auf Grund der Befristung beendet sei.

§ 18 Information über unbefristete Arbeitsplätze

Der Arbeitgeber hat die befristet beschäftigten Arbeitnehmer über entsprechende unbefristete Arbeitsplätze zu informieren, die besetzt werden sollen. Die Information kann durch allgemeine Bekanntgabe an geeigneter, den Arbeitnehmern zugänglicher Stelle im Betrieb und Unternehmen erfolgen.

§ 19 Aus- und Weiterbildung

Der Arbeitgeber hat Sorge zu tragen, dass auch befristet beschäftigte Arbeitnehmer an angemessenen Aus- und Weiterbildungsmaßnahmen zur Förderung der beruflichen Entwicklung und Mobilität teilnehmen können, es sei denn, dass dringende betriebliche Gründe oder Aus- und Weiterbildungswünsche anderer Arbeitnehmer entgegenstehen.

§ 20 Information der Arbeitnehmervertretung

Der Arbeitgeber hat die Arbeitnehmervertretung über die Anzahl der befristet beschäftigten Arbeitnehmer und ihren Anteil an der Gesamtbelegschaft des Betriebes und des Unternehmens zu informieren.

§ 21 Auflösend bedingte Arbeitsverträge

Wird der Arbeitsvertrag unter einer auflösenden Bedingung geschlossen, gelten § 4 Abs. 2, § 5, § 14 Abs. 1 und 4, § 15 Abs. 2, 3 und 5 sowie die §§ 16 bis 20 entsprechend.

Vierter Abschnitt: Gemeinsame Vorschriften

§ 22 Abweichende Vereinbarungen

(1) Außer in den Fällen des § 12 Abs. 3, § 13 Abs. 4 und § 14 Abs. 2 Satz 3 und 4 kann von den Vorschriften dieses Gesetzes nicht zuungunsten des Arbeitnehmers abgewichen werden.

(2) Enthält ein Tarifvertrag für den öffentlichen Dienst Bestimmungen im Sinne des § 8 Abs. 4 Satz 3 und 4, § 12 Abs. 3, § 13 Abs. 4, § 14 Abs. 2 Satz 3 und 4 oder § 15 Abs. 3, so gelten diese Bestimmungen auch zwischen nicht tarifgebundenen Arbeitgebern und Arbeitnehmern außerhalb des öffentlichen Dienstes, wenn die Anwendung der für den öffentlichen Dienst geltenden tarifvertraglichen Bestimmungen zwischen ihnen vereinbart ist und die Arbeitgeber die Kosten des Betriebes überwiegend mit Zuwendungen im Sinne des Haushaltsrechts decken.

§ 23 Besondere gesetzliche Regelungen

Besondere Regelungen über Teilzeitarbeit und über die Befristung von Arbeitsverträgen nach anderen gesetzlichen Vorschriften bleiben unberührt.

Artikel 2
Änderung des Bürgerlichen Gesetzbuches

Das Bürgerliche Gesetzbuch in der im Bundesgesetzblatt Teil III, Gliederungsnummer 400-2, veröffentlichten bereinigten Fassung, zuletzt geändert durch Artikel 1 des Gesetzes vom 2. November 2000 (BGBl. I S. 1479), wird wie folgt geändert:

1. § 620 wird wie folgt geändert:

   a) In Absatz 2 wird die Angabe „§§ 621, 622" durch die Angabe „§§ 621 bis 623" ersetzt.

   b) Nach Absatz 2 wird folgender Absatz 3 angefügt:

   „(3) Für Arbeitsverträge, die auf bestimmte Zeit abgeschlossen werden, gilt das Teilzeit- und Befristungsgesetz."

2. In § 623 werden die Wörter „sowie die Befristung" gestrichen.

Artikel 2a
Änderung des Betriebsverfassungsgesetzes

§ 93 des Betriebsverfassungsgesetzes in der Fassung der Bekanntmachung vom 23. Dezember 1988 (BGBl. 1989 I S. 1, 902), das zuletzt durch Artikel 9 des Gesetzes vom 19. Dezember 1998 (BGBl. I S. 3843) geändert worden ist, wird wie folgt geändert:

Die Sätze 2 und 3 werden gestrichen.

Artikel 3
Aufhebung des Gesetzes über arbeitsrechtliche Vorschriften zur Beschäftigungsförderung

Das Gesetz über arbeitsrechtliche Vorschriften zur Beschäftigungsförderung vom 26. April 1985 (BGBl. I S. 710), zuletzt geändert durch Artikel 4 des Gesetzes vom 25. September 1996 (BGBl. I S. 1476), wird aufgehoben.

Artikel 4
Inkrafttreten

Dieses Gesetz tritt am 01. Januar 2001 in Kraft.

Teilzeitarbeit

2. Richtlinie des Rates zu der EGB-UNICE-CEEP-Rahmenvereinbarung über Teilzeitarbeit (97/81/EWG)

a) Einführung zur Richtlinie des Rates zu der EGB-UNICE-CEEP-Rahmenvereinbarung über Teilzeitarbeit (97/81 EWG)

Die nachfolgende Richtlinie (vgl. EAS A 3540), die die Grundlage für die Bestimmungen zur Teilzeitarbeit im Gesetz über Teilzeitarbeit und zu befristeten Arbeitsverträgen darstellt, ist durch den Rat der Europäischen Union gestützt auf Art. 4 Abs. 2 im Protokoll über die Sozialpolitik im Anhang zum Vertrag zur Gründung der Europäischen Union (jetzt: Art. 139 Abs. 2 des Vertrages zur Gründung der Europäischen Union) auf Vorschlag der Kommission des Europäischen Rates erlassen worden. Ausgehend vom Vorschlag der Kommission für eine Richtlinie über bestimmte Arbeitsverhältnisse hinsichtlich der Arbeitsbedingungen vom 29.6.1990 (vgl. EAS A 6010 – Auszüge unter Rn. 406 aufgeführt) und dem geänderten Vorschlag der Kommission für eine Richtlinie des Rates über bestimmte Arbeitsverhältnisse im Hinblick auf Wettbewerbsverzerrungen vom

7.11.1990 (vgl. EAS A 6021 – Auszüge unter Rn. 407 aufgeführt) hat die Kommission des Rates der Europäischen Union die Sozialpartner (Union der Industrie- und Arbeitgeberverbände Europas – UNICE, Europäischer Zentralverband der öffentlichen Wirtschaft – CEEP – und der Europäische Gewerkschaftsbund – EGB –) nach Art. 4 Abs. 2 (vgl. oben) (jetzt: § 138 Abs. 2 und 3 des Vertrages zur Gründung der Europäischen Union) angehört. Im Rahmen dieser Anhörung können die Sozialpartner gemeinsam beantragen, daß die auf Gemeinschaftsebene geschlossenen Vereinbarungen durch Beschluß des Rates auf Vorschlag der Kommission durchgeführt werden (Verfahren ist jetzt in § 139 des Vertrages zur Gründung der Europäischen Union geregelt). Bei der vorliegenden Richtlinie ist der Rat der Europäischen Union auf Vorschlag der Kommission dem Antrag gefolgt und hat die Rahmenvereinbarung der Sozialpartner in der nachfolgenden Richtlinie umgesetzt.

b) **Auszüge aus der Richtlinie des Rates zu der EGB-UNICE-CEEP-Rahmenvereinbarung über Teilzeitarbeit (97/81/EWG)**

vom 15.12.1997 (Abl. EG Nr. L 14 v. 20.1.1998, S. 9; ber. Abl. EG Nr. L 128 v. 30.4.1998, S. 71)

„DER RAT DER EUROPÄISCHEN UNION –

gestützt auf das Abkommen über die Sozialpolitik, das dem Protokoll (Nr. 14) über die Sozialpolitik im Anhang zum Vertrag zur Gründung der Europäischen Gemeinschaft beigefügt ist, insbesondere auf Artikel 4 Abs. 2, auf Vorschlag der Kommission,

in Erwägung nachstehender Gründe:

...

(3) Nummer 7 der Gemeinschaftscharta der sozialen Grundrechte der Arbeitnehmer sieht unter anderem folgendes vor: „Die Verwirklichung des Binnenmarktes muß zu einer Verbesserung der Lebens- und Arbeitsbedingungen der Arbeitnehmer in der Europäischen Union führen. Dieser Prozeß erfolgt durch eine Angleichung dieser Bedingungen auf dem Wege des Fortschritts und betrifft namentlich andere Arbeitsformen als das unbefristete Arbeitsverhältnis, wie das befristete Arbeitsverhältnis, Teilzeitarbeit, Leiharbeit und Saisonarbeit."

...

(12) Die Sozialpartner wollten der Teilzeitarbeit besondere Bedeutung schenken, haben aber auch erklärt, daß sie in Erwägung ziehen wollten, ob ähnliche Vereinbarungen für andere Arbeitsformen erforderlich sind.

...

(23) Die Gemeinschaftscharta der sozialen Grundrechte der Arbeitnehmer betont die Notwendigkeit, gegen Diskriminierungen jeglicher Art, insbesondere aufgrund von Geschlecht, Hautfarbe, Rasse, Meinung oder Glauben vorzugehen.

(24) Nach Artikel F Abs. 2 des Vertrags über die Europäische Union achtet die Union die Grundrechte, wie sie in der Europäischen Konvention zum Schutze der Menschenrechte und Grundfreiheiten gewährleistet sind und wie sie sich aus den gemeinsamen Verfassungsüberlieferungen der Mitgliedstaaten als allgemeine Grundsätze des Gemeinschaftsrechts ergeben.

...

– HAT FOLGENDE RICHTLINIE ERLASSEN:

Artikel 1

Mit dieser Richtlinie soll die am 6. Juni 1997 zwischen den europäischen Sozialpartnern (EGB, UNICE, CEEP) geschlossene Rahmenvereinbarung über Teilzeitarbeit, die im Anhang enthalten ist, durchgeführt werden.

Artikel 2

Die Mitgliedstaaten setzen die Rechts- und Verwaltungsvorschriften in Kraft, die erforderlich sind, um dieser Richtlinie nachzukommen, bis zum 20. Januar 2000 in Kraft oder vergewissern sich spätestens zu diesem Zeitpunkt, daß die Sozialpartner im Wege einer Vereinbarung die erforderlichen Vorkehrungen getroffen haben; dabei haben die Mitgliedstaaten alle notwendigen Maßnahmen zu treffen, um jederzeit gewährleisten zu können, daß die durch die Richtlinie vorgeschriebenen Ergebnisse erzielt werden. Sie setzen die Kommission unverzüglich davon in Kenntnis.

Den Mitgliedstaaten kann bei besonderen Schwierigkeiten oder im Falle einer Durchführung mittels eines Tarifvertrags eine zusätzliche Frist von höchstens einem Jahr gewährt werden. Sie setzen die Kommission umgehend von diesen Gegebenheiten in Kenntnis.

Wenn die Mitgliedstaaten die Vorschriften nach Unterabsatz 1 erlassen, nehmen sie in diesen Vorschriften selbst oder bei deren amtlicher Veröffentlichung auf diese Richtlinie Bezug. Die Mitgliedstaaten regeln die Einzelheiten der Bezugnahme.

....

Anhang
Rahmenvereinbarung über Teilzeitarbeit

Präambel

Die vorliegende Rahmenvereinbarung ist ein Beitrag zur allgemeinen europäischen Beschäftigungsstrategie. ... Sie macht den Willen der Sozialpartner deutlich, einen allgemeinen Rahmen für die Beseitigung von Diskriminierungen von Teilzeitbeschäftigten zu schaffen und einen Beitrag zur Entwicklung der Teilzeitarbeitsmöglichkeiten auf einer für Arbeitgeber und Arbeitnehmer akzeptablen Grundlage zu leisten.

...

Allgemeine Erwägungen
...

5. Die Unterzeichnerparteien messen denjenigen Maßnahmen Bedeutung zu, die den Zugang zur Teilzeitarbeit für Frauen und Männern erleichtern, und zwar im Hinblick auf die Vorbereitung des Ruhestands, die Vereinbarung von Beruf und Familienleben sowie die Nutzung von allgemeinen und beruflichen Bildungsmöglichkeiten zur Verbesserung ihrer Fertigkeiten und ihres beruflichen Fortkommens, im beiderseitigen Interesse der Arbeitgeber und Arbeitnehmer und auf eine Weise, die die Entwicklung der Unternehmen begünstigt.

6. Diese Vereinbarung überläßt es den Mitgliedstaaten und den Sozialpartnern, die Anwendungsmöglichkeiten dieser allgemeinen Grundsätze, Mindestvorschriften und Bestimmungen zu definieren, um so der jeweiligen Situation der einzelnen Mitgliedstaaten Rechnung zu tragen.

7. Diese Vereinbarung berücksichtigt die Notwendigkeit, die sozialpolitischen Anforderungen zu verbessern, die Wettbewerbsfähigkeit der Wirtschaft der Gemeinschaft zu stärken, und zu vermeiden, daß verwaltungstechnische, finanzielle und rechtliche Zwänge auferlegt werden, die die Gründung und Entwicklung von kleinen und mittleren Unternehmen hemmen können.

...

DIE UNTERZEICHNERPARTEIEN HABEN FOLGENDE VEREINBARUNG GESCHLOSSEN:

Paragraph 1: Ziel

Diese Rahmenvereinbarung soll

a) die Beseitigung von Diskriminierungen von Teilzeitbeschäftigten sicherstellen und die Qualität der Teilzeitarbeit verbessern;

b) die Entwicklung der Teilzeitarbeit auf freiwilliger Basis fördern und zu einer flexiblen Organisation der Arbeitszeit beitragen, die den Bedürfnissen der Arbeitgeber und der Arbeitnehmer Rechnung trägt.

Paragraph 2: Anwendungsbereich

1. Die vorliegende Vereinbarung gilt für Teilzeitbeschäftigte, die nach den Rechtsvorschriften, Tarifverträgen oder Gepflogenheiten in dem jeweiligen Mitgliedstaat einen Arbeitsvertrag haben oder in einem Arbeitsverhältnis stehen.

2. Nach Anhörung der Sozialpartner gemäß den einzelstaatlichen Rechtsvorschriften, den Tarifverträgen oder Gepflogenheiten können die Mitgliedstaaten und/oder die Sozialpartner auf der entsprechenden Ebene in Übereinstimmung mit den einzelstaatlichen Praktiken im Bereich der Arbeitsbeziehungen aus sachlichen Gründen Teilzeitbeschäftigte, die nur gelegentlich arbeiten, ganz oder teilweise ausschließen. Dieser Ausschluß sollte regelmäßig daraufhin überprüft werden, ob die sachlichen Gründe, auf denen er beruht, weiter vorliegen.

Paragraph 3: Begriffsbestimmungen

Im Sinne dieser Vereinbarung ist

1. „Teilzeitbeschäftigter" ein Arbeitnehmer, dessen normale, auf Wochenbasis oder als Durchschnitt eines bis zu einem Jahr reichenden Beschäftigungszeitraumes berechnete Arbeitszeit unter der eines vergleichbaren Vollzeitbeschäftigten liegt;

2. „vergleichbarer Vollzeitbeschäftigter" ein Vollzeitbeschäftigter desselben Betriebs mit derselben Art von Arbeitsvertrag oder Beschäftigungsverhältnis, der in der gleichen oder einer ähnlichen Arbeit/Beschäftigung tätig ist, wobei auch die Betriebszugehörigkeitsdauer und die Qualifikationen/Fertigkeiten sowie andere Erwägungen heranzuziehen sind.

Ist in demselben Betrieb kein vergleichbarer Vollzeitbeschäftigter vorhanden, so erfolgt der Vergleich anhand des anwendbaren Tarifvertrages oder, in Ermangelung eines solchen, gemäß den gesetzlichen oder tarifvertraglichen Bestimmungen oder den nationalen Gepflogenheiten.

Paragraph 4: Grundsatz der Nichtdiskriminierung

1. Teilzeitbeschäftigte dürfen in ihren Beschäftigungsbedingungen nur deswegen, weil sie teilzeitbeschäftigt sind, gegenüber vergleichbaren Vollzeitbeschäftigten nicht schlechter behandelt werden, es sei denn, die unterschiedliche Behandlung ist aus sachlichen Gründen gerechtfertigt.

2. Es gilt, wo dies angemessen ist, der Pro-rata-temporis-Grundsatz.

3. Die Anwendungsmodalitäten dieser Vorschrift werden von den Mitgliedstaaten und/oder den Sozialpartnern unter Berücksichtigung der Rechtsvorschriften der Gemeinschaft und der einzelstaatlichen gesetzlichen und tarifvertraglichen Bestimmungen und Gepflogenheiten festgelegt.

4. Wenn dies aus sachlichen Gründen gerechtfertigt ist, können die Mitgliedstaaten nach Anhörung der Sozialpartner gemäß den einzelstaatlichen Rechtsvorschriften, Tarifverträgen oder Gepflogenheiten und/oder die Sozialpartner gegebenenfalls den Zugang zu besonderen Beschäftigungsbedingungen von einer bestimmten Betriebszugehörigkeitsdauer, der Arbeitszeit oder Lohn- und Gehaltsbedingungen abhängig machen. Die Zugangskriterien von Teilzeitbeschäftigten zu besonderen Beschäftigungsbedingungen sollten regelmäßig unter Berücksichtigung des in Paragraph 4 Nummer 1 genannten Grundsatzes der Nichtdiskriminierung überprüft werden.

Paragraph 5: Teilzeitarbeitsmöglichkeiten

1. Im Rahmen des Paragraphen 1 dieser Vereinbarung und im Einklang mit dem Grundsatz der Nichtdiskriminierung von Teilzeit- und Vollzeitbeschäftigten,

    a) sollten die Mitgliedstaaten nach Anhörung der Sozialpartner gemäß den einzelstaatlichen Rechtsvorschriften oder Gepflogenheiten Hindernisse rechtlicher oder verwaltungstechnischer Natur, die die Teilzeitarbeitsmöglichkeiten beschränken können, identifizieren und prüfen und sie gegebenenfalls beseitigen;

b) sollten die Sozialpartner innerhalb ihres Zuständigkeitsbereiches durch tarifvertraglich vorgesehene Verfahren Hindernisse, die die Teilzeitarbeitsmöglichkeiten beschränken können, identifizieren und prüfen und sie gegebenenfalls beseitigen.
2. Die Weigerung eines Arbeitnehmers, von einem Vollzeitarbeitsverhältnis in ein Teilzeitarbeitsverhältnis oder umgekehrt überzuwechseln, sollte, unbeschadet der Möglichkeit, gemäß den gesetzlichen und tarifvertraglichen Bestimmungen und den nationalen Gepflogenheiten aus anderen Gründen, wie etwa wegen betrieblicher Notwendigkeit, Kündigungen auszusprechen, als solche keinen gültigen Kündigungsgrund darstellen.
3. Die Arbeitgeber sollten, soweit dies möglich ist,
   a) Anträge von Vollzeitbeschäftigten auf Wechsel in ein im Betrieb zur Verfügung stehendes Teilzeitarbeitsverhältnis berücksichtigen;
   b) Anträge von Teilzeitbeschäftigten auf Wechsel in ein Vollzeitarbeitsverhältnis oder auf Erhöhung ihrer Arbeitszeit, wenn sich diese Möglichkeit ergibt, berücksichtigen;
   c) bemüht sein, zur Erleichterung des Wechsels von einem Vollzeit- in ein Teilzeitarbeitsverhältnis und umgekehrt rechtzeitig Informationen über Teilzeit- oder Vollzeitarbeitsplätze, die im Betrieb zur Verfügung stehen, bereitzustellen;
   d) Maßnahmen, die den Zugang zur Teilzeitarbeit auf allen Ebenen des Unternehmens einschließlich qualifizierten und leitenden Stellungen erleichtern, und in geeigneten Fällen auch Maßnahmen, die den Zugang von Teilzeitbeschäftigten zur beruflichen Bildung erleichtern, zur Förderung des beruflichen Fortkommens und der beruflichen Mobilität in Erwägung ziehen;
   e) bemüht sein, den bestehenden Arbeitnehmervertretungsgremien geeignete Informationen über die Teilzeitarbeit in dem Unternehmen zur Verfügung zu stellen.

Paragraph 6: Umsetzungsbestimmungen
1. Die Mitgliedstaaten und/oder die Sozialpartner können günstigere Bestimmungen beibehalten oder einführen, als sie in dieser Vereinbarung vorgesehen sind.
2. Die Umsetzung dieser Vereinbarung rechtfertigt nicht eine Verringerung des allgemeinen Schutzniveaus der Arbeitnehmer in dem unter diese Vereinbarung fallenden Bereich; dies berührt

nicht das Recht der Mitgliedstaaten und/oder der Sozialpartner, bei Veränderungen der Umstände unterschiedliche Rechts- und Verwaltungsvorschriften oder tarifvertragliche Regelungen zu entwickeln, und steht der Anwendung von Paragraph 5.1 nicht entgegen, sofern der in Paragraph 4.1 festgelegte Grundsatz der Nichtdiskriminierung eingehalten wird.

3. Diese Vereinbarung beeinträchtigt nicht das Recht der Sozialpartner auf der entsprechenden Ebene, einschließlich der europäischen Ebene, Übereinkünfte zur Anpassung und/oder Ergänzung dieser Vereinbarung zu schließen, um besonderen Bedürfnissen der betroffenen Sozialpartner Rechnung zu tragen.

4. Diese Vereinbarung gilt unbeschadet spezifischer Gemeinschaftsbestimmungen, insbesondere der Gemeinschaftsbestimmungen zur Gleichbehandlung und Chancengleichheit von Männern und Frauen.

5. Die Vermeidung und Behebung von Streitfällen aufgrund der Anwendung dieser Vereinbarung erfolgt gemäß den einzelstaatlichen Rechtsvorschriften, Tarifverträgen oder Gepflogenheiten.

6. Die Unterzeichnerparteien überprüfen die Anwendung dieser Vereinbarung fünf Jahre nach Erlaß des Ratsbeschlusses, wenn eines von ihnen einen entsprechenden Antrag stellt.

3. Altersteilzeitgesetz (ATG)

(i.d.F. vom 27.6.2000 – BGBl. I S.1078)

– Auszug –

§ 1 (Grundsatz)

(1) Durch Altersteilzeitarbeit soll älteren Arbeitnehmern ein gleitender Übergang vom Erwerbsleben in die Altersrente ermöglicht werden.

(2) Die Bundesanstalt für Arbeit (Bundesanstalt) fördert durch Leistungen nach diesem Gesetz die Teilzeitarbeit älterer Arbeitnehmer, die ihre Arbeitszeit ab Vollendung des 55. Lebensjahres spätestens ab 31. Dezember 2009 vermindern und damit die Einstellung eines sonst arbeitslosen Arbeitnehmers ermöglichen.

§ 2 (Begünstigter Personenkreis)

(1) Leistungen werden für Arbeitnehmer gewährt, die
   1. das 55. Lebensjahr vollendet haben,
   2. nach dem 14. Februar 1996 auf Grund einer Vereinbarung mit ihrem Arbeitgeber, die sich zumindest auf die Zeit erstrecken muss, bis eine Rente wegen Alters beansprucht werden kann, ihre Arbeitszeit auf die Hälfte der bisherigen wöchentlichen Arbeitszeit vermindert haben, und versicherungspflichtig beschäftigt im Sinne des Dritten Buches Sozialgesetzbuch sind (Altersteilzeitarbeit) und
   3. innerhalb der letzten fünf Jahre vor Beginn der Altersteilzeitarbeit mindestens 1080 Kalendertage in einer versicherungspflichtigen Beschäftigung nach dem Dritten Buch Sozialgesetzbuch gestanden haben. Zeiten mit Anspruch auf Arbeitslosengeld oder Arbeitslosenhilfe sowie Zeiten, in denen Versicherungspflicht nach § 26 Abs. 2 des Dritten Buches Sozialgesetzbuch bestand, stehen der versicherungspflichtigen Beschäftigung gleich. § 427 Abs. 3 des Dritten Buches Sozialgesetzbuch gilt entsprechend.

(2) Sieht die Vereinbarung über die Altersteilzeit unterschiedliche wöchentliche Arbeitszeiten oder eine unterschiedliche Verteilung der wöchentlichen Arbeitszeit vor, ist die Voraussetzung nach Absatz 1 Nr. 2 auch erfüllt, wenn
   1. die wöchentliche Arbeitszeit im Durchschnitt eines Zeitraums von bis zu drei Jahren oder bei Regelung in einem Tarifvertrag, auf Grund eines Tarifvertrages in einer Betriebsvereinbarung oder in einer Regelung der Kirchen und der öffentlich-rechtlichen Religionsgemeinschaften im Durchschnitt eines Zeitraums von bis zu sechs Jahren die Hälfte der bisherigen wöchentlichen Arbeitszeit nicht überschreitet und der Arbeitnehmer versicherungspflichtig beschäftigt im Sinne des Dritten Buches Sozialgesetzbuch ist und
   2. das Arbeitsentgelt für die Altersteilzeitarbeit sowie der Aufstockungsbetrag nach § 3 Abs. 1 Nr. 1 Buchstabe a fortlaufend gezahlt werden.

Im Geltungsbereich eines Tarifvertrages nach Satz 1 Nr. 1 kann die tarifvertragliche Regelung im Betrieb eines nicht tarifgebundenen Arbeitgebers durch Betriebsvereinbarung oder, wenn ein Betriebsrat nicht besteht, durch schriftliche Vereinbarung zwischen dem Arbeitgeber und Arbeitnehmer übernommen werden. Können auf Grund eines solchen Tarifvertrages abweichende Regelungen in einer Betriebsvereinbarung getroffen werden, kann auch in Betrieben eines nicht tarifgebundenen Arbeitgebers davon Gebrauch gemacht werden. Satz 1 Nr. 1, 2. Alternative gilt entsprechend. In einem Bereich, in dem tarifvertragliche Regelungen zur Verteilung der Arbeitszeit nicht getroffen sind oder üblicherweise nicht getroffen werden, kann eine Regelung im Sinne des Satzes 1 Nr. 1, 2. Alternative auch durch Betriebsvereinbarung oder, wenn ein Betriebsrat nicht besteht, durch schriftliche Vereinbarung zwischen Arbeitgeber und Arbeitnehmer getroffen werden.

(3) Sieht die Vereinbarung über die Altersteilzeitarbeit unterschiedliche wöchentliche Arbeitszeiten oder eine unterschiedliche Verteilung der wöchentlichen Arbeitszeit über einen Zeitraum von mehr als sechs Jahren vor, ist die Voraussetzung nach Absatz 1 Nr. 2 auch erfüllt, wenn die wöchentliche Arbeitszeit im Durchschnitt eines Zeitraums von sechs Jahren, der innerhalb des Gesamtzeitraums der vereinbarten Altersteilzeitarbeit liegt, die Hälfte der bisherigen wöchentlichen Arbeitszeit nicht überschreitet, der Arbeitnehmer versicherungspflichtig beschäftigt im Sinne des Dritten Buches Sozialgesetzbuch ist und die weiteren Voraussetzungen des Absatzes 2 vorliegen. Die Leistungen nach § 3 Abs. 1 Nr. 1 sind nur in dem in Satz 1 genannten Zeitraum von sechs Jahren zu erbringen.

....

§ 6 (Begriffsbestimmungen)

(1) ...

(2) Als bisherige wöchentliche Arbeitszeit ist die wöchentliche Arbeitszeit zugrunde zu legen, die mit dem Arbeitnehmer vor dem Übergang in die Altersteilzeitarbeit vereinbart war. Zugrunde zu legen ist höchstens die Arbeitszeit, die im Durchschnitt der letzten 24 Monate vor dem Übergang in die Altersteilzeit vereinbart war. Bei der Ermittlung der durchschnittlichen Arbeitszeit nach Satz 2 bleiben Arbeitszeiten, die die tarifliche regelmäßige wöchentliche Arbeitszeit überschritten haben, außer Betracht. Die ermittelte durchschnittliche Arbeitszeit kann auf die nächste volle Stunde gerundet werden.

(3) Als tarifliche regelmäßige wöchentliche Arbeitszeit ist zugrunde zu legen,

1. wenn ein Tarifvertrag eine wöchentliche Arbeitszeit nicht oder für Teile des Jahres eine unterschiedliche wöchentliche Arbeitszeit vorsieht, die Arbeitszeit, die sich im Jahresdurchschnitt wöchentlich ergibt; wenn ein Tarifvertrag

Ober- und Untergrenzen für die Arbeitszeit vorsieht, die Arbeitszeit, die sich für den Arbeitnehmer im Jahresdurchschnitt wöchentlich ergibt,

2. wenn eine tarifliche Arbeitszeit nicht besteht, die tarifliche Arbeitszeit für gleiche oder ähnliche Beschäftigungen, oder falls eine solche tarifliche Regelung nicht besteht, die für gleiche oder ähnliche Beschäftigungen übliche Arbeitszeit.

§ 8 (Arbeitsrechtliche Regelungen)

(1) Die Möglichkeit eines Arbeitnehmers zur Inanspruchnahme von Altersteilzeitarbeit gilt nicht als eine die Kündigung des Arbeitsverhältnisses durch den Arbeitgeber begründende Tatsache im Sinne des § 1 Abs. 2 Satz 1 des Kündigungsschutzgesetzes; sie kann auch nicht bei der sozialen Auswahl nach § 1 Abs. 3 Satz 1 des Kündigungsschutzgesetzes zum Nachteil des Arbeitnehmers berücksichtigt werden.

(2) ...

(3) Eine Vereinbarung zwischen Arbeitnehmer und Arbeitgeber über die Altersteilzeitarbeit, die die Beendigung des Arbeitsverhältnisses ohne Kündigung zu einem Zeitpunkt vorsieht, in dem der Arbeitnehmer Anspruch auf eine Rente nach Altersteilzeitarbeit hat, ist zulässig.

4. Bundeserziehungsgeldgesetz (BErzGG)

a) In der Fassung vom 12.10.2000 – BGBl. I S. 1426

– Auszug –

§ 15 (Anspruch auf Elternzeit)

(1) Arbeitnehmerinnen und Arbeitnehmer haben Anspruch auf Elternzeit, wenn sie mit einem Kind

1. a) für das ihnen die Personensorge zusteht,
   b) des Ehegatten,
   c) das sie mit dem Ziel der Annahme als Kind in ihre Obhut aufgenommen haben, oder
   d) für das sie auch ohne Personensorgerecht in den Fällen des § 1 Abs. 1 Satz 3 oder Abs. 3 Nr. 3 oder im besonderen Härtefall des § 1 Abs. 5 Erziehungsgeld beziehen können

in einem Haushalt leben und

2. dieses Kind selbst betreuen und erziehen.

Bei einem leiblichen Kind eines nicht sorgeberechtigten Elternteils ist die Zustimmung des sorgeberechtigten Elternteils erforderlich.

(2) Der Anspruch auf Elternzeit besteht bis zur Vollendung des dritten Lebensjahres des Kindes; ein Anteil von bis zu zwölf Monaten ist mit Zustimmung des Arbeitgebers auf die Zeit bis zur Vollendung des achten Lebensjahres übertragbar. Bei einem angenommenen Kind und bei einem Kind in Adoptionspflege kann Elternzeit von insgesamt bis zu drei Jahren ab der Inobhutnahme, längstens bis zur Vollendung des achten Lebensjahres des Kindes genommen werden. Satz 1 zweiter Halbsatz ist entsprechend anwendbar, soweit er die zeitliche Aufteilung regelt. Der Anspruch kann nicht durch Vertrag ausgeschlossen oder beschränkt werden.

(3) Die Elternzeit kann, auch anteilig, von jedem Elternteil allein oder von beiden Elternteilen gemeinsam genommen werden, sie ist jedoch auf bis zu drei Jahre für jedes Kind begrenzt. Die Zeit der Mutterschutzfrist nach § 6 Abs. 1 des Mutterschutzgesetzes wird auf diese Begrenzung angerechnet, soweit nicht die Anrechnung wegen eines besonderen Härtefalles (§ 1 Abs. 5) unbillig ist. Satz 1 gilt entsprechend für Adoptiveltern und Adoptivpflegeeltern.

(4) Während der Elternzeit ist Erwerbstätigkeit zulässig, wenn die vereinbarte wöchentliche Arbeitszeit für jeden Elternteil, der eine Elternzeit nimmt, nicht 30 Stunden übersteigt. Teilzeitarbeit bei einem anderen Arbeitgeber oder als Selbständiger bedarf der Zustimmung des Arbeitgebers. Er kann sie nur innerhalb von vier Wochen aus dringenden betrieblichen Gründen schriftlich ablehnen.

(5) Über den Antrag auf Verringerung der Arbeitszeit und ihre Ausgestaltung sollen sich Arbeitnehmer und Arbeitgeber innerhalb von vier Wochen einigen. Unberührt bleibt das Recht des Arbeitnehmers, sowohl seine vor der Elternzeit bestehende Teilzeitarbeit unverändert, während der Elternzeit fortzusetzen, soweit Absatz 4 beachtet ist, als auch nach der Elternzeit zu der Arbeitszeit zurückzukehren, die er vor Beginn der Elternzeit hatte.

(6) Der Arbeitnehmer kann gegenüber dem Arbeitgeber, soweit eine Einigung nach Absatz 5 nicht möglich ist, unter den Voraussetzungen des Absatzes 7 während der Gesamtdauer der

Teilzeitarbeit

Elternzeit zweimal eine Verringerung seiner Arbeitszeit beanspruchen.

(7) Für den Anspruch auf Verringerung der Arbeitszeit gelten folgende Voraussetzungen:
1. Der Arbeitgeber beschäftigt, unabhängig von der Anzahl der Personen in Berufsbildung, in der Regel mehr als 15 Arbeitnehmer;
2. das Arbeitsverhältnis des Arbeitnehmers in demselben Betrieb oder Unternehmen besteht ohne Unterbrechung länger als sechs Monate;
3. die vertraglich vereinbarte regelmäßige Arbeitszeit soll für mindestens drei Monate auf einen Umfang zwischen 15 und 30 Wochenstunden verringert werden;
4. dem Anspruch stehen keine dringenden betrieblichen Gründe entgegen und
5. der Anspruch wurde dem Arbeitgeber acht Wochen vorher schriftlich mitgeteilt.

Falls der Arbeitgeber die beanspruchte Verringerung der Arbeitszeit ablehnen will, muss er dies innerhalb von vier Wochen mit schriftlicher Begründung tun. Der Arbeitnehmer kann, soweit der Arbeitgeber der Verringerung der Arbeitszeit nicht oder nicht rechtzeitig zustimmt, Klage vor den Gerichten für Arbeitssachen erheben.

b) In der Fassung vom 31.01.1994 – BGBl. I S. 180

Durch die Übergangsvorschrift in § 24 Abs. 1 des BErzGG i.d.F. vom 12.10.2000 bleibt § 15 in der nachfolgenden Fassung für die vor dem 1. Jan. 2001 geborenen Kinder oder für die vor diesem Zeitpunkt in Obhut genommenen Kinder zwecks Adoption weiterhin anwendbar.

– Auszug –

§ 15 (Anspruch auf Erziehungsurlaub)

(1) ... Satz 1 ... *nahezu identisch mit neuer Fassung* ...
Bei einem angenommenen Kind und bei einem Kind in Adoptionspflege kann Erziehungsurlaub von insgesamt drei Jahren ab der Inobhutnahme, längstens bis zur Vollendung des siebten Lebensjahres des Kindes angenommen werden. Bei einem

leiblichen Kind eines nicht sorgeberechtigten Elternteils ist die Zustimmung des sorgeberechtigten Elternteils erforderlich.

(2) Ein Anspruch auf Erziehungsurlaub besteht nicht, solange
1. die Mutter als Wöchnerin bis zum Ablauf von acht Wochen, bei Früh- und Mehrlingsgeburten von zwölf Wochen oder durch Gesetz oder aufgrund eines Gesetzes länger nicht beschäftigt werden darf,
2. der mit dem Arbeitnehmer in einem Haushalt lebende andere Elternteil nicht erwerbstätig ist, es sei denn, dieser ist arbeitslos oder befindet sich in Ausbildung, oder
3. der andere Elternteil Erziehungsurlaub in Anspruch nimmt,

es sei denn, die Betreuung und Erziehung des Kindes kann nicht sichergestellt werden. Satz 1 Nr. 1 gilt nicht, wenn ein Kind in Adoptionspflege genommen ist oder wegen eines anderen Kindes Erziehungsurlaub in Anspruch genommen wird.

(3) Der Anspruch kann nicht durch Vertrag ausgeschlossen oder beschränkt werden.

(4) Während des Erziehungsurlaubs ist Erwerbstätigkeit zulässig, wenn die wöchentliche Arbeitszeit 19 Stunden nicht übersteigt. Teilerwerbstätigkeit bei einem anderen Arbeitgeber oder als Selbständiger bedarf der Zustimmung des Arbeitgebers. Die Ablehnung seiner Zustimmung kann der Arbeitgeber nur mit entgegenstehenden betrieblichen Interessen innerhalb einer Frist von vier Wochen schriftlich begründen.

5. Frauenfördergesetz (FFG)

(i.d.F. v. 24.2.1997 – BGBl. I S. 322)

– Auszug –

§ 1 (Geltungsbereich)

Dieses Gesetz gilt für die Beschäftigten in den Verwaltungen des Bundes und der bundesunmittelbaren Körperschaften, Anstalten und Stiftungen des öffentlichen Rechts sowie in den Gerichten des Bundes. Zu den Verwaltungen im Sinne dieses Gesetzes gehören auch die in bundeseigener Verwaltung geführten öffentlichen Unternehmen einschließlich sonstiger Betriebsverwaltungen.

...

§ 6 (Stellenausschreibung)
...

(2) Stellen, auch für Vorgesetzten- und Leitungsaufgaben, sind auch in Teilzeitform auszuschreiben, wenn zwingende dienstliche Belange nicht entgegenstehen.

§ 8 (Fortbildung)

(1) Die Dienststelle hat durch geeignete Maßnahmen auch die Fortbildung von Frauen zu unterstützen. Bei der Einführungs-, Förderungs- und Anpassungsfortbildung sind Frauen im Regelfall entsprechend ihrem Anteil an der jeweiligen Zielgruppe der Fortbildung zu berücksichtigen.

(2) Die Fortbildung muß Beschäftigten mit Familienpflichten (§ 3 Abs. 2) die Teilnahme in geeigneter Weise ermöglichen. Bei Bedarf sind zusätzliche, entsprechend räumlich und zeitlich ausgestaltete Veranstaltungen anzubieten; Möglichkeiten der Kinderbetreuung sollen im Bedarfsfall angeboten werden.

(3) Fortbildungskurse, die Frauen den beruflichen Aufstieg, insbesondere auch aus den unteren Bezahlungsgruppen, sowie beurlaubten Beschäftigten den Wiedereinstieg erleichtern, sind in ausreichendem Umfang anzubieten; dazu gehören bei Bedarf auch eigene Kursangebote vornehmlich für Frauen.

(4) In Veranstaltungen für Beschäftigte der Personalverwaltung und insbesondere für Vorgesetzte aus anderen Aufgabenbereichen sind Fragen zur Gleichberechtigung von Frauen und Männern zu berücksichtigen.

(5) Den Frauenbeauftragten ist Gelegenheit zur Fortbildung zu geben.

(6) Frauen sollen verstärkt als Leiterinnen und Referentinnen für Fortbildungsveranstaltungen gewonnen werden.

...

§ 10 (Teilzeitbeschäftigung)

(1) Unter Berücksichtigung der dienstlichen Möglichkeiten sowie des Bedarfs hat die Dienststelle ein ausreichendes Angebot an Teilzeitarbeitsplätzen, auch bei Stellen mit Vorgesetzten- und Leitungsaufgaben, zu schaffen. Es ist darauf zu achten, daß sich daraus für die Beschäftigten der Dienststelle keine Mehrbelastungen ergeben.

(2) Anträgen von Beamten ...

(3) Teilzeitbeschäftigte mit Familienpflichten, die eine Vollzeitbeschäftigung anstreben, sollen bei der Besetzung von Vollzeitstellen unter Beachtung von Eignung, Befähigung und fachlicher Leistung sowie des § 7 Abs. 2 vorrangig berücksichtigt werden.

§ 12 (Benachteiligung bei Teilzeitbeschäftigung und familienbedingter Beurlaubung)

(1) Teilzeitbeschäftigung darf das berufliche Fortkommen nicht beeinträchtigen; eine unterschiedliche Behandlung von Teilzeitbeschäftigten gegenüber Vollzeitbeschäftigten ist nur zulässig, wenn sachliche Gründe sie rechtfertigen. Teilzeitbeschäftigung darf sich nicht nachteilig auf die dienstliche Beurteilung auswirken.

(2) Entsprechendes gilt für die Beurlaubung von Beschäftigten mit Familienpflichten; eine regelmäßige Gleichbehandlung von Zeiten der Beurlaubung und der Teilzeitbeschäftigung ist damit nicht verbunden.

(3) Eine Verzögerung im beruflichen Werdegang, die sich aus der Beurlaubung gemäß Absatz 2 ergibt, ist bei einer Beförderung angemessen zu berücksichtigen, soweit das nicht schon durch eine vorzeitige Anstellung geschehen ist.

(4) Die Beurlaubung darf sich nicht nachteilig auf den bereits erreichten Platz in einer Beförderungsreihenfolge auswirken.

Befristete Arbeitsverträge

6. Richtlinie des Rates zu der EGB-UNICE-CEEP-Rahmenvereinbarung über befristete Arbeitsverträge (1999/70/EG)

a) Einführung zur Richtlinie des Rates zu der EGB-UNICE-CEEP-Rahmenvereinbarung über befristete Arbeitsverträge (1999/70/EG)

Die nachfolgende Richtlinie (vgl. EAS A 3610), die die Grundlage für die Bestimmungen zu befristeten Arbeitsverträgen im Gesetz über Teilzeitarbeit und zu befristeten Arbeitsverträgen darstellt, ist durch den Rat der Europäischen Union gestützt auf Art. 139 Abs. 2 des Vertrages zur Gründung der Europäischen Union auf Vorschlag der Kommission des Europäischen Rates erlassen worden. Ausgehend vom Vorschlag der Kommission für eine Richtlinie über bestimmte Arbeitsverhältnisse hinsichtlich der Arbeitsbedingungen vom 29.6.1990 (vgl. EAS A 6010 – Auszüge unter Rn. 406) und dem geänderten Vorschlag der Kommission für eine Richtlinie des Rates über bestimmte Arbeitsverhältnisse im Hinblick auf Wettbewerbsverzerrungen vom 7.11.1990 (vgl. EAS A 6021 – Auszüge unter Rn. 407) hat die Kommission des Rates der Europäischen Union die Sozialpartner (Union der Industrie- und Arbeitgeberverbände Europas – UNICE, Europäischer Zentralverband der öffentlichen Wirtschaft – CEEP – und der Europäische Gewerkschaftsbund – EGB –) nach § 138 Abs. 2 und 3 des Vertrages zur Gründung der Europäischen Union angehört. Im Rahmen dieser Anhörung können die Sozialpartner der Kommission mitteilen, dass sie ein Verfahren nach § 139 des Vertrages zur Gründung der Europäischen Union in Gang setzen wollen. Hiernach können die Sozialpartner eine Vereinbarung treffen und durch gemeinsamen Antrag auf eine Umsetzung in der Europäischen Union hinwirken. Bei der vorliegenden Richtlinie ist der Rat der Europäischen Union auf Vorschlag der Kommission dem Antrag gefolgt und hat die Rahmenvereinbarung in der nachfolgenden Richtlinie umgesetzt.

Gesetze, Richtlinien, Vorschläge

b) Auszüge aus der Richtlinie des Rates zu der EGB-UNICE-CEEP-Rahmenvereinbarung über befristete Arbeitsverträge (1999/70/EG) vom 28. Juni 1999
(Abl. EG Nr. L 175 v. 10.7.1999, S. 43)

„DER RAT DER EUROPÄISCHEN UNION –

gestützt auf den Vertrag zur Gründung der Europäischen Gemeinschaft, insbesondere auf Artikel 139 Abs. 2 auf Vorschlag der Kommission in Erwägung der nachstehenden Gründe:

...

(3) Nummer 7 der Gemeinschaftscharta der sozialen Grundrechte der Arbeitnehmer sieht unter anderem folgendes vor: „Die Verwirklichung des Binnenmarktes muß zu einer Verbesserung der Lebens- und Arbeitsbedingungen der Arbeitnehmer in der Europäischen Union führen. Dieser Prozeß erfolgt durch eine Angleichung dieser Bedingungen auf dem Wege des Fortschritts und betrifft namentlich andere Arbeitsformen als das unbefristete Arbeitsverhältnis, wie das befristete Arbeitsverhältnis, Teilzeitarbeit, Leiharbeit und Saisonarbeit."

...

(6) In der Entschließung des Rates vom 9.2.1999 zu den beschäftigungspolitischen Leitlinien für 1999 werden die Sozialpartner aufgefordert, auf allen geeigneten Ebenen Vereinbarungen zur Modernisierung der Arbeitsorganisation, darunter auch anpassungsfähige Arbeitsregelungen, auszuhandeln, um die Unternehmen produktiv und wettbewerbsfähig zu machen und ein ausgewogenes Verhältnis zwischen Anpassungsfähigkeit und Sicherheit zu erreichen.

...

(10) Die genannten branchenübergreifenden Organisationen schlossen am 18. März 1999 eine Rahmenvereinbarung über befristete Arbeitsverträge und übermittelten der Kommission ... ihren gemeinsamen Antrag auf Durchführung dieser Rahmenvereinbarung durch einen Beschluß des Rates auf Vorschlag der Kommission.

...

(12) In der Präambel zu der am 6. Juni 1997 geschlossenen Rahmenvereinbarung über Teilzeitarbeit kündigten die Unter-

zeichnerparteien ihre Absicht an, zu prüfen, ob ähnliche Vereinbarungen für andere flexible Arbeitsformen erforderlich sind.

(13) Die Sozialpartner wollen den befristeten Arbeitsverträgen besondere Beachtung schenken, erklärten jedoch auch, daß sie in Erwägung ziehen wollten, ob eine ähnliche Vereinbarung über Leiharbeit erforderlich ist.

(14) Die Unterzeichnerparteien wollten eine Rahmenvereinbarung über befristete Arbeitsverträge schließen, welche die allgemeinen Grundsätze und Mindestvorschriften für befristete Arbeitsverträge und Beschäftigungsverhältnisse niederlegt. Sie haben ihren Willen bekundet, durch Anwendung des Grundsatzes der Nichtdiskriminierung die Qualität befristeter Arbeitsverhältnisse zu verbessern und einen Rahmen zu schaffen, der den Mißbrauch durch aufeinanderfolgende befristete Arbeitsverträge oder Beschäftigungsverhältnisse verhindert.

(15) Der geeignete Rechtsakt zur Durchführung der Rahmenvereinbarung ist eine Richtlinie im Sinne von Artikel 249 des Vertrags. Sie ist für die Mitgliedstaaten hinsichtlich des zu erreichenden Zieles verbindlich, überläßt diesen jedoch die Wahl der Form und der Mittel.

...

– HAT FOLGENDE RICHTLINIE ERLASSEN:

Artikel 1

Mit dieser Richtlinie soll die zwischen den allgemeinen branchenübergreifenden Organisationen (EGB, UNICE, CEEP) geschlossene Rahmenvereinbarung vom 18. März 1999 über befristete Arbeitsverträge, die im Anhang enthalten ist, durchgeführt werden.

Artikel 2

Die Mitgliedstaaten setzen die Rechts- und Verwaltungsvorschriften in Kraft, die erforderlich sind, um dieser Richtlinie spätestens am 10. Juli 2001 nachzukommen, oder vergewissern sich spätestens zu diesem Zeitpunkt, daß die Sozialpartner im Wege einer Vereinbarung die erforderlichen Vorkehrungen getroffen haben; dabei haben die Mitgliedstaaten alle notwendigen Maßnahmen zu treffen, um jederzeit gewährleisten zu können, daß die durch die Richtlinie vorgeschriebenen Ergebnisse erzielt werden. Sie setzen die Kommission unverzüglich davon in Kenntnis.

Sofern notwendig kann den Mitgliedstaaten bei besonderen Schwierigkeiten oder im Falle einer Durchführung mittels eines Tarifvertrags nach Konsultation der Sozialpartner eine zusätzliche Frist von höchstens einem Jahr gewährt werden. Sie setzen die Kommission umgehend von diesen Gegebenheiten in Kenntnis.

Wenn die Mitgliedstaaten die Vorschriften nach Absatz 1 erlassen, nehmen sie in diesen Vorschriften selbst oder bei deren amtlicher Veröffentlichung auf diese Richtlinie Bezug. Die Mitgliedstaaten regeln die Einzelheiten der Bezugnahme.

...

Anhang – EGB·UNICE·CEEP
Rahmenvereinbarung über befristete Arbeitsverträge

Präambel

... Die Unterzeichnerparteien dieser Vereinbarung erkennen an, daß unbefristete Verträge die übliche Form des Beschäftigungsverhältnisses zwischen Arbeitgebern und Arbeitnehmern darstellen und weiter darstellen werden. Sie erkennen auch an, daß befristete Beschäftigungsverträge unter bestimmten Umständen den Bedürfnissen von Arbeitgebern und Arbeitnehmern entsprechen.

Die Vereinbarung legt die allgemeinen Grundsätze und Mindestvorschriften für befristete Arbeitsverträge in der Erkenntnis nieder, daß bei ihrer genauen Anwendung die besonderen Gegebenheiten der jeweiligen nationalen, sektoralen und saisonalen Situation berücksichtigt werden müssen. Sie macht den Willen der Sozialpartner deutlich, einen allgemeinen Rahmen zu schaffen, der durch den Schutz vor Diskriminierung die Gleichbehandlung von Arbeitnehmern in befristeten Arbeitsverhältnissen sichert und die Inanspruchnahme befristeter Arbeitsverträge auf einer für Arbeitgeber und Arbeitnehmer akzeptablen Grundlage ermöglicht. ...

Allgemeine Erwägungen

...

6. Unbefristete Arbeitsverträge sind die übliche Form des Beschäftigungsverhältnisses. Sie tragen zur Lebensqualität der betreffenden Arbeitnehmer und zur Verbesserung ihrer Leistungsfähigkeit bei.

7. Die aus objektiven Gründen erfolgende Inanspruchnahme befristeter Arbeitsverträge hilft Mißbrauch zu vermeiden.

8. Befristete Arbeitsverträge sind für die Beschäftigung in bestimmten Branchen, Berufen und Tätigkeiten charakteristisch und können den Bedürfnissen der Arbeitgeber und Arbeitnehmer entsprechen.

...

10. Diese Vereinbarung überläßt es den Mitgliedstaaten und den Sozialpartnern, die Anwendungsmodalitäten ihrer allgemeinen Grundsätze, Mindestvorschriften und Bestimmungen zu definieren, um so der jeweiligen Situation der einzelnen Mitgliedstaaten und den Umständen bestimmter Branchen und Berufe einschließlich saisonaler Tätigkeiten Rechnung zu tragen.

...

– HABEN DIE UNTERZEICHNERPARTEIEN FOLGENDES VEREINBART:

Paragraph 1: Gegenstand

Diese Rahmenvereinbarung soll:

a) durch Anwendung des Grundsatzes der Nichtdiskriminierung die Qualität befristeter Arbeitsverhältnisse verbessern;

b) einen Rahmen schaffen, der den Mißbrauch durch aufeinanderfolgende befristete Arbeitsverträge oder -verhältnisse verhindert.

Paragraph 2: Anwendungsbereich

1. Diese Vereinbarung gilt für befristet beschäftigte Arbeitnehmer mit einem Arbeitsvertrag oder -verhältnis gemäß der gesetzlich, tarifvertraglich oder nach den Gepflogenheiten in jedem Mitgliedstaat geltenden Definitionen.

2. Die Mitgliedstaaten, nach Anhörung der Sozialpartner, und/oder die Sozialpartner können vorsehen, daß diese Vereinbarung nicht gilt für:

   a) Berufsausbildungsverhältnisse und Auszubildendensysteme/ Lehrlingsausbildungssysteme;

   b) Arbeitsverträge und -verhältnisse, die im Rahmen eines besonderen öffentlichen oder von der öffentlichen Hand unterstützten beruflichen Ausbildungs-, Eingliederungs- oder Umschulungsprogramms abgeschlossen wurden.

Paragraph 3: Definitionen

Im Sinne dieser Vereinbarung ist:

1. „befristet beschäftigter Arbeitnehmer" eine Person mit einem direkt zwischen dem Arbeitgeber und dem Arbeitnehmer geschlossenen Arbeitsvertrag oder -verhältnis, dessen Ende durch objektive Bedingungen wie das Erreichen eines bestimmten Datums, die Erfüllung einer bestimmten Aufgabe oder das Eintreten eines bestimmten Ereignisses bestimmt wird.
2. „vergleichbarer Dauerbeschäftigter" ein Arbeitnehmer desselben Betriebs mit einem unbefristeten Arbeitsvertrag oder -verhältnis, der in der gleichen oder einer ähnlichen Arbeit/Beschäftigung tätig ist, wobei auch die Qualifikationen/Fertigkeiten angemessen zu berücksichtigen sind.

Ist in demselben Betrieb kein vergleichbarer Dauerbeschäftigter vorhanden, erfolgt der Vergleich anhand des anwendbaren Tarifvertrages oder in Ermangelung eines solchen den einzelstaatlichen gesetzlichen oder tarifvertraglichen Bestimmungen oder Gepflogenheiten.

Paragraph 4: Grundsatz der Nichtdiskriminierung

1. Befristet beschäftigte Arbeitnehmer dürfen in ihren Beschäftigungsbedingungen nur deswegen, weil für sie ein befristeter Arbeitsvertrag oder ein befristetes Arbeitsverhältnis gilt, gegenüber vergleichbaren Dauerbeschäftigten nicht schlechter behandelt werden, es sei denn, die unterschiedliche Behandlung ist aus sachlichen Gründen gerechtfertigt.
2. Es gilt, wo dies angemessen ist, der Pro-rata-temporis-Grundsatz.
3. Die Anwendungsmodalitäten dieser Bestimmung werden von den Mitgliedstaaten nach Anhörung der Sozialpartner und/oder von den Sozialpartnern unter Berücksichtigung der Rechtsvorschriften der Gemeinschaft und der einzelstaatlichen gesetzlichen und tarifvertraglichen Bestimmungen und Gepflogenheiten festgelegt.
4. In Bezug auf bestimmte Beschäftigungsbedingungen gelten für befristet beschäftigte Arbeitnehmer dieselben Betriebszugehörigkeitszeiten wie für Dauerbeschäftigte, es sei denn unterschiedliche Betriebszugehörigkeitszeiten sind aus sachlichen Gründen gerechtfertigt.

Paragraph 5: Maßnahmen zur Vermeidung von Mißbrauch

1. Um Mißbrauch durch aufeinanderfolgende befristete Arbeitsverträge oder -verhältnisse zu vermeiden, ergreifen die Mitgliedstaaten nach der gesetzlich oder tarifvertraglich vorgeschriebenen oder in dem Mitgliedstaat üblichen Anhörung der Sozialpartner und/oder die Sozialpartner, wenn keine gleichwertigen gesetzlichen Maßnahmen zur Mißbrauchsverhinderung bestehen, unter Berücksichtigung der Anforderungen bestimmter Branchen und/oder Arbeitnehmerkategorien eine oder mehrere der folgenden Maßnahmen:

    a) sachliche Gründe, die die Verlängerung solcher Verträge oder Verhältnisse rechtfertigen;

    b) die insgesamt maximal zulässige Dauer aufeinanderfolgender Arbeitsverträge oder -verhältnisse;

    c) die zulässige Zahl der Verlängerungen solcher Verträge oder Verhältnisse.

2. Die Mitgliedstaaten nach Anhörung der Sozialpartner und/oder die Sozialpartner legen gegebenenfalls fest, unter welchen Bedingungen befristete Arbeitsverträge oder Beschäftigungsverhältnisse:

    a) als „aufeinanderfolgend" zu betrachten sind;

    b) als unbefristete Verträge oder Verhältnisse zu gelten haben.

Paragraph 6: Information und Beschäftigungsmöglichkeiten

1. Die Arbeitgeber informieren die befristet beschäftigten Arbeitnehmer über Stellen, die im Unternehmen oder Betrieb frei werden, damit diese die gleichen Chancen auf einen sicheren unbefristeten Arbeitsplatz haben wie andere Arbeitnehmer. Diese Information kann durch allgemeine Bekanntgabe an geeigneter Stelle im Unternehmen oder Betrieb erfolgen.

2. Die Arbeitgeber erleichtern den befristet beschäftigten Arbeitnehmern, soweit dies möglich ist, den Zugang zu angemessenen Aus- und Weiterbildungsmöglichkeiten, die die Verbesserung ihrer Fertigkeiten, ihr berufliches Fortkommen und ihre berufliche Mobilität fördern.

Paragraph 7: Information und Konsultation

1. Befristet beschäftigte Arbeitnehmer werden entsprechend den nationalen Rechtsvorschriften bei der Berechnung der Schwellenwerte für die Einrichtung von Arbeitnehmervertretungen in den Unternehmen berücksichtigt, die nach den Rechtsvorschriften der Gemeinschaft und der Mitgliedstaaten vorgesehen sind.
2. Die Anwendungsmodalitäten des Paragraphs 7 Nummer 1 werden von den Mitgliedstaaten nach Anhörung der Sozialpartner und/oder von den Sozialpartnern unter Berücksichtigung der einzelstaatlichen gesetzlichen und tarifvertraglichen Bestimmungen und Gepflogenheiten und im Einklang mit Paragraph 4 Nummer 1 festgelegt.
3. Die Arbeitgeber ziehen, soweit dies möglich ist, eine angemessene Information der vorhandenen Arbeitnehmervertretungsgremien über befristete Arbeitsverhältnisse im Unternehmen in Erwägung.

Paragraph 8: Umsetzungsbestimmungen

1. Die Mitgliedstaaten und/oder die Sozialpartner können günstigere Bestimmungen für Arbeitnehmer beibehalten oder einführen, als sie in dieser Vereinbarung vorgesehen sind.
2. Diese Vereinbarung gilt unbeschadet spezifischerer Gemeinschaftsbestimmungen, insbesondere der Gemeinschaftsbestimmungen zur Gleichbehandlung und Chancengleichheit von Männern und Frauen.
3. Die Umsetzung dieser Vereinbarung darf nicht als Rechtfertigung für die Senkung des allgemeinen Niveaus des Arbeitnehmerschutzes in dem von dieser Vereinbarung erfaßten Bereich dienen.
4. Diese Vereinbarung beeinträchtigt nicht das Recht der Sozialpartner, auf der geeigneten, einschließlich europäischen Ebene, Vereinbarungen zu schließen, die die Bestimmungen dieser Vereinbarung unter Berücksichtigung der besonderen Bedürfnisse der betroffenen Sozialpartner anpassen und/oder ergänzen.
5. Die Vermeidung und Behandlung von Streitfällen und Beschwerden, die sich aus der Anwendung dieser Vereinbarung ergeben, erfolgen im Einklang mit den einzelstaatlichen gesetzlichen und tarifvertraglichen Bestimmungen und Gepflogenheiten.
6. Falls eine der Unterzeichnerparteien dies beantragt, nehmen diese fünf Jahre nach dem Datum des Ratsbeschlusses eine Überprüfung der Anwendung dieser Vereinbarung vor."

7. Vorschlag der Kommission für eine Richtlinie des Rates über bestimmte Arbeitsverhältnisse hinsichtlich der Arbeitsbedingungen

(KOM – 90 – 228 endg.) vom 29. Juni 1990 (Abl. EG Nr. C 224 v. 8.9.1990, S. 4)

– Auszug –

Artikel 1

(1) Diese Richtlinie gilt für folgende Arbeitsverhältnisse:

a) Teilzeitarbeitsverhältnisse, bei denen die Arbeitszeit unter der gesetzlichen, tarifvertraglichen oder gewöhnlichen Arbeitszeit liegt;

b) Zeitarbeitsverhältnisse folgender Art:

- Arbeit auf der Grundlage eines befristeten Arbeitsvertrags – einschließlich Saisonarbeit –, der unmittelbar zwischen Arbeitgeber und Arbeitnehmer geschlossen und in dem das Vertragsende nach objektiven Bedingungen festgelegt wird, etwa: Erreichen eines bestimmten Datums, Abschluß eines bestimmten Arbeitsauftrags oder Eintritt eines bestimmten Ereignisses;

- Leiharbeit im Sinne eines Arbeitsverhältnisses zwischen einem Leiharbeitunternehmen als Arbeitgeber einerseits und einem Arbeitnehmer andererseits, wobei letzterer keinen Arbeitsvertrag mit dem Unternehmen hat, in dem er seine Tätigkeit ausübt.

(2) Diese Richtlinie gilt für die Arbeitnehmer der öffentlichen und privaten Unternehmen.

(3) Die Bestimmungen dieser Richtlinie gelten nicht für Arbeitnehmer, deren wöchentliche Arbeitszeit im Durchschnitt unter acht Stunden liegt.

Artikel 2

(1) Die Arbeitnehmer in einem Teilzeit- und/oder befristeten Arbeitsverhältnis müssen unter Berücksichtigung der Dauer ihrer Arbeitsleistung und der Art der auszuführenden Arbeitsaufgaben unter vergleichbaren Bedingungen Zugang zu den vom Unternehmen angebotenen Berufsausbildungsmaßnahmen haben wie die unbefristet beschäftigten Vollzeitarbeitnehmer.

(2) Die Arbeitnehmer im Sinne dieser Richtlinie müssen in gleicher Weise wie die übrigen Beschäftigten (und proportional zur Dauer ihrer Arbeitsleistung) bei der Berechnung der Schwelle berücksichtigt werden, von der ab im Unternehmen entsprechend den einzelstaatlichen Bestimmungen Arbeitnehmervertretungsorgane einzurichten sind.

(3) Beabsichtigt der Arbeitgeber, Arbeitnehmer im Sinne der Richtlinie zu beschäftigen, so ist er gehalten, die Arbeitnehmervertretungsorgane in seinem Unternehmen rechtzeitig davon zu unterrichten.

In Betrieben mit mehr als tausend Beschäftigten wird regelmäßig eine Aufstellung über die Beschäftigungsformen im Hinblick auf die Gesamtentwicklung der Beschäftigtenzahl gegeben.

(4) Der Arbeitgeber muß im Zeitarbeitsvertrag die Entscheidung für diese Art Arbeitsverhältnis begründen.

Artikel 3

Die Arbeitnehmer im Sinne dieser Richtlinie haben bei der Gewährung von Sach- und Geldleistungen im Rahmen eines Sozialfürsorgesystems oder eines nicht beitragsgebundenen Systems der sozialen Sicherheit Anspruch auf vergleichbare Behandlung wie die unbefristet beschäftigten Vollzeitarbeitnehmer.

Artikel 4

Die Arbeitnehmer im Sinne dieser Richtlinie haben ein Recht auf Zugang zu sämtlichen Sozialdiensten des Unternehmens, die den übrigen Beschäftigten normalerweise zur Verfügung stehen.

Artikel 5

Wenn die Unternehmen unbefristete Vollzeitarbeitnehmer einstellen, unterrichten sie rechtzeitig die Arbeitnehmer im Sinne dieser Richtlinie, damit ihre etwaige Bewerbung berücksichtigt werden kann.

Artikel 6

Die Mitgliedstaaten treffen geeignete Maßnahmen, um sicherzustellen, daß die Bestimmungen, die den Abschluß eines Arbeitsvertrages zwischen dem entleihenden Unternehmen und dem Leiharbeitnehmer verbieten oder verhindern, von Rechts wegen ungültig sind oder für ungültig erklärt werden können.

Artikel 7

Die Mitgliedstaaten treffen geeignete Maßnahmen, um sicherzustellen, daß die vertraglichen Verpflichtungen des Leiharbeitunternehmens gegenüber dem Leiharbeitnehmer, insbesondere was die Zahlung des Arbeitsentgelts und der Sozialbeiträge angeht, erfüllt werden, falls das Unternehmen selbst dazu nicht in der Lage ist.

Artikel 8

Die Bestimmungen dieser Richtlinie gelten für Saisonarbeitnehmer, soweit die besonderen Merkmale ihrer Arbeit dies zulassen.

Artikel 9

Das Recht der Mitgliedstaaten, für ihre Arbeitnehmer günstigere Rechts- und Verwaltungsvorschriften anzuwenden oder zu erlassen, bleibt unberührt.
..."

8. Vorschlag der Kommission für eine Richtlinie des Rates über bestimmte Arbeitsverhältnisse im Hinblick auf Wettbewerbsverzerrungen

(KOM – 90 – 228 endg.) vom 29. Juni 1990 (Abl. EG Nr. C 224 v. 8.9.1990, S. 4)

– Auszug –

Artikel 1

„ ... (*wortgleich mit Artikel 1 – abgedruckt unter Rn. 406*)

Artikel 2

Die Mitgliedstaaten treffen die erforderlichen Maßnahmen, um sicherzustellen, daß die Arbeitnehmer im Sinne dieser Richtlinie einen sozialen Schutz auf der Grundlage der gesetzlichen und betrieblichen Systeme der sozialen Sicherheit genießen, der unter Berücksichtigung der Dauer der Arbeit und/oder des Arbeitsentgelts auf der gleichen Grundlage und den gleichen Kriterien beruht, die auch für die unbefristet beschäftigten Vollzeitarbeitnehmer gelten.

Artikel 3

Die Mitgliedstaaten treffen die erforderlichen Maßnahmen, um sicherzustellen, daß die Teilzeitarbeitnehmer unter Berücksichtigung der Dauer ihrer Gesamtarbeitsleistung das gleiche Recht auf Jahresurlaub, auf Kündigungsabfindung und Dienstalterszulagen haben wie Vollzeitarbeitnehmer.

Artikel 4

Im Hinblick auf Zeitarbeit treffen die Mitgliedstaaten die erforderlichen Maßnahmen, um sicherzustellen:

a) daß die einzelstaatlichen Gesetze eine Begrenzung der Verlängerbarkeit von Zeitarbeitsverträgen mit einer Dauer von einem Jahr oder weniger für eine bestimmte Arbeitsstelle vorsehen, so daß die Zeitarbeitsphasen insgesamt eine Dauer von 36 Monaten nicht überschreiten;

b) daß ein angemessener Entschädigungsmodus für den Fall vorgesehen wird, daß es zu einer nicht gerechtfertigten Beendigung des Arbeitsverhältnisses vor Ablauf der festgelegten Frist kommt.

Artikel 5

„ ... (*wortgleich mit Artikel 8 – abgedruckt unter Rn. 406*)
... "

408 9. Geänderter Vorschlag der Kommission für eine Richtlinie des Rates über bestimmte Arbeitsverhältnisse im Hinblick auf Wettbewerbsverzerrungen

(KOM – 90 – 553 endg.) vom 7.11.1990 (Abl. EG Nr. C 305 v. 5.12.1990, S. 8)

– Auszug –

Artikel 1

Abs. 1, Abs. 2 und Abs. 3 Satz 1 (*wortgleich mit Artikel 1 – abgedruckt unter Rn. 406*) – Ergänzt wurde in Abs. 3 der folgende 2. Satz:

Diese Dauer errechnet sich auf der Grundlage der vorhersehbaren Arbeitszeit oder nachträglich unter Berücksichtigung aller in den letzten sechs Monaten geleisteten Arbeitszeiten.

Artikel 2
(wortgleich mit Artikel 2 – abgedruckt unter Rn. 407)

Artikel 3
(wortgleich mit Artikel 3 – abgedruckt unter Rn. 407)

Artikel 4
Einleitungssatz Buchstabe b) und c) wortgleich mit Artikel 4 Einleitungssatz Buchstabe a) und b) – abgedruckt unter Rn. 406 –. Zusätzlich eingefügt wurde der folgende neue Buchstabe a):

„a) daß mit der Herstellung eines Zeitarbeitsverhältnisses nicht der Zweck verfolgt werden darf, dieses an die Stelle eines bestehenden, auf Dauer angelegten Arbeitsplatzes treten zu lassen."

Artikel 5
(wortgleich mit Artikel 5 – abgedruckt unter Rn. 407)

10. Bürgerliches Gesetzbuch (BGB)
– Auszug –

§ 620

(1) Das Dienstverhältnis endigt mit dem Ablaufe der Zeit, für die es eingegangen ist.

(2) Ist die Dauer des Dienstverhältnisses weder bestimmt noch aus der Beschaffenheit oder dem Zweck der Dienste zu entnehmen, so kann jeder Teil das Dienstverhältnis nach Maßgabe der §§ 621 bis 623 kündigen.

(3) Für Arbeitsverträge, die auf bestimmte Zeit abgeschlossen werden, gilt das Teilzeit- und Befristungsgesetz.

§ 623

Die Beendigung von Arbeitsverhältnissen durch Kündigung oder Auflösungsvertrag bedürfen zu ihrer Wirksamkeit der Schriftform.

§ 624

Ist das Dienstverhältnis für die Lebenszeit einer Person oder für längere Zeit als fünf Jahre eingegangen, so kann es von dem Verpflichteten nach dem Ablaufe von fünf Jahren gekündigt werden. Die Kündigungsfrist beträgt sechs Monate.

§ 625

Wird das Dienstverhältnis nach dem Ablaufe der Dienstzeit von dem Verpflichteten mit Wissen des anderen Teiles fortgesetzt, so gilt es als auf unbestimmte Zeit verlängert, sofern nicht der andere Teil unverzüglich widerspricht.

11. Bundeserziehungsgeldgesetz (BErzGG)

a) In der Fassung vom 12.10.2000 – BGBl. I S. 1426)

– Auszug –

§ 21 (Befristete Arbeitsverträge)

(1) Ein sachlicher Grund, der die Befristung eines Arbeitsverhältnisses rechtfertigt, liegt vor, wenn ein Arbeitnehmer zur Vertretung eines anderen Arbeitnehmers für Zeiten eines Beschäftigungsverbots nach dem Mutterschutzgesetz, einer Elternzeit, einer auf Tarifvertrag, Betriebsvereinbarung oder einzelvertraglicher Vereinbarung beruhenden Arbeitsfreistellung zur Betreuung eines Kindes oder für diese Zeiten zusammen oder für Teile davon eingestellt wird.

(2) Über die Dauer der Vertretung nach Absatz 1 hinaus ist die Befristung für notwendige Zeiten einer Einarbeitung zulässig.

(3) Die Dauer der Befristung des Arbeitsvertrages muß kalendermäßig bestimmt oder bestimmbar oder den in den Absätzen 1 und 2 genannten Zwecken zu entnehmen sein.

(4) Der Arbeitgeber kann den befristeten Arbeitsvertrag unter Einhaltung einer Frist von mindestens drei Wochen, jedoch frühestens zum Ende der Elternzeit kündigen, wenn die Elternzeit ohne Zustimmung des Arbeitgebers vorzeitig endet und der Arbeitnehmer die vorzeitige Beendigung seiner Elternzeit mitgeteilt hat. Satz 1 gilt entsprechend, wenn der Arbeitgeber die vorzeitige Beendigung der Elternzeit in den Fällen des § 16 Abs. 3 Satz 2 nicht ablehnen darf.

(5) Das Kündigungsschutzgesetz ist im Falle des Absatzes 4 nicht anzuwenden.

(6) Absatz 4 gilt nicht, soweit seine Anwendung vertraglich ausgeschlossen ist.

(7) Wird im Rahmen arbeitsrechtlicher Gesetze oder Verordnungen auf die Zahl der beschäftigten Arbeitnehmer abgestellt, so sind bei der Ermittlung dieser Zahl Arbeitnehmer, die sich in der Elternzeit befinden oder zur Betreuung eines Kindes freigestellt sind, nicht mitzuzählen, solange für sie auf Grund von Absatz 1 ein Vertreter eingestellt ist. Dies gilt nicht, wenn der Vertreter nicht mitzuzählen ist. Die Sätze 1 und 2 gelten entsprechend, wenn im Rahmen arbeitsrechtlicher Gesetze oder Verordnungen auf die Zahl der Arbeitsplätze abgestellt wird.

b) In der Fassung vom 31.01.1994 – BGBl. I S. 180

– Auszug –

Durch die Übergangsvorschrift in § 24 Abs. 1 des BErzGG i.d.F. vom 12.10.2000 bleibt § 21 in der nachfolgenden Fassung für die vor dem 1. Januar 2001 geborenen Kinder oder für die vor diesem Zeitpunkt in Obhut genommenen Kinder zwecks Adoption weiterhin anwendbar.

§ 21 (Befristete Arbeitsverträge)

(1) ... *identisch mit neuer Fassung* ... „Elternurlaub" wird durch „Elternzeit" ersetzt.

(2) ... *identisch mit neuer Fassung* ...

(3) ... *identisch mit neuer Fassung* ...

(4) Das befristete Arbeitsverhältnis kann unter Einhaltung einer Frist von drei Wochen gekündigt werden, wenn der Erziehungsurlaub ohne Zustimmung des Arbeitgebers vorzeitig beendet werden kann und der Arbeitnehmer dem Arbeitgeber die vorzei-

tige Beendigung seines Erziehungsurlaubs mitgeteilt hat; die Kündigung ist frühestens zu dem Zeitpunkt zulässig, zu dem der Erziehungsurlaub endet.

(5) ... *identisch mit neuer Fassung* ...

(6) ... *identisch mit neuer Fassung* ...

(7) ... *identisch mit neuer Fassung* ...

12. Arbeitnehmerüberlassungsgesetz (AÜG)

(i.d.F. v. 3.2.1995 – BGBl. I. S. 158, geänd. d. Ges. v. 29.6.1998 – BGBl. I S. 1694)

– Auszug –

§ 3 (Versagung)

a. Die Erlaubnis oder ihre Verlängerung ist zu versagen, wenn Tatsachen die Annahme rechtfertigen, daß der Antragsteller

...

3. mit dem Leiharbeitnehmer wiederholt einen befristeten Arbeitsvertrag abschließt, es sei denn, daß sich für die Befristung aus der Person des Leiharbeitnehmers ein sachlicher Grund ergibt oder die Befristung für einen Arbeitsvertrag vorgesehen ist, der unmittelbar an einen mit demselben Verleiher geschlossenen Arbeitsvertrag anschließt;

...

§ 9 (Unwirksamkeit)

Unwirksam sind:

...

3. wiederholte Befristungen des Arbeitsverhältnisses zwischen Verleiher und Leiharbeitnehmer, es sei denn, daß sich für die Befristung aus der Person des Leiharbeitnehmers ein sachlicher Grund ergibt, oder die Befristung ist für einen Arbeitsvertrag vorgesehen, der unmittelbar an einen mit demselben Verleiher geschlossenen Arbeitsvertrag anschließt.

...

13. Hochschulrahmengesetz (HRG)

(v. 26.1.1976 – BGBl. I S. 185 – i.d.F. v. 19.1.1999 – BGBl. I S. 18)

– Auszug –

§ 57a (Befristung von Arbeitsverträgen)

Für den Abschluß von Arbeitsverträgen für eine bestimmte Zeit (befristete Arbeitsverträge) mit wissenschaftlichen und künstlerischen Mitarbeitern (§ 53), Personal mit ärztlichen Aufgaben (§ 54) und Lehrkräften für besondere Aufgaben (§ 56) sowie mit wissenschaftlichen Hilfskräften gelten die §§ 57b bis 57f. Die arbeitsrechtlichen Vorschriften und Grundsätze über befristete Arbeitsverträge sind nur insoweit anzuwenden, als sie den Vorschriften dieses Gesetzes nicht widersprechen.

§ 57b (Sachlicher Grund für die Befristung)

(1) Der Abschluß befristeter Arbeitsverträge mit dem in § 57a Satz 1 genannten Personal ist zulässig, wenn die Befristung durch einen sachlichen Grund gerechtfertigt ist, es sei denn, es bedarf nach den allgemeinen arbeitsrechtlichen Vorschriften und Grundsätzen keines sachlichen Grundes.

(2) Sachliche Gründe, die die Befristung eines Arbeitsvertrages mit einem wissenschaftlichen oder künstlerischen Mitarbeiter nach § 53 sowie mit Personal mit ärztlichen Aufgaben nach § 54 rechtfertigen, liegen auch vor, wenn

1. die Beschäftigung des Mitarbeiters mit Dienstleistungen nach § 53 Abs. 1 und 2 oder nach § 53 Abs. 4 in Verbindung mit § 53 Abs. 1 und 2 auch seiner Weiterbildung als wissenschaftlicher oder künstlerischer Nachwuchs oder seiner beruflichen Aus-, Fort- oder Weiterbildung dient,

2. der Mitarbeiter aus Haushaltsmitteln vergütet wird, die haushaltsrechtlich für eine befristete Beschäftigung bestimmt sind, und er entsprechend beschäftigt wird,

3. der Mitarbeiter besondere Kenntnisse und Erfahrungen in der Lehre, in der Forschungsarbeit oder in der künstlerischen Betätigung erwerben oder vorübergehend in sie einbringen soll,

4. der Mitarbeiter überwiegend aus Mitteln Dritter vergütet und der Zweckbestimmung dieser Mittel entsprechend beschäftigt wird oder

5. der Mitarbeiter erstmals als wissenschaftlicher oder künstlerischer Mitarbeiter eingestellt wird.

(3) Absatz 2 gilt für die Befristung eines Arbeitsvertrages mit einer Lehrkraft für besondere Aufgaben nach § 56 entsprechend.

(4) Für die Befristung eines Arbeitsvertrages mit einer wissenschaftlichen Hilfskraft gilt Absatz 2 Nr. 1, 2 und 4 entsprechend.

(5) Der Grund für die Befristung nach den Absätzen 2 bis 4 ist im Arbeitsvertrag anzugeben; ist der Grund nicht angegeben, kann die Rechtfertigung der Befristung nicht auf die Absätze 2 bis 4 gestützt werden.

(6) Der erstmalige Abschluß eines befristeten Arbeitsvertrages für die Beschäftigung als wissenschaftlicher oder künstlerischer Nachwuchs oder zur beruflichen Ausbildung nach Absatz 2 Nr. 1 oder für die Beschäftigung nach Absatz 2 Nr. 5 soll nicht später als vier Jahre nach der letzten Hochschulprüfung oder Staatsprüfung des wissenschaftlichen oder künstlerischen Mitarbeiters erfolgen.

§ 57c (Dauer der Befristung)

(1) Die Dauer der Befristung des Arbeitsvertrages bestimmt sich in den Fällen des § 57b Abs. 2 bis 4 im Rahmen der Absätze 2 bis 6 ausschließlich nach der vertraglichen Vereinbarung. Sie muß kalendermäßig bestimmt oder bestimmbar sein.

(2) Ein befristeter Arbeitsvertrag nach § 57b Abs. 2 Nr. 1 bis 4 und Abs. 3 kann bis zur Dauer von fünf Jahren abgeschlossen werden. Mehrere befristete Arbeitsverträge nach § 57b Abs. 2 Nr. 1 bis 4 und Abs. 3 bei derselben Hochschule dürfen diese Höchstgrenze insgesamt nicht überschreiten. Ein befristeter Arbeitsvertrag nach § 57b Abs. 2 Nr. 5 kann bis zur Dauer von zwei Jahren abgeschlossen werden.

(3) Auf die Höchstgrenze nach Absatz 2 Satz 1 und 2 sind Zeiten eines befristeten Arbeitsvertrages nach § 57b Abs. 2 Nr. 1 bis 4, soweit er innerhalb oder außerhalb der Arbeitszeit Gelegenheit zur Vorbereitung einer Promotion gibt, nicht anzurechnen.

(4) Wird bei Personal mit ärztlichen Aufgaben, das sich in einer zeitlich und inhaltlich strukturierten Weiterbildung zum Facharzt oder zum Erwerb einer Zusatzbezeichnung befindet, die Anerkennung als Facharzt oder die Zusatzbezeichnung in fünf Jahren nicht erworben, kann die Höchstgrenze nach Absatz 2 Satz 1 und 2 um die notwendige Zeit für den Erwerb der Anerkennung als Facharzt oder der Zusatzbezeichnung, höchstens bis zur Dauer von drei Jahren, überschritten werden. Zum Zwecke

des Erwerbs einer Anerkennung für einen Schwerpunkt oder des an die Weiterbildung zum Facharzt anschließenden Erwerbs einer Zusatzbezeichnung, eines Fachkundennachweises oder einer Bescheinigung über eine fakultative Weiterbildung kann ein weiterer befristeter Arbeitsvertrag für den Zeitraum, der für den Erwerb vorgeschrieben ist, höchstens bis zur Dauer von drei Jahren vereinbart werden. Absatz 2 Satz 2 gilt entsprechend.

(5) Ein befristeter Arbeitsvertrag mit einer wissenschaftlichen Hilfskraft kann bis zur Dauer von vier Jahren abgeschlossen werden. Mehrere befristete Arbeitsverträge bei derselben Hochschule dürfen diese Höchstgrenze insgesamt nicht überschreiten. Zeiten eines befristeten Arbeitsvertrages als wissenschaftliche Hilfskraft, die vor dem Abschluß eines Studiums liegen, sind auf die Höchstgrenze nicht anzurechnen.

(6) Auf die jeweilige Dauer eines befristeten Arbeitsvertrages nach § 57b Abs. 2 bis 4 sind im Einverständnis mit dem Mitarbeiter nicht anzurechnen:
 1. Zeiten einer Beurlaubung oder einer Ermäßigung der Arbeitszeit um mindestens ein Fünftel der regelmäßigen Arbeitszeit, die für die Betreuung oder Pflege eines Kindes unter 18 Jahren oder eines pflegebedürftigen sonstigen Angehörigen gewährt worden sind, soweit die Beurlaubung oder die Ermäßigung der Arbeitszeit die Dauer von zwei Jahren nicht überschreitet,
 2. Zeiten einer Beurlaubung für eine wissenschaftliche Tätigkeit oder eine außerhalb des Hochschulbereichs oder im Ausland durchgeführte wissenschaftliche oder berufliche Aus-, Fort- oder Weiterbildung sowie bis zum 3. Oktober 1994 zur Wahrnehmung von Aufgaben nach § 2 Abs. 6 Satz 2, soweit die Beurlaubung die Dauer von zwei Jahren nicht überschreitet,
 3. Zeiten einer Beurlaubung nach dem Bundeserziehungsgeldgesetz und Zeiten eines Beschäftigungsverbots nach den §§ 3, 4, 6 und 8 des Mutterschutzgesetzes, soweit eine Beschäftigung, unbeschadet einer zulässigen Teilzeitbeschäftigung, nicht erfolgt ist,
 4. Zeiten des Grundwehr- und Zivildienstes und
 5. Zeiten einer Freistellung zur Wahrnehmung von Aufgaben in einer Personal- oder Schwerbehindertenvertretung, von Aufgaben nach § 3 oder zur Ausübung eines Mandats nach § 50 Abs. 3 Satz 2 Nr. 2, soweit die Freistellung von der regelmäßigen Arbeitszeit mindestens ein Fünftel beträgt und die Dauer von zwei Jahren nicht überschreitet.

§ 57d (Kündigung bei Wegfall von Mitteln Dritter)

Ein befristeter Arbeitsvertrag nach § 57b Abs. 2 Nr. 4 und Abs. 4 in Verbindung mit Abs. 2 Nr. 4 kann, ohne daß es einer vertraglichen Kündigungsregelung bedarf, gekündigt werden, wenn feststeht, daß die Drittmittel wegfallen werden, dies dem Mitarbeiter unverzüglich mitgeteilt wird und die Kündigung unter Einhaltung der Kündigungsfrist frühestens zum Zeitpunkt des Wegfalls der Drittmittel erfolgt.

§ 57e (Privatdienstvertrag)

Für einen befristeten Arbeitsvertrag, den ein Mitglied einer Hochschule, das Aufgaben seiner Hochschule selbständig wahrnimmt, zur Unterstützung bei der Erfüllung dieser Aufgaben mit einem aus Mitteln Dritter vergüteten Mitarbeiter abschließt, gelten § 57a Satz 2 und die §§ 57b bis 57d entsprechend.

§ 57f (Erstmalige Anwendung)

...

14. Gesetz über befristete Arbeitsverträge mit Ärzten in der Weiterbildung

(v.15.6.1986 – BGBl. I S. 742 – geänd. d. Ges. v. 16.12.1997 – BGBl. I S. 2994)

– Auszug –

§ 1 (Befristung von Arbeitsverträgen)

(1) Ein die Befristung eines Arbeitsvertrages mit einem Arzt rechtfertigender sachlicher Grund liegt vor, wenn die Beschäftigung des Arztes seiner zeitlich und inhaltlich strukturierten Weiterbildung zum Facharzt oder dem Erwerb einer Anerkennung für einen Schwerpunkt oder dem Erwerb einer Zusatzbezeichnung, eines Fachkundenachweises oder einer Bescheinigung über eine fakultative Weiterbildung dient.

(2) Die Dauer der Befristung des Arbeitsvertrages bestimmt sich im Rahmen der Absätze 3 und 4 ausschließlich nach der vertraglichen Vereinbarung; sie muß kalendermäßig bestimmt oder bestimmbar sein.

(3) Ein befristeter Arbeitsvertrag nach Absatz 1 kann auf die notwendige Zeit für den Erwerb der Anerkennung als Facharzt oder

den Erwerb einer Zusatzbezeichnung, höchstens bis zur Dauer von acht Jahren, abgeschlossen werden. Zum Zweck des Erwerbs einer Anerkennung für einen Schwerpunkt oder des an die Weiterbildung zum Facharzt anschließenden Erwerbs einer Zusatzbezeichnung, eines Fachkundenachweises oder einer Bescheinigung über eine fakultative Weiterbildung kann ein weiterer befristeter Arbeitsvertrag für den Zeitraum, der für den Erwerb vorgeschrieben ist, vereinbart werden. Wird die Weiterbildung im Rahmen einer Teilzeitbeschäftigung abgeleistet und verlängert sich der Weiterbildungszeitraum hierdurch über die zeitlichen Grenzen der Sätze 1 und 2 hinaus, so können diese um die Zeit dieser Verlängerung überschritten werden. Erfolgt die Weiterbildung nach Absatz 1 im Rahmen mehrerer befristeter Arbeitsverträge, so dürfen sie insgesamt die zeitlichen Grenzen nach den Sätzen 1, 2 und 3 nicht überschreiten. Die Befristung darf den Zeitraum nicht überschreiten, für den der weiterbildende Arzt die Weiterbildungsbefugnis besitzt. Beendet der weiterzubildende Arzt bereits zu einem früheren Zeitpunkt den von ihm nachgefragten Weiterbildungsabschnitt oder liegen bereits zu einem früheren Zeitpunkt die Voraussetzungen für die Anerkennung im Gebiet, Schwerpunkt, Bereich sowie für den Erwerb eines Fachkundenachweises oder einer Bescheinigung über eine fakultative Weiterbildung vor, darf auf diesen Zeitpunkt befristet werden.

(4) Auf die jeweilige Dauer eines befristeten Arbeitsvertrages nach Absatz 3 sind im Einvernehmen mit dem zur Weiterbildung beschäftigten Arzt nicht anzurechnen:

1. Zeiten einer Beurlaubung oder einer Ermäßigung der Arbeitszeit um mindestens ein Fünftel der regelmäßigen Arbeitszeit, die für die Betreuung oder Pflege eines Kindes unter 18 Jahren oder eines pflegebedürftigen sonstigen Angehörigen gewährt worden sind, soweit die Beurlaubung oder die Ermäßigung der Arbeitszeit die Dauer von zwei Jahren nicht überschreitet,

2. Zeiten einer Beurlaubung für eine wissenschaftliche Tätigkeit oder eine wissenschaftliche oder berufliche Aus-, Fort- oder Weiterbildung im Ausland, soweit die Beurlaubung die Dauer von zwei Jahren nicht überschreitet,

3. Zeiten einer Beurlaubung nach § 8a des Mutterschutzgesetzes oder § 15 des Gesetzes über die Gewährung von Erziehungsgeld und Zeiten eines Beschäftigungsverbots nach den §§ 3, 4, 6 und 8 des Mutterschutzgesetzes, soweit eine Beschäftigung, unbeschadet einer zulässigen Teilzeitbeschäftigung, nicht erfolgt ist,

4. Zeiten des Grundwehr- und Zivildienstes und

5. Zeiten einer Freistellung zur Wahrnehmung von Aufgaben in einer Personal- oder Schwerbehindertenvertretung, von Aufgaben nach, soweit die Freistellung von der regelmäßigen Arbeitszeit mindestens ein Fünftel beträgt und die Dauer von zwei Jahren nicht überschreitet.

(5) Die arbeitsrechtlichen Vorschriften und Grundsätze über befristete Arbeitsverträge sind nur insoweit anzuwenden, als sie den Vorschriften der Absätze 1 bis 4 nicht widersprechen.

(6) Die Absätze 1 bis 5 gelten nicht, wenn der Arbeitsvertrag unter den Anwendungsbereich des Hochschulrahmengesetzes vom 26. Januar 1976 (BGBl. I S. 185), zuletzt geändert durch das Gesetz vom 14. November 1985 (BGBl. I S. 2090), oder des Gesetzes über befristete Arbeitsverträge mit wissenschaftlichem Personal an Hochschulen und Forschungseinrichtungen vom 14. Juni 1985 (BGBl. I S. 1065) fällt.

15. Gesetz über befristete Arbeitsverträge mit wissenschaftlichem Personal an Forschungseinrichtungen

(v. 25.6.1985 – BGBl. I. S. 1065)

§ 1 (Befristung von Arbeitsverträgen)

Für den Abschluß von Arbeitsverträgen für eine bestimmte Zeit (befristete Arbeitsverträge) mit wissenschaftlichem Personal und mit Personal mit ärztlichen Aufgaben an staatlichen Forschungseinrichtungen sowie an überwiegend staatlich oder auf der Grundlage von Artikel 91b des Grundgesetzes finanzierten Forschungseinrichtungen gelten § 57a Satz 2 und die §§ 57b bis 57f des Hochschulrahmengesetzes entsprechend.

§ 2 (Mittel Dritter)

Mittel Dritter nach § 1 in Verbindung mit § 57b Abs. 2 Nr. 4, §§ 57d und 57e des Hochschulrahmengesetzes sind diejenigen finanziellen Mittel, die den Forschungseinrichtungen oder einzelnen Wissenschaftlern in diesen Einrichtungen über die von den Unterhaltsträgern zur Verfügung gestellten laufenden Haushaltsmittel und Investitionen hinaus zufließen.

Musterbausteine für Betriebliche Vereinbarungen

4

1. Einleitung 290

2. Ausschreibung von Arbeitsplätzen, Information der Arbeitnehmer 291

3. Information der Arbeitnehmervertretung 294

4. Regelungen zur betrieblichen Aus- und Weiterbildung............. 297

415 ## 1. Einleitung

- Die Bausteine für Betriebliche Vereinbarungen sollen den Verhandlungspartnern in der betrieblichen Praxis eine Hilfestellung zur Umsetzung des Teilzeit- und Befristungsgesetzes geben.
- Bei den nachfolgenden Bausteinen wurden zwecks Vereinheitlichung die Begriffe „Vereinbarung" und „Arbeitnehmervertretung" verwendet. In der betrieblichen Praxis sollten sie durch die jeweiligen Begrifflichkeiten wie z.B. „Betriebsvereinbarung", „Dienstvereinbarung" bzw. „Betriebsrat", „Personalrat/Personalvertretung" oder „Mitarbeitervertretung" ersetzt werden.
- **Die Verfasser erheben hierbei keinen Anspruch auf Vollständigkeit möglicher betrieblicher Regelungsinhalte. Die Vorschläge können aber den betrieblichen Verhandlungspartnern Anregungen liefern, so dass die Betriebsparteien schneller zu einer Vereinbarung gelangen können. Somit sollen die Beispiele als offene Vorschläge verstanden werden, die in den Verhandlungen der Betriebsparteien auf der Grundlage der betrieblichen Rahmenbedingungen ergänzt bzw. abgeändert werden können bzw. sollten.**
- Das Bausteinkonzept beinhaltet für jeden Regelungsschwerpunkt eine Präambel, Formulierungsvorschläge für die zu regelnden Rahmenbedingungen und Schlussbestimmungen.
- Eine Präambel ist insofern sinnvoll, als hier die Betriebsparteien ihre Zielsetzung für die Vereinbarung festlegen. Sollte es Streitigkeiten über die Auslegung der Vereinbarung geben, so wird die Präambel ergänzend hinzugezogen. Die einzelnen formulierten Rahmenbedingungen zur Umsetzung des TzBfG stellen Vorschläge dar, die von den Betriebsparteien noch an die jeweiligen betrieblichen Verhältnisse angepasst werden müssen. Jede betriebliche Vereinbarung sollte ferner Schlussbestimmungen aufweisen.
- Im Hinblick auf die Betriebs- bzw. Unternehmensstruktur ist es zudem zu überlegen, welche Vereinbarungen ggf. auf Unternehmensebene abgeschlossen werden sollen.
- Die Verfasser haben zu den folgenden Regelungsschwerpunkten Vorschläge formuliert:
    - Ausschreibung von Arbeitsplätzen (§ 7 Abs. 1 TzBfG); Information der Arbeitnehmer (§ 7 Abs. 2, § 18 TzBfG, vgl. Rn. 416);

- Information der Arbeitnehmervertretung (§ 7 Abs. 3, § 20 TzBfG, vgl. Rn. 417);
- Regelungen über die betriebliche Aus- und Weiterbildung (§§ 10, 19 TzBfG, vgl. Rn. 418).

■ Die einzelnen Bausteine müssen nicht getrennt abgeschlossen werden. Sie können auch in einer umfassenden Vereinbarung zur Umsetzung des Teilzeit- und Befristungsgesetzes zusammengefasst oder mit anderen bestehenden Vereinbarungen kombiniert werden.

■ In den Fällen, in denen das Teilzeit- und Befristungsgesetz Unternehmensbezüge aufweist (z.B. § 7 Abs. 2 und 3, § 18 TzBfG), bedarf es ggf. einer Vereinbarung auf Unternehmensebene.

2. Ausschreibung von Arbeitsplätzen, Information der Arbeitnehmer

416

Einleitende Hinweise:

Zum Regelungskomplex Ausschreibung von Arbeitsplätzen und Information der Arbeitnehmer über entsprechende Arbeitsplätze wurden auf der Grundlage von § 7 Abs. 1 und 2, § 18 TzBfG die folgenden Bausteine formuliert:

- *übergreifende Präambel (Zielsetzung der Regelung),*
- *Rahmenregelung für das Ausschreibungsverfahren,*
- *Rahmenregelung für die Inhalte und Ausgestaltung der arbeitgeberischen Informationsverpflichtung,*
- *Schlussbestimmungen.*

Bei den nachfolgenden Regelungen wurde auf Vorschläge für eine Vereinbarung über Arbeitsplatzteilung und Arbeit auf Abruf verzichtet, da diese nur in Kenntnis der jeweils geltenden Tarifverträge sinnvoll sind.

Präambel

Zur Unterstützung der in § 1 TzBfG formulierten Zielsetzungen, die Teilzeitbeschäftigung zu fördern und eine Diskriminierung von Teilzeitbeschäftigten und befristet Beschäftigten zu verhindern, vereinbaren die Betriebsparteien die nachfolgenden Regelungen.

Sowohl die innerbetriebliche Ausschreibung als auch die sonstigen Informationen über zu besetzende Arbeitsplätze sollen Teilzeitbeschäftigte und befristet Beschäftigte in die Lage versetzen, ihre beruflichen Chancen und Perspektiven zu verbessern.

§ 1 (Geltungsbereich)

Diese Vereinbarung gilt für alle Beschäftigten des Betriebes ..., für die die Arbeitnehmervertretung zuständig ist.

§ ... (Ausschreibung von Arbeitsplätzen)

(1) Alle im Betrieb zu besetzenden Arbeitsplätze sind auch als Teilzeitarbeitsplätze auszuschreiben, wenn sich die Arbeitsplätze hierfür eignen. Ein Arbeitsplatz ist nur dann als Teilzeitarbeitsplatz nicht geeignet, wenn dem dringende betriebliche Gründe entgegenstehen. Dringende betriebliche Gründe liegen insbesondere vor, wenn trotz Prüfung von technischen, organisatorischen und personellen Maßnahmen die Betriebsorganisation, die Arbeitsabläufe oder die Sicherheit im Betrieb, der Einrichtung von Teilzeitarbeitsplätzen entgegenstehen oder entsprechende Maßnahmen mit unverhältnismäßigen Kosten verbunden sind.

(2) Auf der Grundlage von Absatz 1 Satz 2 legen die Betriebsparteien einvernehmlich in einer Anlage 1 fest, welche betrieblichen Bereiche grundsätzlich für eine Teilzeitarbeit **nicht** geeignet sind.

(3) Soll im Einzelfall zusätzlich zu den in Anlage 1 festgelegten Bereichen auf eine Ausschreibung als Teilzeitarbeitsplatz verzichtet werden, so hat der Arbeitgeber gegenüber der Arbeitnehmervertretung zu begründen, warum es in diesem Einzelfall an einer Geeignetheit fehlt. Die Begründung hat hierbei das Prüfungsergebnis gemäß der Kriterien nach Absatz 1 Satz 2 zu beinhalten.

(4) In den Fällen des Absatzes 3 kann die Arbeitnehmervertretung innerhalb einer Woche nach Bekanntgabe durch den Arbeitgeber begründete Einwendungen geltend machen. Macht sie von diesem Recht Gebrauch, so sind zwischen Arbeitgeber und Arbeitnehmervertretung unverzüglich Verhandlungen aufzunehmen, um zu einem einvernehmlichen Ergebnis zu gelangen. Kommt es zu keinem einvernehmlichen Ergebnis, so ist in die Ausschreibung der Hinweis aufzunehmen, dass die Arbeitnehmervertretung diesen Arbeitsplatz für Teilzeitarbeit geeignet hält.

(5) Die Ausschreibung muss die folgenden Mindestangaben beinhalten:
   a) Tätigkeitsinhalte,
   b) Qualifikationserfordernisse,
   c) Entgeltbedingungen (bzw. Verweis auf anzuwendenden TV),
   d) Befristeter (inkl. beabsichtigte Dauer und Befristungsgrund)/ unbefristeter Arbeitsplatz,
   e) Zeitliche Rahmenbedingungen für die Teilzeitarbeit (z.B. halbtags, Arbeitsplatzteilungsart, Arbeit auf Abruf), falls für den Arbeitsplatz erforderlich,
   f) Hinweis darüber, dass die Realisierung als Teilzeitarbeitsplatz davon abhängt, inwieweit die Bewerbungssituation mit den betrieblichen Erfordernissen in Einklang zu bringen ist.

§ ... (Mitteilung über entsprechende Arbeitsplätze)

(1) Hat ein Arbeitnehmer dem Arbeitgeber den Wunsch nach konkreter Veränderung von Dauer und Lage seiner vertraglich vereinbarten Arbeitszeit angezeigt, so hat der Arbeitgeber den Arbeitnehmer über entsprechende freie Arbeitsplätze persönlich und schriftlich zu informieren. Dies gilt auch, wenn der Arbeitnehmer Spannbreiten genannt hat, in denen sich Lage und Dauer bewegen können. Die Anzeige des Arbeitnehmers kann sowohl allgemein als auch im Hinblick auf einen bestimmten Arbeitsplatz erfolgen.

(2) Hat der Arbeitnehmer nicht darauf hingewiesen, dass er nur über entsprechende betriebliche Arbeitsplätze informiert werden möchte, so hat sich die Information auch auf die Unternehmensebene zu erstrecken.

(3) Die Informationspflicht bleibt auch in allen Fällen des § 8 Abs. 6 TzBfG bestehen.

(4) Die Informationspflicht wird allerdings nur insoweit ausgelöst, als der Arbeitnehmer auch über die für den entsprechenden Arbeitsplatz geltenden Qualifikationsansprüche in fachlicher und persönlicher Hinsicht spätestens bis zum angestrebten Besetzungstermin verfügt. Sie besteht allerdings nur so lange, bis der Arbeitnehmer seine Anzeige nach Absatz 1 zurückzieht, für erledigt erklärt oder seinem Veränderungswunsch entsprochen worden ist. Für den Informationsumfang gelten die Mindestinhalte für Ausschreibungen.

(5) Für die Information der befristet Beschäftigten gilt Abs. 4 entsprechend.

§ ... (Schlussbestimmungen)

(1) Die Nichteinhaltung der vorgenannten Bestimmungen berechtigt die Arbeitnehmervertretung einer hiervon berührten personellen Einzelmaßnahme die Zustimmung zu verweigern. Dies gilt auch, wenn bei einer den gleichen Arbeitsplatz betreffenden öffentlichen Ausschreibung andere, zusätzliche oder weniger Kriterien als in der innerbetrieblichen Ausschreibung enthalten sind und sich der Arbeitgeber für einen externen Bewerber entscheiden will.

(2) Sollten sich die gesetzlichen Bestimmungen im TzBfG verändern oder sollten einzelne Bestimmungen dieser Vereinbarung ungültig sein oder werden, so verpflichten sich die Betriebsparteien die hiervon betroffenen Bestimmungen dieser Vereinbarung unverzüglich unter Berücksichtigung der vereinbarten Zielsetzung neu zu vereinbaren.

(3) Diese Vereinbarung tritt am ... in Kraft. Sie kann mit einer Frist von ... Monaten zum Jahresende gekündigt werden. Die Bestimmungen bleiben nach Ablauf der Kündigungsfrist weiterhin bis zum Abschluss einer neuen Vereinbarung gültig.

3. Information der Arbeitnehmervertretung

Einleitende Hinweise:

Zum Regelungskomplex Beteiligung der Arbeitnehmervertretung wurden auf der Grundlage von § 7 Abs. 3, § 20 TzBfG die folgenden Bausteine formuliert:

- *übergreifende Präambel (Zielsetzung der Regelung),*
- *Rahmenregelung für die Inhalte und Ausgestaltung der arbeitgeberischen Informationsverpflichtung,*
- *Schlussbestimmungen.*

Präambel

Die Vereinbarung hat das Ziel, die gemäß § 7 Abs. 3 und § 20 TzBfG erforderliche Unterrichtung der Arbeitnehmervertretung zu konkretisieren, so dass der Arbeitnehmervertretung alle Informationen und Unterlagen zur Verfügung gestellt werden, die sie benötigt, um gemeinsam mit dem Arbeitgeber die Förderung der Teilzeitarbeit im Betrieb zu gewährleisten. Weitergehende Informationsrechte auf Grund anderer gesetzlicher oder tariflicher Bestimmungen bleiben hiervon unberührt.

§ 1 (Geltungsbereich)

Diese Vereinbarung gilt für den Betrieb ...

§ ... (Informationsumfang)

(1) In Zeitabständen von ... Monaten stellt der Arbeitgeber der Arbeitnehmervertretung jeweils folgende Informationen anhand von Unterlagen zur Verfügung. Stichtag für die erstmalige Erfüllung dieser Pflicht ist der ... .

(2) Zur Informationsverpflichtung gehören mindestens die folgenden Angaben:

a) Bestand an vorhandenen Teilzeitarbeitsplätzen,

b) vom Arbeitgeber geplante zukünftige Teilzeitarbeitsplätze,

c) Summe der Umwandlungen von Teilzeit- in Vollzeitarbeitsplätze seit der letzten Information,

d) Summe der Umwandlungen von Vollzeit- in Teilzeitarbeitsplätze seit der letzten Information, getrennt nach jeweiligem Arbeitszeitumfang/jeweiliger Arbeitszeitverteilung,

e) Summe der Veränderungen innerhalb von Teilzeitarbeitsplätzen, getrennt nach jeweiligem Arbeitszeitumfang/jeweiliger Arbeitszeitverteilung.

Bezüglich b) bis e) ist auch zu begründen, auf Grund welcher betrieblicher Gründe es zu diesen Entwicklungen gekommen ist. Eine Ausnahme hiervon besteht, wenn diese Informationen bereits schon nach Absatz 3 vorliegen.

(3) Ferner hat der Arbeitgeber die Arbeitnehmervertretung über die folgenden Arbeitnehmeransprüche zur Veränderung ihrer Arbeitszeitbedingungen zu unterrichten:

a) Teilzeitarbeit in Vollzeitarbeit,

b) Vollzeitarbeit in Teilzeitarbeit (einschl. Arbeitszeitumfang und -verteilung),

c) Veränderungen in der Arbeitszeitverteilung/dem -umfang bei Teilzeitarbeitsplätzen gemäß § 8 TzBfG.

§ ... (Beteiligungsverfahren)

Soweit Mitbestimmungsrechte berührt werden, genügt es nicht die Arbeitnehmervertretung über die Arbeitnehmerwünsche und den Verhandlungsstand hinzuweisen. Vielmehr ist in diesen Fällen das entsprechende Beteiligungsverfahren nach den gesetzlichen Bestimmungen förmlich einzuleiten. Die Anwesenheit eines Mitglieds der Arbeitnehmervertretung bei den Verhandlungen zwischen Arbeitgeber und Arbeitnehmer entbindet hiervon nicht.

§ ... (Hinweispflicht gegenüber Arbeitnehmern)

Die Arbeitnehmer sind schon bei Anspruchstellung darauf hinzuweisen, dass sie zu den Verhandlungen ein Mitglied der Arbeitnehmervertretung hinzuziehen können.

§ ... (Schlussbestimmungen)

(1) Sollten sich die gesetzlichen Bestimmungen im TzBfG verändern oder sollten einzelne Bestimmungen dieser Vereinbarung ungültig sein oder werden, so verpflichten sich die Betriebsparteien die hiervon betroffenen Bestimmungen dieser Vereinbarung unverzüglich unter Berücksichtigung der vereinbarten Zielsetzung neu zu vereinbaren.

(2) Diese Vereinbarung tritt am ... in Kraft. Sie kann mit einer Frist von ... Monaten zum Jahresende gekündigt werden. Die Bestimmungen bleiben nach Ablauf der Kündigungsfrist weiterhin bis zum Abschluss einer neuen Vereinbarung gültig.

4. Regelungen zur betrieblichen Aus- und Weiterbildung

Einleitende Hinweise:
Zum Regelungskomplex Teilnahmeanspruch an Aus- und Weiterbildungsmaßnahmen von Teilzeitbeschäftigten und befristet Beschäftigten wurden auf der Grundlage der §§ 10 und 19 TzBfG die folgenden Bausteine formuliert:
- *übergreifende Präambel (Zielsetzung der Regelung),*
- *Rahmenregelung für die Inhalte und Ausgestaltung des Teilnahmerechts,*
- *Schlussbestimmungen.*

Präambel
Ziel dieser Vereinbarung ist es, für die Teilzeitbeschäftigten und befristet Beschäftigten einen gleichberechtigten Zugang zu allen Aus- und Weiterbildungsmaßnahmen im Sinne der §§ 10 und 19 TzBfG zu gewährleisten. Hierzu gehören alle Maßnahmen, die vom Arbeitgeber durchgeführt oder in irgendeiner Weise gefördert werden.

§ 1 (Geltungsbereich)
Diese Vereinbarung gilt für alle Beschäftigten des Betriebes ..., für die die Arbeitnehmervertretung zuständig ist, soweit diese teilzeit- oder befristet beschäftigt sind.

§ ... (Begriffsbestimmungen)
(1) Unter Förderung von Aus- und Weiterbildungsmaßnahmen sind nicht nur Maßnahmen zu verstehen, die sich auf die aktuelle Tätigkeit der Beschäftigten beziehen. Hierzu gehören auch solche Maßnahmen, die zur Verbesserung der beruflichen Qualifikation und damit als Voraussetzung für die Übernahme einer qualifizierten Tätigkeit dienlich sind.

(2) Unter Ausbildung wird verstanden, dass es hierbei um jegliche Vermittlung von Kenntnissen und Fertigkeiten geht, die für die Ausübung eines bestimmten Berufes oder einer bestimmten Tätigkeit dienlich sind.

(3) Unter Weiterbildung wird jede zielgerichtete Vermittlung von Kenntnissen und Fertigkeiten verstanden, welche die bisher erlangten Qualifikationen verbessert, vertieft, verbreitert oder verstärkt.

(4) Förderung der beruflichen Entwicklung bedeutet, dass durch die Aus- oder Weiterbildungsmaßnahme eine bessere Arbeitserledigung und/oder die Eröffnung von Aufstiegsmöglichkeiten im bisherigen Arbeitsbereich eröffnet wird. Aber auch die Verbesserung der Einsatzmöglichkeiten an anderen Arbeitsplätzen für ähnliche oder artverwandte Berufe zählt zu dieser beruflichen Entwicklung.

(5) Förderung der beruflichen Mobilität bedeutet, dass Beschäftigte hierdurch z. B. inhaltlich, zeitlich und/oder räumlich in die Lage versetzt werden, ihre Chancen zu verbessern, die Besetzung eines Arbeitsplatzes entsprechend ihrer Wünsche anzustreben.

§ ... (Förderungspflicht)

(1) Die Förderungspflicht des Arbeitgebers beinhaltet, dass dieser dafür zu sorgen hat, dass organisatorische oder sonstige Hindernisse, die einer gleichberechtigten Teilnahme von Teilzeitbeschäftigten und befristet Beschäftigten entgegenstehen, grundsätzlich zu beseitigen sind. Die Arbeitnehmervertretung kann hierzu auch entsprechende Initiativen im Rahmen ihrer Beteiligungsrechte ergreifen.

(2) Fördert der Arbeitgeber die Teilnahme an externen Aus- und Weiterbildungsmaßnahmen von Vollzeitbeschäftigten bzw. unbefristet Beschäftigten, so haben die mit diesen vergleichbaren Teilzeitbeschäftigten bzw. befristet Beschäftigten Anspruch auf die gleiche Art und Höhe der Unterstützung. Dies gilt entsprechend für jede Aus- und Weiterbildungsmaßnahme, für die die Arbeitnehmer einen Eigenanteil leisten müssen.

(3) Die Förderungspflicht des Arbeitgebers ist bei **befristet Beschäftigten** aber auf angemessene Aus- und Weiterbildungsmaßnahmen begrenzt. Bestreitet der Arbeitgeber die Angemessenheit der Aus- und Weiterbildungsmaßnahme, so hat er dies anhand folgender Kriterien nachzuweisen:

   a) vorgesehene Dauer der Maßnahme im Verhältnis zur Befristungsdauer,

   b) Kosten der Maßnahme,

   c) Art der Tätigkeit des Arbeitnehmers im Verhältnis zu den Maßnahmeinhalten.

§ ... (Teilnahmerecht)

(1) Eine Teilnahme an Maßnahmen nach dieser Vereinbarung kann Teilzeitbeschäftigten/befristet Beschäftigten nur beim Vorliegen dringender betrieblicher Gründe oder dann verweigert werden, wenn Aus- und Weiterbildungswünsche anderer Arbeitnehmer entgegenstehen.

(2) Dringende betriebliche Gründe liegen vor, wenn dem Arbeitgeber keine anderen zumutbaren technischen, organisatorischen oder wirtschaftlichen Maßnahmen zur Verfügung stehen, um den betrieblichen Hinderungsgrund, der sich aus der Organisation des Betriebes, dem Arbeitsablauf oder der Sicherheit im Betrieb ergeben kann, zu beseitigen. Andere dringende betriebliche Gründe hat der Arbeitgeber im Einzelfall zu benennen. Sie müssen von gleichem Gewicht und von gleicher Bedeutung sein.

(3) Haben andere Arbeitnehmer ebenfalls Aus- und Weiterbildungswünsche geltend gemacht und gibt es weniger Teilnahmeplätze als Bewerber, so ist die Auswahl nach den folgenden Kriterien zu treffen:

a) Berufliche Gründe anderer Arbeitnehmer als Verweigerungsgrund:

(1) Erlangung weiterer Kenntnisse oder Fertigkeiten, um den eigenen Arbeitsplatz oder die eigene Arbeitsleistung zu erhalten;

(2) Erlangung der Anerkennung für eine Tätigkeitsausübung;

(3) Eröffnung von Aufstiegsmöglichkeiten.

Innerhalb der Stufung ist jeweils zu prüfen, ob diese Gründe für die Bewerber zutreffen. Liegen auf einer vorrangigen Stufe Gründe nur für einen Bewerber vor, so ist er zu berücksichtigen. Sind bei allen drei Stufen die beruflichen Gründe gleichermaßen gegeben, so ist die Auswahlentscheidung anhand der sozialen Gesichtspunkte zu treffen.

b) Soziale Gesichtspunkte sind in der folgenden Rangstufung beachtlich:

(1) Schwerbehindertenstatus,

(2) Förderrichtlinien sonstiger Art (z.B. FFG),

(3) Dauer der Betriebszugehörigkeit,

(4) Lebensalter,

(5) Unterhaltsverpflichtungen,

(6) Gesundheitsförderung (Anstreben eines der Gesundheit angemessenen Arbeitsplatzes).

Auch hierbei ist ein Abgleich auf der jeweiligen Stufe vorzunehmen. Führt ein Vergleich bis zur Stufe 6 zu keiner Unterscheidung, so entscheidet das Los unter Beteiligung der Arbeitnehmervertretung.

(4) Vor der Mitteilung der Ablehnungsgründe an den Arbeitnehmer hat der Arbeitgeber diese der Arbeitnehmervertretung zur Stellungnahme zuzuleiten. Ist die Arbeitnehmervertretung bezüglich des Vorhandenseins der vorstehenden dringenden betrieblichen Gründe, beruflichen und/oder sozialen Gründe anderer Auffassung bzw. hält die Gewichtung für nicht zutreffend, so kann sie widersprechen. Sind die Meinungsverschiedenheiten zwischen Arbeitgeber und Arbeitnehmervertretung nicht zu beheben, so greift das entsprechende gesetzliche Beteiligungsverfahren.

(5) Die Ablehnungsgründe, die einem Teilnahmewunsch entgegenstehen, sind dem Arbeitnehmer schriftlich bekannt zu geben. Dabei hat die Mitteilung an den Arbeitnehmer innerhalb einer Woche nach Arbeitgeberentscheidung, spätestens jedoch vier Wochen vor Beginn der Maßnahme zu erfolgen. Geschieht dies nicht, gilt der Teilnahmewunsch als genehmigt. Abweichungen von diesen Fristbestimmungen sind nur im Einzelfall und mit ausdrücklicher Zustimmung der Arbeitnehmervertretung zulässig.

§ ... (Schlussbestimmungen)

(1) Sollten sich die gesetzlichen Bestimmungen im TzBfG verändern oder sollten einzelne Bestimmungen dieser Vereinbarung ungültig sein oder werden, so verpflichten sich die Betriebsparteien die hiervon betroffenen Bestimmungen dieser Vereinbarung unverzüglich unter Berücksichtigung der vereinbarten Zielsetzung neu zu vereinbaren.

(2) Soweit hier Regeln festgelegt worden sind, die Beteiligungsrechte der Arbeitnehmervertretung betreffen, sind diese von der Arbeitnehmervertretung bei der Wahrnehmung ihrer Beteiligungsrechte zwingend zu beachten. Ansonsten werden die Beteiligungsrechte der Arbeitnehmervertretung durch diese Vereinbarung nicht berührt. Sie bleiben in vollem Umfang erhalten.

(3) Diese Vereinbarung tritt am ... in Kraft. Sie kann mit einer Frist von ... Monaten zum Jahresende gekündigt werden. Die Bestimmungen bleiben nach Ablauf der Kündigungsfrist weiterhin bis zum Abschluss einer neuen Vereinbarung gültig.

Literaturhinweise

Bauer, Jobst-Hubertus	Neue Spielregeln für Teilzeitarbeit und befristete Arbeitsverträge; in: NZA 19/2000, S. 1039 ff.
Becker/Etzel/Friedrich/u.a.	Gemeinschaftskommentar zum Kündigungsschutzgesetz und zu sonstigen kündigungsschutzrechtlichen Vorschriften, Neuwied 1989, 3. Aufl.
Bechschulze, Martin	Die Durchsetzbarkeit des Teilzeitanspruchs in der betrieblichen Praxis; in: Der Betrieb 51/52-2000, S. 2598 ff.
Duden	Universalwörterbuch A–Z, Mannheim 1989
Fiedler/Schelter	Arbeitszeitrecht für die Praxis, Courier-Verlag Stuttgart 1994
Fitting/Kaiser/Heiter/Engels	Kommentar zum Betriebsverfassungsgesetz, 19. Aufl., München 1998
Hinrichs, Werner	Neue gesetzliche Regelungen zur Teilzeitarbeit; in: Arbeitsrecht im Betrieb 2/2001, S. 65 ff.
Kempen/Zachert	Kommentar zum Tarifvertragsgesetz, 3. Aufl., Köln 1997
Kliemt, Michael	Der neue Teilzeitanspruch – Die gesetzliche Neuregelung der Teilzeitarbeit ab dem 1.1.2001; in: NZA 2001, S. 63 ff.
Koberski, Wolfgang	Das Gesetz über Teilzeitarbeit und befristete Arbeitsverträge; in: Neue Wirtschaftsbriefe, Fach 26, S. 2821 ff.
Löwisch/Mader/Otto/Wufka	Staudinger, Kommentar zum BGB, 2. Buch, Recht der Schuldverhältnisse (§§ 293–327 BGB), 13. Bearbeitung, Berlin 1995
Meisel/Hiersemann	Kommentar zur Arbeitszeitordnung, Vahlen Verlag, München 1977
Nielebrock, Helga	Die neuen gesetzlichen Regelungen zur befristeten Beschäftigung; in: Arbeitsrecht im Betrieb, 2/2001, S. 75 ff.
Planden, H.	Zeitverträge; in: Arbeitsrecht im Betrieb, Heft 5/1987, S. 104 ff.
Preis/Gotthardt	Das Teilzeit- und Befristungsgesetz; in: Der Betrieb, 3/2001, S. 145 ff.

Literaturhinweise

Richardi	Stellungnahme zum Regierungsentwurf eines Gesetzes über Teilzeitarbeit und befristete Arbeitsverträge; NZA 22/2000
Richardi/Annuß	Staudinger, Kommentar zum BGB, 2. Buch, Recht der Schuldverhältnisse, §§ 611–615 BGB; 13. Bearbeitung, Berlin 1995
Richardi/Wlotzke	Münchener Handbuch zum Arbeitsrecht, Bd. 1, Individualarbeitsrecht, München 1992
Rzadkowki/Renners	Das Gesetz über Teilzeitarbeit und befristete Arbeitsverträge – Auswirkungen auf den öffentlichen Dienst; in: Der Personalrat 2/2001, S. 51 ff.
Schaub, Günter	Arbeitsrechtshandbuch, 8. Aufl., München 1996
Schiefer, Bernd	Entwurf eines Gesetzes über Teilzeitarbeit und befristete Arbeitsverträge und zur Änderung und Aufhebung arbeitsrechtlicher Bestimmungen; in: Der Betrieb 42/2000, S. 2118 ff.
Schüren, Peter	Anmerkung zu AP Nr. 1 zu § 5 BeschFG 1985
Staudinger	Kommentar zum BGB, 1. Buch, Allgemeiner Teil, §§ 164–240, 13. Bearbeitung, Berlin 1995
Staudinger	Kommentar zum BGB, 2. Buch: Recht der Schuldverhältnisse, §§ 620–630 BGB, 13. Bearbeitung, Berlin 1995
Ulber, Jürgen	Arbeitnehmerüberlassungsgesetz, Kommentar Bund-Verlag, Frankfurt/M. 1998
Wahrig	Wörterbuch der deutschen Sprache, 3. Auflage, München 1999
Worzalla/Will/Mailänder/ Worch/Heise	Teilzeitarbeit und befristete Arbeitsverträge, Haufe-Verlag, München 2001

Stichwortverzeichnis

(Zahlen hinter dem Begriff verweisen auf die entsprechende Rn.)

Ältere Arbeitnehmer
- Anforderungen an Befristung **279 ff.**

Ärzte in der Weiterbildung
- befristeter Arbeitsvertrag **390 ff.**

Ähnliche Tätigkeit
- vergleichbarer Vollzeitbeschäftigter **8**

Altersteilzeitgesetz
- allgemein **119**
- Festlegung des Umfanges **120 f.**
- Kündigungsschutzbestimmungen **122**
- Anwendung TzBfG **123**

Arbeit auf Abruf
- allgemein **56 f.**
- Mindestgestaltungsbedingungen **57 f.**
- Arbeitspflicht **58**
- Mitteilungspflicht des Arbeitgebers **58**
- tarifliche Regelungsbefugnis **60 ff.**
- Zusammenfassung **64**

Arbeitgeber
- Ausschreibung von Teilzeitarbeitsplätzen **102 ff.**
- Erörterungspflicht bei Arbeitszeitverringerungswunsch **21**
- fingierte Zustimmung bei Arbeitszeitverringerung **33 ff.**
- Förderungspflicht der Teilzeitarbeit **101**
- Informationspflicht über entspr. freie Arbeitsplätze **104 ff.**, unbefristete Arbeitsplätze **325 ff.**
- Mitteilungspflicht/Arbeit auf Abruf **58**
- Zustimmungszwang bei Arbeitszeitverringerung **24 f.**

Arbeitnehmerüberlassungsgesetz **352 ff.**
- Ausnahme von der Genehmigung **353**
- Ausschluss von Befristungen **355**
- wiederholte Befristungen **356**

Arbeitnehmerwunsch
- sachlicher Befristungsgrund **245**

Stichwortverzeichnis

(Zahlen hinter dem Begriff verweisen auf die entsprechende Rn.)

Arbeitsentgelt
- allgemein **99**
- Beispiele **99**

Arbeitsgericht
- allg. Grundsätze/Anrufung **315**
- Anwendung KSchG **318**
- Befristungskontrolle/ Arbeitsvertrag **319 ff.**
- Klagefrist **317**
- Zusammenfassung **324**

Arbeitsplatz
- entsprechend freier/Arbeitszeitverlängerung **45 f.**
- entsprechend freier/Informationspflicht **104 ff.**

Arbeitsplatzteilung
- allgemein **65**
- bei Gruppen von Arbeitnehmern **82 f.**
- Kündigungsvorschriften **79 ff.**
- tarifliche Regelungsbefugnis **84 ff.**
- Vertretungspflicht, allg. **67**
- Vertretungspflicht, Normalfall **68 ff.**
- Vertretungspflicht, dringende betriebliche Gründe **73 ff.**

Arbeitszeitverlängerung
- allg. Grundsätze **41**
- Anforderungen/bevorzugte Berücksichtigung **42**
- bevorzugte Berücksichtigung **55**
- Hinderungsgründe **50 ff.**

Arbeitszeitverringerung
- arbeitsvertragliche Vereinbarung/aufgrund TV **31 f.**
- Dauer des Arbeitsverhältnisses **14 ff.**
- erneute Verringerung, Anforderungen **40**
- Erörterungspflicht **21 ff.**
- fingierte Arbeitgeberzustimmung **33 ff.**
- Grundvoraussetzungen, allg. **13**
- Grundvoraussetzungen, Überblick **13**
- Hinderungsgründe **26 ff.**
- Mindestbeschäftigtenzahl **17**
- Mitteilung des Verringerungswunsches **18**
- Mitteilung des Umfangs/ der Verteilung der Verringerung **18 ff.**
- Zustimmungszwang des Arbeitgebers **24 f.**

Aufenthaltserlaubnis
- sachlicher Befristungsgrund **254**

Auflösend bedingter Arbeitsvertrag
- auf Lebenszeit einer Person **300**
- Beendigungsvorschriften **295 ff.**

Stichwortverzeichnis

(Zahlen hinter dem Begriff verweisen auf die entsprechende Rn.)

- Begriff **215**
- Beispiel **263**

Ausschreibung
- Teilzeitarbeitsplätze **102 ff.**

Aus- und Weiterbildung
- allg. Grundsätze **328**
- angemessene **331**
- Begriff **112 ff.**
- betriebliche Regelungsbefugnisse **117, 337**
- Förderung beruflicher Entwicklung/Mobilität **329 f.**
- Förderungspflicht des Arbeitgebers **110, 328**
- Hinderungsgründe/Teilnahme von Teilzeitbeschäftigten **114 ff.**
- Hinderungsgründe/Teilnahme befristet Beschäftigter **332 f.**
- Teilzeitarbeit, allg. Grundsätze **110 ff.**
- Ziel bei Teilzeitbeschäftigten **111**
- Zusammenfassung/ EU-Recht **338**

Beendigungsvorschriften, bei
- Arbeitsvertrag auf Lebenszeit einer Person **299 f.**
- Arbeitsvertrag für länger als fünf Jahre **301**
- auflösend bedingtem Arbeitsvertrag **295 ff., 297**
- befristeten Arbeitsverträgen nach HRG **387**
- Fortsetzung eines befristeten Arbeitsvertrages **302 ff.**
- kalendermäßiger Befristung **290 f., 297**
- Zweckbefristung **292 ff., 297**

Befristeter Arbeitsvertrag
- Ablösung **269**
- ältere Arbeitnehmer **279 ff.**
- Ausnahme vom Befristungsgrund **270 ff.**
- Beendigungsvorschriften **289 ff.**
- Erfordernis Befristungsgrund **219 ff.**
- EU-Recht/befristete Arbeitsverträge **287 f.**
- fehlende Tarifbindung **276 f.**
- Folgen unwirksamer Befristung **308 ff.**
- Fortsetzung nach Beendigung **302 ff.**
- kalendermäßiger, ohne sachl. Grund **270 ff.**
- Nichtanwendung KSchG **283 ff.**
- Schriftformerfordernis **286 f.**
- tarifliche Regelung **275**

Befristungsdauer
- nach Hochschulrahmengesetz **376 ff.**

Befristungskontrolle, arbeitsgerichtliche
- allgemeine Grundsätze **315 f.**

Stichwortverzeichnis

(Zahlen hinter dem Begriff verweisen auf die entsprechende Rn.)

- Anwendung KSchG **318**
- befristeter Arbeitsvertrag (welcher?) **319 ff.**
- Klagefrist **316 f.**
- Vorbehaltserklärung **323**
- Zusammenfassung **324**

Befristungstatbestände
- ältere Arbeitnehmer **279 ff.**
- Ärzte in der Weiterbildung **390 ff.**
- ärztliches Personal nach HRG **369 f.**
- Arbeitnehmerwunsch **245**
- auf Lebenszeit einer Person **300**
- auflösende Bedingung **263**
- befristete Aufenthaltsgenehmigung **254**
- befristete Haushaltsmittel **255 f.**, nach HRG **370**
- Bildungsmaßnahme/Daueraufgabe **268**
- BSHG-Beschäftigung **241**
- Bundeserziehungsgeldgesetz **359 ff.**
- Drittinteressen **264**
- Drittmittel **257 f.**, nach HRG **372**
- Eigenart der Arbeitsleistung **233 ff.**
- Eigeninteresse/Arbeitgeber **265**
- Einarbeitungszuschüsse **267**
- Einbringung besonderer Kenntnisse/nach HRG **371**
- Erleichterung/Anschlussbeschäftigung **229**
- Erprobung des Arbeitnehmers **242**
- Erwerb besonderer Kenntnisse/nach HRG **371**
- Fort- und Weiterbildung **246 ff.**, nach HRG **369**
- Freihalten von Arbeitsplätzen **262**
- gerichtlicher Vergleich **260**
- gesetzlicher Katalog **225 f.**
- künstlerischer Mitarbeiter nach HRG **368**
- Lehrkräfte für besondere Aufgaben/nach HRG **374**
- Lektorentätigkeit **234**
- nach Hochschulrahmengesetz **366 ff.**
- Nebentätigkeit **250**
- personenbezogene Befristungsgründe **244**
- Rundfunkfreiheit **238**
- Saisonarbeit **237**
- sozialer Überbrückungszweck **252 f.**
- Studium **251**
- unsichere Nachfrage **266**
- Vertretungstätigkeiten **230 ff.**, BErzGG **359**
- vorübergehender betrieblicher Bedarf **226**
- wissenschaftl. Mitarbeiter nach HRG **369**

Stichwortverzeichnis

(Zahlen hinter dem Begriff verweisen auf die entsprechende Rn.)

- wissenschaftl. Personal an Forschungseinrichtungen **389**
- zukünftiger Personalbedarf **261**
- zwischenstaatliche Vereinbarung **239**

Befristungstypen
- auflösende Bedingung **215**
- kalendermäßige Befristung **213**
- Zweckbefristung **214**

Benachteiligungsverbot
- allgemein **89, 340**
- Beispiele **89, 340**

Beschäftigungsförderungsgesetz **358**

Betriebliche Gründe
- Dringende **51**
- Hinderungsgrund/Arbeitszeitverringerung **27 ff.**
- unverhältnismäßige Kosten **28**
- wesentliche Beeinträchtigung **28**

Betriebsratsbeteiligung
- allgemeine Aufgaben **132**
- Ausschreibung von Arbeitsplätzen **134**
- bei Arbeitszeitfestlegung **143 ff.**
- bei Arbeitszeitverringerung/-verteilung **39**
- bei befristeten Arbeitsverträgen **396**

- Berufsbildung **135 ff.**
- BetrVG, allg. **131 ff.**
- Information über befristet Beschäftigte **351**, Teilzeitarbeitsplätze **108**
- Informationsumfang/ befristet Beschäftigte **351**, Teilzeitarbeit **109**
- personelle Einzelmaßnahmen **140 ff.**

Bevorzugte Berücksichtigung
- Anforderungen, allg. **42**
- Arbeitszeitverlängerung **55**
- Anzeige des Verlängerungswunsches **43 f.**
- entspr. freier Arbeitsplatz **45 f.**
- gleiche Eignung **47 ff.**

Bürgerliches Gesetzbuch
- Befristungsregelung **357**

Bundeserziehungsgeldgesetz
- allgemein **124, 359**
- Anwendung TzBfG **128**
- Arbeitszeitverringerung **125 f.**
- Befristungsgrund **360 ff.**
- Dauer der Befristung **362 ff.**

BSHG-Beschäftigung
- sachl. Befristungsgrund **241**

Diskriminierungsverbot/ Teilzeitarbeit **88 ff.**
- allg. Grundsätze **88**

Stichwortverzeichnis

(Zahlen hinter dem Begriff verweisen auf die entsprechende Rn.)

- allg. Diskriminierungsverbot **90**
- allg. Vorschriften **91 ff.**
- Arbeitsentgelt **98 f.**
- Ausnahme sachlicher Grund **93 ff.**
- geldwerte Leistung **100**

Diskriminierungsverbot/ befristet Beschäftigte **339 ff.**
- allg. Grundsätze **339**
- allg. Diskriminierungsverbot **341 ff.**
- allg. Vorschriften **342 ff.**
- Arbeitsentgelt **347**
- geldwerte Leistung **347 f.**
- sonstige Beschäftigungsbedingungen **349**
- vergleichbarer unbefristet Beschäftigter **343**
- Zusammenfassung **350**

Dringende betriebliche Gründe
- Hinderungsgründe/Arbeitszeitverlängerung **50 f.**
- Vertretungspflicht bei Arbeitsplatzteilung **73 ff.**

Drittinteressen
- kein Befristungsgrund **264**

Drittmittel
- sachl. Befristungsgrund, allg. **257 ff.**, nach HRG **372**

Eigenart der Arbeitsleistung
- sachl. Befristungsgrund **233 ff.**

Eigeninteresse/Arbeitgeber
- kein Befristungsgrund **267**

Einarbeitungszuschüsse
- kein Befristungsgrund **267**

Erleichterung/Anschlussbeschäftigung
- sachl. Befristungsgrund **229**

Erörterungspflicht des Arbeitgebers
- bei Arbeitszeitverringerungswunsch **21 ff.**

Erprobung des Arbeitnehmers
- sachl. Befristungsgrund **244**

Fingierte Zustimmung des Arbeitgebers
- bei Arbeitszeitverringerung **33 ff.**
- Änderung **37**

Fort- und Weiterbildung
- sachl. Befristungsgrund **246 ff.**

Fortsetzung/befristetes Arbeitsverhältnis
- Anforderungen **302 ff.**

Frauenfördergesetz
- allgemein **129**
- Anwendung TzBfG **130**

Freihalten von Arbeitsplätzen
- sachl. Befristungsgrund **262**

Geldwerte Leistung **100**

Gerichtlicher Vergleich
- sachl. Befristungsgrund **260**

(Zahlen hinter dem Begriff verweisen auf die entsprechende Rn.)

Geringfügig Beschäftigte **11**
Gleiche Eignung
- bei bevorzugter Berücksichtigung/Arbeitszeitverlängerung **47 ff.**
- Beurteilung **49**
- fachliche Eigenschaften **48**
- persönliche Eigenschaften **48**

Grundvoraussetzungen/Arbeitszeitverringerung **13 ff.**
- Dauer des Arbeitsverhältnisses **14 ff.**
- Mindestbeschäftigtenzahl **17**
- Mitteilung/Verringerungswunsch **18**
- Mitteilung/Umfang, Verteilung der Verringerung **18 ff.**

Haushaltsmittel, begrenzte
- sachl. Befristungsgrund, allg. **255 ff.**, nach HRG **370**

Hinderungsgründe/Arbeitszeitverlängerung
- Arbeitszeitwünsche anderer Arbeitnehmer **52 ff.**
- dringende betriebliche Gründe **50**

Hinderungsgründe/Arbeitszeitverringerung
- allgemein **26**
- arbeitsvertragliche Vereinbarung/TV **31 f.**
- betriebliche Gründe **27 ff.**
- tarifliche Regelungsbefugnis **30**

Hinderungsgründe/Aus- und Weiterbildung
- Aus-, Weiterbildungswünsche anderer Arbeitnehmer **52 ff., 334**
- berufliche Gesichtspunkte **335**
- betriebliche Regelungserfordernisse **337**
- dringende betriebliche Gründe **50 f., 333**
- soziale Gesichtspunkte **336**

Hochschulrahmengesetz
- allg. Befristungsgrundsätze **366**
- Beendigungsvorschriften **387**
- Befristungstatbestände **368 ff.**
- Befristungsdauer **376 ff.**
- Erfordernis/sachl. Grund **367**
- Zusammenfassung **388**

Informationspflicht/ Arbeitgeber
- betriebliche Regelungserfordernisse **327**
- Mitteilungsform **325**
- über entspr. freie Arbeitsplätze **104 ff.**
- über entspr. unbefristete Arbeitsplätze **325**

Stichwortverzeichnis

(Zahlen hinter dem Begriff verweisen auf die entsprechende Rn.)

Kalendermäßige Befristung
- Beendigungsvorschriften **290 f.**
- Begriff **213**
- fehlende Tarifbindung **276 ff.**
- sachlicher Grund, allg. **219 ff.**, Ausnahmen **270 ff.**
- tarifliche Regelungsbefugnis **275**
- Zusammenfassung **278**

Kündigungsverbot
- Arbeitnehmerweigerung zur Arbeitszeitveränderung **118**

Kündigungsvorschriften
- Ausscheiden aus Arbeitsplatzteilung **79 ff.**
- Kündigungsverbot/Arbeitszeitveränderung **118**

Lektorentätigkeit
- sachl. Befristungsgrund **234**

Mitarbeitervertretung
- Beteiligungsrechte/Überblick MAVO **148, 398**
- Beteiligungsrechte/Überblick MVG **149, 398**
- Information über befristet Beschäftigte **351**, Teilzeitarbeitsplätze **108**
- Informationsumfang/ befristet Beschäftigte **351**, Teilzeitarbeit **109**

Nebentätigkeit
- sachl. Befristungsgrund **250**

Personalratsbeteiligung
- Bundespersonalvertretungsgesetz, allg. **145, 396**
- Information über befristet Beschäftigte **351**, Teilzeitarbeitsplätze **108**
- Informationsumfang/ befristet Beschäftigte **351**, Teilzeitarbeit **109**
- Teilzeitarbeit/BPersVG **145 f.**
- Übersicht Landespersonalvertretungsgesetze **147**

Personenbezogene Befristungsgründe
- allgemein **244**
- Arbeitnehmerwunsch **245**
- befristete Aufenthaltsgenehmigung **254**
- Fort- und Weiterbildung, allg. **246 ff.**, nach HRG **369**
- Nebentätigkeit **250**
- sozialer Überbrückungszweck **252 f.**
- Studium **251**

Rundfunkfreiheit
- sachl. Befristungsgrund **238**

Sachlicher Grund
- Ausnahme/Diskriminierungsverbot bei Teilzeitbeschäftigten **83 ff.**

Stichwortverzeichnis

(Zahlen hinter dem Begriff verweisen auf die entsprechende Rn.)

- Befristung, allg. **219**
- Befristungsgrund **220 f.**
- Beispielkatalog **224 ff.**
- zeitliche Dauer, allg. **222 f.**, nach HRG **376 ff.**

Saisonarbeit
- sachl. Befristungsgrund **236 f.**

Schriftformerfordernis **286 f.**

Sonderregelung/fehlende Tarifbindung
- bei Arbeit auf Abruf **62 f.**
- bei Arbeitsplatzteilung **86 f.**
- bei Arbeitszeitverringerung **31 f.**

Sozialer Überbrückungszweck
- sachl. Befristungsgrund **252 f.**

Studium
- sachl. Befristungsgrund **251**

Tarifliche Regelungsbefugnis
- Ablehnungsgründe/Arbeitszeitverringerung **30**
- Arbeit auf Abruf **60 ff.**
- Arbeitsplatzteilung **84 ff.**
- Sonderregelung/fehlende Tarifbindung **32**

Teilzeit- und Befristungsgesetz
- gesetzliche Befristungstypen/Überblick **211 ff.**
- Regelungsinhalte/Überblick/Teilzeit **4**, befristete Arbeitsverträge **206 ff.**
- Zielsetzung/Teilzeitarbeit **1 ff.**, befristete Arbeitsverträge **201 ff.**

Teilzeitarbeit
- Arbeitszeitverringerung **13 ff.**
- Begriff **6**
- Diskriminierungsverbot **88 ff.**, allg. Grundsätze **88**, allg. Vorschriften **91 ff.**, Ausnahmen **93 ff.**
- Förderungspflicht des Arbeitgebers **101**
- Formen/Überblick **5**
- geringfügig Beschäftigte **11**
- gesetzliche Regelungen/Überblick **5, 12**
- vergleichbarer Vollzeitbeschäftigter **7 f.**

Teilzeitarbeitsplatz
- Ausschreibung **102 f.**
- Information über entspr. freie Arbeitsplätze **104 ff.**

Unbefristete Arbeitsplätze
- entsprechende **325**
- Informationspflicht/Arbeitgeber **325 ff.**

Unsichere Nachfrage
- kein Befristungsgrund **266**

Unwirksame Befristung
- Folgen bei fehlendem Befristungsgrund **309 ff.**
- Folgen bei fehlenden Voraussetzungen, ohne Sachgrund **309 f.**

Stichwortverzeichnis

(Zahlen hinter dem Begriff verweisen auf die entsprechende Rn.)

- Folgen bei Formmangel **314**
- Zusammenfassung **314a**

Vergleichbarer unbefristet Beschäftigter
- ähnliche Tätigkeit **343**
- allgemein **343**
- anwendbarer Tarifvertrag **344**
- gleiche Tätigkeit **343**
- sachl. Gründe/Ausnahmen **95, 346**
- Wirtschaftszweig **345**

Vergleichbarer Vollzeitbeschäftigter
- Begriff **7 f.**
- beim Diskriminierungsverbot **91 f.**
- dieselbe Art des Arbeitsverhältnisses **7**
- gleiche/ähnliche Tätigkeit **8**
- tarifliche Regelung **9**
- Wirtschaftszweig **10**

Vertretungspflicht
- bei Arbeitsplatzteilung **67 ff.**
- betriebliche Gründe für **73 ff.**
- Verhinderung/Normalfall **68 ff./**betriebliche Gründe **73 ff.**
- Zustimmung des Arbeitnehmers **70**

Voraussetzungen/Arbeitszeitverringerung
- Dauer des Arbeitsverhältnisses **14 ff.**
- Mindestbeschäftigtenzahl **17**

- Mitteilung des Verringerungswunsches **18**
- Mitteilung des Umfangs/der Verteilung **18 ff.**

Vorbehaltsklausel
- bei weiteren Befristungen **323**

Vorübergehender betrieblicher Bedarf
- sachl. Befristungsgrund **226 ff.**

Wesentliche Beeinträchtigung
- betriebliche Gründe **28**

Wissenschaftlicher Angestellter
- sachl. Befristungsgrund/Forschungseinrichtungen **389**

Zeitverträge
- ohne Befristungsgrund **270 ff.**

Zukünftiger Personalbedarf
- sachl. Befristungsgrund **261**

Zulässigkeit/Befristung
- allgemein **218**
- sachlicher Grund **219 ff.**

Zustimmungszwang des Arbeitgebers
- Arbeitszeitverringerung **24 f.**

Zweckbefristung
- Begriff **214**
- Beendigungsvorschriften **292 ff.**

Zwischenstaatliche Vereinbarung
- sachl. Befristungsgrund **239**